교사를 죽음으로 내몰고, 학생인권 없다.

교사를 죽음으로 내몰고,
학생인권 없다.

한백성

도서출판
AHAVA

교사를 죽음으로 내몰고 학생인권 없다

초판 1쇄 인쇄	2024년 4월 05일
초판 1쇄 발행	2024년 4월 10일
지은이	한백성
펴낸이	임천호
표지 디자인	조현주
교정 및 책임편집	전　형
속지 디자인	최지훈
편집 디자인	이현식
제작 인쇄	나부석
펴낸곳	도서출판 AHAVA
신고일자	2014년 9월 1일
신고번호	제473-2014-0000001호
주소	55400 전북 진안군 주천면 동상주천로 1344
전화번호	063/432-6890, 7890
영업담당자	HP 010-3203-8779
이메일	jeansolschool@hanmail.net
책값	뒤표지에 있습니다.
	농협 352-1972-2699-73 임천호(도서출판 AHAVA)
ISBN	뒤표지에 있습니다.

"우리가 알거니와 하나님을 사랑하는 자, 곧 그 뜻대로 부르심을 입은 자들에게는 모든 것이 합력하여 선을 이루느니라" (롬8:28)

일러두기
1. 본문에 언급한 한글성경은 개역한글판을 사용했습니다.
2. 맞춤법과 띄어쓰기는 국립국어원의 규정을 준수하되,
   허용되는 범위 안에서 가독성을 우선해 적용했습니다

목차

프롤로그

1. 붕괴된 학교, 폐허가 된 교실 11
2. 학생인권조례와 아동복지법 17
3. 학생의 인권은 기존의 법체계에서도 충분히 보장될 수 있다 23
4. 학생의 권리만 보장하는 학생인권조례: 교사에 대한 차별 29
5. 초등학생에게 '섹스'와 '젠더'를 가르친 결과 35
6. 성교육에서 성폭행으로 43
7. 교권 상실의 시대 1: 교육은 핸드폰 너머로 사라졌다 51
8. 교권 상실의 시대 2: 과도한 학생 권리, 교권 참사의 원흉 57
9. 학생인권조례와 환상의 조합: 아동복지법 제17조 67
10. 목공 톱 사건과 호랑이 레드카드 사건으로 본 아동복지법의 문제점 75
11. 교사에 의한 아동학대 사건이냐, 자해 공갈단 사건이냐? 95
12. 청소년 범죄에서 가장 두려운 현상: 연소화 111
13. 청소년 범죄와 보호 관찰 119
14. 보호 관찰 중 재범 방지 대책 1: 보호 관찰관에게 교육적 제재 수단을 확대하라! 125
15. 보호 관찰 중 재범 방지 대책 2: 보호 관찰 업무의 예산과 보호 관찰관의 수를 늘려라! 135

16. 보호 관찰 중 재범 방지 대책 3: 교육 캡슐을 만들어라! 작고 많이! **145**

17. 보호 관찰 중 재범 방지 대책 4: 6호 시설의 기능과 규모를 다양화시켜라! **151**

18. 보호 관찰 중 재범 방지 대책 5: 규제 수단 **161**

19. 소극적 학생생활지도 고시와 교육 4법 개정 **179**

20. 어느 울보 교사의 고백을 듣고 묻는다: "체폭"을 요구하는 것인가? **197**

　〈정말로 장애아동인가?〉 **203**

　〈정상장애아〉 **206**

　〈학생생활지도 고시 제12조 3항〉 **216**

21. 학생생활지도 고시 제 12조 4항: 물리력을 사용할 수 있다 **221**

22. 환자인권조례와 환자복지법 **235**

23. 과연 체벌이 폭력인가? 페스탈로치의 견해를 포함하여 **249**

24. 학쌤과 G군의 체벌 이야기 **259**

25. 학교 경찰(SPO)은 약인가, 독인가? **277**

26. 체벌에 대한 오해와 한계: 체벌과 "체폭"을 구분하라! **285**

27. 체벌에 대한 연구의 시기적 한계 **295**

28. 체벌 연구에 대한 심리학의 한계 **313**

　〈손다이크의 고양이 문제 상자 실험〉 **317**

〈스키너의 상자〉 318

〈반두라의 보보 실험〉 321

〈쾰러(Köhler)의 통찰 학습(insight learning) 연구〉 322

〈톨먼(Tolman)의 인지도(cognitive map) 연구〉 323

29. 대한민국에는 체벌의 정의(定意)가 없다 331

30. 영국의 "체벌 부활 운동"과 체벌을 포기하지 않는 "미국의 명문 사립" 345

〈영국의 체벌 부활 운동〉 347

〈체벌을 실시하는 미국〉 350

31. 종교에서의 체벌 359

〈꽃으로도 아이를 때리지 말라〉 361

〈유교에서의 체벌〉 363

〈불교에서의 체벌〉 366

〈사랑의 기독교에서의 체벌〉 367

에필로그

프롤로그

십수 년 전부터 여러 보도를 통해 학교 현장이 무너지는 소리를 들었다. 그러나 해를 거듭할수록 그 소리는 결코 참을 수 없는, 참아서도 안 되는 비명소리로 바뀌어 셀 수도 없는 많은 교육 현장에서 메아리치기 시작했다.

그 피맺힌 파열음은 교사들의 한 맺힌 울부짖음이었고, 무기력에 신음하는 고통의 흐느낌이었다. 또한 문제 아동들의 눈치를 보며 저절로 몸서리나는 학교생활을 이어갈 수밖에 없는 아동들의 숨죽인 한숨 소리로도 들렸다. 홍성 어느 중학교에서는 수업하는 여교사 앞에서 웃통을 훌렁 벗은 채로 웃고 떠들며 수업을 받는 아동도 있었고, 교단에 누워 뒷모습을 촬영하는 명백한 성추행의 의미가 있는 중3의 행동을 용서하겠다고 하며 다시 교단에 선 여교사도 있었다. 그 교실에서 이 모든 광경을 본 최소한 몇 명의 학생들이 '이제 그만! 공부 좀 하자!'고 분노하는 목소리도 들렸다.

어떤 30대 회사원이 골목에서 교복을 입고 침을 뱉으며 담배를 피우는 학생들을 훈계하다가 오히려 폭행을 당해 의식 불명 상태에 빠졌다는 소식도 들려왔다. 아울러 십 대 몇 명이 성매매를 알선하고 이를 빌미로 성을 매수하려 한 남자를 역으로 폭행하고 위협해 금전을 갈취하는 사건도 있었으며, 또한 촉법소년을 외치며 경찰에게 발길질을 한 아동을 보며 탄식한 경찰관의 목소리도 있었다. 그리고 자신이 촉법소년임을 주장하다가 생일이 지난 것으로 밝혀져 촉법소년의 혜택을 받지 못한 전과 18범의 아동도 있었다. 자기 아버지보다 나이가 많았을 편의점 점주의 얼굴을 사정없이 때려 골절상을 입힌 이 아동은 당당하게 소년원으로 진출했다. 이 아동이 소년원을 나와 더 심각한 범죄자가 될 것이 분명한데도 할 수 있는 일이 아무것도 없던 교사와 보호 관찰관의 낙담한 한탄의 목소리도 있었다.

이런 아동들을 두고 내 자식만 잘되게 하려고 교사의 머리채를 휘어잡고, 아동학대범으로 몰아가는 학부모들의 고함소리도 있었다. 받아쓰기 시험을 봐서 성적을 비교해 차별했다고 학생인권조례의 차별 규정을 들어 담임 교사를 아동학대로 고발했다는 이야기도 들려왔다. 수업시간에 잠자는 아동을 깨워 공부하라고 했다고, 훈육의 차원에서 교실 청소를 하라고 시켰다고 학생인권조례와 아동보호법에 의해 교사를 아동학대범으로 몰아 학급에서 분리 조치시키고, 경찰과 검찰의 수사를 받게 하는 의기양양한 학부모들의 포효 소리도 들려왔다. 어떤 맘카페에서는 '교사 길들이기'를 상냥하게 가르쳐 준다는 소문도 들렸다.

그럼에도 교사는 숙명처럼 학생들을 가르쳐야 한다. 왜냐하면 학교 현장에는 아직도 교사의 가르침을 고대하는 90%의 선량한 학부모들과 학생들이 있기 때문이다. 그렇기 때문에 탈선하기 직전인 아동을 바른 길로 인도할 수 있는 가능성이 1%라도 있다면, 이들 교사는 헌신과 사명감으로 무장한 채 교단에 서서 목숨을 걸고서라도 우리나라 교육 현장을 지키고자 하는 것이다.

이 책은 거친 아동들의 수업 방해로부터 그렇지 않은 아동들의 수업권을 보호하기 위해, 그리고 거친 아동들을 감옥에 보내지 않고 학교에서 정상적인 교육을 받아 성장할 수 있도록 하기 위해 쓰였다. 또한 대한민국 교사들이 스스로의 양심을 가지고 끝까지 학생들을 바르게 교육할 수 있도록 하고자 하는 목적으로 쓰고자 한다. 이 책이 쓰이는 중간에도 여러 선생님들이 이런 귀한 사명감을 품고 교육에 정진하다가 유명을 달리했다는 소식을 들었다. 이로 인해 학생생활지도 고시도 제정됐지만, 그렇기 때문에 이 책의 내용이 더욱 우리나라 교육 현실에 반영되어 큰 도움이 되기를 바라는 마음으로 글을 쓴다.

단 한 명의 학생이라도 덜 교도소에 보내는 것, 그것이 가장 큰 바람이다. 그리고 이를 위해 교육 전문가인 교사에게 모든 필요한 교육적인 수단을 부여해야 한다는 것이 이 책의 주장이다. 그래서 이 땅에 옳고 필요한 고귀한 사명을 감당하다가 억울하게 누명을 쓴 채 사라져 버리는 교사가 단 한 명도 나오지 않도록, 이를 위해 간절히 기도하는 마음을 담아 모든 글을 적고자 한다.

세상을 바꾼 교사

요한 프리드리히 헤르바르트

요한 프리드리히 헤르바르트(Johann Friedrich Herbart, 1776-1841)는 1809년부터 1833년까지 쾨니히스베르크 대학교에서 임마누엘 칸트의 후임으로 재직한 독일의 철학자이자 심리학자, 그리고 교육학자였다.

그는 법률가이자 지방정부의 법률고문인 아버지를 둔 유복한 가정환경과 어머니의 교육열에 의해 다양한 사교육을 받았으며, 지적인 수업으로 라틴어, 고전어, 수학, 자연과학은 물론 전문적인 음악수업을 받음으로 여러 악기와 작곡법을 익혔고, 작곡법까지 배워 뒷날 피아노 소나타를 작곡할 정도였다. 대학은 부모의 뜻에 따라 법학을 하였으나, 스위스의 민중교육의 실천을 하는 페스탈로치를 만나보고 그의 교육관과 교육 실천에 감명을 받았다. 1802년 괴팅겐으로 가서 철학과 교육학을 공부, 박사학위와 교수자격을 취득했고, 이어 조교수로 활동했다. 1808년 칸트의 후임으로 쾨니히스베르크 대학의 정교수로 취임하여 철학의 여러 분야에 대하여 가르쳤고, 그 후 새로 개설된 교육학과를 이끌었다.

헤르바르트는 서구에서 최초로 교육학을 근대적 의미의 학문으로 정립한 ≪일반교육학≫을 그의 나이 30세에 발표했다. 모든 교육 활동에 공통적인 이론의 토대가 될 수 있는 교육론을 제시한 그는 교육적인 목적과 교육과정, 도덕교육에 대한 일반적인 계획, 교육적 수업이론을 포괄적으로 조망할 수 있는 틀을 제시했다는 점에서 교육사(敎育史)에 큰 족적을 남겼다.

헤르바르트는 피교육자의 태도와 습관을 형성시키는 것으로 위협과 감시, 권위와 사랑을 교육적 관리라고 칭했다. 특히 교육에 있어서 위협과 감시는 불가피함을 인정했고, 정당한 권위와 사랑을 위주로 교육하는 것이 효과적임을 천명했다.

헤르바르트의 수업은 경험과 교제를 보완하는 활동으로 경험은 인식의 원천이며, 교제에서 그 공감을 얻어 성과가 나타난다고 했다. 인식은 대체로 경험의 범위에 따라 관찰, 사변, 취미의 순서로 발달하며, 공감은 인간, 사회, 종교적 공감의 순서로 발달한다고 주장했다.

수업에서 양성된 마음을 헤르바르트는 사고권(思考圈)이라고 부르는데 이는 개인이 세계를 지적, 미적, 정서적, 의지적인 요소를 포괄해 파악하는 방식이며, 개인의 모든 정신 활동이 유기적으로 연관된 전체를 이루는 것을 수업의 주요한 목표로 봤다. 그런 의미에서 그의 교육에서 중요한 도덕교육은 한 개인에게 있어서 지적, 정서적, 미적, 의지적 요소들이 조화롭게 통일된 상태를 추구하는 것이었다.

01

붕괴된 학교, 폐허가 된 교실

학생인권조례가
제정되기 시작한 2010년대 이후로,
'붕괴된 학교', '폐허가 된 교실'이라는
탄식과 울부짖음이 교사들 사이에서
터져 나왔다. 그 당시의 교사와 교장,
같은 학급의 피해 학생들의 학부모와
경찰은 왜 무력하게 방관자로만
전락해야 했는가?

　학생인권조례가 제정되기 시작한 2010년대 이후로, '붕괴된 학교', '폐허가 된 교실'이라는 탄식과 울부짖음이 교사들 사이에서 터져 나왔다. 진보 교육감들의 교육학적으로는 생경한 주장들이 들려올 때부터 일찌감치 학생인권조례의 문제점이 지적됐지만 어떤 이유에서인가 학생인권조례라는 이름으로 학생의 인권 보호에만 편집적, 기형적으로 제정된 나머지, 교권을 매몰시키고 학교에서 교사의 전인 교육권을 박탈하는 결과를 가져왔다. 현재는 학교를 넘어서 사회와 가정 전반에 기형적이고 패륜적인 아동을 확대 재생산시키고 있으며, 그런 현실에 우리 아동들이 있다. 학생인권조례가 제정되고 기형적인 아동복지법이 법제화되면서 그 비율을 차치하고서라도 청소년 범죄의 잔혹성과 연소화는 충격 그 자체의 반인륜적이고 망국적인 행태가 아닐 수 없다.

　얼마 전 전북 익산의 한 초등학교 5학년 학생이 일으킨 사건의 전말을 보면, 현재 학생인권조례와 아동복지법의 부작용이 구조적으로 얼마나 심각하게 작동하고 있는지를 확인할 수 있다.

　2022년 6월 전라북도 익산시의 초등학교에서 5학년 A군이 반 동급생들과 담임교사에게 욕설과 폭행, 동물 학대를 저지른 학교 폭력 사건이 일어났다. 그러나 이 사건은 그 비행의 심각성 이전에 대한민국 공교육의 시스템이 겨우 초등학생밖에 안 되는 어린 나이의 아동이 저지른 학교 폭력 앞에(나이에 걸맞지 않게 높은 수위의 학교 폭력을 구사했을지라도) 아무런 교육적인 대처와 기능을 작동하지 못한 채 무기력하게 방관할 수밖에 없던 생생한 기록을 남김으로써, 학생인권조례, 아동복지법의 영향으로 일어난 공교육 붕괴의 현상과 현장을 적나라하게 보여줬다는 데 의의가 있다.

　사건은 이렇게 시작됐다.[1]

---

1) 아래 내용은 차례대로, 2022년 6월 22일에 보도된 파이낸셜 뉴스, 2022년 6월 24일에 보도된 오마이 뉴스, 그리고 2022년 7월 21일에 방송한 〈실화탐사대〉의 보도 내용을 요약해 서술한 것이다.

전라북도 익산의 한 초등학교에서 5학년 학생이 일으킨 학교 폭력 사건이 뉴스로 보도됐다. A군은 전 학교에서 문제를 일으켜 강제전학을 왔다. 처음 등교한 A군은 교사의 부당한 지도를 주장하며 "선생이라 때리지도 못할 거면서 기강을 잡고 XX이야."라고 소리를 질렀고, 교장과 면담한 뒤 무단 조퇴를 했다.
　　며칠 후, 다시 등교한 A군은 같은 반 학생에게 날아 차기를 했고, 이를 목격한 담임 교사가 제지하자 욕설을 하며 스스로 경찰에 신고했다. 이후 수업 시간 내내 해당 교사에게 "급식실에서 흉기를 가져와 찌르겠다."는 등 욕설과 손가락 욕을 했으며, 수업을 방해하기 위해 태블릿 PC로 노래를 크게 틀었다. 이를 말리던 교장에게도 욕설을 퍼부었다. 같은 반 동급생들이 영상을 찍자 보복하겠다고 위협했고 이 과정에서 자신을 쳐다본 여학생을 공격했다. 신고를 받고 출동한 경찰이 제지하자 A군은 경찰관을 아동학대로 신고했다.
　　학교 측은 A군과 학부모에게 분리 조치 및 긴급 조치 안내를 했고, A군이 등교를 하지 않는 것으로 협의했으나 다음 날, A군은 다시 학교에 찾아와 다른 학생들에게 자신의 행동을 찍은 동영상을 지우라고 요구했다. 학교에서 다시 학부모를 소환하자 A군은 경찰에 신변 보호 요청을 했고, 신고를 받고 온 경찰이 A군을 제지하자, 경찰이 자신을 때린다며 동영상 촬영을 했다. 이밖에도 A군이 학급에서 키우던 햄스터를 물통에 넣어 죽게 만든 사실도 나중에 확인됐다. A군이 등교 중지를 마치고 돌아올 것을 예고하자, 학교는 A군을 학생들과 격리하기 위해, 이날 급히 현장 체험학습을 진행했다.[2]
　　결국, A군은 병원형 위(Wee)센터(We+education, emotion의 합성어로 학교, 교육청, 지역 사회가 연계해 학교생활을 지원하는 3단계 다중 통합 시스템이다. 주로 학교에서 의뢰받은 내담자를 위한 심리 검사 및 상담을 진행한다.)에서 심리 치료를 받는 특별교육 처분을 받았다. 그러나 병원형 위센터는 최대 1개월 이내에서만 치료와 대안 교육 과정이 진행되기 때문에, 개학한 뒤 이 학생이 다시 학교에 등교하는 것에 대해 많은 학부모와 학생들이 두려움을 느끼는 상태가 됐다.[3]
　　〈실화탐사대〉의 탐사 보도에 따르면, A군은 강제전학을 당하기 전의 학교에서도 학교 폭력으로 신고를 당해 이와 같은 처분을 받았다. 이때, 전 학교에서 A군의 아빠를 소환한 적이 있다. A군의 아빠는 A군이 예의가 없는 행동을 하자 교사들 앞

---

[2] "수업 내내 교사에 욕한 초등생, 출동한 경찰이 말리자 아동학대 신고", 파이낸셜 뉴스, 2022년 6월 22일.
[3] "'학교 폭력' 전북 초등학생, 다른 기관에서 교육·치료키로", 오마이 뉴스, 2022년 6월 24일.

에서 아들을 때렸고, 이 모습을 본 학교 측에서 112에 신고를 해 A군의 아빠는 2주간 아들에 대한 접근금지 명령을 받았다. 하지만 A군 엄마에 따르면, 그 이전에 가정 폭력이나 체벌이 있었던 건 아닌 것으로 드러났다. 접근 금지 명령을 당한 것을 계기로 이후, A군의 아빠는 아들에게 관심을 끊게 됐다.

A군의 엄마는 인터뷰에서 오히려 아들 A군이 억울하다는 듯 "저는 아들(A군)이 조금 더 맞다고(옳다고)도 생각이 들거든요. (선생님이) 말을 막 하면 사실 안 되는 거잖아요."라고 말했다. A군의 모친은 자기 아이가 오히려 피해자라는 입장에서 일방적으로 편드는 모습을 보이는데, 전문가들은 이를 자식에 대한 통제권 상실과 두려움에서 오는 반응이라고 진단했다. 그리고 결론적으로 A군은 무관심한 부친과 무기력한 모친에 의해 가정 내에서 거의 방임 상태에 있다고 말할 수 있다고 분석했다.[4]

최근에 A군은 '익산*초딩'이라는 유튜브 채널을 만들어 자기의 행동을 정당화하는 영상을 올렸다. 거기에 더해 강제전학 처분을 내린 전 초등학교에 대해 보복하겠다는 내용의 영상과 윤석열 대통령을 비하하는 영상까지도 올린 상태다.

이 사건을 보고 먼저, 이 아동의 죄책이 무엇인지를 따지지 않을 수 없다. 폭행과 협박, 수업 방해, 공무집행 방해, 동물학대법 위반을 거론하지 않을 수 없다. 그러나 더욱 가공할 사실은 이런 끔찍한 범죄가 최소 2주간에 달하는 장시간에 걸쳐 학교의 교육 현장 한복판인 교실과 학교 주변에서 발생했음에도 교사도, 교장도, 학부모도, 심지어 경찰마저 방관할 수밖에 없었던 현실이다. 겨우 5학년 12살 아동이 일으킨 범죄의 피해에 노출당해 오히려 속수무책으로 당하고 있을 수밖에 없었고, 그저 새로운 수모를 감내해야만 했다.

무엇이 대한민국의 신성한 학교에서 아동에 의해 무도히 자행되는 범죄 행위를 방치할 수밖에 없도록 만들었는가? 그 당시의 교사와 교장, 같은 학급의 피해 학생들의 학부모와 경찰은 왜 무력하게 방관자로만 전락해야 했는가? 그리고 범죄 현장에서 보호받아야 할 아동들이 그 현장을 생생히 지켜봄으로써 어떤 물리적, 심리적 충격을 받았을까? 이 모든 과정을 지켜본 아동들은 사회와 어른과 공권력과 교사를 어떤 눈으로 바라봤을까? 또한 A군의 비행에도 무기력한 교사와 경찰관의 모

---

[4] "공포의 전학생 익산 초등생 학폭 사건", 〈실화탐사대〉, MBC, 2022년 7월 21일.

습을 목격한 아직 어린 아동들에게 이런 경험이 어떤 학습 효과를 가져다줄지, 혹시 심리학자 앨버트 반두라(Albert Bandura)의 보보 실험 결과와 같이 모방 학습이 이뤄질 것은 아닌지, 심히 안타까운 심정과 질문을 금할 수 없다.

"교사는 그때 어디에 있었는가?"

# 02

학생인권조례와
아동복지법

우리는 1등급의 선망인
서울 교대를 비롯한 전국 각지의 교대에서
현재 일어나고 있는 입학 성적 수준의
평균적 하향과 정원 미달 상태가,
교육 현장의 황폐화와 교사들의 자조,
무기력, 자살 사건들과 강한 연관성을
가지고 있다는 사실을 결코 부인할 수 없다.

 2009년 경기도 교육감 선거에 출마한 민주당의 김상곤 의원은 학생인권조례를 제시했고, 당선된 후 교육감이 되자 학생인권조례 제정 위원회를 구성해 조례안을 만들었다. 그리고 학생 참여 기획단의 의견을 검토한 뒤 학생인권조례를 발의했다. 이것이 2010년 9월 16일 경기도 의회에서 통과됐다. 조례가 나왔을 당시에는 경기도 교육위원회를 통과했고, 이것을 필두로 2011년 서울에서도 곽노현 서울시 교육감의 주도하에 주민 발의가 성공해 2012년 초 학생인권조례가 제정됐다. 2012년 곽노현 교육감이 공직선거법 위반으로 당선무효형을 선고받자 서울특별시 교육감은 재보궐 선거를 치렀고, 보수 성향 문용린 후보가 당선됐으나 조례가 폐지되지는 않았다. 그 후 진보 성향 교육감 후보가 대거 당선된 후부터 학생인권조례는 전국 학교 현장에 강력한 영향력을 행사하기 시작했다.

 학생인권조례는 법률이 아니며 말 그대로 조례다. 지방 자치 단체가 제정하는 자치 법규에는 조례와 규칙이 있는데, 이 중 조례는 상위 법규에 해당한다. 학생인권조례가 제정되면 이행 강제성이 생겨 해당 자치 단체에 속한 모든 학교는 이를 따라야 한다. 이를 지키지 않았을 경우 징계를 당한다. 그 파급력은 강력했으나 내용상 심각하게 편향되어 있고 학생의 인권만 염두하고 있기 때문에, 교권의 보호를 받아야 할 학생들의 인권 신장을 기대할 수 없는 결국은 반쪽짜리 규정들로만 이뤄져 있다. 특별히 학생의 인권을 교사들의 교권과 대칭적이고 대립적인 시선으로 바라보고 있기 때문에, 학생들의 입장에서는 권리만 있고 의무와 한계와 책임은 없는 반쪽짜리 조례에 불과하다. 결과적으로 교사에게는 권리는 없고 의무만 가득한 조례가 제정된 것이다.

 이 조례의 제정으로 인해 초, 중, 고등학교 교육의 전반적인 상황이 달라지기 시작했다. 분명 이제까지 교육의 주요한 맥으로써 존재했던 학교 교육의 내용과 활동들이 송두리째 부정당했다. 그리고 교사들이 급변하는 교육 환경에 적응할 시간도 없이, 혼란한 상황 속에서 교사가 학생들을 통제할 수 없도록 하는 제도적인 틀이 마련되고 작동되기 시작했다. 더욱 큰 문제는 그 틀을 만드는 데 있어 대부분 교사의 의견과 합의는 배제된 채, 철저하게 자연주의, 자유주의, 진보주의 교육관으로 무장한 교육학자들의 생소한 이론이 무비판적으로 반영됐다는 것이다. 아울러 그 내용은 우리의 전통 문화와 가치관에도 맞지 않았고, 성(性)과 차별의 문제, 젠더 이슈 등의 편향된 가치들로 우리의 전통적인 교육을 부정하는 것이었다. 이렇게 졸속으로 조례를 만들 이유는 전혀 없었다.

그 혼란스러운 와중에 이런 일도 있었다. 2015년 교내에서 키스를 하지 말라고 손바닥으로 학생의 뒤통수를 때린 교사가 결과적으로 벌금형을 받았으며[5], 수업 중 영상 통화를 하는 학생을 5초간 엎드려뻗쳐 시킨 교사는 경기도 교육청으로부터 징계를 받았다.[6] 교사의 입장에서는 조례 제정 후 하늘이 뒤집어지는 것과 같은 혼란을 경험하게 된 것이다. 이와 비슷한 사례들이 학교 현장 곳곳에서 속출했다. 결국, 교사들은 징계를 두려워해서 학생 지도를 포기하게 되고, 교육에서 중요한 기능을 하는 학생에 대한 지도가 없으니 학교는 점점 문제만 늘어나는 교육 현장이 되고 있다. 교사들은 혼란을 느끼다 무기력의 길로 들어서서 이제는 교사의 정체성을 포기해야만 하는 자조적인 심경까지 가지게 됐다.

이것뿐만이 아니다. 학생들로부터의 야유, 무시, 성희롱 등은 이미 교사들 사이에서는 푸념거리도 못 된다. 수업 중에 게임을 하는 학생에게 인권 시비를 피하려고, 교사가 정중하게 소리를 줄여줄 것을 부탁하니, "XX, XX 못생긴 게 짜증나게!" 같은 욕설이 돌아오는 건 예사가 됐다. 행여 언성을 높여 나무라게 되면, 키득대는 웃음으로 별것 아니라는 듯 치부하거나 감정 학대라며 핸드폰을 꺼내 촬영하고 교사를 조롱, 협박, 위협, 고소하는 일이 교육 현장에 전국적으로 번져 나가기 시작했다. 많은 교실에서 교사의 수업권이 사치스러운 단어가 된 지 이미 오래다. 이십 대 중반의 여교사가 첫 수업에서 남학생에게 남성과의 첫 경험에 대한 질문을 받는 성추행을 당했음에도 그 학생에 대한 처벌은 어디에서도 없었다. 처벌의 유무보다 더 큰 문제는, 학생인권조례 이후 교사가 학생의 놀잇감 또는 성추행의 피해자가 되어 버렸다는 것이다. 위와 같은 사례는 교실에서 흔하게 일어나는 일이며, 교사에 대한 학생의 직접적인 폭행도 그 사례가 상당히 많다. 대한민국 교육의 기강

---

[5] "'교내에서 뽀뽀하지마' 학생 뒤통수 때린 학폭 전문 교사 '벌금형'", 뉴시스, 2015년 9월 5일.
[6] "'5초 엎드려뻗쳐' 시킨 교사 징계 파문 확산", 조선일보, 2011년 6월 21일.

이 뿌리째 뽑히고 있다는 증거다.

　1990년대만 해도 판사, 검사, 변호사, 의사와 함께 인기 직업 순위에 있던 교사라는 직업은 현재 대학 지원율 순위가 상위에서 하위로 곤두박질쳤으며, 이직 희망 직종 중에는 선두로 우뚝 섰다. 우리는 1등급의 선망인 서울 교대를 비롯한 전국 각지의 교대에서 현재 일어나고 있는 입학 성적 수준의 평균적 하향과 정원 미달 사태가, 교육 현장의 황폐화와 교사들의 자조, 무기력, 자살 사건들과 강한 연관성을 가지고 있다는 사실을 결코 부인할 수 없다.

　2023년 7월 25일 충청뉴스에 실린 한 기사의 내용을 요약하면 이러하다.
　서울 서초구의 한 초등학교 교사가 숨진 사건을 계기로 교사들의 교권 침해 사례가 수면 위로 떠오르고 있다. 전국 초등학교 교사 노조가 교사들을 대상으로 진행한 '교권 침해 설문 조사'의 1,600여 건의 사례 중 대전 지역 교사의 교권 침해 사례만 100여 건에 달한다. 교권 침해 유형은 학생 폭언·폭행, 학부모 폭언·폭행, 학부모 악성 민원, 불합리한 요구, 무고성 아동학대 신고 및 협박, 정당한 생활지도 불응·무시 등 다양했다.

　A학교 40대 교사는 임신 중 학생에게 "애(태아)가 죽어버렸으면 좋겠다."는 폭언을 들었고, B학교 30대 교사는 학생들이 자신에게 공을 차며 "선생님 XXX(머리)를 맞춰야지."라고 말하는 것을 들었다고 했다. C학교 40대 교사는 거짓말을 하지 말라고 지도한 학생의 엄마와 이모가 찾아와 "거짓말이 죄냐. 니가 선생이냐."고 소리를 질렀다고 말했으며, 교내 소독 봉사 중 복도에서 학생을 훈계하는 교사의 모습을 촬영해 교장에게 보낸 학부모의 사례도 있었다.
　한 초등학교 교사는 "실제로 교육 현장에는 이런 일이 비일비재하고, 이런 일로 그만두는 교사, 휴직하는 교사, 정신과 치료를 받는 동료 교사들이 너무도 많다."고 하며, "담임이 직접 학부모의 민원 창구에서 벗어나 교육에만 전념할 수 있는 환경이 절실하다."고 호소했다.
　지역 교육계는 여전히 많은 교사들이 정도의 차이만 있을 뿐, 오래전부터 거의 모든 교실에서 일어나고 있다며 교권 보호 시스템의 구축 필요성을 제기했다.[7]

---

7) "선생님 ＸＸＸ에 맞춰야지!'…교권 침해에 교사들 '울분'", 충청뉴스, 2023년 7월 25일.

이것은 빙산의 일각일 뿐이다. 이런 문제 많은 학교가 되다 보니, 2015년에는 빗자루로 교사를 때리는 일이 일어났고[8], 2023년도 초에는 교사를 폭행해 전치 3주의 상해를 입히는 사건도 발생했다.[9] 그 피해 건수가 일개 학교나 한 개인의 일탈이 아니라, 전국적으로 보편화된 현상으로 나타나고 있다. 이를 입증하는 통계가 여기 있다. 보도 기사에 따르면, 2016년 경기도 교육청이 국회 교육문화체육관광위원회 소속 새누리당 조훈현 의원에게 제출한 '최근 3년간 초·중·고교 교사 폭행 사건 발생 현황 및 처리 결과' 자료에 따르면, 교사 폭행 건수는 2013년 18건, 2014년 14건, 2015년 35건으로 집계됐다. 2014년과 2015년 1년 사이 교사 폭행 건수가 250% 급증한 셈이다.[10] 또한 2023년의 한 보도 기사에 의하면, 한국교원단체총연합회의 교보위 심의 건수 기준으로 최근 6년간(2017-2022년) 교원 상해 및 폭행은 1천249건에 달했다. 이 중 학생의 교사 폭행 건은 2018년 165건에서 2022년 347건으로 4년간 210%로 증가했다.[11] 이런 상황에서 어떻게 헌신과 성실과 신뢰의 교육이 교사에게서 학생들에게로 전달될 수 있겠는가?

학생들에 의한 교권 침해 상황이 이러한데, 이런 학교와 교실에서 어떻게 정상적인 교육이 이뤄지겠으며, 이런 환경에 노출된 학생들의 학습권과 학생인권은 역설적으로 얼마나 심각한 손상을 입을지 헤아릴 수 없다.

이런 현상은 학생인권에 대한 지나치게 포괄적이고 모호한 규정으로 교사들을 쉽게 고소, 고발할 수 있도록 만든 부실하고 악한 이 조례와 법률에 기인한다.

---

8) "빗자루 폭행" 학생들 6개월 동안 교사에 '못된 행동'", 연합뉴스, 2016년 1월 29일.
9) "학생들 앞에서 맞아 전치 3주…부산 초등생이 교사 폭행", SBS 뉴스, 2023년 7월 24일.
10) "'매 맞는 교사' 1년새 2.5배↑…학생 폭행이 대다수", 서울신문, 2016년 10월 10일.
11) "교실서 제자에 폭행당한 교사…교사들 '엄벌탄원서' 1800장 제출", 연합뉴스, 2023년 7월 19일.

03

학생의 인권은
기존의 법체계에서도
충분히 보장될 수 있다

학생인권조례가 없다면,
학생의 인권을 보장할 방법은 없는가?
학생인권조례 이전에 우리들은
학생의 인권을 어떻게 지켜왔는가?

　학생인권조례의 문제는 그 내용이 사실상 교육적이지 않으며, 학생의 인권 신장을 위한 순수한 동기가 극히 적다는 점이다. 그러므로 내용 자체도 상당히 조악스럽기 그지없다. 학생의 인권보장은커녕, 교사의 교권과 학부모의 양육권을 침해하고 학생의 인권 보호를 빙자한 채 올바른 성 윤리에서 상당히 벗어난 비정상적이거나 특수한 상황을 정상화로 무마하려는 기만적이고 중복적인 조항들로 넘쳐나고 있다는 것이다. 각 지역의 학생인권조례마다 표현상 모호하고 완곡하게 노출되거나 은닉된 정도의 차이는 있지만, 이를 시행하는 지역에서는 인권을 명분으로 해서 교육에 있어 정당 행위에 해당하는 당연한 징계권마저 무력화하거나 사실상 철폐하도록 만들었다. 학생인권조례에 따른다면, 최소한 학교에서 학생이 잘못을 해도 여러 부분에서 학생에게는 벌 받지 않을 권리가 부여되고, 교사나 학부모가 학생에게 하는 정당한 훈육과 징계가 학생인권 침해에 해당하는 범죄를 저지르는 행위로 판단된다. 또한 차별금지를 명분으로 한 성(性)적 지향의 인정으로 인해, 오히려 학생의 건강한 성장과 인권을 보호해야 할 틀에 큰 혼란을 주고 있다. 동시에 불필요한 성에 관한 논쟁과 환상을 학생들에게 유포하며 주입하는 결과를 야기했고, 이를 인권교육이라는 명목으로 교육하도록 해 전통적인 질서와 가치관에 반하는 소모적이고 다양한 분쟁 환경을 조성했다. 절대다수인 어린 학생들의 인권에 도무지 도움이 되지 않는 갈등 상황을 학교 환경에 광범위하게 이식시켜서, 건강하게 성장해야 할 아이들에게 불필요한 호기심과 의구심을 가중시켰다. 이런 교육 현장의 혼란은 학생들만의 문제가 아니었다.

　심지어 학생인권조례를 놓고 교육계 양대 조직인 한국교원단체총연합회(교총)와 전국교직원노동조합(전교조)이 극한 대립을 보이는 가운데, 교육 정책을 총괄하는 교과부가 서울시 교육청의 학생인권조례 공포에 대한 무효 확인 소송을 내는 형국이 되어 버렸다. 교총은 심각한 학습권의 침해와 함께 교권이 무너질 것을 경고했고, 전교조는 학생과 교사 간의 신뢰로 인해 면학 분위기가 좋아질 것이라고 말했다.[12] 이로부터 십여 년이 지난 지금의 현실에서 학생인권조례의 결과를 놓고 본다면, 결국 교총의 경고가 옳았다. 그러나 지난 세월 동안 이런 교육의 양극단의 대립은 복장, 두발, 야간 자율학습과 같은 단순한 문제부터 무상 급식과 같은 정책적인 문제, 그리고 교사들의 훈육, 훈계의 자율성과 특수성에 대한 문제에까지 이어졌다. 그로 인해 교육 현장에는 더없는 혼란이 야기됐고, 지금도 그 혼란은 여전히 진행 중이다. 조례에 대한 어떤 해설 지침은 이런 혼란이 정상이며, 오히려 혼란을 통해서 아동들이 성장한다는 궤변을 늘어놓기도 했다.

이런 난맥상에서 떠오르는 질문이 있다.

"학생인권조례가 없다면, 학생의 인권을 보장할 방법은 없는가?"
"학생인권조례 이전에 우리들은 학생의 인권을 어떻게 지켜왔는가?"

대한민국에는 학생과 교사 모두의 권리를 지킬 수 있는 교육기본법이 1998년부터 제정됐고, 이미 수십 년간 좋은 틀로써 잘 작동하고 있었다. 학생들의 인권은 굳이 학생인권조례의 제정을 통하지 않고도 이제까지 충분히 보장받아 왔다는 뜻이다.

교육기본법 제4조 1항(교육의 기회균등)
1. 모든 국민은 성별, 종교, 신념, 인종, 사회적 신분, 경제적 지위 또는 신체적 조건 등을 이유로 교육에서 차별을 받지 아니한다.

위 조항으로 학생인권조례에서 주장하는 차별을 금지하는 거의 모든 내용을 포괄적으로 담아낼 수 있다.

교육기본법 제12조(학습자)
① 학생을 포함한 학습자의 기본적 인권은 학교교육 또는 평생교육의 과정에서 존중되고 보호된다.

---

12) "학생인권조례 왜 논란인가?", 연합뉴스, 2012년 1월 26일.

② 교육내용·교육방법·교재 및 교육시설은 학습자의 인격을 존중하고 개성을 중시해 학습자의 능력이 최대한으로 발휘될 수 있도록 마련돼야 한다.

위 조항으로도 학생인권을 보장하는 데 결코 부족함이 없는데 학생인권조례는 너무 불필요한 세부적인 사항을 만들어 특수성을 일반화시키는 오해를 야기했고, 학교 현장의 기존 질서와 가치관을 문란하게 만들고 왜곡시켰다.

특별히, 교육기본법 제18조(특수 교육) 등을 일부 개정해 사용하면, 학생인권조례가 주장하는 모든 영역의 범위를 보장하면서 학생을 보호하고 교육하는 데 손색이 없다. 그러나 학생인권조례는 특별히 사회에서 강력한 이슈가 되는 성 개방, 젠더, 성 소수자 문제를 정면에 배치했다. 이로 인해 그들의 이념적인 소기의 목적은 달성할 수 있었을지 모르나, 학생들의 인권을 보장하는 데 있어서는 부작용이 너무나 심각한 엉뚱한 조례를 하나 더 만들었을 뿐이고, 그 대가로 교사의 생존을 위협할 정도로 심각한 교권 침해가 일어났다. 아울러 조례의 인권에 대한 내용에 성 충동이 강한 시기의 학생들에게 성이나 차별, 젠더의 이슈를 전면에 배치하는 실수를 저질렀다. 이는 우리 사회 구성원의 완전한 합의가 되지 않은 부분으로, 결코 교육의 내용이 될 수 없다. 이렇게 검증되지 않은 예민한 문제를 하나의 가치관으로서 교육이라는 이름으로 주입했을 때, 아동들의 인생 전반에 영향을 끼칠 소모적인 혼란의 가중을 이들은 외면했다. 이는 청소년 성범죄율의 증가나 학습 성취도의 하락으로 나타나고 있다.

세상을 바꾼 교사

안창호

안창호(安昌浩, 1878~1938)는
평안남도에서 태어났으며 일제강점기에 활동한 독립운동가이자 정치가, 그리고 교육자다.
기독교였던 그는 독립운동가로서 일생을 보냈고,
대한 독립을 위해서는 학문을 배워서 익혀 실력을 쌓는 것이 중요하다는 사실을 강조한
교육자이기도 했다.

그는 유년기부터 청일전쟁과,
그리고 동학농민운동에 중국과 일본이 간섭하는 모습을 보며
나라를 위해 일해야겠다고 결심했다.
그리고 경성에 올라와서 한 미국인 선교사를 만나 장로교가 세운
구세학당에서 공부를 시작한다.
이곳에서 새로운 학문을 배우며 시각을 넓혔고, 기독교에 입교했다.

안창호는 민족이 자립하기 위해서는
스스로 힘을 쌓아야 한다는 사실을 깨달은 후 실력양성론을 강력하게 주장했다.
그는 개인의 이익보다 사회적 이익을 우선시해야 함이 마땅하며,
문제에 있어서 민주적인 토론을 통한 의사결정을 중요하게 여겼다.
그는 이런 관점에서 교육을 통해 실력을 양성함으로써
우리나라의 모든 영역에 평등을 구현할 수 있다고 생각했다.
궁극적으로는 이를 통해 사회민주주의를 수립할 수 있다고 생각했다.

실력양성론의 방법으로 그는 교육입국론을 주장했다.
안창호는 일제의 식민 지배로부터 한국을 독립시킬 수 있는 방법은 교육이라고 생각했고
본격적으로 여러 곳에 학교를 세웠다. 1899년에는 평양에 점진학교,
1908년에는 대성학교, 그리고 1926년에는 중국 난징에 동명학원을 세웠다.
그리고 그의 교육입국론에 감화를 받은 동료들이 경영에 어려움을 겪던 여러 학교를 인수해
재정적으로 도와주는 등 우리나라의 학교를 돕는 일에 힘썼다.

안창호는 자신이 세운 학교에서 군사훈련을 방불케 할 정도의 체조 시간을 가졌고,
학생들에게 담력과 체력, 정신을 단련하는 훈련을 시켰다.
그는 일제강점기인 이 시대에 이런 체조 시간을 통해서라도
민족적인 과제를 수행해야 한다고 말하며 학생들에게 그 시대에 잊어서는 안 될
높은 민족의식을 가르치기도 했다.

04

학생의 권리만 보장하는 학생인권조례: 교사에 대한 차별

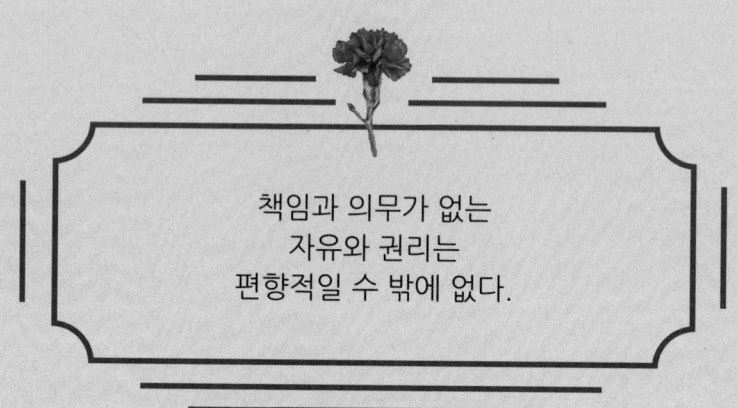

책임과 의무가 없는
자유와 권리는
편향적일 수 밖에 없다.

　학생인권조례에서 학생의 인권을 보호하겠다는 항목은 이십여 개를 훨씬 상회한다. 그러나 정작 학생의 의무는 없다. 이것은 교사에게는 의무만 있고 권리는 없다는 의미로 해석될 수 있다.

　사실 미국 뉴욕에도 우리나라의 학생인권조례와 비슷한 내용이 있는데, 이것은 환자의 권리처럼 '학생의 권리(Student's Right)'라고 표현하지, 학생인권조례라고 하지 않는다. '뉴욕시 학생 권리'에는 권리와 함께 책임과 의무를 함께 기술하고 있다.[13] '뉴욕시 학생 권리'는 학생들이 학교에 온 목적이 학업과 올바른 품행 습득이라는 것을 밝히고, 이를 위해서 60여 가지의 징계 규정을 설명하고 나서야 "학생으로서의 권리와 책임은 무엇이다."라고 설명하고 있는 것이다.[14]

　책임과 의무가 없는 자유와 권리는 편향적일 수밖에 없다. 인권이라는 명분으로 제시되는 각종 권리들은 학생들의 교육적인 환경을 고려하지 않은 포퓰리즘 성격이 강한 것들이거나(일례로 체벌금지, 야간 자율학습, 보충학습 강제 금지와 복장, 두발, 용모에 대한 개성을 실현할 권리, 휴대전화 소유 금지, 학생의 양심에 반하는 내용의 반성문 금지 등. 특별히 반성문 금지는 실로 교육을 모르는 무식한 자의 발상이지만, 주제와 맞지 않아 여기서는 논하지 않겠다.), 학생 차원에서는 현실과 상당히 괴리가 있는 문제들로(임신, 낙태, 성별, 성(性)적 지향, 성 정체성 등) 굳이 학생인권조례라는 이름으로 정할 필요가 없는 것들이 대부분이다. 더욱이 이런 각종 권리들을 선언도 아닌 법적 강제성이 있는 조례로 규정하는 것은 일반인 다수에게 무차별적으로 적용된다는 뜻이기 때문에 신중에 신중을 기해 이를 제정해야 했다. 그러나 우리나라 최초의 학생인권조례가 제정된

---

13) NYC Public School, "Student Bill Of Rights",
　　https://www.schools.nyc.gov/get-involved/students/student-bill-of-rights
　　NYC Public School, "Know Your Rights",
　　https://www.schools.nyc.gov/school-life/know-your-rights
14) "'권리만 있고 의무는 없다'… '학생인권조례' 폐지되나", 주간조선, 2023년 4월 12일.

경기도의 경우를 보면, 2009년 5월 14일 교육감으로 당선된 김상곤 경기도 교육감은 그 후 1년 5개월 만인 2010년 10월 16일 경기도 의회에서 학생인권조례를 졸속으로 통과시켰다.

한신대학교에서 경제학과 교수로 일하던 학자가 교육감으로 일한 지 1년 5개월 만에 충분한 연구나 합의 없이, 우리나라 전체 교육에 대한 파장도 고려하지 못한 채 조례를 통과시킨 결정은 교육적인 정신에서 나온 것은 아니었다고 생각한다.(학생인권조례 이전에 2006년과 2008년에 민노당의 최순영 의원과 권영길 의원에 의해 초·중등교육법의 개정, 청소년인권법에 대한 발의가 있었으나, 이는 사회적 합의나 교육학적인 연구가 부재해 처리되지 못한 것들이었다.)

만일 학생인권조례의 제정하려던 이들이 진정 학생의 인권을 개선시킬 의도와 의지가 분명했다면, 불필요한 조례의 제정보다도 기존에 있는 법을 보완해 개정하는 것이 훨씬 효율적이었을 것이다. 외국의 지방 정부의 학생 권리 선언 같은 것을 들먹이지 않아도 우리나라 교육기본법 제12조 3항(학습자)을 보면, "학생은 학습자로서의 윤리의식을 확립하고, 학교의 규칙을 지켜야 하며, 교원의 교육·연구활동을 방해하거나 학내의 질서를 문란하게 해서는 아니 된다."〈개정 2023. 9. 27.〉로 규정하고 있기 때문에 이미 학생의 균형 잡힌 인권과 의무를 명시해 놓았다고 보는 바가 타당하다. 그러나 제정을 강행한 측면과 포퓰리즘 성격이 엿보이는 것 같은 학생인권조례의 조항을 보면 작정하고 대한민국의 학교와 교육을 붕괴시키려고 작정을 하지 않았는가 생각이 들 정도다. 그 정도로 학교 현장과 학생들이 받을 영향에 대한 고려가 전무했던 것으로 보인다. 그중 대표적인 것이 차별에 대한 조항이다.

서울시 교육청의 학생인권조례의 폐단을 살펴보자. 아울러 언급할 조항은 각 지역 교육청의 학생인권조례에 거의 유사하게 포함된 내용이다. 서울시 학생인권조례 5조, 6조, 7조, 10조, 12조, 14조 등을 통해 학생이 나태하거나 태만해 학습 지체가 발생해도 교사의 지도권이나 징계를 원천적으로 금지하는 효과를 줬고, 현실적으로 단체 생활인 학교에서 교내, 교외의 학생 생활지도를 불가능하게 만들었다.

서울시 학생인권조례 제5조(차별받지 않을 권리)에 의하면 학교와 교사가 동성애, 성전환, 혼전 성행위 등에 대한 문제를 교육하거나 올바른 성 윤리를 교육하는 것이 차별 행위가 될 수 있고, 학교와 교사는 서울시 학생인권조례 29조(학생인권교육)에 의해 동성애, 동성혼, 트랜스 젠더는 정상이라는 교육을 유치원, 초등학교부터 의무적으로 해야 한다. 학령과 정서발달 수준에 맞지 않아 불필요한 교육, 그리고 학생 개인차에 따라 해악이 될 수 있는 교육을 해야만 하는 교육 현장에는 당연히 여러 혼란과 교사의 당혹스러움이 존재할 수밖에 없다. 이런 교육 내용이 과연 국민적인 합의를 거친 올바른 성교육인지에 대해서는 의문이 많다. 후술하겠지만 학생인권조례의 이런 부분이 전국적으로 각급 학교에 영향을 미치면서, 우리 아동들은 엄청난 범죄의 소용돌이로 빠져들어 가해자로의 인생의 굴곡에 빠지게 된다.

차별금지의 모호함으로 야기된 학생인권조례의 폐단에 대한 사례를 한두 가지 더 들면 이렇다. 안 믿어지겠지만 이와 비슷한 사례들이 2010년 이후 우리 아동들의 교실에서 비일비재하게 일어났다. (여기서 학생이 직접 한 말에는 필자가 기사 내용을 바탕으로 재구성한 부분이 있다.)

어떤 초등학교 교사가 칭찬을 하기 위해 한 학생에게 스티커를 줬다. 그때 그걸 보던 다른 학생이 말했다.

"선생님, 학생인권을 무시하는 거예요? 성적(成績)으로 차별받지 않을 권리[15]가 있다고 학생인권조례에 나와 있어요. 아동학대로 신고할 거예요!"[16]

또 다른 사례는 교사가 말한다.

"수업 시간에는 스마트폰 쓰지 말고 수업에 집중하세요!"

한 학생이 손을 들며 격앙된 목소리로 따졌다.

"선생님, 이거 사생활 침해인 거 모르세요? 사생활을 침해하는 건 학생인권 침해에요![17] 고발할래요!"[18]

---

15) 서울특별시 학생인권조례 제5조(차별받지 않을 권리) ① 학생은 성별, 종교, 나이, 사회적 신분, 출신지역, 출신국가, 출신민족, 언어, 장애, 용모 등 신체조건, 임신 또는 출산, 가족형태 또는 가족상황, 인종, 경제적 지위, 피부색, 사상 또는 정치적 의견, 성적 지향, 성별 정체성, 병력, 징계, 성적 등을 이유로 차별받지 않을 권리를 가진다.
16) "'칭찬 스티커가 아동학대라고요?'…교사들 '한숨'", SBS 뉴스, 2023년 6월 2일.
17) 제13조(사생활의 자유) ① 학생은 소지품과 사적 기록물, 사적 공간, 사적 관계 등 사생활의 자유와 비밀이 침해되거나 감시받지 않을 권리를 가진다.
18) "'폰게임 금지' 교사에 "아동학대" 대드는 초등생…청소년 e중독 5년새 4만건↑", 헤럴드경제, 2023년 9월 29일.

북한의 5호 담당제 상호 감시 체제하에서 아동들이 자신들의 부모를 고발했다는 70년대 평양에서의 서글픔을 21세기에 대한민국 서울 한복판의 초등학교 교실에서 교사들이 느끼고 있다. 참으로 가공할 만한 조례의 파급 효과와 그에 대한 교육의 위력이 아닐 수 없다.[19] 학생인권조례의 옹호관에 의해 행해진 인권조례에 대한 여러 교육들이 빛을 발한 효과인 것이다.

수업 시간에 어린 학생과 난데없이 인권과 교육권을 따질 수도 없고, 어린 철부지의 입이지만, 함부로 고발을 운운하는 소리를 들은 교사는 그 아동에 대한 인간적인 신뢰감과 정이 회복되는 데 적지 않은 시간이 필요하다고 고백한다. 이런 상황에서 어떻게 정상적인 수업과 학습이 이뤄지겠는가? 그래서 비교적 조기에 학생인권조례를 통과시킨 지역의 학습 성취도가 많이 떨어졌다는 분석도 있다. 그동안 많은 우수 인재를 배출했던 광주 지역은 2011년 학생인권조례를 제정하고 2012년 1월 1일 이를 시행한 후, 학생들의 학업 성적이 급격히 떨어지는 이상 현상을 겪었다. '국가수준 학업 성취도 평가'에서 광주 지역 고등학교의 국어, 영어, 수학 전국 순위(보통학력 이상)는 2011년에 전국 1위였는데 2012년에는 2위(국어), 4위(영어), 7위(수학)로 떨어졌고, 2015년에는 7위, 8위, 7위까지 떨어졌다. 그리고 '기초학력 미달'의 경우, 광주 지역 고등학교의 국어, 영어, 수학의 전국 순위는 2011년 전국 9위, 1위, 2위였는데, 2012년에는 11위, 8위, 9위로 떨어졌고 2015년에는 7위, 7위, 7위로 약간 개선됐다.[20]

---

[19] 제39조(학생인권옹호관의 직무) 학생인권옹호관은 다음 각 호의 사항을 수행한다. 7항, 인권교육에 대한 교재개발 등의 지원 및 정기적인 인권 교육 시행.
[20] "광주고교생 학업성취도 2년 연속하락", 데일리모닝, 2013년 11월 30일.
"광주 중,고교, 기초학력 미달 학생 3년 연속증가", 뉴스깜, 2013년 11월 30일.

05

초등학생에게 '섹스'와 '젠더'를 가르친 결과

임신 또는 출산을
차별금지 사유로 보장하는 것은
아직은 심신이 성숙하지 않고,
사회적으로 책임질 수 있는 판단능력이 없는
초, 중, 고등학교 청소년들에게
성을 무책임하게 즐겨도 된다는
오해를 불러오는 충분한 근거로
작동할 수 있음을 부인할 수 없다.

　학생인권조례를 검토하다 보면, 이 조례에는 왜 이렇게 교육과 동떨어진 왜곡된 성(性)과 인권, 그리고 젠더 이데올로기가 많이 포함됐는지 의문이 든다. 인권이란 존엄성을 가진 인간이라면 누구나 가지는 보편적 권리이며, 생득적으로 자유롭고 평등한 존재로서 천부적, 즉, 하나님으로부터 주어진 권리다. 인권은 도덕성, 보편성, 우월성과 같이 다른 것과 구별되는 특성이 있다. 인권이 이러한데, 동성애는 헌법 재판소와 대법원이 부도덕한 성(性)적 만족 행위라고 판결[21]했고, 대법원의 2022년 4월 21일의 선고 등 우여곡절이 있었지만 결국 2023년 10월 26일, 헌법재판소는 군인 등의 항문 성교에 대한 군형법 92조의 6의 위헌법률심판 사건에서 재판관 5대 4의 의견으로 합헌 결정을 내렸다. 이는 "군인 등에 대해 항문 성교나 그 밖의 추행을 한 사람은 2년 이하의 징역에 처한다."라고 규정하고 있는 군형법 92조의 6항에 대해 "합의 여부와 상관없이 동성 간 성행위 자체를 처벌할 수 있도록 한다."는 결정이 헌법에 위배되지 않음을 공표한 당연한 판결이었다. 이는 성(性)이 인권의 불가침적인 권리를 주장하는 이들이나 동성애도 이성애와 같은 보편성이 있다고 주장하는 이들에게 충분한 경계가 될 수 있는 헌재의 판결이었고, 또한 성에 관한 인권에 있어서 근무 장소나 임무 수행을 하는 상황 등 그 권리를 보장할 수 없는 특수한 장소와 상황이 존재한다는 증명이었다.

　더욱이 동성 결혼이 합법화된 나라는 세계 200여 개 국가 중 불과 40여 개국에

---

21) 형법 제92조의 6항 추행죄에 대한 2008년 대법원 판결을 보면, 군형법 추행죄에서 말하는 추행은 동성애 성행위 등 객관적으로 혐오감을 일으키게 하고, 성(性)적 도덕관념에 반하는 비정상적 성적 만족 행위이며, 비정상적 행위라고 규정했다. 그러나 2022년 4월 21일 대법원은 전원합의체 판결을 통해 군형법상 추행죄로 기소된 합의로 사유 공간에서 항문 성교를 한 두 군인에 대해 무죄 판결을 내리며, "동성 간의 성행위가 그 자체만으로 '추행'이 된다고 본 종래의 해석은 더 이상 유지하기 어려워졌다."고 판시했다. 그러나 이것은 재판부의 다수의견과 그 보충의견에서 동성애에 대한 우리 사회 인식의 변화로 동성 간의 성적 행위를 혐오행위로 보지 않는다는 설명에도 불구하고, 동성 군인 간 항문 성교가 군 주둔지가 아니거나 강제의 의미가 있지 않다면, 군형법상의 추행으로 처벌할 만한 행위로 보지 않겠다는 것이지 성적 도덕관념의 기준을 제시한 것은 아니라 본다. 2022년 4월 대법원에서 내린 판결과 관련되어, 2023년 10월 26일 군형법 제92조 6항은 헌법재판소에서 합헌으로 인정되었다. 이는 2022년의 판결이 명문의 규정에 반하는 법형성 내지 법률 수정을 행함으로 법원이 가지는 법률해석 권한의 한계를 벗어나는 부실한 판결이었음에 헌재가 경종을 울렸다고 본다.

불과하며, 동성애는 대다수의 사회에서 심각한 사회적 저항을 유발하고 있기에 보편적 인권이 될 수 있다고 가르쳐서는 안 된다. 특별히 대한민국의 헌법과 형법에 동성애가 언급되어 있지도 않은 상황임에도 불구하고, 국가인권위원회법과 학생인권조례를 들어 교육현장에서 동성애를 보편적 인권으로 가르치는 것은 지나치게 경솔하고 일방적인 행위라고 생각한다. 이는 아직은 사회적 합의가 되지 않은 부분이기에(오히려 동성애를 부정하는 비율이 높음), 어린 학생들에게 논란이 많은 불확정적인 지식을 주입하는 지적인 폭거이며, 학생 대다수에게 불필요하고 비교육적인 행태라는 격렬한 비판이 있다.(2021년 서울시 교육감실 시민청원 게시판에 '성 소수자 학생의 인권교육 강화와 젠더 이데올로기 등을 주입하는 학생인권종합계획 반대' 청원이 거의 일주일 만에 3만1300명이 동의, 서울교육청의 계획을 비판했다.) 특히 위에서 언급한 헌법 재판소가 군형법 92조의 6의 위헌법률심판 사건에 대해 군인이라는 특수한 신분을 고려해 내린 합헌 결정을 준용한다면, 사실상 합의되지 않은 동성애의 문제를 어린 아동들이 교육받는 특수한 공간에서 시행하는 것은 국민 정서에 부합하지 않을 뿐 아니라 법적으로도 위헌적 요소가 있을 수 있다고 생각한다.

학생인권조례에 명시된 섹슈얼 이슈와 젠더 이데올로기는 청소년들에게 성에 대한 다양한 오해의 여지를 남겨왔고, 학생들에게 광범위하게 성에 대한 개방을 하도록 한 것을 통해 지나친 악영향을 끼쳐왔음은 부인할 수 없다. 일례로 2021년 서울시 총 217곳의 초·중·고교 도서관에 '쓰리섬', '구강, 항문을 이용한 유사 성교 행위', '수간 행위', '채찍질(사디즘과 매저키즘과 관련)', '포르노그래피' 등 부적절한 충격적 성행위를 묘사한 도서가 총 4종이 비치되어 있는 것으로 드러났고, 더 충격적인 것은 이 중 2종이 2021년 서울시교육청에서 추천한 도서라는 것이다.

이에 더해, 학생인권조례에 임신 또는 출산을 차별금지 사유로 보장하는 것은 아직은 심신이 성숙하지 않고, 사회적으로 책임질 수 있는 판단 능력이 없는 초, 중, 고등학교 청소년들에게 성을 무책임하게 즐겨도 된다는 오해를 불러오는 충분한 근거로 작동할 수 있음을 부인할 수 없다.

2013년 10월 23일 '십 대 섹슈얼리티 인권모임'이 발표한 권리선언문 2장 2절에는 "청소년은 상호 간에 협상하고 본인의 의사에 따른 내용과 합의를 가진 관계를 맺을 권리가 있으며, 성적 관계일 경우에도 동일하다.", 5조에는 "본인이 원한다면 임신과 출산도 권리이다."라고 선언했다. 아울러 이들은 퀴어 축제에 참석해서 "청소년이 마음 편히 섹스할 수 있는 사회", "나는 처녀가 아니다. 순결을 강요 말라.", "19금 게이바에 가고 싶다."는 등의 피켓을 들었다.[22]

유명한 학생인권 단체 중 하나인 '청소년 인권행동 아수나로(ASUNARO)'는 성관계도 학생들의 권리이며, 학생의 성행위를 처벌하는 학칙은 '반인권적'이라는 급진적인 주장을 펼치고 있다. 아수나로는 2010년 "청소년들에게 섹스할 권리를 금지하는 것을 금지하라."고 주장하기도 했다. 이어, 아수나로 진주지부가 2018년 5월 12일 개최한 "청소년 섹스를 말하다."라는 주제의 토크쇼에서는. 청소년은 순수함을 거부해야 한다며 노골적인 성 인식을 청소년들에게 주입하는 일도 있었다. 그러나 많은 학부모들은 이를 모르거나 혹은 외면하고 있는 현실이다. 이런 급진적인 주장을 제외하더라도, 학생인권조례에 담긴 불필요한 조항은 분명 청소년들의 건전한 성과 의식, 더 나아가 정서적 안정을 해치고 있으며, 분명 많은 청소년들에게 성(性)적인 악영향을 끼치고 있음이 틀림없다. 성을 개인적인 것으로만 생각하는 그들을 보면 안타깝기 그지없다. 그저 다윈과 프로이트를 꾸짖고 싶을 뿐이다.

2023년 부산에 있는 변종 룸카페 손님 중 95%는 학생 커플이고, 이들 중 99%는 그 안에서 성관계를 한다는 조사 결과가 나왔다. 이에 여가부가 룸카페를 청소년 유해업소로 결정하고 단속하자, 아수나로는 이를 청소년의 신체 접촉과 성행위가 가능한 곳이라는 이유로 성행위 자체를 범죄화하는 것이라고 반발하면서, 이를 여가부의 청소년 성권리에 대한 탄압이라고 규정하고 중단을 촉구했다.[23] 아수나로와 이 단체의 행동과 주장에 동의하는 많은 이들이 이제 그만 청소년의 성문화 개방 및 향유를 지양하고, 스스로의 주장에 더욱 사회적인 책임감을 가졌으면 좋겠다고 생각한다.

성은 지극히 개인적인 것이 틀림없다. 그러나 또한 지극히 사회적인 것이다. 그리고 성을 통해 한 생명이 잉태될 수도 있기 때문에 절대적으로 숭고한 일이기도 하다. 그렇기에 동시에 생명을 잉태하기 위한 준비가 없이 이 행위가 이뤄진다면,

---

22) "학생에게 순결을 강요 말라!", 한국교육신문, 2014년 11월 23일.
23) "청소년 모텔, 룸카페에 무슨 일이", 부산일보, 2023년 2월 18일.

지극히 불행한 가정적, 사회적인 문제가 발생하는 것이다. 아직은 이에 대한 사회적인 판단 능력이 미약한 청소년들에게 성을 무분별하게 즐기는 것을 권유하는 듯한 사회적 인상을 주면 곤란하다.(성에 대한 필자의 의견을 언급하는 것이 본서의 목적은 아니므로 이 정도로 줄인다.)

예를 들어, 어떤 14세 여학생이 자신의 의지로 동네 20살 남자와 합의한 성관계를 가진 후 임신을 했다고 가정해보자. 이 14세 소녀의 인생에 얼마나 많은 도전과 과제, 그리고 책임이 생길지, 또한 그녀라고 부르기도 어설픈 이 소녀의 앞으로의 삶을 얼마나 짓누를지는 건전하고 상식적인 한국 부모라면 누구나 공감할 수 있을 것이다. 그 어떤 부모라도 한국 사회의 문화와 가치관 가운데 이를 결코 기뻐하거나 지지할 수 없다. 왜냐하면 14세 여학생이 임신에 이르기까지 내렸던 판단은 아직 신체적으로, 정서적으로, 정신적으로, 사회적으로, 그리고 법적으로 미숙하기 때문이다. 하지만 부모가 아동을 보양하고 교육하기 위해 딸의 임신과 그 과정이 옳지 않고 틀렸다고 이야기한다고 하자. 학생인권조례상 이는 아동을 차별한 것이고 사생활을 침해당한 것이며, 그 부모는 그 자녀의 반응 여하에 따라서 아동의 인권을 짓밟은 불법한 부모가 되는 것이다.[24]

그러나 학생인권조례상으로는 불법을 범한 이 부모에게도 근원적인 의문과 억울함이 남는다. 다시 화제를 학생인권조례의 임신과 출산으로 차별받지 않을 권리에 대해 돌려보자. 학생인권조례가 교육에 대한 진지한 연구와 검토 없이 모호하고 포괄적으로 차별에 대한 선언을 함으로써, 성에 대한 호기심과 충동이 강한 청소년기의 학생들에게는 그것이 성에 대한 해방으로 받아들여지게 되고, 이것은 초등학생들의 조숙함에도 영향을 미쳤다. 특별히, 초등학생의 성범죄가 실제로 2010년 이후 급상승 중이라는 사실은 여러 보도 기사를 통해 확인할 수 있다.(이와 관련된 기사는 후술할 내용에서 밝히겠다.) 현재 중, 고등학생들에게는 성인의 연애와 방불한 현상이 대낮과 공공의 장소에서, 무분별하고 대담한 스킨십 등의 형태로 공개적이고도 광범위하게 나타나고 있고, 이런 목격담은 주변에서 너무나 흔하게 들린다. 그러나 누구 하나 제지하는 어른이 없다. 인권을 존중해서가 아니라, 대부분 어린 것들에게 자칫 잘못하면 봉변을 당하기에 그저 눈감고 지나갈 수밖에 없는 것이다. 교사

---

[24] 서울시 학생인권조례 제13조, 제16조 등.

의 권위가 무너진 세대에게 경노사상(敬老思想)이나 경장(敬長)의 전통은 기대조차 할 수 없다. 교사의 권위가 사라진 요즘, 이런 생각들은 학생들에게 그저 '꼰대'의 헛소리고, 봉변을 당하기 딱 좋은 망발일 뿐이다.

그러나 근본적으로 동성애를 망라해서, 학생인권조례가 열어놓은 성의 개방과 확대는 대한민국의 헌법에 근거가 없을 뿐 아니라, 유엔의 아동권리협약에서도 "18세 미만의 아동은 신체적, 정신적 미성숙으로 인해 특별한 보호와 배려가 필요하다."[25)]라고 규정한 내용에 정면으로 배치(run count to)된다. 그 외에도 아동의 최선의 이익(Best Interests of the Child)에 대한 조항에 해당하는 제6조, 제28조, 제32조, 제34조에도 배치된다고 판단할 수 있다. 어린 학생들에게 성을 즐길 수 있는 권리는 나이가 어릴수록 아동의 건강권과 절대적으로 밀접한 관계가 있어, 이를 성인처럼 향유하는 권리를 부여하는 건 언어도단이다. 청소년의 정서 및 심리적인 그리고 사회적인 상황까지 고려한다면, 아동들의 성(性)적인 활동은 신체적, 정서적, 심리적인 성장에까지 치명상을 입힐 우려가 있기 때문에 더욱 용인될 수 없다. 특별히, 동성애를 수용하고 그 권리를 가르치라는 학생인권조례의 권고대로 신체적, 정신적, 정서적으로 미숙한 청소년의 성이 동성애와 결부된다면, 특별히 성에 대한 호기심이 강한 청소년들을 에이즈와 같은 가공할 성병에 노출하는 결과를 가져올 것이 확실하다고 생각한다. 그렇기에 십 대 청소년들에게는 절대 성에 관한 부분을 무분별하게 허용해서는 안 된다.

이쯤에서 약간 결이 다르지만, 학생인권조례의 내용상의 모순을 지적하며 폐지를 주장하고자 한다. 학생인권조례 제1조나 제2조 6항을 보면, "'학생인권'이란 '대한민국 헌법' 및 법률에서 보장하거나 '유엔 아동의 권리에 관한 협약' 등 대한민국이 가입 비준한 국제인권조약 및 국제관습법에서 인정하는 권리 중 학생에게 적용될 수 있는 모든 권리를 말한다."고 명시하고 있다. 그렇다면 학생인권조례 제1조, 제2조에 의해 우리는 '유엔 아동권리협약'을 준수해야 한다. 동시에 학생인권조례의 5조, 13조, 26조, 29조, 31조 등이 유기적으로 연관되어 학생의 건강권과 사회권에 침해를 야기할 수 있는 성 오남용의 사례가 광범위하게 나타났을 때 조례를 준

---

25) 유엔 아동권리협약 전문 일부: … 아동권리선언에 나타나 있는 바와 같이, 아동은 신체적·정신적 미성숙으로 인하여 출생 전후를 막론하고 적절한 법적 보호를 포함한 특별한 보호와 배려를 필요로 한다는 점에 유념하고 …

수해야 한다면, 이는 조례 안에서도 그 근거가 된 유엔 아동의 권리에 대한 협약과 내용상 상충되어 이율배반에 해당한다. 따라서 이런 무리가 없도록, 조례의 조항들을 더욱 명확히 규정해야 한다. 그러나 이럴 필요 없이, 불법적인 학생인권조례를 전면 폐지하는 것이 가장 좋은 대안임을 제시한다.

아울러 동성애와 같은 문제가 아니더라도, 성을 개방함으로써 사회적, 경제적으로 독립되지 않은 청소년들에게 임신과 출산 과정을 사생활이라는 이름으로 누릴 수 있도록 권리를 부여한(조례를 검토하다 보면 이런 규정 자체가 명확하지 않고, 모호한 단어들을 기술함으로 어떤 행위에 대한 근거를 남기는듯한 느낌을 준다. 제정 당시에 저항을 줄일 목적이었을지는 모르지만, 이를 통해 혼란이 가중되고 있다.) 학생인권조례에 따르려면, 교사는 학생들에게 임신 문제가 제기되지 않도록 피임을 하며 즐기라는 반윤리적인 주장을 교육할 수밖에 없거나, 임신을 하게 될 경우에는 잉태된 생명에게 무책임해도 된다는 무자비한 주장을 가르칠 수밖에 없게 된다. 이것은 2010년 이후 통계조차 제대로 알 수 없을 정도로 유행처럼 번지고 있는 무수한 낙태 살인과 끔찍한 영아 살해 사건, 그리고 유기사건과 결코 무관하지 않다. 이런 현상은 학생인권조례가 작동하는 한 더욱 급증할 것이며, 학생인권조례를 수용한 대한민국 교육에 있어서 최대 실패의 단면으로 역사에 기록될 것이다.

지금 고등학생도 중학생도 아닌, 겨우 초등학생밖에 안된 우리 자녀의 뒷모습을 보며, 진정으로 교사가 학교에서 성관계할 권리와 피임 교육을 가르쳐야 한다고 믿는지, 아니면 남미나 아프리카의 미개한 나라처럼 그냥 무책임하게 되는 대로 막 낳고 살아도 가치 있는 인생이라고 가르쳐야 한다고 생각하는지, 바로 우리 어버이 세대가 깊이 성찰해야만 하는 때다.

이런 학생인권조례로 인한 거대한 악영향이 우리 아동들에게 조수(潮水)와 같이 밀려들고 있다. 이로 인한 교육들은 학생들의 교육과 관련성이 너무 적거나 희박하고, 자유와 쾌락 발산에 편집적인 경향을 갖추고 있어서, 일반적으로 봤을 때도 학습에 방해가 되고 있다. 특별히, 성을 잘못 교육함으로 청소년의 성범죄가 급증하는 씻을 수 없는 과오를 저질렀다.

06

성교육에서 성폭행으로

초등학생 때부터,
심지어는 초등학교 1학년 때부터도
성비행(성추행과 성폭행을 망라해서)이
시작되고 있다는 점이다.
이것은 무서운 경고다.
다시 말하면, 성범죄가 극단적으로
연소화되고 있다는 것이다.

 문화일보가 2012년 1월 5일, 윤명화 서울시 의원을 통해 입수한 서울시 교육청의 일선 학교 행정감사 비공개 자료를 분석한 결과를 보도했다. 보도 내용을 요약하면 아래와 같다. 밑줄 친 부분을 유념해 주기 바란다.

 학생 간의 성추행과 성폭행 사건이 중, 고등학교도 아니고 <u>초등학교에서 발생하고 있어</u> 충격을 주고 있다. 해마다 그 숫자도 늘고 있는 것으로 나타나 특단의 대책이 시급하다.
 이 자료에 따르면, 지난 2010년 말 서울 시내의 한 초등학교 6학년 남학생이 교내 계단에서 2학년 여학생의 치마를 올리고 속옷 속으로 손을 집어넣어 성추행을 했다. 학교에서 여러 명 앞에서 행해진 이 같은 일을 당한 후, 여학생은 오랫동안 심각한 후유증을 앓고 있는 것으로 알려졌다. 학교 측은 가해 학생에 대해 <u>특별히 전학 조치를 취한 것</u>으로 보고됐다.
 이밖에도 서울시의 또 다른 <u>초등학교에서 1학년 남학생</u> 2명이 정신지체 장애를 가진 1학년 여학생을 남자 화장실로 데려가 바지를 벗기는 등 성추행한 사실도 밝혔다.
 초등학생들 사이의 성범죄는 지난 2009년 행정감사에서는 단 1건도 보고되지 않았지만 2010년에는 2건이 보고됐고, 2011년에는 8월까지 3건이 조사되는 등 계속 증가 추세에 있는 것으로 확인됐다. 또 그 수법이 성인 범죄를 빼닮은 것으로 드러나면서 충격을 주고 있다.
 전문가들은 "이 같은 학교 성폭력 행태는 초등학교에도 중, 고등학교의 일진 같은 조직과 범죄 경향이 침투해 있다는 사실을 말해 준다."면서 "민원이나 진정 등을 통해 당국이 조사한 게 이 정도라면 <u>실제 초등학교에서 일어나는 드러나지 않은 성범죄는 이보다 몇 배 이상 훨씬 많을 것.</u>"이라고 분석했다.
 자료에 따르면, 중학생 성범죄는 더 심각한 상황이다. 2009년 2건에 불과했던 중학생 사이에서의 성범죄는 2010년에 16건으로 늘었고, 2011년 8월까지 27건으로

폭증했다. 특히 중학생들의 성범죄는 때와 장소도 가리지 않았다.[26]

군이 밑줄 친 부분을 유념해 읽지 않아도 우리는 기사를 보고 직관적으로 현 청소년 성비행 현상의 단면, 특히 범죄의 연소화 현상이 얼마나 심각한지 단번에 느꼈을 것이다. 또한 이 보도 기사를 통해 우리가 알 수 있는 청소년 성비행 현상에 대한 특징이 몇 가지 있다.

첫째는 초등학생 때부터, 심지어는 초등학교 1학년 때부터도 성비행(성추행과 성폭행을 망라해서)이 시작되고 있다는 점이다. 이것은 무서운 경고다. 다시 말하면, 성범죄가 극단적으로 연소화되고 있다는 것이다. 요즘 청소년의 성비행은 1970-80년대의 '아이스께끼[27]' 수준의 장난으로 치부할 수 있는 것이 결코 아니다. 2017년 2월 8일 한국일보의 보도에 따르면, 권익위에 접수된 학교 성폭력 민원 접수 현황은 총 750건 중 대학교 44건, 고등학교 181건, 중학교 120건, 초등학교 213건, 미취학 74건으로, 대한민국 학교 성폭력 최대의 가해자는 초등학생으로 드러났다.[28]

둘째는 청소년의 성비행이 대담해지고 있다는 점이다. 학생들이 보든 말든 거의 공개적으로 죄책감 없이 성범죄를 저지르고 있는데, 특히 이것이 성에 대한 지식은 많고 사회화는 덜 된 초등학생 시기의 강한 호기심이 동기로 작용한 모방 범죄의 성격이 강하다는 것이다. 그러니 이런 현상은 초등학생을 향한 개방 위주의 성교육이 뭔가 잘못됐다는 방증이라고 생각한다.

셋째는 학교 당국의 예방을 목적으로 한 교육뿐 아니라 대책이 사실상 거의 없다는 점이다. 사건화되면 학부모들끼리 쉬쉬하는 분위기로 졸속으로 처리하고 정작 학교 당국은 교장을 포함해서 거의 권한이 없다 보니, 가해 학생을 포함해 무탈하게 수습만 하면 감지덕지인 형편이다. 그렇기 때문에 초등학교 성범죄는 진지하게 연구조차 되지 못하고 있다. 실제로 2020년 당시 현행법상 교장의 권한으로 학생

---

26) "6학년이 2학년 공개 성추행…성인보다 더해 '충격'", 문화일보, 2012년 1월 15일.
27) 아이스께끼: 주로 초등 남학생이 여학생의 치마를 들추며 "아이스께끼!"하고 도망가면, 여학생들이 뒤쫓아와 때려주고 하던 짓궂은 장난이다. 현재는 학교에서 이를 명백한 성추행으로 규정하고 교육하고 있다.
28) "학교 성폭력, 최대 가해자는 초등학생", 한국일보, 2017년 2월 8일.

을 수업에서 분리시킬 수 있는 기간은 최장 일주일 미만이었다. 이런 상황에서 초등학교에서조차 학생들의 성범죄를 방지하고 교육할 수 있는 수단이 없기 때문에 초등학교 성비행 문제는 나날이 심각해지고 있는 것이다.

아래 내용은 2017년 연합뉴스의 보도 내용이다. 위 문화일보의 보도보다 약 5년 후의 통계를 다룬 보도다. 즉, 문화일보 보도 시점의 초등학생들이 중, 고등학생이 될 시기의 통계임을 유념해 주기 바란다. 아울러 연합뉴스의 보도를 이해하기 편하게 또 다른 통계를 요약했다. 이것이 2015년도부터는 어떻게 달라졌는지 먼저 연합뉴스의 보도부터 살펴보자.

학교 폭력 가운데 성폭력은 유독 급증세를 보이는 것으로 나타나 정부가 대책 마련에 나섰다. 정부는 24일 정부서울청사에서 성폭력 예방 교육 내실화 등 학교 성폭력 예방대책을 논의했다.
초·중·고에 설치된 학교 폭력대책자치위원회에서 심의한 학생 간 성폭력(성희롱, 성추행, 성폭행 등 각종 성 관련 사안) 건수는 2015년 1천 842건으로 2012년(642건)보다 3년 만에 3배가량 늘었다. 2013년 878건, 2014년 1천 429건 등으로 매년 증가하고 있다.[29]

아래는 연합뉴스의 보도를 이해를 돕기 위해 또 다른 통계를 요약한 것이다.

또 이화여자대학교 학교 폭력 예방연구소가 정책연구를 위해 2015년 전국의 초·중·고생과 교원 총 4만3천211명을 대상으로 설문 조사한 결과, 성폭력 피해 응답률은 초등학생이 2.1%로 가장 높고 고교생 1.9%, 중학생 1.4% 순으로 조사됐다. 가해 응답률은 고교생 2.2%, 중학생 1.7%, 초등학생 1.6%였다. 성폭력 피해 유형별로는 성희롱이 55.3%로 가장 많고 성추행 28.3%, 사이버 성폭력 14.1%, 성폭행 2.3%로 나타났다.
특히 성폭력 유형 가운데, 가장 많은 성희롱의 경우 '같은 학교 같은 학년 학생'에게 피해를 당한 비율이 초등학생 73.5%, 중학생 73.8%, 고교생 60.5%로 모두 높게 나타나 또래 학생 간 성폭력 예방 교육의 필요성을 시사했다.

---

[29] "학교 폭력 주는데 '성폭력'은 급증...초등생 '최다'", 연합뉴스, 2017년 2월 24일.

대한민국의 학교 성폭력 범죄의 상황은 이토록 심각하게 급증하고 있다. 그러나 진단과 대책은 형편없이 함량 미달이다. 사회교육 부총리가 참석해서 주재한 자리에서조차 겨우 문제에 대한 진단만 거론한 수준이지, 사실상 대책으로서 의미 있는 결과는 없었다. 학교 성폭력의 급증은 유사 이래 그 양적인 증가와 함께 십 대 청소년 성폭행의 심각성이 성인의 그것을 방불케 하는 수준을 넘어가고 있는데, 그에 대한 대책이라는 것은 유치원의 성교육 교재 같은 토론, 상황극 등 원론적인 수준의 것뿐이니 과연 이런 대책이 현실성이 있을지 의문이 앞선다. 보도에 의하면, 학교 성폭력 문제에 대한 대책이라고 발표된 내용은 이러하다.[30]

① 이에 따라 정부는 학생들에게 '사소한 장난도 성폭력이 될 수 있다'는 인식을 확고히 심어 주도록 초등학교 단계에서부터 예방 교육을 내실화하기로 했다.

② 올해 초등학교 1천 200곳에서 학교 주변 '아동 안전지도'를 이용해 토론, 상황극 등 이해, 활동 중심 예방 교육을 하고, 중학교에서는 자유학기제와 연계해 청소년 성문화센터, 청소년 경찰학교 등에서 예방 교육을 받게 할 계획이다.

③ 공모를 통해 성폭력 우수 수업 지도안을 개발해 보급하고, 교육부와 여성가족부, 경찰청이 함께 가해 유형별 성폭력 사안 처리 공동 매뉴얼도 제작하기로 했다.

④ 피해 학생 다수가 신고하기를 꺼린다는 점을 고려해 3-4월을 학교 성폭력 예방 강화 기간을 경찰청 중심으로 운영하고, PC, 스마트폰 등을 통한 학교 폭력 익명 신고와 상담 서비스도 강화하기로 했다.

⑤ 전문 상담 교사를 초등학교에 우선 배치하고, 피해 학생에게 교내외 전문 상담기관이나 병원과 연계해 상담, 치료 지원을 할 계획이다.

이렇게 다섯 가지로 현 문제에 대한 대책을 마련했다. 그러나 이 대책의 실효성에 믿음이 생기지는 않는 한 가지 이유가 있다. 그것은 이 대책을 가지고 학교 현장에서 직접 주도권을 행사할 수 있는, 또한 주도권을 행사해야 할 학교의 근원적인 집단이 실제로는 학교에서 배제되어 있기 때문이다. 그들은 학생들과 가장 밀접한 관계를 형성하고 있는 교사와 그 정점에 있는 교장이다. 하지만 교사와 교장은 실제로 학교 현장에서 아무런 영향력을 펼칠 수 없는 상태다. 현재 교장은 학교 내에서 아동들과 업무가 분리되어 있어 이런 문제에 직접적인 영향력을 행사할 수 없고, 교사들도 학생인권조례나 아동복지법으로 인한 고소와 고발의 마수에 걸리지

---

30) "학폭 줄었지만 성폭력은 늘었다", 서울신문, 2017년 2월 24일.

않기 위해 무기력해져 있으므로 오히려 대책에서 빠지게 된 것을 다행으로 여길지도 모른다. 실제로 학교에서 누구보다 강한 영향력을 행사해야 할 교사들이 모두 배제된 상태에서, 이런 대책은 효과를 볼 수 없다고 확신한다.

그러나 사실 이 대책에서 교사 집단이 중추적인 역할을 맡는다고 해도 기대가 되지 않는 이유가 하나 더 있다. 학교 성폭력 문제에 대해 어떤 대책을 마련하고, 누가 그 역할을 수행할 것인지보다 더 중요한 것이 있다. 그것은 '정확한 진단'이다. 이 진단을 통해서 문제 해결을 위한 가장 유용한 로드맵이 작성되기 때문이다. 환자에게 치료는 중요하다. 하지만 무엇보다 발병의 원인과 그 원인을 기준으로 내린 정확한 진단을 통해 좋지 않은 음식이나 약물, 환경이 제거되고 유입되지 못하게 해서, 최종적으로 건강을 회복할 수 있도록 돕는 것이 가장 중요하다. 마찬가지로 학교 성폭력 문제가 왜 이렇게 급증하는 양상을 띠는지, 그리고 무엇을 제거하고 무엇을 투입해야 하는지에 대한 정확한 진단이 필요한데도 불구하고, 지금까지 그에 대한 논의는 요원하기만 하다.

어떤 전문가는 청소년들의 성범죄가 늘어난 원인이 자극적인 정보를 무분별하게 쏟아내는 인터넷과, 각종 인터넷 사이트와 스마트폰 채팅 등 마음만 먹으면 범죄를 저지를 수 있도록 조성된 환경에 있다고 말했다. 그러나 이전 세대에도 매체는 다르지만, 음란물은 항상 존재했다. 인터넷과 스마트폰 매체가 플러스 요인이 됐음을 부정할 수는 없지만, 이렇게까지 급격하게 성범죄율을 상승시킨 원인이라고 설명하기에는 역부족이라고 생각한다.

그렇다면 이런 현상의 제1원인은 무엇인가? 학교 성폭력 범죄 또는 청소년 성폭력 범죄 급증의 제1원인은 학생인권조례가 교육 현장과 학교 등 한국 전 사회에 선언적으로, 실효적으로 군림하고 있기 때문이다. 이러한 청소년 성폭력과 학생인권조례의 양의 상관관계를 인정하지 않을 수 없는 것은, 우선 통계의 시기가 일치한다는 점에 있다. 먼저, 학생인권조례가 학교 현장에서 학생들의 성에 관한 관심과 욕구를 인권으로 치부해 발산하도록 교육했다. 그 결과, 전통적으로 가르치던 성에 대한 절제, 생명과 가정의 기초가 되는 자격과 책임, 그에 대해 가르치던 규범을 낙후된 것으로 오도해, 성의 윤리가 학교 현장에서 일시에 제거되는 현상이 발생했다. 방종이나 다름없는 자유주의를 우월시하는 교육학자들에게 넘어간 교육감들과 그 정책은 학생들이 청소년의 성을 권리로만 인식도록 한 환경적 요인을 제공했다. 이와 같은 교육 당국의 무능과 무식도 이런 현상에 대한 원인의 한 몫을 차지했다. 진보 교육감들은 선출직인 그들의 이해관계에 따라 그 무엇도 검증하지 않은 채, 서구의 자유주의 사조에나 등장하는 성에 대한 교육적인 개념을 마치 선거의 현란한 구호처럼 학교 현장에서 사용하도록 방치했고, 이를 제대로 검증하고 제지할 교육학자나 교사 집단도 없었다. 교육은 학생의 인생을 걸고 결코 그 어떤 불확실한 실험도 이뤄져서는 안 될 영역인데도 불구하고 무모할 정도로 논란이 많은 성 정체성과 젠더, 소수자 등의 수많은 이슈들로 어린 학생을 맹폭하면서, 우리 학생들의 성 의식과 윤리는 거의 진공 상태로 방치됐다. 그런 결과가 이런 믿고 싶지 않은 통계로 나타나고 말았다.

학부모들도 물론이지만 교육에 관심이 없는 유권자들은 학생인권조례에서 말하는 인권의 개념이 뭔지 모르는 상태로, 입후보한 교육감의 자질을 검토할 여건과 기회도 받지 못한 채 이슈를 선점한 사람이거나 조금 더 유명하고 익숙한 이에게 표를 내줬다. 그 결과, 학교와 공교육의 근간은 급속도로 편향된 이념에 송두리째 넘어갔고, 그 부정적 파급 효과는 우리의 아동들을 성폭행 피해자로, 그리고 성폭행 가해자로 낙인찍히게 했다. 진정한 의미에서 성폭행 가해자가 된 이 아동들도 학생인권조례가 보장한 엉터리 인권과 자유의 피해자라고 봐야만 한다. 이렇듯, 초등학생들의 성범죄 비율을 보면 지난 십여 년간 학생인권조례의 각 조항의 규정들이 얼마나 학생들의 인격과 정서와 그들의 삶에 악영향을 끼치는지 증명되고도 남는다. 그리고 이 사회 속 교육의 현장에 있는 어른이라고 불리는 교사와 학부모들이 얼마나 소심하고, 무능했고, 무지했는지 이 또한 증명되고도 남는다.

그러므로 이제는 현행 학생인권조례를 폐지하고, 진정한 진리와 정의로운 가치를 교육할 수 있는 전통과 진보, 교권과 학생인권, 사회와 교육이 조화로운 학생인권조례를 만들어야 한다.

07

교권 상실의 시대 1: 교육은 핸드폰 너머로 사라졌다

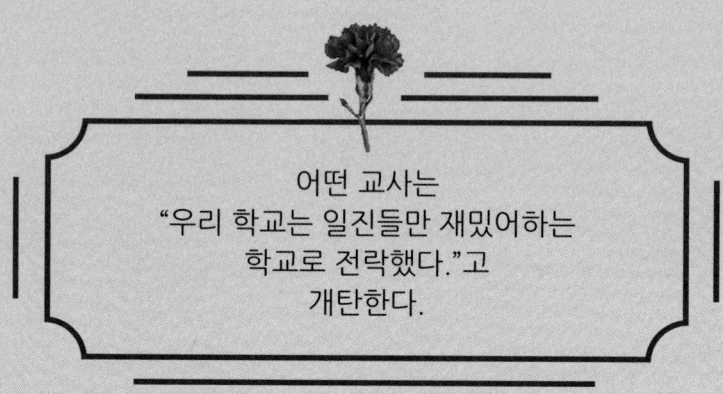

어떤 교사는
"우리 학교는 일진들만 재밌어하는
학교로 전락했다."고
개탄한다.

    대한민국의 학생인권조례는 학생의 각종 권리를 보장하면서도 교사의 교권은 전혀 보장하지 않은 채, 교사의 의무적인 사항만 평균적으로 40여 개 이상을 명시하고 있다. 학생 권리 교육을 받은 학생들은 '교사고발 조항'으로 인해 교사가 조금이라도 언성을 높이면 증거를 잡는다고 핸드폰 카메라를 들이대면서 교사들의 훈육권을 무력화하고 있는데, 이것은 현재 보편적인 현상이다.

    실제 어떤 초등학교 교사는 숙제 안 한 학생에게 손을 들고 화장실을 가라고 했다고 아동학대로 고소를 당했고, 또 다른 교사는 수업에 방해가 되기에 핸드폰을 걷으려다 학생인권조례로 인해 걷지 못했으며, 오히려 그 일로 온종일 녹음 당하다가 꼬투리를 잡혀서 신고를 당하기도 했다. 지금 교육 현장에는 이런 현상이 비일비재하다. 그러나 문제 학생에 대해서 교사가 할 수 있는 일은 전혀 없다. 유일하게 할 수 있는 일이라면 자조 섞인 한숨을 내뱉으며 자존심을 죽이고 인내하는 것뿐이다. 학생을 야단치면 조롱과 모욕, 그리고 학부모의 일방적인 항의가 빗발치니, 문제 학생과 눈이 마주치기만 해도 공황장애가 올 정도라는 교사들의 호소도 곳곳에서 들려온다. 어떤 교사는 "우리 학교는 일진들만 재밌어하는 학교로 전락했다."고 개탄한다.

    교육부 자료에 의하면, 경기도 교육청에 접수된 교권 침해 사례는 학생인권조례가 시행되기 이전인 2010년에는 130건에 불과했지만, 조례가 시행된 직후인 2012년에는 1,691건으로 급증했다.[31] 불과 2년 사이에 1300%나 증가한 것이다.
    학생인권조례가 발표된 이후 조례 미발표 지역에서조차도 학생인권조례의 영향으로 대동소이하게 교권 침해 사례가 폭증하고 있는 상황이다. 학생에 의한 폭행, 폭언, 욕설, 협박, 성희롱, 의도적 수업 방해, 지도 불응 등 교권 침해를 당한 경험이 있는 교사는 각 교육청 조사에 의하면 2020년 이후 대략 50% 이상이라고 봐도 무

---

31) "교육계, 곳곳에서 교권 강화 움직임 가시화…갈등 불씨 남아", NEWSIS, 2018년 12월 31일.

방하다. 이들 중 3.3%는 병원 치료, 2.8%는 병가를 내거나 휴직을 했다. 교권 침해를 받은 교사의 64.5%는 가해 학생과 상담하는 것으로 상황을 마무리했고, 30.1%는 어떤 대응도 하지 않았다.[32]

학교와 교실은 무너져 학생들에 대한 생활지도와 인성교육은 기대할 수 없고, 교사들은 자기 보호를 위해 소극적인 교육과 대응밖에 할 수 없는 상황이다. 이런 자조적인 분위기만이 대한민국 교단을 점거하고 있는 현실이다.

각 시도교육청의 학생인권조례에서 교권 침해의 빌미를 제공할 수 있는 조항을 간추려 봤더니, 대략 세어도 십 수 가지가 넘는다. 이 조항들은 거의 공통적으로 모호하고 포괄적이어서, 법 규정으로서 명확성의 원칙에 위배가 되는 규정이었다. 또한 이런 규정은 가벌성이 넓어서 교사들을 위축시키며, 건전한 육백만 학생들의 수업을 방해하고 있다. 교육계는 이를 방치하고 학생인권 타령을 하며 교권 제약만을 염두에 둔 조례로 인해 교사들은 설 자리를 잃었다.

2022년도 8월, 충남 홍성의 한 중학교에서 남학생이 교단에 누워 수업 중인 여교사 옆에서 핸드폰을 사용하는 영상이 소셜 미디어에 돌았다.[33] 수업 중인 여교사가 서 있는 교단에 누워 불과 1.5미터 정도 거리에서 여교사의 뒷모습을 촬영하는 학생, 이 모습을 촬영하는 학생들, 또한 다른 날, 같은 교사의 수업 중 여교사가 보는 데도 젖꼭지며 겨드랑이 털이 다 보이게 웃통을 벗고 있는 학생(촬영 사건 일주일 전이었다.), 이 모든 장면들을 보고 그저 웃고 떠드는 학생들, 그리고 이러한 학생들을 무기력하게 바라만 보던 여교사가 한없이 불쌍하게 보였다. 마치 규율이 없는 오합지졸 군대의 모습이었다. 과연 이 교실에 교육의 효율과 경쟁력이 있을까 심히 의심스러운 장면이었다. 이런 장면들은 교권 침해를 벗어나서 사실상 성추행 범죄와 다름이 없지만, 지금까지 이 학급 학생들이 자숙하는 태도를 보이거나, 부모 중 한 명이라도 사과하는 일은 없었다. 그나마 사회적인 문제가 되면, 학생들은 어리다는 이유로 교사에게 한없는 관용을 요청하고(실제로 그 교사도 촬영한 아동을 용서했다.), 교

---

32) "경남 교사 70% "교권 침해 갈수록 늘어난다"", 한겨레, 2017년 5월 15일.
33) "수업 중인데 교단에 누워 핸드폰 만지작…교권 침해·몰래촬영 조사", MBN 뉴스, 2022년 8월 30일.

사의 말 한마디를 문제삼아 고발해 죽음으로 내모는 무서운 이중성을 가진 이 현실을 하루라도 빨리 타파해야 한다. 만일 교사들이 미국의 교사들처럼 경찰을 부르고 학생을 고발했다면, 그 학부모들이 어떻게 반응할지 정말 궁금하다. 이런 학생들의 부모가 사건이 보도된 다음 날이라도 선생님을 찾아와 몇 번이나 머리를 조아렸는지 정말 궁금하며, 이런 학부모들의 이기적인 이중 잣대가 진정 무섭기만 하다. 이런 혼란스러운 교실 속에서 진짜 피해자는 대개 가려져 있는데, 그것은 수업을 듣고자 하는 많은 학생들이다. 그들의 학습권과 수업권의 상실로 인한 피해는 어떻게 보상받을 수 있는지, 이에 대해 진지하게 묻는 이가 없다.

이 사례에서 제기된 것처럼, 학교 현장에서 심각한 갈등이 일어나는 이유 중 하나는 핸드폰의 사용이다.

제13조(사생활의 자유)
④ 학교의 장 및 교직원은 학생의 핸드폰을 비롯한 전자 기기의 소지 및 사용 자체를 금지하여서는 아니 된다. 다만, 교육 활동과 학생들의 수업권을 보장하기 위해 제19조에 따라 학생이 그 제정 및 개정에 참여한 학교규칙으로 학생의 전자 기기의 사용 및 소지의 시간과 장소를 규제할 수 있다.

문제 많고 탈도 많은 규정이 여기 있다. 이 조문의 경우에 문제가 되는 두 가지 부분이 있다.

첫째는 "소지 및 사용 자체를 금지하여서는 아니 된다."는 부분이다. 조문 자체로 보면 경우에 따라 금지할 수도 있다는 여지를 주고 있지만, 학생들은 대부분 금지하면 안 된다고 반응한다. 안 그래도 교권에 대한 권위가 실추된 이때, 학생들이 이 조항을 근거로 핸드폰 사용을 고집하면서 교사와의 갈등이 계속 발생하고 있다. 더구나 한국은 국가인권위원회에서 학교에서 핸드폰 소지 제한은 인권 침해라고 규정했으며, 2021년 11월 30일에 학교생활 규정을 개정할 것을 정식으로 권고했다. 이에 학교에서는 사실상 수업 중 핸드폰 사용을 학칙으로도 막기 어려운 상황이고, 2023년 현재도 마찬가지다.[34]

---

34) "국가인권위원회, 휴대전화 제한 '학생생활규정 개정 권고' 불수용", 매일안전신문, 2023년 10월 10일

서울의 한 중학교 교사는 "수업 중에 딴짓하는 건 못 본 척한다 해도, 핸드폰 때문에 생기는 심각한 문제가 너무 많다. 불법 촬영이나 불법 녹음, 사이버 괴롭힘 등이다. 진짜 날마다 '핸드폰과의 전쟁'이다."라고 호소했다.[35]

모호한 규정과 인권위원회의 균형을 잃어버린 판결은 교사의 정당한 업무를 방해할 뿐 아니라, 전 국민이 동영상으로 본 홍성 모 중학교의 사례처럼 교사와 학생이 각종 불법의 피해를 감수하도록 만들고 있다.

둘째는 "제19조에 따라 학생이 그 제정 및 개정에 참여한 학교규칙으로 학생의 전자 기기의 사용 및 소지의 시간과 장소를 규제할 수 있다."라는 부분이다. 학생인권조례 19조는 학생의 "학칙 등 학교규정의 제·개정에 참여할 권리"를 보장한다고 명시한다. 즉, 명시된 조항대로 학교 내에서 자치적으로 핸드폰 사용에 대한 규정을 제정하라는 뜻이다.

학생들의 의견이 우선시되는 자치회에서 교사의 수업권이 보장되는 규정이 제정된다는 것은 현실적으로 이뤄지지 않는 이상적인 일인데도, 이런 명목상 허울뿐인 조항을 통해 결론적으로는 학생들의 핸드폰 사용을 무차별적으로 허용하고 있는 현실이다. 이로 인해 건전한 대다수의 학생들이 입는 학습적 피해를 학부모들은 전혀 모르고 있는 것 같다.

명백히 수업에 지장을 초래하는 전자 기기의 소지는 학교장의 권한을 통해 학교 운영규칙으로 제정해서 시행하고, 필요한 부분을 학생 자치회에서 건의 형식으로 합의해 시행하면 시비가 일어날 일도 없다. 학생인권조례를 제정한 주체들은 갈등 자체를 상당히 즐기는 '갈등 선호 종족'인 것 같다.

이런 여지 때문에 교사와 학생들 간의 불필요한 소모전은 지금도 계속 이어지고 있고, 교실에는 수업은 없고 대신 촬영만 있다. 교사들은 오직 '일진'들을 위한 학생인권조례 제13조(사생활의 자유)를 지켜주기 위해 죽음으로 내몰리고 있다. 건전한 대다수 학생의 수업을 공전(空轉)시키고 있는 우리나라의 교육 당국과 학부모, 그리고 인권위원회는 '학생의 휴식권'과 '학생의 차별받지 않을 권리'를 덤으로 얹혀 주는, 그야말로 '교육 방치 천국'을 만들고 있다.

---

35) "권리만 있고 의무는 없다"…'학생인권조례' 폐지되나", 주간조선, 2023년 4월 12일.

08

교권 상실의 시대 2:
과도한 학생 권리,
교권 참사의 원흉

약 1주간 수집한
교권 침해 사례집의 분량이
약 150여 쪽에 이르는데,
그중에서도 교권이 얼마나 무너졌는지
보여준다.

    이것이 덕담인지는 모르겠으나, 포커스 전북에서 한 칼럼리스트가 "청소년을 미래의 주인인 동시에 오늘날 주체적 삶을 살아가는 존재로 존중해야 한다면, 이는 주체적으로 자신의 문제를 해결해 나가고 건강한 사회참여 의식을 갖춘 민주시민으로 존중해야 한다."고 글을 썼다.[36] 이것은 그의 말처럼, 미래의 주인인 청소년들을 격려하는 지향점으로서는 좋은 말이지만, 오늘날 주체적인 삶을 살아가고 있다는 청소년에 대한 가정 자체는 맞다고 하기에 무리가 있는 주장이다. 그의 발언과 그 논리를 떠나서, 일반적으로 사람을 칭찬할 때도 분명한 믿음의 근거가 있는 칭찬일수록 더욱 긍정적인 효과를 줄 수 있다고 믿는다.

    '주체적인'이라 함은 '주체성이 있는'이라는 뜻으로 통할 수 있다. '주체성'이라는 것은 '자기의 의지에 의해 무엇인가의 대상에 작용하는 자세'를 뜻한다. 또는 '주체로서 외부에 있는 객체에 자주적으로 작용해 그것을 변형시키는 전인적, 실천적인 태도'를 말한다고 볼 수 있다. 여기서 '주체'란 '의식적, 신체적인 자주적 행위자'를 뜻한다. 이에 "사회참여 의식을 갖춘 민주시민으로 존중"이라는 말을 결합하면, '의식적, 신체적인 자주 행위를 할 수 있고, 민주주의 정치 체계 안에 살면서 주권자로서의 역할을 실천하며, 그 사회의 의사결정에 적극적으로 참여해 개인의 권리와 의무를 책임질 수 있는 사람으로 존중'하자는 제안인 것인데, 청소년을 이 정도 수준으로 생각하는 것은 다소 부담스러운 일이다. 주체적이라는 것을 영어의 'indepent(독립적인)'와 'autonomous(자주적인)'로 이해하더라도, 우리의 청소년이 우리 사회의 '주체적인 삶을 살아가는 존재'라는 그의 말은 수긍이 안 된다. 이는 초등학생에게 나폴레옹과 같은 위인이 되라는 교육적인 격려로는 유의미하지만, 만약 "지금 너는 나폴레옹과 같은 위인이다."라고 말 그대로의 의미로 교육을 했을 때, 그 부작용은 심각할 것이다. 칭찬은 고래도 춤을 하지만, 과도하면 고래가 춤만 추다가 정신이 이상해질 수도 있다. 격려도 마찬가지다.

---

36) "청소년을 시민사회의 일원으로 존중하는 교육", 포커스 전북, 2022년 1월 11일.

청소년은 우리의 미래 자산이고, 어떤 것으로도 대체할 수 없는 소중한 존재지만, 그들이 스스로 독립할 만큼 신체적, 사회적, 경제적, 법적, 정서적으로 자주적이라는 말에는 동의할 수 없다. 아직 많은 성장이 필요한 청소년들에게는 양질의 교육이 필요하고, 이 필요는 아직은 청소년들에게 갖춰야 할 부분들이 많다는 것을 의미한다. 그러므로 이 양질의 교육은 전인격적으로 이뤄져야 하며, 지적인 능력을 포함한 인성적인 영역, 신체적인 영역, 사회적인 영역에서의 모든 교육이 절실하다. 교육은 뭔가를 가르치는 것만이 다가 아니다. 당연히 해선 안 되는 것을 금지하는 것도 교육의 일환으로서 필요하다. 아울러 교육의 방법론에 있어서 격려하고 칭찬하는 것도 필요하지만, 때로는 훈련시키고 책임을 물어 의무를 다하지 못할 경우에는 벌을 주는 것도 인류 역사상 한 지혜로 내려온 교육의 방법이다. 마치 빨강 신호등을 무시하고 횡단보도를 건너면 국가에 벌금을 내야 하는 것처럼, 숙제를 안 하면 그에 상응하는 벌이 필요함은 당연하다. 그것이 교육이다. 빨강 신호등을 무시하고 횡단보도를 건너는 아동을 못 본 척하거나 오히려 칭찬하고 상을 준다면, 그 아동을 잠재적으로 살인하는 것과 마찬가지다.

학생인권조례에 빼곡히 가득 차 있는 학생의 권리를 보면 소름이 끼친다. 그 이유는 이 조례를 제정한 주체가 학생에 대해 상당히 이질적인 두 가지 시각을 가지고 있기 때문이다. 첫째로, 조례 제정 당시 이전의 세계에서 학생들은 온통 부당한 처우를 당했고, 학교에 의해서도 심각한 권리 침해를 받았다는 시각이다. 둘째로는 학생들을 과대평가해서, 그들이 거의 방치에 가까운 상태에서도 주체적으로 성장할 수 있을 거라고 보는 과대망상적 시각이다. 조례 제정 학생들의 전반적인 인권이 이토록 취약했었는가도 의문이지만, 학생들을 자유롭게 놔두면 스스로 알아서 잘 성장할 것이라는 맹목적인 믿음(구성주의와 같이 인간 본질에 대한 철학적인 인식이 아닌, 그저 현실에 눈을 감은 학부모와 학생들에게 아부하는 베네수엘라식의 인기 영합주의로 느껴진다.)은, 필자의 경험상으로 절대 동의할 수 없다. 교직 생활을 하며 그런 학생을 단 한 명도 만나지 못했기 때문이다. 통계적으로 0.001%의 사람이 그냥 놔둬도 스스로 성장한다고 하지만, 그것조차도 어떤 특수한 한 분야에서 천재성을 발휘한다는 것뿐이다. 그러므로 전인 교육에 있어서, 누군가의 가르침이 우리 사회의 모든 학생들에게도 절대적으로 필요함은 당연지사다.

학생인권조례는 바로 이 부분에서 교사들의 교육권을 훼손했다. 교사의 징계권과 생활지도권을 박탈한 것이 바로 그것이다. 조례안 자체의 결함도 문제지만 현장에서 여러 부작용이 두드러진 이유는, 학생을 제외한 교사나 타인이 누려야 할 권리나 책임, 의무를 등한시했기 때문이다. 학교생활에 대한 학생의 책임과 의무는 없고, 그 권리만 명문화했기 때문에 교사의 지도권이 적용될 여지를 없애버렸다. 교육의 참 의미를 새긴다면 역설적으로 표현해서 '학생인권 침해조례'라 할 만하다. 대한민국 학생인권조례는 학생이 누려야 할 자유와 권리, 권리 침해에 대한 항목만 있을 뿐, 학생이 지켜야 할 의무나 타인의 권리 존중에 대한 항목은 전혀 없다. 이것이 학생들에게 왜곡된 인권 의식을 각인시켰다. 진정 비교육적이고 반민주적인 교육이 아닐 수 없다.

아동의 권리만을 나열한 학생인권조례와 달리 구성주의의 교육관이 교육의 한 주류로 기능하는 미국의 경우에서도조차, 학생의 권리를 규정하면서 동시에 의무 사항도 규정해 두 규정이 조화를 이루고 있다. 이는 앞에서 한 번 언급했던 '뉴욕 학생 권리'에 포함된 내용으로, 아래 각주에 밝힌 사이트에서 그 자세한 내용을 확인할 수 있다. 그 내용을 확인하면, 우리나라 학생인권조례와 비교했을 때 얼마나 큰 차이가 있는지 확연히 알 수 있을 것이다.[37]

이런 배경 아래서, 학생인권조례는 교사의 '정당하고 즉각적인 징계권', '생활지도권'을 박탈했다. 수업 참여는 고사하고, 학생들이 수업을 방해하거나 불참해도 교사는 벌을 줄 수가 없다. 심지어는 학생이 교사를 조롱, 모욕, 비하, 욕설, 희롱을 해도, 그에 대한 즉각적인 방어권조차 허용되지 않는다. 즉, 교사를 막대기로 때리고 여교사를 성희롱해도 즉각적인 징계는 불가능하다. 교사는 교사의 직을 포기하려는 결심을 하지 않는 한 문제 학생과의 대립을 줄여야 하고(교사들의 고백을 들어보면, 이때의 수치심은 극단적인 생각을 하게 될 정도로 심각하다고 한다.), 관리자인 교장은 사건화되는 것이 관리자인 자신의 입장에서는 너무 부담스러운 일이기에 가능한 유야무야(有耶無耶)로 수습하는 데 방점을 둔다.

---

[37] NYC Public School, "Student Bill Of Rights",
https://www.schools.nyc.gov/get-involved/students/student-bill-of-rights
NYC Public School, "Know Your Rights",
https://www.schools.nyc.gov/school-life/know-your-rights

학생인권조례 규정에 의해 학생을 처벌하려면, "학생에 대한 징계는 징계 사유에 대한 사전 통지, 공정한 심의 기구의 구성, 소명 기회의 보장, 대리인 선임권 보장, 재심 요청권의 보장 등 인권 기준에 부합하는 정당한 규정과 적법절차에 따라 이뤄져야 한다."[38]고 명시하고 있기에, 교사들은 웬만한 비행(非行)이나 공개되지 않은 잘못들은 차라리 포기하는 것이 자신의 신상에 이롭다고 판단하게 된다. 그 이유는 절차가 너무 복잡하고, 학부모가 그 과정에 필연적으로 개입하게 되므로, 교사들로서는 버거운 싸움이 되기 십상이기 때문이다. 이러므로 교사들은 교직에 대한 모든 열정을 빼앗긴 채, 무력감과 자조감에 휩싸여 생계를 위한 최소한의 역할로만 자족하고 있는 상황에 직면할 정도로 위기에 처해 있다. 어떤 교사는 "교육은 없다. 그냥 하루하루 무사히 퇴근할 시간만 기다리는 것이 낙이다."라고 고백했다.

학교 선생님들에 대한 인권의 침해가 얼마나 심각한지, 몇 가지 예를 간추려 보겠다. 간추린 사례만 해도, 대략 120쪽이나 되는 분량이다. 그동안 얼마나 많은 교사가 이 땅에서 인권을 짓밟히면서 교육 현장을 지켜왔는지 눈물이 날 지경이다. 우리의 교육이 얼마나 황폐화됐는지 그 심각성을 알리기 위해, 원문을 그대로 싣지 않고 다양한 사례를 간추려서 전달하고자 한다. 교사들의 입장에서는 안타깝고 원통해서 몇 년을 잠 못 이룰 사건들이지만, 본서의 목적을 위해 간략하게 요약하겠다. 교권 침해 사례집의 분량이 약 150여 쪽에 이르는데, 그중에서도 교권이 얼마나 무너졌는지 보여주는 초등학생을 중심으로 한 사례 몇 건을 소개한다.

① 전북 소재 초등학교: 학생이 자해를 해서 얼굴에 멍이 들었다. 학부모는 교사가 아동학대를 했다고 신고했고, 무혐의 처분을 받자 교사가 학생을 화나게 해서 자해를 하게 했다고 재신고했다. 학부모가 원하면 어떤 이유든 고발할 수 있는 시대가 되어 버렸다는 것을 증명하는 사례다.

② 경기 소재 초등학교: 체험학습 중 돈이 없어 밥을 사달라고 하는 학생에게 교사들이 밥을 사주자, 학부모는 교사들이 자기 아이를 거지 취급했다면서 사과와 함께 정신적인 피해 보상을 요구했다. 은혜를 원수로 갚는 경우다. 예전의 학부모는

---

38) 제25조(징계 등 절차에서의 권리) ① 학생에 대한 징계는 징계사유에 대한 사전 통지, 공정한 심의 기구의 구성, 소명기회의 보장, 대리인 선임권 보장, 재심요청권의 보장 등 인권의 기준에 부합하는 정당한 규정과 적법절차에 따라 이뤄져야 한다.

교사와의 접촉 이후에 보통 교사가 자신의 아이를 어떤 태도로 대할지 몰라, 까다로운 교사라도 만나면 불안해서 교사에게 낮은 자세가 되기 일수였다. 그러나 이 사례에서는 그런 교사와 학부모의 관계가 과거와는 다르게 완전 역전됐음을 확인할 수 있다. 교사가 아동에게 해를 끼친다는 것은 상상할 수도 없는 환경이 된 것이다. 학부모에게 교사는 완전한 을(乙)이 된 현실이 드러난 사례다.(이후에는 사례를 소개하는 이유는 적지 않겠다. 그 의미를 헤아려 읽어 주시기를 바란다.)

③ 서울 소재 초등학교: 교실에서 걷다가 자기 발에 걸려 넘어져 반깁스를 한 학생의 학부모가, 교사는 학생들의 안전을 책임져야 하는데 사고가 났다고 주장하며 등교 시간에 매일 집 앞까지 차로 데리러 올 것을 요구했다. 거절하자 교문 앞까지 매일 마중을 나올 것을 요구했다.

④ 대전 소재 고등학교: 교내 흡연 학생에 대한 선도위원회 개최 사실을 알리는 전화를 해당 학생의 학부모에게 하니, "가정에서 잘 지도하고 있으니 절대로 선도위원회를 열지 말라."고 요청했다. 무면허 오토바이를 타고 등교해서 지도하니, "사고도 나지 않았는데 학교가 무슨 권한으로 문제삼는 거냐."며 민원을 제기했다.

⑤ 충북 소재 고등학교: 학교 폭력 관련 개인정보 요구에 불응하자 학생 아버지가 "내가 조폭이다. 길 가다가 칼 맞고 싶냐?"며 협박을 했다.

⑥ 충남 소재 초등학교: 학생이 과학 실험 중 자위행위를 흉내내고, 고성방가, 자리 이탈로 수업을 방해해서 그만하라고 하자, 교사에게 "미X년이 지랄하네." 등의 욕설을 했다. 그리고 배부한 학습지를 교사 앞에 던졌다.

⑦ 울산 소재 초등학교: 수업 중 난동을 부리는 학생에게 자리에 앉으라고 하자, 교사에게 "씨X년 말 많네."라고 말했다. 그러나 함께 있던 학부모는 수수방관했다.

⑧ 광주 소재 초등학교: 학생이 수업 중 교사 책상 위에 쓰레기를 붓고, 교사의 지도에 불응하거나 무대응으로 코미디언 흉내를 내며 "누구세요?"라고 놀렸으며, 유튜브 소리를 크게 틀고 시청해 고의로 수업을 방해했다.

⑨ 충남 소재 초등학교: 학생이 수업 중 프린터에 물을 붓고 컴퓨터 연결선을 모두 뽑았으며, 전자 칠판을 꺼버려 수업이 불가능하게 만들었다. 교사 의자 아래 누워 있거나 교실 바닥에 물을 뿌리기도 했고, 이런 행동을 말리는 교사를 때렸다.

⑩ 충북 소재 고등학교: 학생이 교사에게 "맞장뜨자."라고 이야기하고, 수업 중 자는 걸 깨우니 "씨X"이라고 하며 책상을 걷어찼다.(특별히 이런 경우 교사는 극도의 공포감을 느끼고, 이런 공포감은 이후 몇 개월 이상 수업에 참여하기가 고통스러울 정도의 큰 장애를 교사에게 초래한다.)

⑪ 경기 소재 초등학교: 발표하기 싫으니 교실 밖으로 무단이탈하고 집에 가겠다고 하는 학생을 교사가 막아서자, 학생이 커터칼을 꺼내며 협박을 했다.

⑫ 경기 소재 초등학교: 학생이 교사 퇴근 시간 이후, 교실에 몰래 들어가 자위행위를 한 뒤 자신의 정액을 책상과 교실 문에 묻혀 놓은 사건이 있었다. 학폭위에서는 재물손괴죄로만 결론을 냈고, 성추행 등의 사안으로서는 결론을 내리지 않았다.

⑬ 충북 소재 중학교: 학생이 여교사에게 "임신시키고 싶다.", "나랑 사귈 수 있어요?", 성관계를 하고 싶다는 의미로, "먹고 싶다." 하고 말하는 등 성희롱을 했다.

⑭ 충남 소재 초등학교: 여교사에게 남성 성기 모양의 물체를 주며, 위아래로 흔들어 보라고 말했고, 주의를 환기했으나 교사가 훈육을 위해 할 수 있는 것이 지도뿐임을 안 학생은 핸드폰으로 '섹X 하고 싶다'는 글을 적어 보여주는 등 성희롱을 지속했다.

⑮ 대구 소재 중학교: 학생이 수업 시간 중 여교사에게, "○○○ 선생님이랑 잤죠?", "아! 저 쌤 뒷모습 보니까 ㅈㄴ 박고 싶네."라는 말을 했고, 성폭행을 의미하는 듯한 뉘앙스로 "선생님 한 달 쉬게 해드릴게요!"라며 성추행을 했다.[39]

위에 제시한 15가지의 사례는 빙산의 일각이다. 부언하지만, 우리의 교육을 회복시키기 위해서는 학생들의 만행을 보는 것만으로는 의미가 없다. 교권 침해의 심각성 이전에 교사들이 얼마나 무기력한 학교와 교육 현장에 있는지를 우리가 알아야 한다. 이런 상황 속에서 저 사례 속 문제 아동들이 잘 성장해서 사회의 동량(棟梁)[40]이 되고, 부모의 사랑을 효도로 보은하는 어른이 될 것이라고는 생각하기 힘들다. 이런 아동들의 손에 지금의 30대와 40대의 노후가 맡겨질 것이다. 그러나 직접적으로 더 무서운 것은 이들이 엄마, 아빠가 되었을 때 그들의 자녀를 어떻게 키울 것인가에 대한 문제다. 이런 미래를 생각하면 잠이 오지 않는다. 그 심각성을 다시 상기하고자 한국교원단체총연합회에서 작성한 통계 자료를 싣는다. 교총에서 급하게 일주일(실제 접수를 받은 일수는 공휴일 빼면 5일)간 교권 침해 사례를 접수 받아 총 11,628건을 등재했다. 접수 받은 기간이 단기간임을 고려하면, 접수되지 않은 사례는 이보다 몇 배는 더 많을 것이라고 생각한다.

---

39) 〈교사 인권침해 사례집〉, 한국교원단체총연합, 2023년 8월.
40) 동량(棟梁): 동량은 일반적으로 기둥과 대들보를 뜻한다. 여기서는 동량지재(棟樑之材)의 준말로, 기둥과 들보로 쓸 만한 재목이라는 의미다.

〈교총 접수 교권 침해 유형 및 통계〉

단위 : 건

	아동학대 악성민원	업무방해 수업방해	폭언·욕설	폭행	성폭력 (성희롱, 성추행)	전체
학부모	6,720	173	1,346	97	8	8,344
학생	-	1,558	958	636	132	3,284
합계	6,720 (57.8%)	1,731 (14.9%)	2,304 (19.8%)	733 (6.3%)	140 (1.2%)	11,628 (100%)

※ 그 외 교권 정책 제안, 법률개정 요구 등 미분류 사항 1,548건

※ 2023.7.25.~8.2. 교총 실시 설문 및 홈페이지 접수건 기준

세상을 바꾼 교사

로렌스 콜버그

로렌스 콜버그(Lawrence Kohlberg, 1927-1987)는 미국의 심리학자며,
장 피아제의 인지발달이론에 영향을 받아 도덕성 발달에 대한 이론을 제시한 인물이다.
뉴욕 브롱스빌의 부유한 가정에서 태어났고
시카고 대학교를 졸업한 후 동 대학교에서 박사 학위를 취득했다.
그 후 예일 대학교 조교수와 정교수 거치고, 1968년 하버드 대학교의 교수가 됐다.
1974년 하버드 대학교의 도덕 교육 센터 소장으로 취임 활동했다.

콜버그는 도덕을 도덕적 판단의 구조를 의미한다고 말했다.
이는 도덕적 갈등 상황에서의 스스로의 행동에 대한 추론이다.
도덕발달 수준이 높으면 도덕적으로 더 높은 수준의 행동을 선택한다는 것이다.
도덕발달의 주요 기제는 인지갈등이므로 인지발달 수준이
도덕적 한계를 제한한다고 말했다.

콜버그는 3수준 6단계의 도덕 발달 단계를 제시했다.
도덕성 발달 단계의 제1수준은 인습 이전 수준이고 그 다음이 제2수준인 인습수준이며
제3단계가 인습 이후의 수준이다. 각 수준마다 2단계씩을 두어,
1단계는 벌과 복종의 단계, 2단계는 도구적 목적과 교환의 단계,
3단계는 상응적 기대, 관계, 그리고 동조의 단계이다.
4단계는 사회체제와 양심보존의 단계,
5단계는 권리 우선과 사회계약, 혹은 유용성의 단계,
6단계는 보편윤리적 원리로 구분했다.
1단계를 간단히 설명하자면 '벌과 복종의 단계'인데
도덕적인 행위의 목적이 복종과 처벌이 판단의 기준이 되어,
처벌을 피하기 위해 고의로 도덕적 행위를 한다는 것이다. 예를 들면 숙제는 하기 싫지만
부모님께 꾸지람을 듣지 않기 위해 숙제를 한다면 이에 해당되는 것이다.
인간은 누구나 이런 도덕적 발달 단계를 거치다가,
6단계인 보편윤리적 원리의 단계에 이르면
도덕적 원리에 따라 스스로 선택한 양심적인 행위가
최상위의 올바른 행위라고 보는 것이다.

콜버그의 도덕적 발달이론에서 우리가 교육적으로 취해야 할 부분은
인간 발달의 단계성에 주목해서 그 과업을 성취할
적절한 시기가 있다는 사실을 이해하는 것이다.
따라서 교육의 효과를 극대화하기 위해서는 이전 단계의 노력과 수준이 높아져야 한다.
그러므로 우리는 교육의 발달은 쌓이는 누적된 역량에 의해 발휘된다는 점에 주목해야 한다.
이는 학습 지체가 발생한 아동을 지름길로만 가게 하는 것에 연연하지 말고
착실히 단계를 밟아가게 하면 보충과 교정의 한계에 벗어나지 않는 한
훨씬 더 효과적이라는 의미다.

09

학생인권조례와
환상의 조합:
아동복지법 제17조

아동복지법의
이런 모호성과 편집적인 적용으로 인해,
교육적으로 보호받고 양육 받아야 할 아동들이
오히려 교육적으로 유기되고 방치되는
광범위한 아동방임이 일어나고 있다.

    2021년 한국교육개발원이 펴낸 교육 여론조사를 보면, 교원의 교육 활동 침해 행위가 심각하다는 첫 번째 이유로 '학생인권의 지나친 강조'(36.2%)에 이어서 '학교 교육이나 교원에 대한 학생 및 보호자의 불신'(26.2%)이 응답률이 높았다. 교육 활동을 적극적으로 보호하기 위한 과제로 가장 응답이 많았던 선택지는 '침해 행위자에 대한 엄정한 조치 강화'(36.9%)와 '교육 활동 보호에 대한 전 사회적 인식 제고'(23.8%)였다.[41]

    학생인권조례가 학생의 인권만을 강조한 나머지 교권의 영역을 침탈했다면, 아동복지법은 아동의 보호를 협의로 잘못 인식해 교사의 교육적 수단 중 훈계와 훈육, 징계까지도 아동을 보호하지 않고 학대하는 것으로 오도(誤導)하도록 만들었다. 일반적인 건전한 부모의 징계권과 교사의 교권을 유명무실화하고 범죄시하는 데 기여하고 있는 것이다.

    아동복지법의 본래 취지는 아동이 건강하고 행복하고 안전하게 자랄 수 있도록 아동의 복지를 보장하는 것이다. 하지만 이 법에서 교육과 관련 있는 규정들은 그 범위가 모호하고 적용의 관점도 협소해서, 모든 아동을 잠재적 아동학대 범죄 피해자로 보고 있다. 그리고 편집적으로 무조건 학대 받은 아동이라는 전제로 법을 적용하기 때문에, 그로 인한 여러 부작용이 교육 현장 곳곳에서 나타나고 있다. 법의 이런 모호성과 편집적인 적용으로 인해, 교육적으로 보호받고 양육 받아야 할 아동들이 오히려 교육적으로 유기되고 방치되는 광범위한 아동방임이 일어나고 있다. 또한 교육적인 동기와 목적은 전혀 고려되지 않은 채, 교사나 학부모의 정당하고 정상적인 아동에 대한 적극적인 관여가 아동학대의 프레임 안에서 처리되도록 법이 구조화되어 있다. 이런 이유로 아동학대 신고 사례가 교권 침해 사례와 비례해 전국에 동시다발적으로 발생하고 있다. 특별히 교육 현장에서 아동이 방임되

---

41) 〈한국교육개발원 교육여론조사 2021〉, 한국교육개발원, 114-116면, 2021.11.

는 사례가 속출하고 있음에도 불구하고, 교사는 학생인권조례라는 틀에 갇히고 아동복지법이라는 멍에에 묶여 어디에서도 운신할 수 없는 상황에 놓여있는 중이다.

실제 사례의 녹취 부분이다.[42] 초등학교 고학년인 아동은 양손에 목공 톱을 들고 언성을 높이며 교사에게 대들고 있다.

학생: "죽여 버린다! XXX아!" (XXX는 여성에게 가장 거칠게 하는 욕설이며, 이 대화에서 그 대상이 여교사다.)
교사: "친구야!"
학생: "처음부터 XX 상황 모르면서 XXX하잖아요!"
교사: "지금 물어보려고 했대. 얘기를 들어보려고 온 거잖아!"
학생: "아니 뭐래! 이 XXX아!" (고함을 치고는 오른손에 든 톱을 교사가 서 있는 곳의 땅에 집어 던져 톱이 뒹군다.)
교사: (소스라치게 놀라다가 애써 침착하게) "친구야, 그건 아니야."
학생: (아무 말도 없이 왼손의 톱을 오른손으로 옮겨 다시 땅에 집어던진다.)
교사: (애써 태연하게) "많이 화났구나! 화도 났구나, 이젠!" (교사는 당황한 중에도 아동을 진정시키기 위해 '나 전달법'을 사용해서 대화를 이어 나가려고 한다.) "알겠어! 알겠어! 너의 말을 들어보자!"
학생: (다시 양손에 톱을 주워들고 위협하듯 톱날을 교차해 소리를 내며 위협적인 어투로) "지금 내가 당장 나가도 못 잡는 거잖아요! 그럼 저 나갈래요!"

이 아동을 잡는 순간 교사는 신체적 구속으로 인한 아동학대를 저지른 것이 되므로, 이 아동의 말에는 틀린 점이 전혀 없다. 이 아동을 포함한 많은 아동들이 초등학교 5-6학년쯤 되면 학생인권 보호와 아동복지법에 의한 인권교육(학생인권조례 제39조 학생인권옹호관의 직무: 정기적인 인권교육 시행)을 받음으로써, 교사의 한계와 약함을 정확히 인지한 후 이를 악용한다. 결국 위 사례의 교사도 양손에 톱을 든 채 욕설을 하고 행패를 부리는 학생을 더 이상 제지하지 못하고, 아동이 교실을 나가도록 방임할 수밖에 없었다. 교사는 톱날의 위험에서 자신을 보호하기 위한 정당방위나 자신을 모욕하는 욕설에 대해 최소한의 교권으로써의 제지나 훈계조차 하지 못한 채 "친구야"를 연발하며 얼마나 떨었을까?

---

42) "나는 어떻게 아동학대 교사가 되었나", MBC PD수첩, 2023년 3월 7일.

교사는 톱을 던지며 행패를 부리는 어린 제자에게 "친구야"를 부르며 다독이는 스스로의 모습을 보고 페스탈로치와 같은 위대한 스승이라고 자족했을까? 아니면 속으로는 두려움과 모욕감에 치를 떨면서도, 당장 눈앞에 놓인 상황에서 그저 "친구야"를 부르며 학생의 조롱을 견딜 수밖에 없는 자신의 위선적인 처신에 교사임을 자책하고 자조했을까?

또한 이 사건을 아동의 측면에서 봐도 큰 문제가 있다. 아동복지법에 따라 대처했을 때, 과연 이 아동의 미래는 아동복지법의 취지처럼 개과천선해 자신도, 남도 건강하고 안전하며 행복하게 하는 삶을 살까? 아니면 자신과 남에게 위해를 가하며 스스로와 남 모두를 위험하고 불행하게 하는 삶을 살까? 그 가능성을 제대로 따져보고 싶다. 필요하다면 역학 조사라도 해보고 싶은 심정이다. 필자의 30년 이상의 교육 경험칙으로 말한다. 이런 아동을 보호하는 데 징계를 포함한 훈육과 훈계 등의 적극적인 교육의 개입이 없다면, 이 아동은 범죄자나 정신 질환자로 내몰릴 확률이 절대적으로 높을 것이다.

톱을 든 이 아동의 행패를 용인할 수밖에 없도록 교육 현장의 방임을 조장하는 학생인권조례와 아동복지법은 아동학대 혐의로 고발당한 어느 교사가 "뭔가 잘못 돌아가고 있다."고 한탄한 것처럼, 분명 이 사회 속에서 잘못 기능하고 있는 것이 확실하다. 이런 수많은 사례만으로 본다면, 학생인권조례가 아니라 '학생인권 위해조례(危害條例)'가 올바른 명칭이며, 아동복지법이 아니라 '아동방치법'이 더 정확한 표현으로 보인다.

학생인권의 지나친 강조가 학교 현장을 얼마나 혼란으로 몰고 가고, 동시에 교사들을 죽음으로 내모는지 전주시 소재의 한 초등학교에서 벌어진 호랑이 레드카드 사건[43]을 살펴보면 알 수 있다. 학생의 인권이 얼마나 왜곡되어 전달되고 있으며, 아동복지법, 특별히 제17조가 얼마나 무시무시하게 잘못 적용되어 시행되고 있는지를 보여주는 사례이기 때문에 보도 기사에 근거한 사실을 바탕으로 자세하게 기술해 보겠다.

---

43) "학생에 '레드카드' 줬다 아동학대 혐의…헌재 '검찰 처분 잘못'", 서울신문, 2023년 10월 31일.

교육 경력 35년 차인 베테랑 여교사는 수업 시간에 태도가 좋지 않은 학생의 주위를 환기하기 위해 귀여운 호랑이 캐릭터 스티커를 칠판에 붙여 놓았다. 호랑이 캐릭터의 각 손에는 레드카드와 옐로카드가 있는데, 수업 시간에 산만한 학생들의 이름을 레드카드 밑에 붙여 놓기 위함이었다. 초등학교 2학년임을 고려한, 귀여운 스티커를 이용해 주의를 주는 하나의 방법이었다.

2021년 4월, 그날도 학생 A군(앞서 언급한 A군과는 다른 아동이다.)이 손으로 일회용 물병을 바스락거리며 수업을 방해했다. 교사는 그 물병을 회수하고 A군의 이름을 레드카드 아래에 붙여 놓았다. 방과 후, 레드카드 아래 이름이 붙여진 학생들은 십여 분쯤 남아서 교실 청소를 하고 집으로 돌아갔다.

그 후 얼마 지나지 않아 A군의 엄마에게 전화가 왔다. 항의성 전화였다. 그리고 곧바로 교무실로 와서 교감 선생님을 만나 "수업이 끝나고 교실 청소를 시킨 것은 체벌이다."라고 주장하며, 교감 선생님의 "청소도 교육에 일환으로 봐달라."는 권유도 무시했다. 이후 교실로 들이닥친 A군의 엄마는 아들의 자리를 묻고는 그곳에 앉아 교사에게 청소에 대한 항의는 물론, 교사가 잘 알지도 못하는 사항까지 따져 물었다. 심지어 교사는 A군의 엄마보다 한참 연상이었다.

이런 상황에서 A군의 엄마는 지나간 일들을 꺼내서 교사를 압박하기 시작했다. 바닥에 떨어진 친구의 색연필을 A군이 실수로 밟자 담임인 교사가 A군에게 사과시킨 점, 받아쓰기 시험을 봐서 받아쓰기를 잘 못하는 A군이 친구들 앞에서 창피를 당한 상황을 만든 점(아동복지법 제17조 정서학대의 여지가 있을 수 있다. A군의 엄마는 받아쓰기 시험 자체를 문제삼았다.)이었다. 또한 국어책 속 동시(童詩)에 나온 시심(詩心)을 체험시킬 의도로 앞 발꿈치로 복도를 1분여 동안 걷게 한 것 등(나중에 아동학대 고발 사유로 적용된다.)을 문제삼았다.

그다음 날부터 A군은 학교에 등교하지 않았고, 이를 걱정한 담임 교사가 이틀 후 A군의 엄마와 통화를 하다가 스트레스로 인한 것인지 확실하지는 않지만 뇌혈관이 막히는 사고를 당해 쓰러져 2주간 병원에 입원했다. 그 기간에 A군은 등교를 했지만 담임 교사가 출근을 하자마자 다시 등교를 거부했다. 이런 연속적인 일로 담임 교사에게 발생하는 심리적인 쇼크와 업무상 스트레스는 이루 말할 수 없는 수준이 됐다.

그러나 A의 엄마는 만약 A군이 그 일로 심리적인 상처를 받았다면 학생의 심리 상담을 지원하겠다는 교장의 제의마저 뿌리쳤다. 담임 교사의 교체를 수차례 요구하던 A군의 엄마는 이를 거부하는 교장을 제쳐두고, 교육청과 관계된 기관에 20건 이상 민원을 제기했다.

이 일에 관계하던 교장 선생님, 교감 선생님까지도 심신에 타격을 받아 정신과 치료를 받았고, 점차 학교의 업무에도 지장을 초래하자 결국, 담임 교사를 교체하는 것으로 결정했다. 그 후 담임 교사는 병가를 내고 치료에 전념하고 있었다.

그러나 그것이 끝이 아니었다. 병가 중 담임 교사는 A의 학부모로부터 아동학대 혐의로 고발을 당해 경찰서와 검찰청으로 조사를 받으러 다녀야 하는 고초를 치렀다. 교사라는 높은 자존심에 엄청난 타격을 입은 것은 말할 필요조차 없이 그녀는 불면증에 시달리다가 단기 기억까지 희미해지는 증상을 겪었다고 토로하기도 했다.

이런 일이 생기면 최소 2-3년의 지리한 법정 싸움이 필연적으로 따라오고, 변호사를 선임하는 일을 포함한 모든 것을 교사 스스로 해결해야 하기에 교사의 심신은 점점 무너져 갔다. 이런 상황에서 교사를 가장 괴롭혔던 것은, 일방적인 신고로 인해 수사와 판결 이전부터 아동으로부터 분리되어 수업에 배제되도록 강제하는 아동복지법의 맹점이, 교사에게는 불공평한 제2의 법익 침해를 가져온다는 사실이었다.

A군의 담임 교사도 그에 관해 예외는 아니었다. 일방적으로 A군과 그의 학부모의 말만 듣고 정신과 의사가 써준 PTSD 진단서는 A군의 학부모에게 강력한 무기가 됐다.(A는 아동학대 신고 후 2년간 정신과 진료를 받았다고 한다.)

이후 법에 근거해 정식 수사를 한 검찰로부터 담임 교사에게 기소유예가 내려졌다. 이는 죄는 있지만 처벌은 하지 않겠다고 검사가 관용을 베푼 것과 다름 없는 조치였다. 그러나 담임 교사의 입장에서는 검사의 관용 조치인 기소유예를 결코 인정할 수 없었다. 그 이유는 수업을 방해한 학생에게 주의를 주기 위해 호랑이 캐릭터가 든 레드카드에 이름표를 붙여 아주 가벼운 훈계를 하고 훈육의 일종으로 잠깐 청소를 시킨 것뿐인데, 그것이 아동학대라는 끔찍한 범죄 행위라는 결과를 교육의 원칙상 도무지 수긍할 수 없었던 것이다. 아울러 이 기소유예를 인정하면, 일단 기소가 유예됐다는 것이지 죄를 지었다는 결정과 같기 때문에 최종적으로는 법원 판결상 죄를 지은 교사가 되어 감봉 처분과 인사상 불이익, 그리고 A군의 치료비까지 다 부담해야 하는 말도 안 되는 상황에 처하기 때문이었다. 검찰의 기소유예 이전부터 담임 교사는 극심한 심신의 고통이 따랐고 경제적으로도 힘이 들었지만, A군의 학부모가 지나치게 부당하다고 확신했기 때문에 만약 기소라도 하면 정식 재판으로 대법원까지 가서라도 무죄를 받기 원했다. 따라서 기소유예를 도무지 수용할 수 없었던 담임 교사는 이를 불복해, 헌법 재판소에 기소유예 처분을 취소해 달라며 헌법소원 심판을 청구했다. 헌재는 레드카드를 주는 방식을 정서적 학대 행위가 아닌 훈육의 관점에서 바라봐야 하고, 학생이 레드카드를 받는 것에 대한 강한 거부감은 그 원인이 분명히 규명되지 않았으며, 그가 입은 정신적 피해도 다른 원인일 가능성이 있다는 이유로 2023년 10월 26일 기소유예를 무효화하는 결정을 내렸다. 본서의 편집 과정 중, 이런 기쁜 소식을 들어 필자의 마음도 가볍고 고맙다.

10

목공 톱 사건과
호랑이 레드카드 사건
으로 본
아동복지법의 문제점

현재 대한민국의 교사가 서 있는
교실이라는 터는 교권만 무너진 것이 아니라,
아동복지법 제17조 5항의 정서학대와
6항의 방임 가운데의 딜레마를 품은 채
위태롭게 버티고 있는 중이다.
학부모에 의한 교사의 고발 건수의 증가율이
학생인권조례 시행 전인
2010년도와 조례 시행으로부터
약 10년이 경과한 2019년도를 비교하면
2,595%나 증가했기 때문이다.

    학생이 교사에게 쌍욕을 하며 목공 톱을 집어 던진 사건과 호랑이 스티커가 들고 있는 레드카드에 이름이 붙여져 수 분간 교실 청소를 했다고 "방과 후 청소는 아동학대"라며 담임 교사를 고발한 사건의 공통점은 무엇일까? 초등학생에 의해 일어난 사건이라고 말한다면 정답이 아니다. 레드카드 사건은 학생의 학부모에 의해 일어난 사건이기 때문이다. 이 사건들의 공통점은 그 배경과 진행 과정에 아동복지법이 개입하고 있다는 부분이다. 이 사건들의 공통점을 통해 현재 교육 현장에서 적용되는 아동복지법에 문제가 있다는 사실이 여실히 드러났다.

    첫째, 아동복지법상의 아동학대를 결정하는 데 있어 가장 중요한 역할을 하는 것이 다름 아닌 아동에 대한 모든 사건을 학대라는 프레임을 걸고 바라보는 법적 시각이라는 점이다. 법의 잣대든 정신분석적인 면이든 아동복지법에 아동학대를 바라보는 관점에는 학대가 고정되어 있다. 아동복지법의 입법 취지가 전 국민을 떠들썩하게 했던 여러 아동학대 사건 이후, 아동을 보호하기 위한 법의 사각지대를 모조리 없애려고 했던 개정의 역사 가운데 있기에 이런 사태가 벌어진 것 같다. 그래서 수사 단계에서부터 경찰과 검찰의 시각이 법적으로 아동학대에 그 포커스가 맞춰져 있다. 이미 정해져 있는 법의 집행을 하는 그들의 직무상 불가피한 일이긴 하다. 하지만 그 가운데 교육적인 관점에 대한 서류상 요식행위에 불과할 정도로 그 비중이 사소해 졌다.

    둘째로, 경찰과 검사는 도대체 무엇을 근거로 귀여운 호랑이 심판 캐릭터의 레드카드를 아동학대라고 판단한 것일까? 이 질문에 대해 경찰청 관계자는 전수 합동 의견서, 의사 진단서, 교육청 자료 등을 근거로 결정했다고 대답했다. 아동복지법 23조에 의거한 지자체 소속 단체에서 작성된 합동 의견서를 보면, "레드카드는 낙인감으로 인한 수치감을 아동에게 줘 아동복지법 17조 5항에 의한 정서학대에 해당한다고 판단함."으로 작성되어 있다.

그러나 이 판단은 법적으로 판단 근거를 비공개하도록 규정되어 있어 반대 의견이 제시되지 않은 일방적인 의견으로, 책임감 있는 판단으로써 신뢰하기 어렵다. 아울러 이 의견은 법적인 판단이 아닌 자문기관의 의견일 뿐인데, 아동학대 사건의 처리 시스템상 그 의견이 수사기관에는 전문기관의 이름으로 전달된다. 따라서, 경찰과 검찰에서는 자문기관의 의견을 그대로 전문가의 의견으로 받아들였고, 그 의견은 그렇게 아동학대 피해 사실을 판단하는 중요한 증거로써 유죄를 결정하는 데 핵심적인 근거가 됐다. 전문기관은 의견을 전달했을 뿐이고, 수사 기관은 모든 것을 종합적으로 판단해 결정한 것뿐이라는 식의, 책임을 전가하며 끝도 없이 순환하는 시스템이 성립된 것이다. 그에 따라 심도 있는 수사 및 심사가 제대로 이뤄지기도 전에 올바른 상황 판단이 차단될 가능성이 기하급수적으로 증가했다. 그 틈바구니에서 A의 담임 교사와 같은 억울한 케이스가 양산되고 있는 중이다.

　셋째로, 이 기관은 가정 내 아동학대 전문기관이지 교육 현장에서 교사와 학생 사이의 교육과 훈육 및 훈계에 대한 전문기관이 아니기 때문에, 교육 현장에서 발생한 아동학대 사건을 결정하는 데 이 의견서가 핵심적인 역할을 한다는 것은 이미 비전문가가 개입된 오류를 내포하고 있는 점이다. 그럼에도 이 의견은 경찰의 송치 결정과 검사의 기소유예 결정에 가장 핵심적인 역할을 했다. 이는 마치 신경외과 전문의가 정신적 분석을 해 진단을 내린 것이나 다름없고, 지붕을 수리하는 사람이 지붕으로 건물 전체를 판단하는 것이나 다름없는 비전문적인 판단이다.

　이처럼, 학교와 교육청의 자료는 오히려 상황에 대한 설명만 기술한 형식적 보고서일 뿐, 교육 현장에서 발생한 문제가 전문성 있는 교사나 부장 교사, 교감, 교장에 의한 정당한 훈육인지 또는 아동학대인지에 대한 전문적이고 교육적 의견이 배제된 비정상적인 결정 과정이었다. 교육적인 의견이 반영된다고는 하나, 극히 미비하게 반영된다. 또한 간접적이지만 그럴 수밖에 없는 이유 중 하나가, '아동학대범죄 처벌법'에 '수업 배제'와 같은 조항을 추가해 사법 심사 없이 행정적 처분만으로 신속한 분리를 하는 것만 강조하고 있기 때문이다. 이런 법적 상황은, 사건 당사자인 위축된 교사와 학교 관계자들의 정상적인 판단을 방해하는 데 큰 악영향을 미친다. 실무상 아동학대 민원이 발생하면 학교장은 '아동학대범죄 처벌법'에 의해 즉시 수사기관에 신고를 해야 하고, 신고당한 교사의 수업 배제를 통해 아동과 교사를 분리 조치해야만 한다. 이 과정에는 진짜 아동학대가 있었는가에 대한 사실 여부는 실질적으로 불문이다. 이때부터 교장은 '아동학대범죄 처벌법'에 의해 해당 교사를 고발하는 기관장이 되기도 하니, 사실상 학교 현장은 중립적인 교육적 판단이 불가능한 구조가 된 것이다.

물론 이런 분리 조치는 학교 안이라 할지라도, 아동학대가 일어났다면 당연한 조치다. 그러나 아동학대가 아닌 교육의 장에서 이뤄지는 교사의 정상적 훈육 행위를 오인한 경우, 아동복지법 제13조 관련한 법에 의거해 교육과 관련 없는 아동복지 전담공무원 등이 학교로 불시에 들이닥쳐 교사와 학생의 분리를 시도하는 상황이 벌어진다면, 그런 일을 당하는 교사와 수업 중인 다른 어린 학생들의 입장에서는 사회복지사든 공무원이든 신성한 학원에 난입한 무뢰한이나 다름없다. 그것은 분명 학생들에 대한 또 다른 인권 침해임이 틀림없다. 그리고 이런 경우, 아동학대와 관련된 법에 의해 시설의 장인 교장이 직접 자기 휘하에서 보호해야 할 교사를 우선 고발할 수밖에 없는 상황이 벌어지기도 한다. 학교라는 조직은 교권을 보호하고 누명을 쓴 교사를 보호하기는커녕, 도움이 필요한 한 명의 교사조차 보호할 수 없는 상황에 놓여있다. 교사들은 자신이 소속된 학교라는 조직에서조차 어떤 도움도 받지 못하도록 점점 더 고립되고 있다.

이에 대한 공정한 현실적인 대안으로 제시된 것이 사법 심판이 있기까지 가장 보호받아야 할 피해 학생을 학대 혐의가 있는 교사의 학급으로부터 분리해, 개인적인 보호와 교육, 또는 타 학급으로의 반 배정을 통해 보호 조치를 하는 것이다. 분명 실제 아동학대 상황에서 이런 조치는 피해 학생뿐만 아니라 다른 학생의 수업권도 보호하는 효율적인 조치다. 하지만 동시에 교사를 무턱대고 아동학대범으로 단정해 교사의 담당인 아동을 수업에서 배제하고 학급에서 축출하도록 강제해, 교사의 교권과 인권을 침해하는 초법적인 조치가 작동할 가능성이 매우 높다. 실제로 그런 사례가 만연하고 있다.

넷째로, 위 사건뿐 아니라 2010년부터 폭증하는 교실에서의 아동학대 사건에 대한 근본적인 문제는 아동복지법 제17조, 특히 5항이 그 원인이라는 점이다. 무엇보다 정서학대라는 지나치게 포괄적이고 모호한 규정이 아동을 지도하는 교사들에게 있어 거의 모든 사고의 발단이 됐다. 이는 법률로서 갖춰야 할 명확성의 원칙에 명백히 위배된다. 이 부분에서 아동복지법 제17조 5항에 의한 아동학대 사건을 다루고자 한다. 검찰의 실무진도 사건을 결정하는 데 혼란을 겪고 있고, 상식과는 전혀 다른 결정으로 인해 우리 사회에는 많은 문제가 파생되고 있다. 다음 교사들의 가상 대화는 사실 우리의 교단에서 흔히 들을 수 있는 대화다.

김 교사: "훈육의 모든 부분에 문제가 될 수 있습니다. 감정, 토씨, 어휘 하나만 가지고도 학생이 정서적 학대를 당했다고 주장하면, 현행법상 부정할 방법이 없어요."

이 교사: "이번 사례에서도 나왔지만, 받아쓰기 시험같이 특정인에게 구별되게 훈육하면 정서학대로 치부됩니다. 훈육 과정에서 일반적이고 예방적으로 같은 학급원이 공유할수 있는 교육도 있는데 이런 사회성 교육을 전부 부정하자는 건지, 아니면 훈육 자체가 정서학대라는 건지 도무지 알 수가 없습니다."

박 교사: "심지어 학생이 욕을 하거나 성추행을 해서 교사가 실질적으로 엄청난 모욕감과 정서학대를 당해도, 정당한 방어를 할 수 없습니다. '나 전달법' 같은 유약한 대처만을 할 수 있는 현실이 오히려 교육적으로는 아이들을 방관하는 학대를 하는 것은 아닌지 우울감만 교사 생활을 지배합니다. 수업에서 어떤 말을 해도, 내가 지금 하는 말이 아동학대가 아닌가 생각하면, 아이들을 가르칠 때 매사 위축되고 자신이 없습니다."

전 교사: "아이들이 비행을 빨리 학습합니다. 교사의 권위가 바닥에 있다는 것을 아이들이 먼저 아는 것 같아요. 한 아이가 반항하고 나면, 한 주 후에 같은 행태를 보이는 아이들이 다섯 명은 넘게 생깁니다. 그럼에도 제지할 수가 없어요. 말 한마디 잘못해서 고초를 겪는 다른 선생님들을 생각하면 교실이 무섭고, 교사로서 무기력을 절감합니다."

한 교사: "양심은 교육을 하라고 절규하는데, 생활인으로서는 아이들의 잘못된 행동을 볼때도 무관심해야 하는 이중성이 교육자적인 양심에 회의감을 들게 합니다. 저의 양심과 관심이 어느 한순간에 아동학대가 될지 어디에도 기준이 없으니 답답할 노릇입니다. 학교를 통해 들어오는 교권보호 대책도 너무 공허하고 유약하고요. 저는 학급에 있으면서 제 가정만을 더 생각하게 돼요. 솔직히, 양심과 너무나 다른 현실의 아동복지법 17조는 반드시 개정돼야 합니다."

여기까지 실제 교육 현장에 존재하고도 남을 교사들의 하소연을 들어봤다. 특별히 밑줄 친 부분을 통해 교사들이 아동학대에 대해 교육 현장에서 얼마나 큰 부담감을 안고 있으며, 아동학대가 무엇인지 확신하지 못하는 애매하고 모호한 가운데 교단에 서고 있는지를 확인할 수 있다. 레드카드 사건에서도 문제의 근원은 '애매함'과 '모호함'이다.

다섯째로, 아동학대를 판단하는 하나의 주요한 기준으로 작용하는 것이, 해당 아동학대와 유사한 사건이 얼마나 자주 발생하느냐에 따른 '빈발성'이라는 것이다. 애매하고 모호해 명확성이 떨어지는 상황을 아동학대의 기준으로 삼을 수는 없기 때문에, 다른 시각에서 적용할 수 있는 기준으로 선택하는 것이 이 빈발성이다. 실제로 레드카드 사건의 학부모의 경우도, 결국은 항의, 신고, 치료, 소송을 전개하면서 빈발성을 부각하기 위해 학대를 받았다는 사실을 추가한 것 같은 양상을 보이기도 했다. 미국의 가정 폭력 연구 사례에서 학대로 규정짓게 되는 주요한 기준으로, 학대 행위와 현상이 얼마나 자주 빈발되는지에 따라 학대인가 아닌가를 판단한다. 이는 아동학대 사례를 판단할 때 빈발성의 기준으로 보면, 각 학대의 행위마다 공통적으로 드러나는 학대의 고의 여부를 명확히 구분하는 데 도움이 되기 때문이다.

여섯째로, 애매하고 모호한 아동학대 사건을 판단할 때, 그것이 얼마나 심각한 수준의 학대인가를 가늠하는 '학대 정도'를 또 다른 판단 기준으로 삼을 수 있다는 것이다. 그런 점에서 호랑이 스티커가 손에 들고 있는 레드카드에 주의의 의미로 아동의 이름표를 붙인 것과 방과 후 교실 청소를 시킨 것이 왜 낙인감과 아동학대의 중죄에 이를 만큼의 수치감을 준다는 건지, 일반적인 정서와 상식으로는 도저히 수긍할 수 없다. 설령 수치감을 준다고 할지라도 법령에 훈육과 정서학대의 관계를 명확히 규정해 놓았다면, 애초에 이런 불행한 상황은 발생하지 않았을 것이다.

이 사건의 경우는 교사가 아동을 반복적으로 낙인찍고 수치감을 준 사례가 아니다. 굳이 학대의 형태라고 해봤자 칠판에 귀여운 호랑이 스티커를 붙여 주위를 환기하는 수준이며, 몇 분간 청소를 시킨 게 다였다. 교실 청소라고 해도 A군은 수분 내외 동안 청소를 하지 않은 채 청소 도구만 들고 서 있다 귀가한 것뿐이다. 교장과 교감도 주장했듯이, 아동학대라고 하기에는 충분히 훈육의 일환으로 보일 정도로 지극히 정상적이고 경미한 수준의 벌이었다. 특히, 레드카드에 이름이 붙은 다른 아동도 A군과 함께 청소에 참여했다. 만일 청소가 학대에 해당한다면 A군뿐만 아니라 청소에 참여한 다른 아동도 아동학대를 받았다고 항의를 했어야 한다. 하지만 유독 A군만 이런 조치로 PTSD 치료와 진단까지 나올 정도로 정서학대를 받았다고 한다면, 담임 교사가 신통력이 있지 않은 이상 불가능한 일이다.

그렇다면 A군만의 정서적, 정신적 결함에 의한 것이라는 결론이 상식일 텐데, 학생인권조례상의 차별금지, 아동복지법상의 정서학대를 광의로 해석한 결과가 이러했다. 다수의 학생과 다르게 칠판에 A군의 이름표를 붙이고 청소를 시켰기 때문에 이것은 차별이고, 이것을 통해 A군이 수치감을 느꼈다는 이유로 정신과 의사가 병리학적으로 여러 증상들을 확인하며 진단을 했다. 정신과에 오는 환자들의 특성을 고려해 정서적으로 친밀한 상담 방식을 택하는 정신과 의사는 진료 단계에서부터 발병 원인, 시기 등 애매한 부분이 있음에도 불구하고, 외상의 원인과 결과의 관계, 그리고 환자의 자기 고백식 설문을 도합해 진단을 내릴 수밖에 없는 구조 안에 있다. 그렇게 해서 도출된 PTSD라는 진단명은 교사를 아동 학대범으로 모는 결정적 요인으로 작용했다.

일곱째로, 교사의 정당한 교육 행위에 대한 구체적인 고시의 제정이 필요하다. 아동복지법이나 아동학대범죄 처벌법에 있어서 교육적인 정당 행위로 인한 위법성 조각 사유가 충분히 성립될 수 있도록 해야 한다. 아동복지법으로 인해 보호받는 아동들과 그 아동들의 인권이 얼마나 크게 신장됐는지를 부정하려는 것은 아니다. 그러나 학교 현장에서는 본래의 취지와는 다르게 아동과 교사의 인생 전체에 엄청난 파장을 불러일으킬 뿐 아니라, 대한민국 교육 현장에 심각한 부작용을 일으키는 요인을 제공하는 것 또한 이 아동복지법이다. 이에 아동복지법의 핵심 조항들을 그 입법 취지와 목적에 부합하도록 명확하게 정할 수 없다면, 교사의 정당한 교육 행위를 다른 고시로라도 제정해서 교사들의 정당한 교육 행위에 면책권을 줘야 한다. 물론 훈육과 훈계의 행위도 교사의 교육적인 활동이므로 당연하다. 그래야만 교사들이 교육 현장에서 자신들의 열정과 전문성을 맘껏 발휘할 수 있다. 아울러 교사에게 교직의 전문성과 직업적 윤리성을 신뢰하고 확보할 수 있도록, 교육에 관계된 여러 교육기본법 등의 개정을 통해 교사의 교육권을 확보하는 사회적인 합의를 이끌어야 한다. 그 전제하에 교사의 생활지도, 인성지도에 대한 전인적인 교육이 가능하도록 구체화해서 법에 반영하고 적용해야 한다.

여덟째는 교사의 교육적인 행위의 부당함과 부적절함에 대한 징계가 사안이 중대해 민형사상의 심각한 문제가 아닌 한, 학교장과 교육감을 통해서 충분히 행사(주의, 경고, 수업 배제, 감봉, 면직)할 수 있도록 제정해야 한다는 것이다. 학교에서 학부모가 교사에 대해 제기하는 교육 관련 민원은 학교장이나, 최대한 범위를 넓혀도 교육감에게나 제기될 문제다. 이것이 경찰과 검사와 판사를 향한 민원으로서 처리된다면, 지금의 교육적인 시스템은 무언가 단단히 고장난 것이 틀림없다. 학부모가 검경에 민원을 제기해 교사와 아동의 문제가 고소 및 고발로 처리된다면, 이것은 이미 교사 개인의 문제가 아닌 학교 전체의 공적인 문제고, 그렇게 처리되도록 문제 처리 과정을 바꿔야 한다. 학교와 학부모가 교사가 교육에만 전념할 수 있는 여건을 조성하는 것이 지혜로운 행동이다. 이를 통해 교육계 전반에 걸쳐있는 무기력증을 없애고 교육계의 기강을 쇄신해야 한다. 이렇게 학교를 포함한 교육계 전반의 자율적이고 책임 있는 조직이 교육 전반에 대한 권리와 의무를 다하는 기능을 갖출 때, 교육에 이의가 있는 학부모에게도 소송과 같은 험난하고 소모적인 해결보다 진정성 있는 교육적인 해결의 길을 책임 있게 제시할 수 있으며, 교육 현장에서 일어나는 학교와 학생, 학부모 등 누구에게도 도움이 될 리 없는 소모적인 다툼을 근절할 수 있다.

아홉째로, 다른 학생들의 수업권 보호(훈육으로 A를 보호하기 위한 직무상 행위임을 포함.)를 위한 훈계와 같은 교사의 정당 행위를 아동복지법 등에 규정된 다수 학생의 수업권을 보호하려는 교사의 행위로서 보호하는 규정을 마련하지 않으면, A군의 사례와 같이 훈육과 훈계가 아동복지법 제17조 5항에 의한 아동 정서학대에 해당하는 위법한 행위가 된다는 사실이다. 그러나 만일 교사가 다수 학생의 수업권 보호에 대한 의무를 다하지 않을 경우에는 아동복지법 제17조 6항에 의거, 소위 "양육, 치료 및 교육을 소홀히 하는 방임행위"에 해당하는 아동학대가 되지 않는다는 확신도 없다. 현재 대한민국의 교사가 서 있는 교실이라는 터는 교권만 무너진 것이 아니라, 아동복지법 제17조 속의 딜레마를 품은 채 위태롭게 버티고 있는 중이다.

시각을 바꿔 이 사건을 생각해 보면, 담임 교사가 A군이 수업 중 물병을 바스락거려 타인의 수업을 방해한 반사회적인 행동을 제지하고 주의를 준 것은 A군을 포함해 수업받는 모든 학생의 수업권을 보호하는 데 불가피한 정당한 조치였고, 그 방법도 사회 통념상 오히려 초등학교 저학년임을 배려한 경미할 수준의 정당 행위였다. 만약 A군이 물병으로 소음을 야기해 수업을 방해하는 행동을 계속하는데도 담임 교사가 이를 방치했다면, 이것이 진정 아동을 보호하는 성실한 교사가 할 행동이라고 말할 수 있을까?

A군을 제지하지 않는 것은 A군에게는 수업을 방해하는 잘못을 용인함으로 건전한 사회성을 키울 수 있는 기회를 차단하는 것이고, 다른 전체 학생들에게는 A군의 수업 방해가 용인되는 것을 보여줌으로써 학급 전체 학생의 정당한 권리인 수업권의 부당한 침해는 물론, A군의 반사회적 행동도 제지받지 않고, 더 나아가 벌도 받지 않을 수 있음을 가르치게 되는 결과로 이어진다.(특히 10세 미만의 아동에게는 반두라-Albert Bandura-의 보보 실험이 보여준 관찰 학습, 또는 모방 학습이라는 유의미한 근거가 있다.) 이는 결국, 교사로서 모든 학생에게 반사회화와 무규범을 주입하는 반교육적인 장을 방치한 직무 유기가 된다. 우리의 사회는 이렇게 소극적이고 무기력하게 아동들을 방치하는 자유 방임형 교사를 원하지는 않을 것이다. 그러나 요즘의 학교에서는 학생들의 아나키즘(무정부주의)이 학교와 교실을 점령하고 있는 것 같다. 이는 철학적 배경을 가진 아나키스트들에 의한 것이 아니라, 교육 현장에 전혀 적용될 수 없는 희한한 법으로 교사들을 묶어 놓아 발생한 방임이고, 방치다. 더 이상 교실에 있는 아동들을 방치하기만 하는 일은 없어야 한다.

열째는, 2010년대 이후 폭증하는 교사에 의한 아동학대 사건을 자세히 보면 알 수 있는 문제다. 결국 위의 A군의 사례에서 최대의 피해자는 바로 A군과 같은 학생이다. 학부모가 자신의 아이가 수업 시간에 병을 바스락거려 다른 학생들의 수업권을 침해했다는 이유로 교사에게 가혹한 처벌을 받았다고 피해자로서 호소하며 과잉 대응을 하는 경우, 그 학부모의 아이가 가장 큰 피해를 입는다는 것이다. 어린 학생들 사이의 사소한 다툼조차 부모들끼리의 고소와 고발로 진행된다면, 이것은 어떤 의미에서든지 당사자인 그 아동에게 가장 심각한 후유증을 남기게 되는 결과를 낳는다. 이렇게 학부모가 자기 자식을 위해 던진 부메랑에 오히려 자신의 아이가 치명상을 입는 경우가 상당히 많다. 특히 학부모들에게는 아동들의 일을 대승적인 관점에서 바라봐야 할 지혜가 필요하다고 할 수 있다.

익산 초등학교 날아 차기 사건이나, 목공 톱 투척 사건, 그리고 호랑이 레드카드 사건의 공통점은, 초등학생들의 의식과 초등학생을 보는 주변 의식에 '누가 초등학생을 건드릴 수 있어?'라는 인식이 지배적이라는 점이다. 실제로 초등학생들이 교사들에게 쌍욕을 하며 "교사 주제에 누가 초등학생인 나를 건드려?"라고 말하며 공격하고(물리적 공격, 위협, 욕설을 포함), 촉법소년이기만 하면 교사는 물론 경찰조차도 아동학대범으로 몰릴까 봐 아동들의 욕설과 발길질도 감내한다. 그 아동의 부모는 "누가 내 아이한테 아동학대를 했어?"라고 눈을 부라리며, 교사든 이웃집 어른이든 경찰이든 상관하지 않고 마법과 같은 정신과 진단서를 들이대면서 고소와 고발을 남발하고 있다.

이런 배경 아래서 위의 세 사건은 모두 광범위하지만, 공통적으로 자신의 아이가 무슨 행동을 해도 처벌을 받아서는 안 된다는 부모의 방임이나 유기에 가까운 과잉보호의 양육 태도가 드러나 있다. 이런 학부모들은 아동의 잘못을 교육적으로 교정하려고 한 교사의 의무와 권리까지도 아동학대라고 규정한다. 그리고 이율배반적으로 교사가 아동들의 문제에 조금만 소극적이어도 교육적인 책무를 방임했다고 하며 맘카페나 그들만의 리그에 올려놓고 난도질한다. 고대 사회의 교노(校奴)[44]가 21세기 대한민국에 존재하는 것 같다. 이런 현실에서 교사의 정상적인 행위의 판별은 어떤 학부모를 만나느냐에 따라 천차만별로 달라진다. 호랑이 스티커 교사는 실질적 유죄 인정인 기소유예 처분까지(교사 입장에서는 이런 처분마저 검사가 상당히 호의적인 판단을 내려준 것이다.) 거의 2년에 가까운 세월을 극도의 스트레스 가운데 교실에서 쫓겨나는 수모와 함께, 상상도 하지 못했던 끔찍한 현실들을 감내해야만 했다.

헌재의 결정이 있기 전까지 호랑이 레드카드 사건 A군의 학부모는 기소유예라는 판결을 받아들고 득의양양했을지 모르지만, 이것이 끝이 아님을 명심해야 할 것이다. 대한민국의 교실에서 교사들을 딜레마에 빠뜨리는 이런 슬픈 사건 중, 이번 사건과 같이 흔히 접할 수 있는 유형의 사례에서 가장 큰 피해자는 단연코 A군일 수밖에 없다. 이 주지의 사실을 학부모들은 새겨들어야 한다. 교사의 시각으로 보면, 앞으로 A군의 앞에 놓일 인생에 깊은 우려를 표하지 않을 수 없다. 자기의 잘못을 억울한 일을 당한 것으로 뒤바꾼 부모의 어리석은 행동 덕에, 이 아동은 보편적인 가치 판단을 하는 데 반드시 혼란을 겪을 것이다. 아울러 이 아동은 자신의 잘못을 인정하기 힘든 정신적, 정서적 문제를 갖게 될 것이다. 만일 A군이 외향적

---

44) 교노(校奴): 로마 시대에 귀족의 자제를 가르쳤던 노예.

인 아동이라면, 익산 초등학교 사건의 학생과 목공 톱 투척 학생의 전철을 밟을 가능성이 상당히 높을 것이다. 그리고 만약 이들 학부모의 양육 태도가 이대로 바뀌지 않는다면, 나중에 어떤 형태로든 아동이 스스로 그 부메랑을 부모에게 던질 날이 반드시 찾아올 것이다.

초등학교 2학년이면 물병을 바스락거리는 행동이 선생님과 급우들에게 시선을 받고, 더 나아가 선생님의 주의도 들을 수 있음을 충분히 아는 나이일 수 있다. 만약 발달장애가 있어 아직은 모른다고 하더라도 배워야 할 학령이고, 배울 수 없는 한계가 있다면 특수 학교에 진학해야 한다. 아울러, 교사로부터 주의와 규칙 준수의 요구를 듣고 이를 받아들여 배우는 것은 교과목 학습보다 더 중요한 사회화 학습이다. 그렇지만 아동 보호에 관한 딜레마에 빠진 교육현장에서, 어떤 교사라도 이 아동을 소신껏 제지할 수 없다. 교사에게 아동학대라는 굴레를 씌워놓아 각종 조사와 수사, 법률적인 소용돌이에 휘말려 인생 전체에 크나큰 손상을 입을 수 있는 열악한 구조에서, 오직 사명감만으로 헌신할 수 있는 교사가 과연 얼마나 될지 의문이다. 이런 구조에 따라 이 슬픈 교실이 전국으로 확대되고, 교사가 가장 소극적인 방법으로도 아동들의 사회성이나 준법성 등의 규범들을 가르치지 못하게 될 때, 우리 사회는 결국 학교로부터 자신의 반사회적인 행동이 얼마나 잘못된 것인지 판단할 그 어떤 규범도 배우지 못한 아동들을 양산하게 될 것이다. 그리고 이 슬픈 아동들은 습관적인 행동(주목받는 것이 좋아 아동기에 이런 이상 행동이 습관화되는 경우도 있다.)을 빈발하며, 규범이나 사회의 정당한 권위(아동은 유, 초등부 시기에 교사를 통해 정당한 권위를 인정하고 순종하는 사회화를 배우기 시작한다.)에 부당하게 도전하고, 자신을 비정상적으로 합리화하며, 사회의 규범들을 거부하는 행동을 확산해 나간다. 이렇게 자란 아동은 10살만 되도 촉법을 외치고, 중학생 나이가 되면 성인의 범죄보다 더한 일도 저지른다. 불행히도 이 아동은 앞으로 본격적으로 반사회적 인격의 요소들을 탑재하기 시작하고, 지식의 소프트웨어를 갈아 끼우면서 일탈의 비정상적인 승리감, 쾌감에 길들여져 버릴 것이다. 작지만 큰 괴물의 DNA가 이식되기 시작한 것이다. 결국에는 이 책의 서두에 언급한, 학급 친구들을 향해 날아 차기를 하고 "선생이라 때리지도 못할 거면서 기강을 잡고 XX이야!"라며 교사에게 폭언, 폭행을 하거나, 심지어 출동한 경찰에게도 발길질을 하면서 "나 촉법이야!"라고 일갈하는 작지만 무서운 괴수로 변신하게 될 것이다. 이런 아동들이 보편화되어 대부분 성인이 되는 그날에는, 우리 사회에 아무런 희망도 남지 않을 것이다.

이 정도쯤 되면 대한민국에서 이런 아동들을 수용할 수 있는 기관이 얼마나 있을지 걱정이 앞선다. 예상컨대, 몇 군데밖에 남지 않을 것이다. 이 몇 개 남지 않은 기관이 가정, 학교가 아님은 두말할 나위가 없고, 몇 개 없는 이 기관들에서 아동을 수용하지 못한다면, 결국 그 아동은 교도소로의 직행 열차를 타게 될 것이다. 이와 같은 아동학대가 어디 있겠는가? 누가 "진정한 피해자인가?" 묻는다면 그 대답은 너무나 자명한 일이다.

열한 번째로, 학교에서 교사에 의한 아동학대 사건의 경우, 의사의 PTSD 진단과 진단서 발급에 신중을 기하도록 하는 제도적 장치를 마련해야 한다. 특별히, 외상이 발생했다는 장소가 교실이며 학습 현장이라면 더욱 신중한 접근이 필요하다. 특별히 호랑이 레드카드 사건의 예와 같이, 교실에서의 상식적인 판단으로는 사소하고 애매한 정서적 학대와 관계됐을 경우 더욱 그렇다.

왜냐하면 PTSD라는 질병 자체가 대개 전쟁이나 극단적 자연재해, 생명의 위해를 가할 수 있는 사건, 학대, 심각한 교통사고 등 외상의 실체가 명확한 경우에 발생하며, 그런 경우를 기준으로 진단과 치료가 개발됐기 때문이다. 그러나 외상이 명백한 사건과는 달리 교사의 아동에 대한 정서학대의 경우, 그것도 동일 학생에 대한 학대 의심 사례로 제기할 수 있는 경우가 3-4회 미만의 사소하고 애매한 사건의 경우는 현실적으로 인과 관계가 불분명하다. 또한 아동의 진술과 느낌, 그리고 개인적인 특성에 의한 반응에 기인해(다양한 병인이나 발달과정, 부모의 양육 태도에 따라) 아동에게 나타나는 영향이 다를 수 있다. 따라서, 아동의 심리적인 현상에만 포커스를 둬서 일방적으로 아동학대로 주장되고 신고될 수 있다. 이런 경우에는 진단 시 진단의에게 아동의 개인적 특성과 아울러 외상 발생 이전의 상황들이 충분히 전달되는 것이 중요하기 때문에, 교사나 학교 차원의 진술과 객관적 자료가 진단의에게 전달되도록 법제화해야 한다. 아동학대로 교사가 고발됐을 경우 반드시 진단의와 가해 교사의 면담을 의무화해야 하며, 필요하다면 외상 발생 당시 상황에 대해 가해 교사나 학부모 측이 지정한 증인을 최소한 각각 1인 이상 면담할 수 있도록 의무화해야 한다. 그리고 가해 교사 입장에서 방어권을 행사할 수 있는 의사를 선정해 피해 아동을 진단하도록 하는 복수(複數) 의사 진단을 허용하는 것이 실체적 진실을 확인하는 데 도움이 될 것이다.

대개 외상 후 스트레스 장애로 명명된 PTSD 진단은 가장 흔한 불안장애 중 하나지만, 임상에서는 정확한 진단을 내리기 쉽지 않은 것으로 알려져 있다. 그 이유는 PTSD 질환이 다른 정신 질환 증상과 중첩되기도 하고 공존 질환의 사례도 다수 있으며, 그 증세가 극히 다양해 이질적인 임상 사례가 다수 보고되기 때문이다. 또한 PTSD 진단은 철저한 임상 계획을 세워야 함이 필수적임에도, 우리나라 현실에서는 대다수의 PTSD 환자가 법적 문제의 보상이나 자기 보호적 용도로만 치료와 진단을 활용하고 요청하는 사례가 많기 때문이기도 하다. 대한불안의학회의 한 전문가의 의견에 따르면, "'법정신의학'이나 '배상의학' 관점에서 PTSD는 진단의 타당성 부족, 꾀병 및 다른 정신 질환과의 감별, 기왕력의 영향을 배제하는 문제 때문에 더욱 정교한 진단과 평가가 요구된다."[45]고 한다.

대한불안의학회의 '법정신의학'이나 '배상의학' 관점에서의 우려에도 불구하고, 우리나라에서 각종 사고, 사건에 대해 정신과에서 PTSD 진단을 받는 것은 현실적으로 그리 어려운 문제가 아니다. PTSD 질환의 증세가 워낙 복잡하다 보니 이를 대증치료를 중심으로 진료를 하고, 한두 번 진료를 받아도 의사 입장에서는 진단을 내리지 않을 수가 없기에, 대부분 환자의 자기 고백식 설문에 의존해 진단을 하게 된다. 따라서 외상 사건을 환자나 그 보호자의 일방적 진술에 의해 파악한 후에 진단을 할 수밖에 없다는 뜻이다. 하지만 PTSD라는 질환 자체가 특별히 치료에 임하는 의사가 정서적으로 환자를 지지하는 가운데 치료를 하도록 매뉴얼이 정해져 있는 영역이기 때문에, 치료하는 의사는 학대 사건의 전제적인 상황의 파악과 이해보다는 환자 중심에서 사건을 바라보고 진단하게 되는 것이다. 이렇게 되면 교사의 상황과 입장이 철저하게 배제된 채, 환자의 일방적인 편견만이 진단에 개입되기가 쉬워진다.

특별히 PTSD 진단에 사용되는 도구들은 자기 설문식으로 보고하는 형식으로 되어 있어, 환자나 그 보호자가 PTSD 질환에 대한 작은 관심만 있으면 인터넷 등에서 얼마든지 정보를 찾아 학습할 수 있고, 자신에게 유리하도록 증상을 허위로 연출할 수 있다. 의학적, 생물학적으로 PTSD를 정확하게 진단할 방법이 아직 현실적으로는 없기 때문에, 민형사상 배상이 문제가 되는 소송이나 병역, 보험 관계 등에

---

45) 출처: 대한불안의학회.

서 다수의 오진 사례가 보고되고 있는 현실이다.

이처럼, PTSD 진단에 있어 오진의 위험이 상당하다는 사실을 알 수 있다. 아동학대 사건으로 교사가 피소될 경우, 아동학대 사건은 교사 일생에서 가장 중요한 명예와 직업 그 자체에 강력한 영향을 미친다. 그런 아동학대 사건에 있어서 의사는 외상 발생과 증상의 인과관계가 모호한 가운데 환자에게 편향될 수밖에 없다. 환자에게 성실한 의사일수록 그런 한계가 생기는 것은 자연스러운 현상이다. 여기서 중요한 부분은, 그런 증세만을 통해 작성된 진단서가 아동의 정신적, 심리적 상태나 외상과의 연관성, 그리고 기왕력(既往歷) 등을 의학적으로 정확하게 진단했다고 기대할 수 없다는 사실이다. 특히 아동의 특수성에 기인한 정신과적인 부분이 결부된 애매한 사건의 경우에는 더욱 그렇다. 따라서, 아동학대 사건의 결정에 신중함과 공정함을 기하기 위해 진단 의사의 권위를 대폭 넓혀서 위에서 제안한 가해자와 외상 발생 시의 증인에 대한 면접권 또는 면접 의무를 부여해야 한다. 진단 단계에서 의사가 교사나 피해 아동의 입장을 객관적으로 이해할 수 있도록 가해의 정도와 유형, 주변의 증언까지 고려해 진단에 신중을 기할 수 있게 해야 하기 때문이다. 이렇게 해야 양측으로부터의 편향되지 않은 객관적인 정보를 인지해 환자의 PTSD 발생의 배경을 정확히 알고 진단을 내릴 수 있다. 그리고 복수(複數) 의사의 진단도 아동학대 신고 시점에서부터 필요할 것이라고 생각한다. 이런 것이 법제화된다면 실체적 사실을 확인하는 데 도움이 될 뿐 아니라, 학교 내에서의 교사 대 학부모의 법률적인 분쟁의 수가 상당 부분 사라질 것이다.

아동학대 사건은 아래의 표와 같이 급속도로 확산되고 있고, 그에 따라 억울한 교사는 계속 양산되고 있는 중이다. 그리고 아동학대 사건은 교사 개인의 불행에서 끝나는 것이 아니라 전술(前述)한 바와 같이, 피해자로 둔갑한 가해자(아동학대를 당했다고 거짓 주장하는 아동)의 인생에 양심적으로, 그리고 사회적으로 결코 씻을 수 없는 불행을 초래할 것이다.

<교직원에 의한 아동학대 사건>[46]

년도	교사에 의한 아동학대 사건	년도	교사에 의한 아동학대 사건
2010	83	2016	579
2011	85	2017	1345
2012	16	2018	2060
2013	28	2019	2154
2014	145	2020	882
2015	234	2021	1089

열두 번째, 학부모가 교사에 대한 아동학대 사건을 신고하고 법적인 조치를 취할 때 이것이 사법기관에서 무고성 아동학대 사건으로 판단되어 교사의 무죄가 확정된 경우, 교사를 고소 및 고발한 학부모는 교사에 대한 손해 배상 책임을 인정하도록 하는 규정이 필요하다는 것이다. 또한 교사에게는 자신을 무고성 아동학대로 고발한 학부모를 상대로 형법상 무고죄 내지는 손해 배상을 청구를 할 수 있는 권리를 인정해, 교사 대 학부모의 법적인 형평성을 유지하도록 해야 한다. 이를 위해 학교의 장과 교육청의 교육감이 교사를 대리해 청구권을 행사하거나 이를 지원할 수 있도록 법제화해야 한다.

교사를 너무나 손쉽게 아동학대로 신고할 수 있는 구조가 된 대한민국에서 교사들의 교권은 이미 바닥에 추락한 지 오래다. 교육의 3주체인 교사, 학생, 학부모 중 가장 중심추의 기능을 담당해야 할 교사의 권위는 이미 주변으로 밀려나 교노(校奴)로 신분이 전락한 것만 같다. 스승의 그림자도 밟지 않는다는 교사 존중의 전통은 이미 전설이 됐고, 숙제를 안 했다고 꾸지람을 들었다는 일방적인 아동의 말만 들은 학부모가 교실로 찾아와 교사에게 손찌검을 하는 현실에서, 교사들은 이런 부당한 상황에 제대로 대응할 수 없다. 그 이유는 학부모와의 법적인 분쟁의 부담 이전에, 관리자인 교장이 개입해 사건을 크게 만들지 않기를 종용하기 때문이다. 그리고 교장과 교감의 지지를 받더라도 학부모의 부당한 대우에 제대로 된 항의나 대

---

46) "교원 100명 중 2명 아동학대 범죄자? 충격적인 통계 왜 나왔나", 오마이뉴스, 2023년 7월 25일. 통계 자료 출처: <2010, 2011, 2012 전국아동학대 현황보고서>, 보건복지부·중앙 아동보호전문기관

응을 할 수가 없다. 악성 민원을 제기하는 학부모들이 마치, '전가의 보도(傳家의 寶刀)'를 꺼내 들듯 판을 키워 교사를 아동학대로 고발하는 손쉬운 통로가 아동복지법의 구조 안에 효과적으로 조성되어 있기 때문이다. 그래서 오히려 문제가 커져 아동학대범으로 몰리는 상황을 두려워한 교사들이 잘못이 없음에도 불구하고, 스스로 문제를 덮어 해결하는 방식으로 타협을 하는 경우가 상당히 많다. 이와는 반대로, 학부모에 의해 교사를 아동학대범으로 고발하는 사례가 매년 평균 천여 건을 넘겨버린 이 상황에서 교사들은 더욱 위축될 수밖에 없으며, 억울해도 분쟁에 소극적이고 저자세일 수밖에 없다. 학부모에 의한 교사의 고발 건수의 증가율이 학생인권조례 시행 전인 2010년도와 조례 시행으로부터 약 10년이 경과한 2019년도를 비교하면 2,595%나 증가했기 때문이다.

더욱 놀라운 사실은 학부모들의 '아니면 말고'식의 무고성 아동학대로 기소된 교사 중, 최종 유죄 판결을 받은 교사는 1.5%에 불과했다는 점이다.[47] 이는 98.5%의 교사가 결국은 무죄였다는 뜻이다. 이 얼마나 억울한 일인가?

이렇게 억울하고 부당한 일이 대한민국에 다시 반복되지 않기 위해서는, 반드시 교사에게 무고하게 아동학대범으로 몰려 수년간 교실에서 배제된 기간만큼의 교육권 침해에 대한 피해와, 불필요한 법률적인 대응으로 인해 발생한 교사 개인의 정신적인 위자료를 포함한 모든 손해에 대한 보상을 요청할 권리를 줘야 하며, 학교 차원에서는 학생들을 대리해서 수업권 침해에 대한 보상과 아울러 교사와 학교의 명예 훼손까지 징벌적인 배상을 요청할 수 있는 구조를 만들어야 한다. 그렇게 해야만 교실에서 소신껏 학생들을 교육할 수 있을 뿐 아니라, 불순한 동기를 가진 학부모들의 이기적이고 자기애적인 과잉보호로부터 오히려 아동들을 보호하고, 더 나아가 이런 학부모의 부당한 간섭과 요구, 공격으로부터 교사와 학교, 그리고 교육을 지킬 수 있는 초석을 마련할 수 있기 때문이다.

아동학대범으로 몰린 98.5%의 억울한 교사와 학교는 어떤 보상을 받았는지, 그리고 교육자로서의 높은 명예와 자부심, 생활인으로서 교사의 개인적인 삶은 얼마나 회복됐는지 알 수 없다. 더 이상 교육계는 무사안일이나 현행법의 모순 안에 갇

---

47) "교사 아동학대 신고 대부분 '무고성'… 기소율 1.6% 그쳐", 문화일보, 2023년 7월 25일.

힌 관료와 정치인으로 남아 안주할 생각은 버려야 하며, 학교장과 교육감은 소속된 교사의 권익을 위해 피해받은 교사들의 보호자로서 모든 관심과 시선, 그리고 행동의 방향을 돌려야 한다.

열세 번째로, 교사에 의한 아동학대 사건을 아동복지법에서 분리해 새로운 입법을 해야 할 필요가 있다는 점이다. 본서의 앞부분에서 교사에 의한 아동학대 사건을 해결하기 위한 방법으로 정서학대 및 기타 아동복지법에서의 중요 어휘를 명확하고 구체적으로 바꿔야 하며, 교사에게 교육적인 명확한 목적이 있고 그 목적을 이루기 위한 수단이 사회 규범상 타당할 경우에는 면책의 특권을 부여하는 개정을 해야 한다고 주장했다. 하지만 근본적으로 보면 아동복지법은 가정에서의 아동학대로부터 아동을 보호하기 위한 목적을 지닌 법이기 때문에, 교사의 교육 행위를 아동복지법에 적용하는 것은 아동복지법의 입법 취지와 전혀 어울리지 않는다.

아동복지법은 기본적으로 아동복지에 전반적인 입법 취지가 있지만, 아동학대에 대한 부분에 있어서의 기본적인 전제는 가정 안에서의 아동학대를 방지하기 위한 목적이 두드러진다. 가정 내에서의 아동학대는 그 성질상 절대적인 영향력을 행사할 수 있는 부모(보호자)에 의해서 행해진다. 그런 경우 학대의 은밀성은 커지게 되고, 학대에 대한 보호의 마지막 보루인 부모에 의해서 학대가 이뤄지면 아동이 보호받을 수 있는 더 이상의 방법이 없어지게 된다. 또한 지속적이고 장기간에 걸쳐 일어나더라도, 부모인 보호자의 의사에 반해 타인이 개입하기가 힘들다는 것과 그렇기에 학대의 정도가 아동의 전인격과 생명에 위해를 가할 만큼 심각해질 가능성이 높다는 위험이 있다. 이를 방지하고 해결하려는 목적으로 제정된 아동복지법과 아동학대 범죄의 처벌에 관한 특례법 등은 아동을 위한 사회의 안정망으로서 반드시 필요하다.

그러나 교육 현장에서의 교사에 의한 아동학대는 그 경우가 가정 내에서의 은밀성과는 달리 학교라는 공개된 공적인 공간에서 일어나고, 교사의 교육 행위를 감독하고 문책할 교사 조직이 이미 존재하며, 또한 학급 내에서도 얼마든지 다른 학생들이나 교사들을 통해서 관찰이 가능하다. 또는 유치원 시설과 마찬가지로, 얼마든지 CCTV 등으로 교실이나 학습 현장을 녹화하는 것이 가능하기 때문에 가정에서 일어나는 아동학대와 같이 교사가 아동학대를 범하고 이를 은닉하거나 부인하기는 상당히 어렵다.

또한 학교에서 교사가 아동을 학대했다고 한다면, 아동의 보호자들의 개입이 대부분 즉각적으로 일어나고, 항의, 견제, 민원 제기, 고소 및 고발 등 교사를 제재할 수단이 많기 때문에, 학대를 은폐하거나 학대를 지속적으로 하는 것이 가능하지 않다는 큰 차이가 있다. 그렇기 때문에 가정 내에서의 아동학대와 달리 학교 내에서 일어나는 심각성 또는 긴급성이 있는 학대 사례는 극히 예외적인 경우가 대부분이고, 이에 대한 심각성이나 긴급성도 그 양상이 관리자인 학부모와 교장과 교육감이 있기 때문에 전혀 다르다.

그럼에도 가정과 복지기관에서 보호자에게 학대를 받는 아동을 구제하기 위한 아동복지법의 일부 조항들이 전혀 다른 환경인 학교 내에서 교사에 의한 아동학대 사건에 적용되다 보니, 실제 교육 현장의 학부모와 교사 사이의 역학 관계에서 많은 부작용을 낳고 있고, 98.5%에 이르는 학부모에 의한 억울한 고소와 고발이 남발되고 있다.

아동복지법 제5조(보호자 등의 책무: ① 아동의 보호자는 아동을 가정에서 그의 성장 시기에 맞춰 건강하고 안전하게 양육해야 한다.)만을 봐도 보호자의 '아동의 보호'가 전제되는 공간이 '가정'이고 학교가 아닌 것이 명백하며, 동법 제10조의 2(아동권리보장원의 설립 및 운영), 제15조 보호조치, 제16조 등 아동복지법 전반에 걸쳐 말하는 것은 가정이나 보호자(가정을 대체하는 공간이나 그에 상응하는 자)에 관한 규정이지, 학교에서 교사에 의한 아동학대를 전제로 한 입법이 아님은 분명하다. 물론, 교사도 보호자로서 일정 부분 관련이 전혀 없다고는 할 수 없으나 아동복지법의 전체적인 입법 취지를 할 때, 특히 아동학대에 관해 교사의 교육 행위를 아동복지법 아래에서 아동학대의 잣대로 판단하는 것은 그 적용에 상당한 무리가 있을 수밖에 없다. 물론 교사가 교육의 목적과 수단을 이탈해 아동학대에 해당하는 죄를 범한 경우에는 당연히 아동복지법의 적용을 받아야 함이 마땅하다. 그러나 그런 경우가 아닐 때를 대비해 교육기본법과 그 시행령의 개정을 통해서 교육 현장에서의 아동학대에 대한 처리 지침을 구체적으로 법제화하고, 문제 많고 탈도 많은 현행 학생인권조례를 전면 폐지해야 한다. 무엇보다 학생과 교사의 권리 의무가 구체적이고도 균형 있게 명시된 '교육부 고시'나 '학생과 교사의 인권조례' 등을 제정해 시행하는 것이 바람직할 것이다.

아동과 교사의 인생 전체에 엄청난 파장을 불러일으킬 뿐 아니라 대한민국 교육 현장에서도 심각한 부작용을 일으키는 이 아동학대 문제를 해결하기 위해서는, 아동복지법을 연령별, 유형별로 그 금지사항을 세분화해 명확히 규정하는 것으로 개정해야 한다. 예를 들면, 이번 호랑이 레드카드 사건의 경우처럼 교사에 의해 교육과 훈육의 목적으로 아동에게 일반적이고 교육적인 언어를 사용해 학교생활에 필요한 일반적인 활동을 시킨 징계에 대해서는 예외조항을 만들어야 한다. 또한 궁극적으로 교육기본법, 교원지위법 등의 제정 및 개정을 통해 교육의 전문가인 교사의 전문성과 직업적 윤리성을 확보할 수 있도록 교사의 권위를 높이는 사회적 합의를 이끌어 내야 한다. 그 전제하에 교사의 생활지도, 인성지도에 있어서의 훈육과 훈계에 대한 부분을 교육청 단위의 구체적인 고시를 통해 제정하고, 아동을 교육함에 아동복지법과 기타 사항에 대한 면책권을 주는 것도 구체적으로 제시해야 한다는 것을 다시 한번 더 강조한다.

11

교사에 의한
아동학대 사건이냐,
자해 공갈단 사건이냐?

아동복지법상
아동학대에 대한 법률적인 지식이
기하급수적으로 탑재되면서
유약의 엄마는 이 사건을 PTSD로 몰아가면
도도한 담임 교사도,
섣부른 조언으로 내 자식을 나무란 것을
훈육이라고 양해하라고 했던,
교장도 무릎 꿇릴 수 있겠다고
생각할 수 있을 상황이 전개되었다.

　이쯤에서 우리 모두가 회의론자가 돼서 불량한 양심을 가졌다고 가정해보자. 초등학교 2학년인 호랑이 레드카드 사건의 A군을 모티프로 해 가상으로 사건을 재구성해 보고자 한다. 물론 이 글에 등장하는 '김유약' 학생은 레드카드 사건의 아동과 전혀 관련 없는 가상의 인물이며, 학부모 역시 전혀 사실적 인물이 아닌 가공의 인물이다. 그러나 요즘 우리 주변에서 벌어지는 아동학대 사건의 공통점 중 하나가, 일반적인 상식 수준의 작은 이해와 관용만 있으면 얼마든지 교사를 이해하고 포용해서 넘길 수 있는 문제가 굳이 크게 부풀려지고 사건화되며 진행되는 동안 본질이 왜곡된 나머지 부당한 교권 침해 사례가 발생했다는 점이다. 이에 대한 구조적인 문제점을 시사하고자 100%의 개연성만을 가지고 사건을 재구성했다. 실제 호랑이 레드카드 사건과 전혀 관련이 없는 허구의 이야기이므로 결코 오해가 없기를 바란다.

　김유약은 만 7세나 8세의 나이로, 익애형 가정에서 태어나 하고 싶은 것이 생기면 전혀 구속받지 않고 뭐든 할 수 있는 과잉보호 가정 안에서 성장한 아동이다. 그 부모는 자유 방임이 사랑이라고 생각하고 확신해서 유약이 무엇을 하든 전혀 징계하지 않았고, 하고 싶은 건 다 하게 해주며, 자기 자식 가장 잘 키웠다고 자부하는 그런 유형의 사람들이었다. 행여 누구라도 내 아이 김유약에게 눈이라도 흘기면 이들 부모는 언제든 아들의 흑기사가 돼서 용감하게 싸웠다. 그들은 자신의 아들에게 있어서는 절대적인 슈퍼맨이고, 나이팅게일이었다.

　그런데 어느 날, 유약은 수업 시간에 만진 물병에서 "짜그락, 짜그락" 소리가 나자 왠지 모를 쾌감을 느꼈다. 그러나 그 쾌감의 정체를 정확히 알기에 유약은 아직 너무 어렸다. 유약은 왠지 모를 쾌감에 이끌려 다시 "짜그락, 짜그락" 소리를 냈고, 소리를 낼수록 평상시와 다른 뭔가가 자기를 지배하는 걸 느꼈다. 그것은 수업이 이뤄지고 있는 시간에 자신이 물병을 찌그러뜨려서 낸 소음으로 수업 중이던 선생님이 움찔하며 수업을 중단하고, 선생님을 포함한 다른 친구들 모두가 자기를 주목하는 상황에서 오는 것이었다. 유약에게 그건 싫지 않은 느낌이었다. "짜그락, 짜그락" 유약은 그 느낌에 이끌려 자기도 모르게 또 소리를 냈다. 이번에도 선생님에 이어 친구들의 시선이 자기에게 쏠리자 유약은 왠지 우쭐한 느낌마저 들었다. 그래서 다시 한번 "짜그락, 짜끄락" 소리를 냈다.

그러자 이번에는 35년 차 베테랑 담임 선생님이 유약을 호명하며 "수업에 집중해야 하는데 물병을 가지고 놀았고, 다른 친구들 수업을 방해했으니까 호랑이 심판의 레드카드를 받았어요!"라고 말하며 유약의 이름표를 칠판에 붙였다. 유약은 당황했다. 그리고 싸늘한 분위기 속에서 누군가 "킥킥" 웃으며 놀리는 소리가 들리는 것 같았다. 순간 유약은 당황스럽고 부끄러운 마음이 들었다. 수업이 끝나 집으로 가려고 했는데 담임 선생님이 다시 말했다.

"아까 칠판에 붙인 이름표가 레드카드 아래 있는 친구들은 청소를 하고 집에 가도록 해요."

그 순간, 집을 가는 친구들과 못 가는 친구들의 반응이 엇갈렸다.

"야호! 우리는 집 간다. 메롱!"

집에 갈 수 없는 친구들은 청소를 해야 해서 의기소침해졌다. 청소 시간은 길어야 5분이었지만 유약은 그나마도 빗자루만 들고 우두커니 서 있었다. 반항심인지는 모르겠지만 그냥 청소를 한다는 것이 마음에 내키지 않았고, 그렇게 잠시 주춤하는 사이 선생님은 "내일부터는 수업에 잘 집중해야 돼요, 알겠죠? 청소 잘했어요. 그럼 이제 집에 조심히 돌아가고, 내일 봐요."하고 인사를 했다. 유약은 인사를 하는 둥 마는 둥 교실을 벗어났다. 그리고 집에 가자마자 엄마에게 투정을 부렸다.

"엄마! 나 레드카드 받았어! 그래서 청소했어! 학교 가기 싫어!"

아들의 투정에 놀란 엄마는 자초지종을 듣고 머리끝까지 화가 났다. 그리고 복잡한 심경 가운데 어떤 생각이 떠올랐다.

'이건 방송에서 늘 들어온 학생인권인가 뭔가에서 강조하는 차별 행위 아닌가? 맞아, 이건 아동복지법에서 금지하는 정서적 학대인데! 교사 따위가 뭐라고 겁도 없이 내 금쪽같은 새끼한테 무안을 줘? 사랑으로 교육해야지!'

그리고는 곧장 담임 교사에게 전화를 걸어 기다리라고 엄포를 주고 교무실로 쳐들어가, 교감 선생님을 만나자마자 항의를 했다. 교감 선생님은 훈육의 일환, 즉, 교육의 목적으로 한 교사의 정당한 본연의 임무로 받아들여 달라며 간곡히 만류를 했지만, 유약의 엄마 귀에는 아무것도 들리지도 않았다. 얼마나 억울한지 교감 선생님과 헤어지자마자 유약의 교실로 들이닥쳐 잔무를 보고 있던 담임 교사에게 윽박을 질렀다. 그러나 분이 풀리지 않았다. 유약의 엄마는 그 다음 날도 노기가 충천한 기세로 다시 교장 선생님과 면담을 했고, 그 이후에도 수차례 더 면담을 진행했다. 그로 인해 교장 선생님에게 정신과 치료를 받을 만큼의 스트레스를 줬다. 그러는 와중에 학부모로서 깨달은 사실이 하나 있었다. 자신이 학교를 다녔던 학창 시절과 달리 학교와 교사들이 너무나 부드러워졌다는 사실이었다. 오히려 거친 언사를 쏟아부어도 교장 선생님 이하 다른 교사들은 물론, 심지어 교육청의 직원들도 너무나 고분고분하다는 것을 깨달았다.

'아, 뭔지는 모르겠지만 아동학대에 관한 한 법은 무조건 아동의 편이구나. 그리고 교장이든 교육청이든 사건이 크게 되는 걸 가장 두려워하는 거야!'

직감적으로 깨달은 사실을 통해 생각이 이에 이르자, 유약의 엄마는 교육청에 20여 차례의 민원을 제기했다. 아동복지법상 아동학대에 대한 법률적인 지식이 기하급수적으로 탑재되면서 유약의 엄마는 이 사건을 PTSD로 몰아가면 도도한 담임 교사도, 섣부른 조언으로 내 자식을 나무란 것을 훈육이라고 양해하라고 했던 교감, 교장도 무릎 꿇릴 수 있겠다고 생각할 수 있을 상황이 전개되었다. 유약의 엄마는 분이 풀릴 정도로 제대로 된 사과를 받을 수 있겠다는 생각을 벗어나서, 이것을 빌미로 자신의 영향력을 얼마든지 강력하게 발휘할 수 있으며, 이를 통해 막연히나마 보상까지도 받을 수 있을 거라는 악마의 유혹까지 마음 한 편에 품게 됐다. 유약의 엄마는 이 순간에 이미 정당한 것, 부당한 것, 진실한 것, 사실이 아닌 것을 분별하지 못하는 자신을 미처 깨닫지 못했다. 내 아이를 빌미 삼아 우기면 다 되는 세상이었다. 그렇게 조금 더 생각하다가 며칠 후, 가장 억울한 학부모가 되어 눈물까지 흘리며 아동학대 전문 변호사를 만나니 능력 있는 변호사는 법조문을 조목조목 짚어가며 확실한 보상까지 설명해 줬다. 유약의 엄마는 이때부터 더 이상 이 사건의 진실과 학부모로서의 교육적인 배려에 대해 조금도 고려하지 않게 됐다. 오직 법적인 승리를 구하는 냉혹한 승부사의 마음과 교사 위에 군림한 뒤 보상까지 챙기려는 생각만으로 쾌재를 불렀다. 변호사의 조언대로 이제 남은 유일한 문제는 전문가의 PTSD 진단서가 필요하다는 것이었다.

변호사로부터 그것에 대한 대략적인 이야기를 듣고 인터넷에 들어가 보니, PTSD에 대한 자세한 증세와 진단을 받는 방법에 대한 상세한 정보들이 넘쳐났다. 일단 유약과 맞는 상황을 추리고 증상도 몇 가지로 간추리기로 했다. 약간만 비슷해도 그렇다고 밀어붙일 생각으로 유약에게 "너 그랬잖아! 요즘 마음에 그런 생각이 들지?" 다짐하듯이 여러 번 반복도 시켰다. 유약이 눈치채지 못할 정도로 자주 학습 아닌 학습을 시켰다. 그리고 의사에게 갔다.

의사는 예상 밖으로 너무나 친절했다. 나중에 안 사실이지만 정신과 영역에서는 환자와 의사의 신뢰 관계가 치료 과정에 있어 특히 중요하고, 특히 PTSD의 치료는 의사의 환자에 대한 정서적인 지지가 치료의 한 방법이기에 '의사 선생님은 완전히 우리 편이야.'라는 생각이 들자 안심이 됐다. 아직 어린 유약은 자신의 상황을 말할 능력이 안 되기 때문에 유약의 엄마가 옆에서 다 이야기했고, 유약은 끄덕이다가 지루해져서 가끔 시선을 다른 곳에 돌리기도 했다. 그러나 유약의 엄마는 상황을 얼마나 열심히 이야기했는지, 설명 중간에 자기의 말에 스스로 감동해 울음도 간간히 터져 나왔다. 또한 자신이 아이를 얼마나 사랑으로 키워 왔는지에 대해서는 상황이 바뀔 때마다 양념처럼 빼지 않고 계속 강조했다. 의사도 감동을 받았는지 충분한 동의와 위로의 말까지 건넬 정도였다.

유약의 엄마와 의사의 대화가 계속되는 동안, 35년 차 담임 교사는 악질적인 아동학대범 그 자체로 변질됐고, 유약은 의자에 앉아 어른들의 대화를 이해하지 못하는 듯 두리번거리며 이것저것을 둘러봤다. 옆에 있는 화초를 손으로 쓰다듬다가 엄마의 제지도 받았다. 그러면서 엄마가 뭔가 질문을 하면 유약은 대답을 하거나 고개를 끄덕이는 간단한 것조차 타이밍을 놓쳤다. 이런 일들의 의미를 알 리 없는 유약은 반복되는 의사의 진료 시간이 무료해진 것 같았다. 의사의 질문을 대신한 엄마의 물음이 재차 거듭되면 지겹다는 듯 겨우 대답했다.

　이런 식의 진료가 몇 차례 반복됐다. 사건 발생 4달 만에 유약의 엄마는 진료를 받은 지 2달 만에 우리나라에서 권위 있는 의사의 PTSD 진단서를 받는 데 성공했다. 그리 어렵지 않았다. 유약과 함께 1주일에 두 번 20분 정도만 진료를 받으면 되는 과정이었다. 의사가 1년의 치료를 어렴풋이 이야기할 때, 아직 어리니까 더 오래 진료를 받게 해달라고 부탁하다가 속마음이 들킨 것 같아 얼굴이 살짝 붉어지기도 했다. 의사는 물론 최소한의 치료 기간이라며 아동의 심리적, 정서적 완치가 중요하니 치료 기간에 너무 착념하지 말라고 다독였다.

　그때 35년 차 담임 교사는 병가를 낸 상태에서 병원에서 처방한 신경 안정제를 먹고, 변호사를 잘 알고 있다는 친구의 남편과 통화를 하고 있었다. 학교에서는 이미 수업 배제가 이뤄진 상태였기 때문에 학교의 상황은 가물가물할 정도였다. 억울함으로 가슴도 답답했지만 그보다 앞으로의 소송을 생각하면 하늘이 무너지는 심경이었다. 변호사에게 사건을 의뢰하려면 일단 천오백만 원을 준비하라는 친구 남편의 목소리가 계속 귓가에 맴돌았다. 사건 초기 교사에게 우호적이고 함께 분해했던 교장 선생님과 교감 선생님은 사건이 발생하고 한 달이 되니, 왠지 자신을 슬슬 피하는 느낌이 들었다. 모처럼 마주친 동료 교사의 인사에도 뭔가 잘못한 게 있겠지 하는 인상이 느껴져서 교사의 마음은 편치 않았다.

　교사들의 슬픈 현실을 가상으로 꾸며본 이 이야기를 읽고, 많은 사람들이 어딘가 기시감이 들었다고 말한다. 그것은 누구라도 경험했을 가능성이 있는 '꾀병 교통사고 환자'의 이야기다. 언제부터인가 언론에서는 이런 환자를 속칭으로 '나이롱 환자'라고 부르고 있다. 필자도 현실감을 더하기 위해 꾀병 환자를 은어지만 '나이롱 환자'로 표현하겠다.

　'나이롱'이란 말은 나일론의 일본식 발음에서 유래한 은어로, 진짜가 아니면서 진짜 행세를 하는 가짜를 뜻한다. 가장 흔히 사용되는 경우는, 환자가 아니면서 공갈, 보험금 혹은 그냥 휴가 등의 목적으로 병원에 입원한 사람을 은어로 표현하는 것이다. 이런 사람들에게 들어가는 진료비가 8년 사이 2배 넘게 늘었다고 하는 것으로 봐서, 우리 사회의 의료 체계나 보험, 보상체계의 허점이 있다는 사실은 명백한 것으로 보인다. 아래는 이와 관련된 보도 기사의 일부다.

블랙박스 차량이 좌회전 차선으로 빠지기 위해 좁은 틈 사이를 비집고 들어간다. 조금 힘겨운 듯싶다가 결국 옆 차와 부딪혔는데, 다행히 사이드 미러 정도만 손상됐다. 그런데 사고를 당한 40대 차주는 병원에 5일을 입원하고 사고를 낸 차주에 무려 300만 원을 요구했다. 이처럼 경미한 사고에도 과도한 치료를 받는 이른바 '나이롱 환자'의 진료비가 급증하고 있다.[48]

이 사고의 피해 차주의 모습은 어렵지 않게 상상할 수 있다. 일단 거의 사이드 미러의 손상뿐이어도 차대 차 사고이고, 게다가 상대 가해 차량은 정차 중인 피해 차량을 그것도 중앙선을 넘어 들이받아 손상을 줬으니 과실은 가해 차량이 100%다. 이쯤이면 피해 차량의 차주는 문을 열면서 차분하게 한마디 한다. 물론 허리나 목을 부여잡을 필요도 없다. 아주 나이스한 음성으로 가해 운전자에게 위로하면서 말한다.

"많이 놀라셨죠? 보험 처리할게요."

이 말이면 전부 다 된다. 그리고 피해 차량의 차주는 바로 병원으로 간다. 그는 더없이 친절한 의사에게 목과 허리에 약간의 통증이 생겼고, 어지러움도 조금 있다고 말하기만 하면 된다. 이 정도만 말하면 의사는 거의 모든 상황을 파악하고 아주 우려되는 표정과 음성으로 대답한다.

"교통사고는 초기에 잘 진료하는 것이 중요하니 입원을 하시는 것이 좋습니다."

의사는 환자에게 적극적으로 입원을 권유한다. 우리 모두가 다 알듯이 경험칙상, 사이드 미러의 약간의 손상, 그것도 스치듯이 발생한 차량과의 충돌 정도는 피해 차량의 탑승자든지 가해 차량의 탑승자든지 물리적인 충격을 거의 받지 않는다. 그러나 그런 뻔한 사실을 가장 전문적인 지식을 가진 의사도 모르는 듯 보이고, 당시의 상황을 가장 잘 알 수 있는 피해 차량의 환자도 모르는 것처럼 행동한다. 환자가

---

48) "살짝 '쿵'에도 뒷목부터…'나이롱환자' 진료비 8년 새 160% 증가", SBS BIZ, 2023년 9월 22일.

조금 아는 척을 해도 의사는 한 마디를 더 보태면서 환자가 자신의 몸에 얼마나 무지한지를 확인시키고. 결국 입원을 시키는 데 주저함이 없다.

"만약의 경우를 대비하세요. 교통사고의 후유증은 무섭습니다. 최소한 3-4일은 입원 치료하면서 잘 지켜봐야 합니다."

웬만큼 바쁘거나 중요한 일이 없는 환자라면 이 말을 들은 이상, 입원의 권유를 뿌리치기 어렵다. 그리고 의사의 이 충고는 환자 마음속에 있는 왠지 모를 부담감을 일순간에 해소시켜 준다. 환자가 의사의 충고를 받아들여 입원을 하면 병원은 보험금을, 환자는 휴업 수당을 챙기게 되고, 환자의 입장에서는 나중의 합의에도 유리한 지점이 생긴다. 이런 경우, 어느 병원에서든 그 증세에 따라 입원 여부와 관계없이 일반적으로 약을 지급한다. 근육 뭉침을 풀어주는 약부터 진통제, 어지러움의 원인이 될 수도 있는 뇌진탕 관련 약까지 챙겨준다. 그리고 환자가 원하면 병원 형편에 따라 정밀 진단을 위한 X-Ray, CT, MRI 등을 적극적으로 권장한다. 환자도 이번 기회에 자신의 몸을 확인하는 것도 나쁘지 않은 선택이라 여기면서 대부분 동의한다. 다양한 진단과 치료에는 적게는 2-3만 원, 많게는 20-30만 원까지 비용이 추가되는데, 모두 다 보험사가 부담하게 된다. 그리고 혹시 피해자가 과잉 진료로 부담해야 할 몫이 생길까 걱정한 친절한 의사들은, 알아서 다 진단으로 피해 나갈 방법을 개척해 준다. 역시 모든 비용은 보험사의 몫이다. 그리고 2-3주가 지나면 보험사에서 정산과 합의를 제안하는데, 이 정도면 보험사로부터 최소한 250만 원 정도의 합의금을 챙길 수 있다. 이 경우, 과연 의사의 수입은 얼마나 늘어날까?

어떤 통계에 따르면, 한방병원(한의원 포함)에서만 2022년도에 교통사고로 청구된 치료비가 1조 4,636억 원에 이르고, 그중 교통사고 경상 환자의 비중은 80.8%였다. 또한 2014년 이후 자동차 보험금 진료비 지급 규모가 지속적으로 증가하고 있다. 건강보험심사평가원 자동차보험 대인배상 1인당 진료비는 2014년 약 73만 원에서 2022년 약 112만 원으로 54.8% 늘어났다.[49]
이 통계가 정확하다면, 우리나라 의료계 전반에 광범위하게 퍼져 있는 도덕적인

---

49) "자동차보험 한방진료비 5년사이 7139억원→1조4636억원 105% 증가…의과진료비는 감소", 메디케이트 뉴스, 2023년 9월 27일.
"자동차보험 경상환자 진료비 급증…"사고?진료정보 공유 필요"", 디지털데일리, 2023년 10월 1일.

해이를 지적하지 않을 수 없다. 하지만 의사나 환자의 도덕적인 해이를 먼저 논하기 전에, 먼저 우리 의료 체계 전반에 걸친 구조적인 문제를 해결해야 한다. 이런 구조적인 문제가 해결되지 않는다면, 우리의 건전한 이웃이고 시민인 의사와 피해 운전자를 계속해서 도덕적으로 해이하도록 방치하는 결과를 넘어, 우리 사회가 부도덕함을 조장하는 도덕적인 해이가 일반화된 사회로 고착되는 결과를 낳을 것이다. 우리 사회의 '나이롱 환자'와 '자해 공갈 사건'의 증가가 이를 웅변하고 있다고 생각한다.

위의 호랑이 레드카드 사건을 재구성한 가상의 이야기와 '나이롱 환자'의 이야기는 우리 사회의 절대 간과할 수 없는 반드시 해결해야 할 몇 가지 숙제를 제시하고 있다.

첫째는 통증과 상해에 대한 의학적 진단이 불가능하거나 지극히 경미한 경우, 또한 통증과 상해의 발생에 인과 관계를 객관적으로 밝히기 어려운 경우에는 피해자와 가해자 간의 공정한 룰을 마련해야 한다는 것이다. 객관적인 사실 관계에 의한 적정한 보상에는 다소 미흡하지만, 교통사고의 경우를 보면 자배법(자동차손해배상 보장법)상 보상 기준이 있어 이에 맞는 보상이 이뤄지고 있다.

그러나 교사에 의한 교육 활동 중 아동의 정서학대 사건을 보면 대개는 훈육과 학대의 차이를 규정할 지침의 제정이 없는 상태에서 교육이 이뤄지니, 분쟁도 잦으며 사태도 자주 극단으로 치닫게 된다. 특히 교사의 아동에 대한 훈육과 훈계는 기본적으로 아동을 제지하고, 이런 불쾌감의 증가를 전제로 하는 교육적인 활동이기 때문에 이런 규정이 분명해야 한다. 그래야만 교사도, 아동도, 학부모까지도 보호를 받을 수 있다. 따라서, 교사에게 가능한 훈육과 훈계를 미리 정해, 그 범위 안에서 행하는 훈육과 훈계의 경우에는 면책권을 허용하는 것은 하나의 방법이다. 다른 방법으로는 정서적이고 정신적인 상해를 입었다고 해도, 그 정도가 인용 가능한 범위인지를 교사와 의사가 협의해서 정하고, 그 정한 범위 내의 경미한 훈육과 훈계는 교사에게 책임을 묻지 못하도록 하는 것이다. 또 다른 하나로는, 아동 개인의 특수성에 기인한 상해에 대한 부분이다. 다른 일반적인 예와 비교했을 때 그 상해가 개인의 특수성으로 인해 발생한 것이라고 판단된다면, 사전에 그 개인의 특수성을 구체적으로 공문서화해 학교나 교사에게 고지(告知)하지 않은 이상 교사는 면책받을 수 있어야 한다. 훈육와 훈계에 관한 전반적이고 구체적인 기준의 제정은 교육 현장에 반드시 필요하다. 최소한 자배법상의 보상 기준보다 더 세밀하게 제정돼야 한다.

아동학대 사건에서 아동복지법 제18조에 의한 친권 상실 선고의 청구와 같이 아동의 보호에 강력한 권한을 가진 조항에서도 치료를 담당한 의사의 의견이 결정적인 역할을 하는 것처럼, 정서학대 사건의 경우에는 정신과 전문의의 진단이 더욱 핵심적인 역할을 담당한다. 그런데 그 치료와 진단서 발급에는 공정성을 담보할 수 없는 구조적인 문제가 존재한다.

가상이지만 전술한 이야기들과 같은 사례는 충분히 현실에서 나타날 수 있다. 그렇기 때문에 정서적이거나 신체적인 침해가 있었다고 피해를 주장하나, 현대 의학으로는 입증할 수 없는 경우의 진단에 있어서는 법률적인 보완 장치를 마련해야 한다는 것이다. 교사가 주의를 준 행동과 청소를 시킨 행동으로 인해 아동이 수치감을 받았다는 것은 이해할 수 있는 부분이 지극히 적지만 있기는 하다. 그러나 이것이 아동의 정신적인 치료를 필요로 할 만큼의 손상을 입혔다는 진단은 객관적으로 납득하기에는 많은 의문을 남긴다.

이와 같이 사이드 미러를 스치는 사고에서 환자가 요통과 두통 등의 통증을 호소하면 의사는 의학적인 확인이 불가능하기 때문에 이를 치료할 수밖에 없고, 어쩔 수 없이 통증을 호소하는 환자의 진술을 거짓이 아니라는 전제하에서 치료를 해야 한다. 이런 측면에서 보면, 환자가 어느 정도 상해를 입었다고 진단하는 것은 과학을 기반으로 한 의학보다는 신화에 기댄 종교에 가까운 것 같다. 만약에 이것이 피해자 자신만의 문제라면 의사가 환자를 신뢰해서 그의 호소를 중심으로 진단을 하더라도, 이는 당사자만의 문제이기 때문에 제삼자가 개입할 필요가 없다. 하지만 만약 의사가 환자에게 내린 진단이 가해자로 지목된 사람에게 있어서 범죄자가 되느냐 마느냐의 인생에 걸친 중대한 문제와 그에 대한 보상의 여부에까지 큰 영향을 미친다면, 그것은 완전히 다른 이야기가 된다. 그러므로 이런 모든 과정이 객관적으로 철저하게 입증이 되지 않는 한, 가해자로 지목된 사람의 입장에서 진단 결과의 사실성은 결코 양보할 수 없는 문제가 된다.

상해를 입히지도 않았는데 상해를 입힌 범죄자가 되고, 행하지 않은 행위로 인해 그 모든 책임을 져야 한다면 이처럼 불의한 일도 없을 것이다. '나이롱 환자'로 지칭되는 사례에서는 그나마 피해자와 가해자의 구분이 의심할 수 없도록 명확하고, 환자인 피해자의 진단으로 인한 가해자의 피해자에 대한 보상(보험을 들었을 경우에는 가해자가 간접적이고 제한적인 보상만 한다.)은 거의 대부분을 보험 회사가 담당하기 때문에 피해자가 자신의 신체적인 피해에 대해 과장하는 부분이 있다고 해도 죄책감이나 양심의 저항감이 덜 할 수 있다. 더구나 피해자가 교통사고 경상 환자이기 때문에 보험에 가입하지 않았어도 수백만 원의 범위 안에서 처리할 수 있고, 가입했다면 수십만 원 정도의 손해만 각오하면 되니 약간의 느긋한 마음으로도 양보할 수 있는 문제다.

그러나 교사의 아동에 대한 정서학대의 혐의는 교사의 전인격과 인생 전체를 아우르는 소명감으로 이뤄진 교직이라는 직업을 넘는 '천직(天職)'에 대한 사활이 걸린 문제이기 때문에, 결코 양보할 수 없는 문제가 된다. 특별히 A군의 부모처럼 교사에 대한 인격적인 불신을 전제로 교사를 범죄자로 몰아가는 경우에는 인간적인 배신감과 모멸감도 상당하다. 계량할 수는 없지만, 교사가 아동에게 줬다는 수치감의 수백 배가 될 것이다.

이렇게 교사 인생과 교직에 대한 모든 것이 걸린 중차대하고 절박한 문제가 진단 과정의 객관적인 인과 관계를 제한적으로 파악할 수밖에 없는 현실에서, 단지 피해자의 진술만으로 피해자와 가해자를 규정하는 진단서가 발급되는 것을 우리 사회는 더 이상 허용해서는 안 된다. 반복해서 말하지만 교사의 교육적 행위로 피해자가 발생해서 그 피해자의 현재 상태가 치료를 필요로 하는 상황이라 해도, 이를 진단하는 의사가 질병과 인과 관계를 명확하고 정확하게 판단할 수 있도록 해야 한다. 이에 대해 앞서 제안한 것처럼, 가해자인 교사와 주변의 증인 면담을 피해자 진단의가 의무적으로 해야 한다. 아울러, 교사나 교육청에서 지정하는 의사가 피해자를 의무적으로 면담 및 진단하도록 하는 복수(複數) 진단 제도를 만들 필요가 있다.

둘째로는 아동의 범죄를 촉법이라고 방관하지 말고, 촉법의 부모와 가정에 그 책임을 추궁해야 한다는 것이다.
초등학생을 중심으로 일어난 위의 세 사건의 공통점을 꼽으라면, 학생으로 인해 교사에 대한 교권을 넘어서 인권에 대한 침해가 일어났다는 점이다. 익산 초등학생 사건을 보면, 아동이 교사를 폭행하거나 모욕하고, 심지어 교장 선생님에게 막말을 했는데도 그것에 대한 처벌은 아무것도 없었다. 그 이유는 그 어린 아동의 말대로 '촉법이니까!'였다.

목공 톱 투척 사건에서 아동이 여교사에게 욕설은 기본이고 위험한 흉기를 4차례나 투척했음에도 불구하고, 여교사는 "친구야, 이야기하자!"만을 연발할 뿐, 공포에 질려 그 어떤 다른 대응도 하지 못했다. 그 당시 다른 남자 교사는 어디에 있었으며, 학교의 위기 대응 시스템은 제대로 작동을 했는지, 혹은 존재는 하는지 의문이다. 만일 여교사가 그 흉기에 의해 상해를 당했을 경우를 생각하면 여교사와 그 학생 양쪽에게 심각한 피해와 끔찍한 결과가 뒤따랐을 텐데, 학교의 시스템은 그 모든 과정에서 그저 방관하고 침묵했다. 아동에 의한 이런 위험한 행위에는 반드시 처벌이 따랐어야 했다. 그러나 이 역시도 촉법이라는 이유로 유야무야됐다.

이 부분에서 우리는 더 이상 촉법에 대해 관대해져서는 안 된다는 사실을 인식해야 한다. 정확히 표현하자면, 더 이상 불법을 일삼는 촉법소년을 자녀로 둔 보호자에게 관대해서는 안 된다. 앞으로도 촉법에 대한 현 상태를 방관한다면, 피해자가 됐든 가해자가 됐든 우리 아동들 모두가 피해를 입고 만다. 그만큼 심각한 지경에 이르렀다. 촉법소년에 대한 소위 위법성 조각의 예외 규정을 둔 것은 제정 당시만 해도 13세 미만의 아동에게는 예외 없이 글자 그대로 순진무구한 어린아이의 모습이 남아 있었으며, 죄를 범해도 죄에 대한 이해가 없는 행위 무능력자로 봐도 무방할 정도의 순수한 아동 그 자체였기 때문이다. 하지만 지금은 그 당시와 촉법소년의 상태가 완전히 다르다.

2010년을 분수령으로 아동들에게 학생인권조례라는 판도라의 상자가 열리는 동시에, 아동복지법으로 아동에 대한 무조건적인 사회적 과잉보호가 직간접적으로 영향을 미치면서, 아동이 저지르는 범죄 행위가 성인의 행태를 방불하는 대담하고 강포한 지경에 이르렀기 때문이다. 그 수도 급증하고 있다. 절도, 폭력, 강간, 추행, 방화, 강도, 살인으로 촉법소년의 범죄의 수가 2021년 11,677명을 기록했다.[50] 따라서 우리는 촉법소년의 범죄에 대한 형법상 징벌 규정을 신중히 연구하고 개선해서, 그에 대한 엄정한 책임을 묻는 노력도 해야 할 것이다.

---

50) ""처벌 못하는거 알아" 촉법소년 2배 급증", 아시아경제, 2023년 10월 4일.

그러나 무엇보다도 지금 당장부터 최소한 민법상 그 부모에게 아동의 불법적인 행동에 대한 보호자로서의 미성년자 감독자 책임을 지금보다 더욱 강력히 물어야 하며, 아동 범죄에 대한 사회적 분위기를 환기시켜야 한다. 그래야만 아동들이 방치된 상태에서 사회의 권위를 무시하고 범죄의 길로 빠지는 현상을 막을 수 있다. 최소한 촉법소년의 범죄에 대해 그 보호자인 부모들이 피해자에게 민사상의 보상을 현행보다 더욱 확대 적용하도록 해, 가정에서 더욱 적극적으로 촉법소년들의 범죄에 제동을 걸고 경종을 울려야 한다.

셋째로는, 교사의 아동학대 사건에서 교사의 가해 행동의 수준이 경미해 피해 아동의 피해와 교사의 가해 행동 사이의 인과 관계를 객관적으로 입증하기 곤란한 경우, 학부모의 교사 교권 침해에 대한 민형사상 책임을 폭넓게 인정하도록 해 학부모에 의해 일어나는 심각한 교권 침해 및 인권의 침해를 예방해야 한다는 것이다. 학부모에 의해 교권 침해를 넘어선 교사의 인권 침해나 부당한 신고와 고소 및 고발로 교사의 생활과 행복권을 침해한 경우에는 더욱 단호한 대응책을 마련해, 학교와 교육청 단위로 책임을 물을 수 있는 조직과 인적 자원을 배치해야 한다.

호랑이 레드카드 사건을 보면, A군의 학부모 역할로서의 처분에도 심각한 우려를 표할 수밖에 없다. 학부모가 교사에 대한 중대한 인격 침해를 했음에도 그에 대한 어떤 대응과 배상, 처벌도 없었다. 이와 같은 사건을 방치하면 교육의 3주체의 불균형이 더욱 심화되어, 교육 발전을 이루는 데 심각한 부정적 영향을 미칠 것이 분명하다. 이 사건에서 학부모는 교사가 자신의 자녀에게 상식적인 수준에서 주의 정도의 훈육을 한 상황을 오해하고, 억하심정을 가져 담임 교사에게 그 어떤 확인이나 항의도 하지 않은 채 관리자인 교감에게 바로 이의를 제기하는 형식을 취했다. 어떤 의미에서는 학부모의 교사에 대한 겁박과 갑질을 한 것에 지나지 않았다. A군의 학부모가 한 부적절한 행위는 다음과 같다.

① 담임 교사의 교육 행위를 공개적으로 비하하고 모욕한 점.
② 그 후 교실에서 들어가 직무 중인 담임 교사에게 일방적으로 막말과 위해 수준의 발언을 해 교사의 업무를 방해했을 뿐 아니라, 평온한 일상을 심리적으로 협박한 점.
③ 교장과의 면담 및 20차례 악성 민원으로 담임 교사를 포함한 교장 선생님이 정

신과 진료를 받을 수밖에 없도록 극심한 스트레스를 유발한 점.
④ 자기 자녀인 A의 정신적, 심리적인 상태, 기왕력은 고려하지 않고 교사의 교육의 일환인 훈육으로 주의를 준 것을 아동학대로 몰아, 직업인으로서의 교사 생활에 악영향 및 중대한 경력상 단절을 야기해 교사의 명예를 실추시키고, 법적 대응을 통해 사회적, 경제적, 심리적으로 막대한 손상과 타격을 입힌 점.
⑤ 교사의 교권, 학생들의 수업권 침해, 집요한 악성 민원 제기와 소송으로 학교의 정상적인 업무를 방해하고 그 명예를 실추시킨 점.

교사는 이에 대해 적극적인 손해 배상을 요청할 수 있어야만 한다. 이는 너무나 당연한 권리다. 피해자의 보호와 구제라는 측면과 소송을 제기하는 데 제약을 없애기 위해서, 우리나라 법원은 고소와 고발에 있어 원고에게 관대한 경향의 판례를 가지고 있다. 그럼에도 교사에 대한 이런 무고성 고소와 고발에 대해서는 단호하게 대처해, 교사가 악성 민원을 제기한 학부모에게 징벌적인 손해 배상을 철저하게 청구할 수 있도록 해야 한다. 그래야만 분풀이식 신고와 고소 및 고발을 통해 교권을 침해하고, 자기 자녀에 대한 특별한 대우만을 기대하면서 자기애적인 경거망동을 일삼는 학부모들에게 경고의 효시가 될 수 있다.

학부모에게 무고성 아동학대범으로 고소와 고발을 당한 교사는 교실에서 배제되는 것 외에도 사법부의 판결이 나기까지 삶에 전방위적으로 엄청난 시련을 겪어야 하기에, 사건을 처리하는 데 있어 도저히 뒤로 물러설 곳이 없다. 교사가 학생에게 주의를 주기 위해 레드카드에 이름표를 붙였다는 것이 학생에게 수치감과 낙인감을 주기 위한 의도된 행동인지 아닌지를 막론하고, 교사가 학생에게 한 잘못에 비해 교사에게 이뤄진 교권의 침해와 한 인간으로서 당한 피해는 실로 감당하기 어려운 수준이었다.

A군의 학부모는 교사에 대해 극단적으로 과하게 행동했다. 교사의 행위에 인간적인 실수가 개입돼서 주의를 주다가 이름표를 붙인 것이 A군에게 수치감이나 낙인감을 느끼게 했다고 할지라도, 담임 교사에게 한 엄중한 항의를 포함해 교감, 교장을 통해 학교 안에서 처리를 해야 할 일이었다. 현재의 학교 상황에서 학부모의 목소리를 홀대할 수 없도록 강제하는 제도가 존재하기 때문이다. 이것이 상식적인 판단이다. 그런데 교사를 아동학대범으로 몰아 수년 동안의 고소와 고발을 통해 교

사로서의 생명을 끊으려 한 것도 모자라, 범죄자로 만들어 그 생활을 완전히 파탄으로 몰고 가려 한 행태는 너무 지나치다는 것이다. 그런데 이렇게 악성 민원을 제기하는 학부모들을 존재하게 한 근본적인 원인이 바로 학생인권조례와 아동복지법에 있다. 특히 학생인권조례와 아동복지법 내의 학생인권 보호만을 과잉 입법한 애매하고 모호한 법령에 그 일차 원인이 있다. 이차 원인은 교사가 민원을 제기해서 잘못이 없다고 밝혀져도 고발한 학부모에게는 법상 별다른 책임이 없다는 것이다. 교사의 무고가 밝혀지면 학부모는 '아니면 말고' 식으로 반응하고, '찜찜하니까 전학시키지 뭐, 저기만 학교야?'라고 생각한다. 이런 학부모들은 학교와 교사를 마치 서비스를 제공하는 종업원쯤으로, 자신들은 고객으로 여기면서, 자기 입맛대로의 서비스를 요구하는 우를 범하고 있다. 이런 상황을 보면서, 수요자 중심의 교육과정을 주장한 존 듀이가 그저 원망스러울 뿐이다.

상식적으로 판단할 때도 현재의 법률 구조는 교사에게 죄책에 비해 지나치게 가혹한 처분을 내리고 있고, 학부모들은 그것을 빌미로 악성 민원을 제기해 학교와 교사에게 부당한 영향력을 행사하고 있다. 이런 부당한 법률 구조와 학부모 사이에서 벌어지는 악의적 행태를 계속 방치한다면, 우리나라의 교육은 앞으로 더는 존재할 수 없게 될 것이다.

따라서 이런 악의적인 학부모로부터 우리의 학교와 교사를 보호하기 위해서는, 악의적인 학부모의 고소와 고발에 대해 강력한 책임을 부여해서 교사에 대한 무고성 고소와 고발을 자제시켜야 하는 시스템을 만들어야 한다. 그 첫 단계가 사법부의 판단에 따라 무고성 소송임이 밝혀지면, 교육청 차원에서 교사를 대신해 손해배상 소송을 제기해 침해된 모든 권리를 원상 복구시키고 배상을 받도록 법제화하는 것이다. 이렇게 해야 우리 아동들의 건전하고 건강한 면학 분위기를 조성할 견고한 초석을 다질 수 있다.

12

청소년 범죄에서 가장 두려운 현상: 연소화

2021년
촉법소년 범죄 접수 건수는 12,502건으로
2017년 7,897건과 비교해 급증하고 있다.
범죄의 종류도 절도, 폭력, 강간, 추행,
방화, 강도, 살인으로 성인들의 범죄와 방불하며
그 수가 2021년 11,677명, 2022년에 16,435명,
그리고 2023년에는 19,654명으로
그 수가 걷잡을 수 없는 증가를 기록했다.
만 13세 미만 아동들의 이야기다.
필자가 예측한다면 2024년도에는 촉법소년 중에
마약사범도 반드시 발생한다.

    익산 초등학교 날아 차기 사건, 목공 톱 투척 사건을 대하다 보면 우리의 사회와 아동들이 어쩌다 이렇게까지 됐나 비관하게 된다. 누구도 무서워하지 않는 초등학생의 행태에 더욱 경악스러운 건, 이 아동들에게서 죄책감을 기대하는 것조차 사치스러운 감정이라는 점이다. 이제 겨우 초등학생에 불과한 나이에 법으로는 자신들을 처벌하지 못한다는 알량한 법적인 지식까지 갖추고 있다. 이 아동들이 아무런 제지도 받지 않고 계속 이런 식으로 성장하게 된다면, 우리의 미래는 얼마나 많은 범죄와 희생의 통곡으로 신음하게 될까? 그런 미래를 예측할 수 있는 지표들이 계속 발표되고 있는 현실이다.

    2010년대 이후 권리만을 가르치는 학생인권조례와 아동복지법으로 인해 훈계 없는 가정과 학교에서 일탈하는 아동들에 대한 교육의 수단을 상실했다. 그런 흐름에서 부모와 교사들의 방관 속에 아동들을 방치한 결과, 그 피해는 고스란히 아동들의 몫이 됐다. 더 나아가 우리의 아이를 가해한 아동들이 초등학교에서부터 아니, 유치원에서부터 막가파식의 자아를 연마한 끝에 중학생 정도만 되면 무시무시한 범죄자가 되거나 또는 범죄 집단을 형성해 사회에 해악을 끼치고 있고, 이런 현상이 끊임없이 보도되고 있다.

    청소년 범죄의 증가도 심각한 문제지만 더욱 심각한 것은 그 범죄의 양상이 연소화되고 있으며, 성인 범죄를 방불케 할 정도로 흉포화, 조직화 되는 등 더 대담해지고 있다는 사실이다. 여기에 이 문제의 심각성을 확인할 수 있는 세 가지 사례가 있다.

    첫 번째 사례다.

    2021년도 초여름에 있던 일이었다. 범법 행위로 보호 명령을 받은 10대들이 보호 관찰 명령을 어기고 또다시 범행을 저지르는 사건이 일어났다. 이들은 지난 범죄로 보호 관찰 중임에도 뉘우치거나 선도되기는커녕 오히려 차량을 훔쳤다. 특히 우려할 만한 사실은 이 범죄를 저지른 B군의 나이가 겨우 13세에 불과했다는 점이다. 그러니까 이전 범죄로 보호 관찰을 받았을 때는 겨우 13세도 안 되는 나이였다는 것이다.

B군의 여죄는 이것만이 아니었다. 택배를 훔치거나 택시 무임승차를 하고(요즘 문제 아동들은 식사를 다 하거나 택시를 타고 목적지에 도착하면 계산을 하지 않고 도망가는 행동을 자주 일삼는데, 그중에는 태연하게 걸어가며 위협까지 하는 대담함을 갖춘 아동도 있다고 한다.) 심지어 모텔 방화 혐의까지 추가돼 현행법상 소년에게 부가할 수 있는 최대의 장기 보호 관찰 2년과 야간외출 제한 명령을 3개월까지 받았지만, B군은 차비가 없다는 등의 이유로 장기 보호 관찰관의 지시에 70여 차례 불응했다. 결국, 보호 관찰소는 B군을 소년원으로 보내기로 결정했고, 법원의 허가를 받았다. 그때 각 언론에서 제목으로 삼은 유명한 말을 했다. B군의 입에서 나왔다는 이 말, 바로 이것이다.

"나 촉법(소년)인데 왜 소년원에 보내느냐? 뭔가 잘못된 것 아니냐?"[51]

두 번째 사례다. 이번에는 소년이 아닌 소녀. C양의 나이도 겨우 13세에 불과했다. 그녀는 학교에서 유명한 일진이었다. 무단결석은 기본이고, 등교하는 날은 학급 친구들을 괴롭히는 것은 물론 교사에게까지 공개적으로 욕설과 협박을 하는 등 학교에서 이미 무서운 존재로 인식됐다. C양은 당근마켓에 친구를 팔겠다며 글을 올렸다.

"장애인 팝니다. 가격은 무료!"

이 말에 의해 사회적인 공분을 받았던 소녀였다. 이후 C양은 정보통신망법상의 명예 훼손으로 단기보호 관찰 1년 처분을 받았다. 그러나 보호 관찰 중에도 보호 관찰관에게 문을 열어주지 않거나, 주소나 전화번호를 허위 기재하고 심지어 "말 XX 많네."등 욕설까지 서슴지 않았다.

그 후에도 C양은 또다시 교사의 수업하는 장면을 촬영해 SNS에 올리고, 장애인이라고 비하하며 "시키는 건 다한다. 예를 들어 샘 흉기로 찌르기."라고 살해를 예고하는 글을 게시했다. 이를 접한 당시 회원들이 "어떻게 사람을 파느냐? 콩밥을

---

[51] "'나 촉법소년이야'…'법 경시' 10대들 잇달아 소년원으로", 세계일보, 2021년 6월 17일.

먹어야 정신을 차릴 거다."라고 주의를 주자, C양은 "촉법이라, 콩밥 못 먹는다."라며 조롱의 글을 올렸다. 그러나 C양의 예상과는 다르게 보호 관찰 중에도 다시 비행을 일삼은 것에 대한 처분으로 소년원에 유치됐다.[52]

마음을 진정하고 세 번째 사례를 살펴보자.

지방의 중소 도시에 소재한 편의점에서 술을 팔지 않는다며 편의점 점주를 마구 폭행한 중학교 3학년 D군이 뉴스에 보도됐다. D군은 자신이 형사 처벌을 받지 않는 '촉법소년'(만 14세 미만)이라고 말하며 주먹을 휘둘러 점주의 코뼈를 부러뜨리는 등 중상을 입혔다. 확인 결과, 만 14세 생일이 지나 형사 처벌 대상인 '범법소년'으로 드러났다.

D군은 사건 다음 날 다시 찾아와 자신의 폭행을 촬영한 알바생에게 CCTV 영상을 내놓으라고 협박했으며, 알바생이 응하지 않자 계산대로 들어와 폭행한 후 담배를 가져갔다.

놀라운 건 D군이 기소유에 중인 전과 18범이라는 사실이었다. 이번 사건에서도 D군은 자신이 촉법소년이라는 생각으로 폭력을 행사했지만, 생일이 지나 이제 더 이상 촉법소년이 아닌 형사 처벌을 받을 수 있는 '범법소년'이라는 점을 스스로 간과한 것이다.[53]

'촉법소년'이란 키워드로 소개된 3건의 사건은 2010년도에 들어서면서 기하급수적으로 증가하는, 촉법소년 사건의 빙산의 일각도 안 되는 사례들이다. 인터넷에 들어가 촉법소년이라는 단어를 검색하면 수백 건 이상의 기상천외한 사건들이 화면을 가득 채우는 시대가 됐다. 불과 20년 전만 해도 촉법소년이라는 단어 자체는 법과 관련되지 않는 일반인들에게는 생소한 단어였는데, 지금은 상식적인 단어로 변해 웬만한 초등학생들조차 그것이 무엇을 의미하는지 훤히 안다. 이 정도로 촉법소년에 의한 비행과 그로 인한 사회적인 여파는 실로 심각한 사회 현상이다.

이 세 가지 촉법소년 사건만 봐도 이 세대에서 일어나는 소년 범죄 이전에 존재

---

52) "당근마켓 '장애인 판매' 게시자, 알고 보니 '철없는 10대'", 세계일보, 2020년 11월 9일.
"'장애인 팝니다' 여중생, 이번엔 '교사 찌른다' 살해 예고", 세계일보, 2021년 6월 11일.
53) "'난 촉법' 주먹 휘두른 중3은 전과 18범…이튿날 'CCTV 지워' 행패도", Daum 뉴스 1, 2022년 8월 25일.

하는 사회적, 교육적 문제가 보인다. 그리고 이 문제들은 우리가 풀어야 할 과제이기도 하다. 이 과제를 더욱 선명히 보여주기 위해 선택한 이 사례들은 소년 범죄의 흉포화를 거론하지 않기 위해 가능한 거친 범죄의 양상을 띠는 사건을 배제한, 그나마 흉포하지 않은(피해자들은 결코 동의할 수 없겠지만) 사건들을 추리고 추린 것이다.

이들의 사건의 공통된 부분은 사건에서 소개된 범죄 발생 시점 자체에 이들에게 이미 수차례의 보호 처분을 받은 경력이 있다는 점이다.

이미 이 아동들은 11-12살에 저지른 범죄의 경험으로 법적인 과정에 따라 보호 처분을 받으면서, 범죄와 함께 법률적인 과정과 지식을 몸으로 체득했다. 그 대표적인 것으로 촉법소년, 즉, 만 13세 이하의 소년범에게는 형사 행위 책임이 없으므로 법으로 처벌하지 못한다는 사실을 깨닫는데, 이때쯤이면 교사는 '선생' 따위로, 경찰은 그저 '짭새' 정도로 자신들이 어떤 행위를 하든 결코 물리적으로 제지하지 못하는 존재라는 사실을 간파한다.(이 정도면 아동복지법의 17조는 기본으로 알고 있다.) 그렇게 본격적으로 자신들의 왕국을 구축하기 시작한다.

이 아동들은 처음 범죄 행위를 저지르고 보호 관찰을 받을 때나 잠깐 위축되지, 이도 별것 아니라는 사실을 금방 깨닫는다. 그러면서 대담함과 범죄의 기술을 함께 탑재한 채 아직 자신은 촉법이라는 생각으로 마음 편하게 범죄를 저지른다. 조사하는 경찰관에게 태연하게 "대충하고 빨리 보내주세요, 촉법이잖아요!"라고 대든다. 그러나 엄정한 공무를 집행하는 경찰이라고 해도, 아동복지법을 준수해야 하는 입장에서는 꾸지람을 하는 행위조차 두렵다. 잠깐 꾸지람이라도 하려면 정서학대로 고발하겠다는 말을 들을 각오를 해야 한다. 이것이 지금 대한민국에서 만 13세 이하 아동들에게 일어나는 현상이며, 13세 이하 아동들에 의해 사회 속에서 일반적으로 발생하는 현상이다.

법원행정처 통계에 따르면, 존속상해 및 존속폭행 혐의로 법원에 접수된 촉법소년 사건은 2012년 2건에서 작년에는 96건으로 급격히 증가했다.[54] 또한 2021년 촉

---

54) "겁없는' 촉법소년 이정도일줄이야…패륜 96배, 성범죄 4배 증가", news1 뉴스, 2023년 5월 10일.

법소년 범죄 접수 건수는 12,502건으로 2017년 7,897건과 비교해 급증하고 있다.[55] 범죄의 종류도 절도, 폭력, 강간, 추행, 방화, 강도, 살인으로 성인들의 범죄와 방불하며 그 수가 2021년 11,677명을 기록했다.[56] 만 13세 미만 아동들의 이야기다. 필자가 예측한다면 2024년도에는 촉법소년 중에 마약사범도 반드시 발생한다.

"아이들은 스스로 크는 게 아니다. 가정과 학교, 사회의 영향을 받으며 자란다."

만일 위의 명제가 맞다면, 우리의 가정과 학교, 그리고 사회에는 큰 문제가 있다는 의미다. 그러므로 촉법소년의 문제는 우리나라 현실 속에서 더 이상 미룰 수 없는 중차대한 문제다.

---

55) "처벌과 교화 둘러싸고 찬반 논쟁", 이슈메이커, 2022년 8월 4일.
56) ""처벌 못하는거 알아" 촉법소년 2배 급증", 아시아경제, 2023년 10월 4일.

세상을 바꾼 교사

루돌프 슈타이너

발도르프 교육(Waldorfpädagogik)은 20세기 초 오스트리아의 인지학자
루돌프 슈타이너(Rudolf Joseph Lorenz Steiner, 1861-1925)가
제창한 교육 사상 및 실천으로 독일에서 시작된 대안교육의 일종이다.

1884년 슈타이너는 가정교사로 들어가 4명의 남자아이들을 가르쳤다.
슈타이너는 자신만의 방법으로 뇌수종을 앓고 있는 아이까지 교육시켰다.
특히 이 소년은 건강이 호전되어 김나지움에 들어갔고,
의학박사가 되었고, 슈타이너는 이런 교육을 통해 학습지도의 경제성, 치유적 학습지도,
신체와 정신의 유기적인 발달을 위한 교육에 눈을 뜨게 됐다.

슈타이너는 신의 심오한 본질이나 행위에 관한 지식을,
신비적인 체험이나 특별한 계시에 의해 알게 되는 신지학(theosophy, 神智學)에서 탈퇴하고
1913년에 인지학회를 설립해 '인간'을 중심에 두는 독립적인 활동을 시작했다.

그가 세운 발도르프 학교는 세계적으로도 그 수가 증가하는 추세에 있고,
우리나라의 대안학교에서 거의 모두 영향을 받았다고 할 만큼,
그의 교육적인 아이디어는 인기가 높다.

발도르프 교육에서는 '신체-정신-영혼'의 조화로운 교육을 강조하기에
육체와 정신의 협업이 가능한
'노작교육'을 교육과 예술을 통해 자신의 내면을 들여다보고,
내적 자유를 획득한 인간으로 만들기 위해서 예술교육을 많이 다룬다.
또 발달 단계상 특징도 '8년 담임제'와 주기 집중수업이라고도 불리는
'에포크 수업'(Epochen Unterricht)은 그의 특별한 교육적인 구상이다.
심리적, 영혼적, 정신적 기능을 강조하는 일종의 무용인 '오이리트미(Eurythmy)'는
전 학년의 필수과목일 만큼 중요한데, 개인과 전체의 조화를 이루는 사회성을 키운다는
슈타이너의 일종의 신앙같은 부분이 추가되어 있다.
고학년 학생들은 시, 드라마 등의 내용으로 구성된 오이리트미를 통해
표현 인지적, 정의적 영역에 있어서 도움을 준다고 한다. 졸업시험 대신 졸업논문을 보고,
교장이 없고 교사들의 자치 행정에 의해 학교가 운영되는 것도
발도로프 교육의 커다란 특색이다.

13

청소년 범죄와 보호 관찰

청소년의 보호 관찰 업무에 종사하는
보호 관찰관에게는 필연적으로
충분한 물적 및 인적 지원이 필요하게 되며,
특별히 보호 관찰관의 업무를 수행하는 데 있어
더욱 적극적인 권한의 행사가
필요하게 된다.

　현행법에서 처벌을 받는 소년 범죄를 구분하는 것은 크게 세 부분으로, 범법소년(만 10세 미만의 경우 형법, 소년법 모두 적용되지 않는다.), 촉법소년, 그리고 범죄소년이다. 범죄소년은 해당 나이가 14세 이상에서 20세 미만인 형법에 저촉되는 행위를 한 자로, 형사 책임 능력자에 해당해 형사 책임을 진다. 그러나 촉법소년은 만 10세 이상에서 14세 미만으로(2022년 12월 28일 법무부는 촉법소년 강력 범죄 증가 추세 등을 이유로 형사 처벌 가능 연령을 14세에서 13세로 낮추는 '형법', '소년법' 개정을 제안한 바 있다.), 형사 미성년자로 분류돼 형사 책임 능력이 없다고 판단하기 때문에, 형법에 저촉되는 행위를 해도 형사 책임을 지지 않는다. 그러나 형사 처벌을 받지 않는 대신 가정 법원, 소년부 등에서 감호 위탁, 사회봉사, 소년원으로의 송치 등의 '소년 보호 처분'을 받게 되는데, 위 세 건의 사례에서처럼 이런 제도가 아동들에게 교육적으로 효과적인가에 대한 의문은 자주 제기된다.

　특별히 촉법소년들이 범죄를 저질렀을 경우, 아래 표와 같은 보호 처분을 받게 된다. 아래 표는 우리나라에 법원에서 공식적으로 정리해 놓은 표를 간략히 요약한 것이다.[57]

보호 처분	내용	기간	대상 연령
1호	보호자(보호자 대신)의 소년 보호 감호 위탁	6개월 (6개월 연장 가능)	10세 이상
2호	수감명령	100시간 이내	12세 이상
3호	사회봉사명령	200시간 이내	14세 이상
4호	단기 보호관찰	1년	10세 이상
5호	장기 보호관찰	2년(1년 연장 가능)	10세 이상

---

57) 출처: 대한민국법원 전자민원센터, 〈보호 처분 요약표〉.

6호	아동복지법상 아동복지시설이나 그 밖의 소년보호시설이 감호 위탁	6개월 (6개월 연장 가능)	10세 이상
7호	병원, 요양소 또는 소년의료시설에 위탁	6개월 (6개월 연장 가능)	10세 이상
8호	1개월 이내의 소년원 송치	1개월 이내	10세 이상
9호	단기 소년원 송치	6개월 이내	10세 이상
10호	장기 소년원 송치	2년 이내	12세 이상

이 표에 정리된 처분으로 위 세 사건의 아동들은 4호 또는 5호 처분인 장단기 보호 관찰 처분을 받던 중, 다시 범죄를 더해 최소한 8호나 9호, 10호 처분을 추가로 받았다.

이 부분에서 우리는 한 가지 의문을 제기할 수 있다. 보호 처분 중 '보호 관찰'이란 도대체 어떤 처분이기에 법무부의 관리 감독을 받은 아동이 또다시 범죄를 저질러 소년원까지 송치된 것일까?

먼저, 보호 관찰이 무언인지와 보호 관찰을 시행하는 보호 관찰관은 누구이며, 또 어떤 역할을 수행하는지 살펴보자.

보호 관찰은 기간에 따라 단기인 4호 단기 보호 관찰과, 장기인 5호 장기 보호 관찰로 나뉜다. 기간은 각각 1년과 2년인데, 장기의 경우 표와 같이 1년 기간 연장이 가능하다. 보호 관찰은 담당한 소년이 정상적인 사회생활을 할 수 있도록 하면서 전문가인 보호 관찰관의 지도 감독, 원호 등을 통해 소년을 바르게 자라도록 하는 보호 처분이다. 보호 관찰은 소년이 사는 곳을 관할하는 보호 관찰소 소속의 보호 관찰관이 담당한다.

보호 관찰관은 '보호 관찰 대상자'를 관리하는 법무부 소속의 국가 공무원이다. 범죄를 저지른 사람들은 교도소 등에 수감되기도 하지만 법원의 판결에 따라 보호 관찰을 선고받기도 하는데, 촉법소년이 포함된 5호, 6호 처분을 받은 소년범들도 보호 관찰관의 보호를 받는다. 보호 관찰관의 기본적인 책무는 이들을 지도 감독하고 관리, 원호하면서 더 이상의 범죄가 일어나지 않도록 예방하는 역할을 하는 것이다. 보호 관찰 대상자들은 정기적으로 보호 관찰소에 출석해 보호 관찰관과 상담을 하거나, 재범죄가 우려될 경우에는 보호 관찰관이 직접 현장에 찾아가 이들을 지도한다.

소년 보호 관찰의 목적과 역할은 비행 초기, 중기 단계의 위기 청소년들에게 사회 내 지도 감독, 원호를 통해, 판사가 아동을 개선 시킬 목적으로 기회를 주는 것이다. 단, 성인이 집행유예 기간 중 재범을 하면 가중 처벌을 받는 것처럼, 보호 관찰 기간 중 준수 사항을 위반하거나 재범을 한 소년에게는 보호 처분 변경신청 등의 가중 처벌을 한다. 이 영역에서 보호 관찰관은 소년의 보호자, 그리고 학교와 수시로 연락하면서 소년의 일상생활과 재범 요인을 사전에 파악해, 이를 아동의 교육에 적용하도록 조율하고 관리하는 역할을 담당한다. 특히 학생인 경우에는 교우 관계와 출결 상황 등 학교생활을 밀착 감독하고, 학교 밖 청소년인 경우에는 사회복지 차원에서의 지원을 통해 검정고시의 강의와 교재, 각종 자격증 취득을 위한 조력과 함께 구직 활동을 지원한다.

아울러 아동을 보호 관찰소에 정기적으로 부르는 출석 면담으로 대상 소년의 고민과 진로에 대해 상담하는 멘토 역할을 하고, 아동의 불필요한 관계나 행동의 관리 감독과 야간외출 제한 명령을 통해 아동을 우범적인 환경에서 차단과 보호를 한다. 또한 출장을 통해 소년의 비행 가능성이 높은 환경을 시공간적으로 단속해서 이를 상시 위반할 경우, 정해진 규정에 따라 소년원으로 송치하고 판사에게 더 강한 처분을 받도록 청원하는 역할을 한다.

보호 관찰관이 보호하는 청소년들은 대체적으로 정신적이고 사회적인 규범성이 미성숙하고, 나쁜 환경의 영향을 많이 받아와서 성장기의 부정적 경험을 범죄로 표출한 경우가 대부분이다. 법무부가 낸 통계에 의하면, 2020년 12월 소년 보호 관찰 대상자 915명 중 43.4%가 아동기에 학대와 방임을 경험한 것으로 추정됐다.[58] 그만큼 보호 관찰관들이 접하는 아동들은 특수한 범죄에 취약한 심리적, 정서적 구

---

58) "중1을 교도소 보내야 할까…'소년 범죄' 그 전후의 삶을 물었다", 한겨레 21, 2022년 10월 28일.

조를 가진 아동들이라는 것이다. 이 외에도 과거의 상처로 분노조절 장애, ADHD, 우울증, 충동조절 장애, 품행장애 등의 진단을 받아 정신과 치료가 필요한 소년들도 보호 관찰관들이 담당하는 영역에 포함되어 있다. 따라서, 해당 업무에는 고도의 전문성과 위기 관리 능력이 필요하며, 아동 1명에게 필요한 보호 관찰관의 지도 감독, 원호의 수요는 일반인으로서는 상상을 초월할 만큼 크다. 이런 업무 특성상, 청소년의 보호 관찰 업무에 종사하는 보호 관찰관에게는 필연적으로 충분한 물적 및 인적 지원이 필요하게 되며, 특별히 보호 관찰관의 업무를 수행하는 데 있어 더욱 적극적인 권한의 행사가 필요하게 된다.

14

보호 관찰 중 재범 방지 대책 1: 보호 관찰관에게 교육적 제재 수단을 확대하라!

이 촉법소년들은
보호 관찰관들을 전혀 무서워하지 않았고,
보호 관찰관들도 이들에게 욕설을 들어도
달리 통제할 수단이 전혀 없었다.
한 명의 아동만이라도
범죄의 길에서 돌이킬 수 있다면,
그것은 개인적 차원을 넘어선
사회적 이익과 효과를 가져올 것이고,
그 경제성을 계산할 수 없을 만큼
클 것이다.

위의 세 가지 사례의 아동들은 자신들이 촉법소년이라고 주장하면서, 법으로 처벌할 수 없음을 알고 당당하게 범행을 저지르는 경향을 보였다. 범죄의 연소화는 교육계에서 교권 약화의 원인으로 아동의 교권 침해 사례가 빈발하는 것 같이, 소년 보호 업무에서도 보호 관찰관들의 법적 제재 수단이 빈약함으로 인해 보호 대상 아동들을 통제하지 못하면서 발생하고 있으며 더욱 가속화되고 있다. 누구라도 이런 범죄의 연소화를 목도하게 되면 경악을 금할 수 없을 것이다. 그러나 그보다 더한 건, 그들이 범행 시점에 이미 여러 번의 범죄를 반복해 저지른 재범자들이라는 점이다. 18범에 1범을 추가한 아동도 있으니 정말 개탄할 노릇이다. 이들은 모두 보호 관찰 중임에도 다시 범죄를 저질렀다.

대한민국 법에 의해 보호받고 관리받으면서 보호 관찰관들의 열정적인 지도까지 있음에도 불구하고, 이를 비웃으며 반복되는 아동들의 재범 문제는 실로 심각한 사회적 현상이 됐다.

더불어민주당 김회재 의원이 2022년도 경찰청으로부터 제출받은 자료에 따르면, '재범 소년'의 비율은 매해 30%대를 유지했다. 2017년 전체 범법소년 중 재범자는 23,989명으로 32.9%였다. 2018년에는 33.6%(22,324명), 2019년 32.3%(21,433명), 2020년 32.9%(21,279명), 2021년에도 30.2%(16,350명)였다. 더 놀라운 것은 재범에 그치지 않은 경우도 많다는 것이다. 2017년-2021년 연간 재범 소년 가운데 50%가량은 3번 이상 범죄를 저질렀다. 6회 이상 범죄를 저지른 소년 비율도 2017년-2021년 24.1%-29.5%에 달했다.[59]

최기상 의원이 2021년 법무부로부터 제출받은 자료에 의하면, 2016년부터 2021년 8월까지 소년 보호 관찰 대상 총 171,368명 중 12.4%인 21,196명이 재범을 저질렀다. 소년 보호 관찰 대상자 재범률은 2021년 13.5%로 꾸준한 증가세를 보이고 있

---

[59] "'반성하는 척?'…소년범 중 약 33%는 재범", 노컷뉴스, 2022년 9월 13일.

다. 같은 기간 동안 성인 보호 관찰 대상자의 재범률은 7.2%로 소년 보호 관찰 대상자의 재범률이 1.7배 가량 높았다.[60]

위의 통계를 봐도 청소년 범죄와 보호 관찰 중의 재범에 관한 문제가 얼마나 심각한지 알 수 있다. 보호 관찰관의 열정과 헌신에도 불구하고, 무엇이 아동들로 하여금 이런 문제를 반복하게 만드는 걸까? 어쩌면 제도적 차원, 혹은 더 포괄적인 차원에서 대한민국 아동 범죄 처리 시스템의 한계가 고스란히 드러나 버렸고, 이로 인해 아동들이 더 큰 범죄의 길에 방치되도록 유도한 건 아닐까?

차량을 훔쳐 무면허 운전을 하고 택시 무임승차와 호텔 방화를 했던 B군, "장애인 팝니다. 가격은 무료!"라는 글과 교사 살해 예고 글로 사회를 섬뜩하게 했던 C양, 그리고 생일이 지난 줄도 모르고 편의점 점주의 코뼈를 부러뜨리고, 촬영한 CCTV를 지우라며 알바생을 폭행한 뒤 여유 있게 담배 한 갑까지 절도하며 촉법을 외치다 소년원으로 송치된 전과 18범의 억울한 D군의 이 간악무도하고 뻔뻔하며 죄책감이라고는 전혀 없는 행위에는 공통적으로 하나의 강력한 전조 증상이 있었다. 그것은 보호 관찰관에 대한 무시, 저항, 규정 위반, 적개심 표출 등의 행동을 반복적으로 일삼았다는 것이다.

우리는 사건 당시 B군이 최대의 장기 보호 관찰 2년과 야간외출 제한 명령을 3개월까지 받았던 것을 기억하고 있다. 그러나 B군은 "차비가 없다."는 등의 이유로 장기 보호 관찰관의 지시에 자그마치 70여 차례나 불응했다. 누군가의 정당한 지시를 70여 회나 거부하거나 무시한다면 돌부처도 돌아앉을 일이다. 그러나 우리나라의 법제도상 학생인권조례나 아동복지법은 보호 관찰관에게도 동일하게 적용된다. 따라서 보호 관찰관이라고 해도 그 규정대로 아동의 보호를 행하지 않으면 아동학대범이라는 고소와 고발이 기다리고 있기 때문에, 이미 체험적으로 법률 지식이 탑재된 영악한 아동들에게는 속수무책일 수밖에 없었을 것이다. 그런 과정에서 발생한 71번째의 위반에서 택시 운전사는 아들뻘도 안 되는 꼬맹이가 한 무임승차 때문에 그 피해와 수모를 그대로 감수할 수밖에 없었고, 호텔의 주인은 멀쩡하게 영업하던 호텔이 하루아침에 잿더미로 변해 버린 막심한 피해를 고스란히 입

---

[60] "증가하는 소년범 재범률, 소년범 적절한 지원과 인식 변화 필요", 국제뉴스, 2021년 10월 15일.

을 수밖에 없었다.

 C양의 경우를 봐도, 공식적으로 아동 보호에 대한 막중한 책무와 권한을 위임받은 보호 관찰관의 권위를 소위 '촉법' 아동들이 얼마나 무시하는지 충분히 알 수 있다. 과연 무엇이 아동들이 잘못을 저지르면서도 당당하게 행동하도록 만들었으며, 보호 관찰관이 이들에게 보호 관찰관으로서의 당연한 권한을 행사하는 데 있어 걸림돌이 됐는지 정말 궁금하다.

 보호 관찰 중에는 보호 관찰소에 방문해 관찰관에게 상담을 받아야 함에도 불구하고, C양은 빈번하게 불출석을 반복했다. 이에 보호 관찰관은 C양을 직접 찾아가거나 전화로 지도 감독을 했다. 때론 어르고 달래서 겨우 보호 관찰소로 불러 면담을 진행했다. 그런데 C양은 그 모든 과정에 불성실했다. 보호 관찰관이 C양의 집을 찾아가면 대문을 열어주지 않거나 전화를 받지 않았다. 보호 관찰관에게 막말도 자주 일삼았다. 보호 관찰과 관련해 제출하는 서류에 "저기요. 말 좀 그만하세요."라거나 "말 XX 많네, 뭐? XX."이라는 등의 내용을 기재한 것, 그리고 아예 보호 관찰관이 자신을 찾아오지 못하도록 실제 주소와 전화번호를 허위로 기록하는 등 보호 관찰 업무를 직접적으로 방해했다. 그러나 이 모든 만행을 바로잡지 않고 그냥 넘어갔다. 이 촉법소년들은 보호 관찰관들을 전혀 무서워하지 않았고, 보호 관찰관들도 이들에게 욕설을 들어도 달리 통제할 수단이 전혀 없었다.

 그럴 수밖에 없는 이유는 보호 관찰관이 아무리 대한민국 법무부의 공무원이고 법률상 이들을 지도 감독할 권한이 있다 하더라도, 아동복지법의 보호를 받는 막나가는 촉법소녀 C양을 통제할 수 있는 방법이 현재로서 법률적인 제재 외에는 아무것도 없기 때문이다. 옛날처럼 개인적으로 꾸중이라도 하고 싶은 마음이 열두 번도 더 들고, 이것이 양심적으로 옳은 행동이라는 판단도 들었을 것이다. 그러나 법에 의한 공무를 집행하는 공무원으로서도 아동복지법상 아동학대에 연루될 것이 심히 부담스러운 것은 당연하기 때문에 어쩔 수 없는 상황이었다. 이럴 때마다 보호 관찰관은 역할 갈등상태에 놓이게 된다. 그렇다고 법률적인 처분을 청원해 판사의 판결로 6호 보호 시설이나 소년원에 갔을 경우 아동에게 어떤 악영향이 있을지를 잘 알기에, 아직은 하룻강아지와 같은 어린 아동을 가혹하게 소년원으로 보낼 수는 없었다. 이런 상황에서 한두 번의 용서와 유예를 계속 반복한 결과, 현재의 이와 같은 촉법소년의 행태를 키운 것이다.

 이것은 보호 관찰관이 아동을 지도 감독하는 데 유효한 수단이 없음을 직접적으로 보여주는 사례다. 보호 관찰관에게 더욱 다양한 교육적 제재 수단이 있었다면 이 아동이 이렇게 방치됐을 리도 없고, 그 결과가 당근마켓에 자기의 학급 친구를 "장애인 팝니다. 가격은 무료!"라며 판매글을 게시하거나, 국가의 기강을 무너뜨릴 기세로 교사에게 각종 형언할 수 없는 쌍욕을 퍼붓고 교사 살해 예고까지 하는 무서운 촉법소녀를 통해 나타나지도 않았을 것이다. 대한민국의 학교와 마찬가지로 보호 관찰 업무 현장에도 대포는 있지만, 실제 백병전이 이뤄지는 현장에 반드시 필요한 총과 칼이 부재하고 있는 상황이 벌어지고 있는 것이다.

 이런 배경 아래, 촉법소년들의 일탈이 그들만의 문제가 아니라는 사실에 현 상태에 대한 심각성을 엿볼 수 있다. 이것을 초등학생이 배우고 그 상태로 아무것도 개선되지 못한 채 중학생이 되기만 하면, 이제까지 이 사회를 성장시킨 노년과 이 사회를 유지하는 청장년들을 우습게 보기 시작하는 것이다. 경찰관들도 이들에게는 예외가 아니다. 촉법소년의 날아 차기에 국가 공권력이 땅바닥에 뒹구는 사건이 대한민국에서 일상처럼 벌어지고 있다. 이러다가는 어느 날, 대한민국의 수도 서울 광화문에서 보호 관찰 중인 촉법소년에 의해 평범한 하루를 보내던 행인이 이슬처럼 사라지는 날이 올지도 모르겠다.[61] 그날은 보호 관찰 소년 재범률이 20%를 넘는 날일지도 모른다.

 보호 관찰 중 재범의 심각성을 가장 여실히 증명한 것이 D소년의 사건이다. 어린 촉법의 나이에 전과 18범이라는 것도 섬뜩하고, 자신의 생일이 넘겨 촉법소년의 혜택을 못 본 것에 허탈해 했다는 이야기에 쓴 웃음도 난다. 촉법을 벗어난 범죄소년의 나이라 하더라도 당시라면 14살-15살의 아동인데, 막내아들뻘의 아동에게 쌍방고소가 두려워 일방적으로 맞다가 코뼈가 부러진 편의점 점장과 증거를 지우겠다고 다시 찾아온 대담함에 기가 질린 채 협박과 폭행을 감수해야 했던 알바생은 정당방위에 의해 자신의 신체의 권리도 간수하지 못한 2등 시민이 되고 말았다. 그

---

61) 기사 본문 일부: "촉법소년에 의해 2021년 1건의 살인 사건이 발생했다."
 ""처벌 못하는거 알아" 촉법소년 2배 급증", 아시아경제, 2023년 10월 4일.

원인은 그저 상대가 촉법소년이었기 때문이다. D군이 알바생의 귀에 대고 "나 촉법소년이야. 경찰 와도 상관없어, 때려 봐."라며 조롱하고 폭행했다는 이야기는 그 진위 여부를 물을 필요도 없이 저절로 믿어지는 우리 사회의 현실적인 이야기가 됐다. 이 촉법소년 D군도 보호 관찰관의 지시에 잘 순응했을 가능성이 0%였고, 실제로 보호 관찰 중 18범의 전과 기록에 1범을 추가했다.

법무부의 막강한 법 집행의 권능을 가진 공무원이 어떻게 14살도 되지 않은 꼬맹이들의 탈선 앞에 이렇게 속수무책인가? 이것에 대한 원인을 짐작할 수 있는 보호 관찰관의 발언이 여기 있다.

아래의 대화 기록은 2020년 9월 30일에 방영한 TBS 〈민생연구소〉에서 보호 관찰관이 아동의 집에 방문해서 아동을 다독이고 격려하는 장면이다.[62] 보호 관찰관의 활동을 보고 사회자와 대담하는 프로그램인데, 장면 일부를 직접 글로 요약해 옮겨 봤다. 사회자의 멘트를 들어봐도 알 수 있지만, 우리나라 보호 관찰관들의 수고와 노고가 시청자 입장에서도 그대로 느껴지는 부분이다. 사회자는 먼저 척박한 환경에서 거친 아동들을 품고 국가, 그리고 아동 각 개인을 위해 헌신하는 청소년 보호 관찰관들에게 응원을 전했다. 그리고 그들이 얼마나 어려운 문제를 다루고 있는지와 함께, 이 심각한 문제는 보호 관찰관만 아무리 노력해 봐야 소용없고 정말 벗어나기 어려운 문제라고 평가했다. 그러나 오늘 우리가 주목해야 할 부분은 보호 관찰관의 발언을 통해 드러나는, 사회자가 보호 관찰의 현실에 대해 이렇게밖에 말할 수 없는 그 배경에 있다.

사회자: 관찰관들의 마음이 좀 어려울 것 같아요. 슬프기도 하고, 해봐야 소용없다... (중략) 정말 벗어나기 어려운 것 같아요. (중략)
보호 관찰관: 한 명이라도 결과가 나고 개선이 된다면 뜻깊은 일을 한다고 생각해... (중략)

보호 관찰관: (보호 관찰 중인 아동의 집을 방문해서 아동과 대화한다.) 이거 왜 이렇게 둘러보니까 마음이 어두워지지? 보호 관찰을 한다고 ₁<u>니들이 절대 재범을</u>

---

[62] "12월 출소를 앞둔 조두순! 보호 관찰관의 24시!", TBS 〈민생연구소〉, 2020년 9월 30일.

안 하진 않는다? ₂다 하긴 해. 근데 이걸 하는 이유가, 니들이 ₃다시 사고 칠 확률이 100%라고 쳐 봐. 그러면 그걸 좀 줄이자는 거야. 조금씩, 조금씩. 조금이라도. 내가 한 번 더 왔을 때 한 5% 줄고, 한 번 더 전화했을 때 또 5% 줄고. 너를 이렇게 데리고 관리 감독하는, 지도를 하는 보호 관찰소가 있고, 선생님이 있다는 걸 계속 얘기를 해주는 거지. 신경 쓰이면 좀 덜할 거 아니야. ₄보호 관찰 기간 동안에 아무 일도 없이 끝나는 게 나의 행복이자 너의 행복이고... (중략)

보호 관찰관의 이야기를 듣다 보면, 필자의 교직 생활 중의 경험과 유사한 부분이 있어서 그런지 눈물이 난다. 빗나가는 아동을 어떻게 해서라도 격려하고 다독이고 설득해서 바로 세우려는 열정과 노고가 대화 행간 곳곳에 배어 있어 감동이 된다. 이런 의미에서 모든 보호 관찰관 선생님들에게 경의를 보내지 않을 수 없다.

위의 보호 관찰관의 대화 가운데 밑줄 1, 2, 3을 보면, 보호 관찰을 받는 아동과 이 분야의 전문가인 보호 관찰관 모두 일관되게 재범률이 높다는 상황 인식을 가지고 있는 모습이 드러난다. 보호 관찰관이 발언한 "다 하긴 해."라든가, "다시 사고 칠 확률이 100%라고 쳐 봐."로 짐작해보자면, 대화에 참여한 아동의 주변에는 드러나든 드러나지 않든 재범하는 아동들이 상당히 많다는 사실을 알 수 있다. 이 보호 관찰관이 이런 힘든 여건 가운데서도 조금씩이라도 노력해서 잘 극복하라는 격려의 취지로 아동에게 말하고 있다는 점은 프로그램에서 충분히 드러난다.

그리고 밑줄 4를 보면 보호 관찰관과 아동의 공통된 보호 관찰 목적이 잘 드러나 있는데, 그건 바로 "아무 일 없이 끝나는 것"이다. 다시 말하면, 보호 관찰을 통해 앞으로 더 이상의 범죄 행위를 하지 않도록 하는 것이 아니라, 보호 관찰 기간만이라도 아무 일도 없이 끝나는 것이 보호 관찰의 주된 목적이 된 것이다.

보호 관찰관과 아동의 대화에서 드러난 상황 인식은 명백하다. 다시 강조하면, 그것은 '재범률이 높은 현실'이다. 그리고 보호 관찰의 목적 또한 '재범하지 않게 하는 것'이다. 그런데 중요한 건 여기에 가장 필수적인 요소인 '어떻게'가 빠져있다는 점이다. 이것이 현재 아동 보호 관찰의 구조적 한계이자 문제다. '이렇게 도와줄 테니, 이렇게 해라.'가 아니라 '아무 일도 없어야 하니 조금씩 줄여라.'인 것이다. 아동에게 제시하는 구체적 목적도 없이, 그저 이 기간 동안만이라도 사고만

치지 않으면 된다는 것처럼 들린다. 사명감에 불타는 열정적인 보호 관찰관이 이 대담에서 부정적이고 소극적인 방식으로밖에 이야기할 수 없는 것은, 결코 개인의 화법 차원의 문제가 아니라고 생각한다. 이것은 현재 우리나라에 있는 모든 보호 관찰관에게 아동을 교육하는 데 필요한 제도적, 구조적 자원과 방법이 제한적이라는 확실한 증거다.

이를 해결하기 위해서는 촉법 연령 수준의 아동들에 대한 교육적 정책을 전면 개정해 전환해야 한다. 본래 보호 관찰 업무는 가정과 학교, 직장에서 아동이 정상적인 생활을 하도록 하되, 보호 관찰관이 지도 감독하는 준수 사항을 지키도록 해서 아동의 범죄성을 개선하는 형사정책이다. 아동의 입장에서 크게 보면, 보호 관찰관과 정기 면담, 부정기 면담, 야간외출 금지를 포함한 외출 금지 명령, 심리 상담, 사회봉사 명령, 수강 명령 등이 있다. 그러나 이런 정책을 시행하는 데 있어 교육적인 배려와 고안이 필요한데, 이런 부분을 고안하기보다 사실상 관리 감독 위주의 통제 일변도로 보호 관찰이 이뤄지고 있다. 이런 상황이기 때문에 아동들이 규정을 준수했을 경우 스스로 느끼는 교육적 성취감을 전혀 제공하지 못하고 있다.

물론 보호 처분을 받을 정도의 아동들에게 교육적 성취감을 부여하기란 심히 어려운 과제이다. 그러기에 더욱 정교하고 세밀한 교육적, 정책적 배려가 필요한데 이런 것은 없고, 더군다나 이를 시행하는 보호 관찰관 중에도 충분한 수의 교육 전문가의 배치가 없는 상황이다.(물론 보호 관찰 분야에서 오랜 경험을 통한 다수의 열정적인 보호 관찰관들이 누구보다도 보호 아동에 대해 교육적이고 보호적인 차원에서의 전문가임을 인정한다. 이분들의 노고가 있기에 이나마 우리 청소년들이 보호받고 지켜지고 있다고 믿는다.) 따라서 교육부와의 공조를 통하거나 법무부 자체에서 특수 영역의 교사를 육성해 교사 인력을 확대 및 충원하고, 다양한 교육적인 과제와 문제를 해결함으로 아동들에게 긍정적이고 적극적인 성취 동기를 부여함으로써, 범죄에 대한 유혹을 이기고 교육적이고 생산적인 활동에 재미와 성취감을 느낄 수 있도록 해야 한다.

아울러 보호 관찰의 특수성과 전문성을 인정해 보호 관찰관들이 아동복지법상 아동학대에 저촉이 되지 않도록 교육적인 징계와 훈육을 할 수 있도록 해야 하며, 그에 필요한 자원과 자금을 충분히 사용할 수 있도록 제도를 개선해야 한다. 한 명의 아동만이라도 범죄의 길에서 돌이킬 수 있다면, 그것은 개인적 차원을 넘어선 사회적 이익과 효과를 가져올 것이고, 그 경제성을 계산할 수 없을 만큼 클 것이다. 따라서, 보호 관찰관이 담당하는 특수 교육 영역에 대한 권한을 크게 신장시키고, 교육적인 재량권을 상당 부분 부여해야 한다.

15

보호 관찰 중 재범 방지 대책 2:
보호 관찰 업무의 예산과 보호 관찰관의 수를 늘려라!

그와 늘 함께 오는
네 명의 봉사자들 때문이었다.
두 명은 수화로 통역을 해 수업 내용을 이해시켰고,
다른 한 명은 필요한 부분을 대신 필기 해주는
대필 서비스를 담당했으며,
나머지 한 명은 휠체어를 밀어줬다.
특히, 수화 통역은 몹시 힘이 드는지
삼십 분씩 분담해 통역을 했다.
땀을 뻘뻘 흘리고 있는 수화 통역자를 보면
마음이 숙연해지기까지 했다.
청각장애를 가진 학생을 위해
네 명의 봉사자가 이뤄내는
'장애인의 학습권'은 미국이 지켜내는
'진정한 인권'이었다.
필자가 미국에서 체험한 국익이란
국민 각 개인 모두에게
부여된 국민의 이익이었다.
따라서 우리의 촉법소년들과 우범소년들도
이런 국익을 누릴 수 있도록,
모든 분야에서 시급히 투자해야 한다.

    우리나라 보호 관찰관의 업무 환경을 평가할 때, 이들에게 가장 크게 부정적인 영향을 미치는 요인은 보호 관찰관과 보호 아동의 비율 차이가 너무 크다는 것이다. 즉, 할 일은 많고 일할 사람은 적다는 뜻이다. 특별히 이 업무는 아동을 지도하고 관리하고 보호하는 것이 망라된 중요하고도 광범위한 업무라는 특성이 있다. 그럼에도 불구하고 몇 년 전까지 보고됐던 1:172라는 보호 관찰관 대 보호 관찰 아동의 비율[63]만으로도 우리나라 보호 관찰관 업무의 척박함과 고단함을 단번에 알 수 있는데, 실제로 경제협력개발기구(OECD) 주요 국가의 보호 관찰관 1인당 대상자 수는 평균 27.3명인 반면, 현재 우리나라의 청소년 보호 관찰 담당공무원이 관리하는 인원은 그 두 배인 평균 47.3명이다.[64] 뒤에서 다시 언급하겠지만 불과 몇 년 전까지는 OECD 주요 국가와 비교했을 때 4배 이상 차이가 나기도 했다. 실로 상상조차 되는 않는 수치의 차이다.

    상황이 이렇기 때문에 보호 관찰 중의 아동 범죄 재범률이 13.5%라는 것은 결코 낮지 않은 수치이며, 그 과정에서 얼마나 많은 억울한 피눈물이 뿌려졌는지를 잘 알 수 있는 수치다. 이런 열악한 상황에서 우리는 범죄 아동을 돌보는 보호 관찰관들을 결코 비난할 수 없으며, 비난해서도 안 된다. 이는 돌보기 위한 아동에 비해 보호 관찰관의 수가 절대적으로 부족한 것으로 인해 야기되는 구조적 문제이기 때문이다. 오히려 이 정도 수준에서 재범률이 더 오르지 않고 유지될 수 있는 것은 각지에서 헌신적으로 고군분투하는 보호 관찰관 선생님들의 경이로운 노력의 산물인 것임이 확실하다.

    하지만 이대로 아동들의 문제를 보호 관찰관에게만 맡겨서는 안 된다. 우리 모두가 현 상황을 변화시키기 위해 노력해야 하는 이유는 보호 관찰을 받는 아동들

---

[63] "2022년도 현재에는 우리나라 보호 관찰관 1인당 관리 대상자는 OECD 국가 평균의 2.8배인 106명이다." 출처: 〈SBS 9시 뉴스〉, SBS, 2022년 8월 1일.
[64] "'1인당 관리소년 OECD의 2배' 보호 관찰관 늘려야", 경향신문, 2023년 11월 8일.

역시 우리 미래의 소중한 자산이며, 그들의 잘못이 온전히 그들만이 책임져야 할 몫은 아니기 때문이다. 그리고 아직 앞으로 남은 기회가 훨씬 많은 아동들을 교육을 통해 되돌려 놓는다면, 우리 사회의 튼튼한 동량(棟梁)으로서 충분히 성장할 것이기 때문이다.

재범률이 13.5%라는 것을 2020년을 기준으로 보호 관찰 대상 아동이 39,291명임을 감안해서 계산해보면, 이것은 보호 관찰의 보호를 받는 아동 중 매년 5,300명의 재범자 아동들이 다시 범죄를 저지른다는 뜻이고, 이 아동들이 어딘가에서 매일 15건씩 범행을 저지른다는 뜻이다. 그것마저도 범행이 적발돼서 처리된 것만 계산했을 때 그렇다는 말이다. 더욱 심각한 것은 2020년에 보호 관찰되고 있는 아동이 39,291명이나 존재한다는 사실이다. 물론 이들 중 당해 연도가 아닌 다른 해에 저지른 잘못으로 보호 관찰을 받고 있는 아동도 있을 것이다. 하지만 아동의 보호 관찰이 기간상 길어도 2년을 넘기가 힘들다는 것을 감안한다면, 산술적으로 대략 3년 동안 누적된 아동 범행으로 보호 관찰을 받아야 하는 대상이 39,291명이라는 것이고, 그것은 즉, 매년 13,000명 정도의 아동들이 보호 관찰을 받기 위해 신규 유입된다는 뜻이다. 심각한 것은 이들이 각종 범죄를 저질렀을 때의 신분이 겨우 초등학생, 중학생, 또는 고등학생(물론, 보호 관찰 중에도 학생이었다.)이었다는 사실이다. 따라서 이들이 범행 당시 초, 중, 고등학교에서 유입된 아동들이므로 이 말은 즉, 매년 13,000건이나 되는 범죄를 감행하는 아동들이 대량 배출된다는 결론이다. 그럼에도 불구하고 이런 문제에 대해 여전히 속수무책인 우리나라 교육의 위험 지수는 상당히 높다고 봐야 할 것이다. 우리의 교육 시스템에는 이미 적색경보가 발령되고 있다.

단순 비교할 성질의 문제는 아니지만, 서울시 교육청이 발표한 초등학교 학급당 인원수와 보호 관찰관들이 아동을 돌보는 비율을 비교하면 우리나라 보호 관찰관들이 얼마나 사명감을 가지고 업무에 종사하는지 알 수 있다.(이는 보호 관찰관의 업무 환경의 척박함을 말하려는 것이지, 결코 초등학교 교사들의 사명감과 열정, 노고를 모른 채 폄훼하는 말이 아니다.) 서울시 교육청의 통계로 2019년에는 학급당 평균 학생 수가 23.3명이었다. 그것이 2023년에는 22.2명으로 줄어있다.[65] 그럼에도 초등학교에서 교사들의

---

65) "애 안 낳으니 학교도 점점 빈다…서울 초등생 3.1% 감소", 머니투데이, 2023년 7월 27일.

수업에 만족하지 못한 학부모들의 각종 민원이 얼마나 많이 제기되는지 우리는 잘 알고 있다. 그런데 보호 관찰관은 1명의 관찰관이 지도 감독, 원호를 해야 하는 아동의 수가 사실 얼마 전까지만 해도 172명이었다.[66] 과연 1명의 보호 관찰관이 이렇게 많은 아동을 맡은 채 정상적인 관리와 업무 수행이 가능할지 의문이 생긴다.

현재 여러 노력을 기울여 2021년 법무부 통계로 확인한 결과, 보호 관찰관 대 아동의 비율이 47.3명까지 그 격차가 좁혀졌다.[67] 그러나 이것도 과거에 비해 상당한 개선을 이룬 것이지, 그 업무의 특성과 환경을 고려하면 여전히 보호 관찰관의 초인적인 노고가 요구되는 초고밀도의 비율을 유지하고 있는 상태다.

20여 명의 학생을 놓고 수업하는 교사들조차 그 학급에 학습 지체 아동이나 정서적으로 불안정한 학생이 두세 명만 있어도 수업을 제대로 진행하기가 어렵고, 수업의 질이 급격히 저하되는 일이 많다. 그러나 교사들은 보호 관찰관들에 비교하면 한 학급에 기본적으로 한 학령의 아동들이 모여있고 관리하는 테두리가 학교라는 공적인 공간 안이며, 이를 횡으로 종으로 유기적으로 교육할 수 있는 시스템적인 이점을 가지고 있다.

그러나 보호 관찰관들의 상황은 그렇지 않다. 일단 보호 관찰까지 오는 아동들은 대개 극단적인 환경과 문제에 노출된 상태에서 그 문제를 그대로 가지고 있는 경우가 대부분이고, 거기에 더해 다양한 개성을 가지고 있다. 특히, 보호 관찰 대상 아동은 대부분 초등학교 때부터 학습 지체를 겪었거나 정서적, 심리적인 문제를 안고 있고, 또한 그중에는 소위 아동들의 집단에서 '전설적'인 또는 '전국구'인 아동들도 상당수 포함되어 있다.

그리고 보호 관찰의 처분을 받고 보호 관찰관을 만나기까지의 과정에서 사회와 교사, 준법과 규율 등에 대한 정상적인 교육을 받지만, 부정적 요소를 너무 많이 갖고 있는 아동들에게는 그런 교육이 소용없는 경우가 대부분이다. 또한 보호 관찰 업무의 스트레스를 높이는 주요 요인은, 보호 관찰관이 이 아동들을 보호 관찰하

---

66) "2년전 '뺑소니 사망사고' 낸 10대들, 이번엔 중학생 잔혹 폭행". 중앙일보, 2022년 8월 3일.
67) "1인당 보호 관찰 소년 47.3명…전담인력 증원 시급", 한겨레, 2023년 12월 11일.

는 데 있어서 단 한 번만 실수를 해도 엄청난 피해가 발생하기 때문이다. 그 관리 차원의 실수로 맡은 아동이 다음날 언론 매체에 가해자나 피해자로 보도될 만한 치명적인 사건에 연루되기 일수이며, 그 다음으로는 대개 손 쓸 수 없는 범죄나 조직에 가담하게 되기 때문이다. 그러므로 업무를 수행하는 데 극도의 신중함과 긴장감이 동반될 수밖에 없다.

이렇게 어려운 교육 대상들을 보호 관찰관이 오롯이 담당하는 이유는, 우리 사회의 미래 자산인 아동들 가운데서 특별히 상처가 있거나 기울어진 아동들을 바로 일으켜 세우기 위함이다. 기울어진 기둥을 베어 버리고, 쓸어 넘어뜨리기는 어렵지 않다. 그러나 그랬을 경우 이 아동의 삶과 가정, 그리고 우리 사회가 치러야 할 엄청난 불행과 비용을 보호 관찰관들은 너무나 잘 알고 있는 것이다. 그래서 그들은 과거 1:172명의 비율 속에서나 현재 1:47.3의 비율 속에서도 묵묵히 아동 보호 관찰의 일을 담당하고 있다.

그러므로 우리는 이 중차대한 보호 관찰 아동에 대한 문제의 심각성과 특수성을 인식해서, 이 기간 동안 이 아동들이 바르게 성장하는 데 필요한 모든 자원을 총동원할 수 있도록 여러 방안을 고민해야 한다.

특히 보호 관찰관의 인원을 시급히 충원하고, 그 조직을 관리 감독하는 체제에서 다양한 교육적인 자원을 배치해야 한다. 이를 통해 아동의 성취 동기를 고무시켜 우범적인 환경에서 자발적인 분리가 일어나도록, 생산적인 교육 활동을 강화해야 한다. 이를 위해 교육부와 사회 단체, 종교 단체, 그리고 지자체가 유기적으로 연결되어 법무부 중심의 보호 관찰 업무를 위한 교육적인 인프라를 구축해야 하며, 이를 통해 아동들을 범죄의 연결 고리에서 효과적으로 끊어내야 한다.

그리고 보호 관찰 업무에 종사하는 보호 관찰관과 교사들과 아동들과의 비율을 최소한 1:4 정도로 유지해야 한다. 교육 현장에서 필자가 직접 경험한 경우에 비춰보더라도, 1:4 정도의 아동을 교육할 경우에 인격적인 관계 형성이 상당히 수월하다. 교육 현장에서 한두 달만 함께 있으면 아동들의 표정에서도 감정을 읽어낼 수 있을 만큼 아동들과 정서적으로 밀접한 관계를 형성할 수 있기 때문이다. 최소한 보호 관찰관(보호 관찰 업무에 새로이 투입될 교사 자원 포함)을 대폭 충원해 전문가적인 교사로서의 훈련을 거쳐 현장에 투입해야 한다.

이것이 지나치게 많은 인력의 투입이라고 하며 동의하지 못하는 사람이 있다면, 두 가지 측면에서 꼭 말하고 싶은 것이 있다.

하나는 비용의 측면에서다. 촉법소년으로 출발해 소년원을 거쳐 성인 교도소로 갈 정도로 삶의 대부분을 범죄 현장과 수용 시설에서 보낸 사람의 경우, 보통 범죄의 누범 횟수가 평균적으로 10범은 된다. 그리고 이들은 인생 중 30년 이상을 수용 시설에서 보내는 경우가 대부분일 것이다. 이들이 평균 10건의 범죄를 저지르는 동안 그들로 인해 발생한 피해자의 피해 총액은 얼마일까? 또한 그들이 저지른 평균 10건의 크고 작은 범죄를 처리하는 동안 발생하는 공권력의 소모와 사회적인 불안, 그리고 치안 비용의 총액은 얼마일까? 더 나아가, 이들이 평균 10범의 범죄 경력을 쌓는 동안 이들을 수용하기 위해 사용되는 국가적인 보호 비용은 도대체 얼마며, 거기에 또 더해 범죄를 저지른 이들 개인의 삶의 파괴에 드는 비용과 그들의 가정이 입는 피해의 피해액은 도대체 얼마일까? 이 비용을 모두 합한다면 아동 한 명당 교사를 사용하는 데 드는 비용의 25%는 결코 낭비가 아니며, 오히려 너무나 경제적이고 합리적인 투자일 것이다. 문제는 지금 당장 그 재원이 들어간다는 것이 부담이 될 수 있다는 점이다. 그럼에도 결코 미룰 일이 아닌 것은 매년 예비 범죄자가 15,000명 이상씩 배출되는 현실 속에서 이 아동들이 선량한 시민으로 성장하지 못해 국가와 사회에 기여하지 못하는 기회비용까지 포함한다면, 지금의 투자는 정말 경제적으로도 수십 배의 이윤을 창출하는 대박 투자가 될 것이 틀림없기 때문이다.

보호 관찰관(보호 관찰 업무에 새로 투입될 교사 포함)의 충원은 아동 한 명 한 명을 위한 진정한 인권 보호의 측면에서도 시급히 이뤄야 할 필수적인 과제임에 틀림이 없다. 지금 우리의 교육 현장은 교사가 교육 효과를 위해 호랑이 스티커에 붙인 레드 카드를 이용해 아동에게 주의를 줬다고 정서학대라며 학부모가 교사를 고소 및 고발하는 만행과, 이를 유죄로 인정할 수밖에 없는 법률적인 모순 가운데 있다. 이 모순 속에서 비행 아동, 촉법소년 그리고 범법소년으로 소년원을 들락날락하는 아동들은 그 모든 과정에서 정상적인 발달을 하는 아동은 경험할 수 없을 수준의 각종 위험과 신체에 대한 위해, 모욕과 수치, 낙인감, 소외와 고립 등을 겪는다. 그 과정을 통해 진정한 인권 침해가 발생하고 있다. 현실적으로 보호 관찰 중인 아동을 통제하는 거의 유일한 수단이 되는 소년원을 아동들이 두려워하는 이유는 인신의 구속으로 인해 자유를 박탈당하기 때문이기도 하지만, 무엇보다 그곳에 가면 공식적으로 확인할 수 없고 규제할 수도 없는 각종 폭력이 아동들 사이에서 무차별적으로 발생되기 때문이다. 그러나 교사가 내 아이에게 손바닥 한 대라도 체벌하려고 한다면 온 세상이 인권 침해로 시끄러울 텐데도, 보호 시설에서 일어나는 아동들 사이에서 비일비재하게 일어나는 폭력은 못 본 척 관심조차 없는 이 시대의 학부모 이기주의에 기가 질릴 지경이다. 앞으로도 이런 현실을 그대로 방치한다면, 촉법소년이 우범 소년이 되고 우범 소년이 폭력배가 돼서 어느 날, 내 자식에게 비수처럼 날아들 날도 멀지 않았음을 명심해야 할 것이다. 바로 이것이 모든 경제적인 이유를 불문하고도, 우리 사회에 앞서 말한 개선점을 적용해야 할 이유다. 이것이 건전한 아동이든 아니든 대한민국의 모든 아동들에게 우리가 마땅히 지급해야 할 사랑이자 관심인 이유는, 이 모든 과정이 결국 아동의 인권 보호로 귀결될 것이기 때문이다.

이쯤에서 필자가 미국 유학 시절 겪었던 경험을 이야기하겠다. 미국 중부에 있는 카운티 칼리지에 다닐 무렵, 필자와 같은 수업에 한 청각장애 학생이 수강을 했다. 이 학생은 정신지체도 약간 있었는지, 손의 동작이 상당히 부자연스러워 필기를 원활하게 할 수 없었다. 그러기에 이 학생은 수업 중 신음과 같은 괴성을 간간이 토해냈는데, 학급 전체의 신경에 거슬릴만 한 소리였다. 자신도 이를 아는지 괴성을 지르면 미안한 듯 눈인사를 했으나, 한 시간 수업에 서너 차례 이상 반복됐기 때문에, 필자의 경우 초기에는 적응하기 힘들었다. 그리고 몸에서 냄새가 많이 났는데, 입은 옷차림이 개성을 존중하는 미국 사회에서도 눈길이 갈 만큼 허술하고 더러울 때도 있었다. 그래서 그의 주변 자리는 늦게 온 사람이 차지하게 됐다.

그러나 누구도 이 학생에 대한 불평을 제기하지 않았다. 그 이유는 그와 늘 함께 오는 네 명의 봉사자들 때문이었다. 두 명은 수화로 통역을 해 수업 내용을 이해시켰고, 다른 한 명은 필요한 부분을 대신 필기 해주는 대필 서비스를 담당했으며, 나머지 한 명은 휠체어를 밀어줬다. 특히, 수화 통역은 몹시 힘이 드는지 삼십 분씩 분담해 통역을 했다. 땀을 뻘뻘 흘리고 있는 수화 통역자를 보면 마음이 숙연해지기까지 했다. 청각장애를 가진 학생을 위해 네 명의 봉사자가 이뤄내는 '장애인의 학습권'은 미국이 지켜내는 '진정한 인권'이었다. 인건비가 비싼 미국에서 이 학생의 등록금만으로는 법정 봉사자 네 명의 비용을 절대 감당할 수 없었을 것이다.[68] 청각장애 학생의 미래를 따지기 이전에 먼 한국에서 유학 온 학생의 눈에 비친 것은, 율동과 같은 수화 통역자의 통역을 열심히 쳐다보는 청각장애 학생의 눈동자에 비친 자국에 대한 자긍심이었다. 그것이야말로 미국이라는 국가 브랜드를 높이는 진정한 투자며, 이익이라고 생각한다. 필자가 미국에서 체험한 국익이란 국민 각 개인 모두에게 부여된 국민의 이익이었다. 따라서 우리의 촉법소년들과 우범소년들도 이런 국익을 누릴 수 있도록, 모든 분야에서 시급히 투자해야 한다.

---

68) 미국에서는 장애를 가진 학생을 위한 다양한 고등교육 지원 정책들이 있다. 이를 위한 근거 법률로 「장애인 교육법(Individuals with disabilities Education Act: IDEA)」과 「재활법(Rehabilitation Act)」, 「미국장애인법 (Americans with Disabilities Act : ADA)」이 있다. 각각 장애인에 대한 개별화된 교육 계획 및 무상 공교육에 관한 법규로, 특수 교육 대상자가 아닌 장애를 가진 이에게도 교육과 재활의 기회를 주는 법규이다. 연방정부의 예산 지원과 관계없이 고등교육 기관에서 취업, 공공 교통수단, 공공 편의시설, 통신 등 모든 학생을 여러 분야에서 동등하게 보호하는 법규로 정해져 있다. 이외에도 각종 규정에 의해 '학업과 시험에 대한 지원'과 'Project Pass', 그 외에도 주거 시설까지 담당하는 여러 특징적인 제도가 운용되고 있다.

세상을 바꾼 교사

마리아 몬테소리

이탈리아에서 태어난 마리아 몬테소리(Maria Montessori, 1870 ~ 1952)는 이탈리아 최초의 여자 의사였다. 그녀는 정신 병원에서 의사로 근무하는 중 정신병동의 아동들에게 진정으로 필요한 것은 치료가 아닌 돌봄과 제대로 된 교육이라는 사실을 깨닫고 교육학과 심리학을 배워 교육자로서의 삶을 시작했다.

마리아 몬테소리는 당시 일반적이었던 교사들의 권위 위주식 교육에 반대하면서 아동의 권리를 존중하는 자유로운 교육을 추구했다. 아동들의 신체와 정신의 조화로운 성장과 발전을 이룰 수 있는 교육과 이를 자유롭게 배울 수 있는 교육, 더 나아가 각각의 모든 아동들의 개성을 발전시킬 수 있는 교육을 추구하며 실천했다.

그녀는 가난한 빈민들과 노동자의 자녀를 위한 유치원을 열어 2세에서 6세 사이의 아동을 받아 보살피며 교육을 하기 시작했다. 정신병동의 정신지체 아동들에게 효과적으로 적용됐던 교육방법을 일반 아동들에게 맞춰 고안해 적용한 결과, 아동들의 지능과 인성의 수준이 향상된 것을 확인하며 본격적으로 몬테소리 교육법을 발전시키기 시작했다.

실제적으로 마리아 몬테소리는 아동들을 자유롭고 효과적으로 교육시키기 위한 방법으로 다양한 감각과 지각을 자극시키는 감관 훈련을 사용했다. 이는 마리아 몬테소리가 정신병동의 정신지체 아동들이 손가락으로 물건을 만지면서 지능이 향상된다는 사실을 확인한 것으로부터 시작됐다. 손가락으로 장난감을 만지며 놀면서 정신지체 아동의 지능이 상승한 것을 확인한 그녀는 일반 아동들을 위한 다양한 놀이 도구와 교재를 만들어 다양한 자극을 통해 감관을 훈련하며 발전시킬 수 있도록 했다.

그녀는 그 시대에 무시받던 아동들을 정서적, 지적, 신체적으로 존중받고 제대로 교육받아야 할 인격체로 여겼다. 이러한 그녀의 아동에 대한 애정이 깃든 교육관과 교육방법은 점차 세상에 퍼지게 됐고, 그녀의 여러 연구와 저서를 통해서 아동을 하나의 소중한 인격체로 존중하는 교육이 세계적으로 자리매김하게 됐다.

2차 세계대전이 발생한 후 마리아 몬테소리의 교육관은 탄압을 받게 됐지만, 이후 그녀는 노벨평화상 후보로 여러 번 거론될 정도로 큰 교육적 업적을 세웠다. 그러나 그녀는 스스로 노벨평화상을 양보했다.

16

보호 관찰 중 재범 방지 대책 3:
교육 캡슐을 만들어라!
작고 많이!

우호적이고
격려하는 분위기 속에서
반드시 학습 지체가 발생한 부분을
제대로 파악해 학습 수준을
회복시켜야 한다.

앞에서 언급한 것처럼, 한 명의 청소년 보호 관찰관이 담당하는 아동의 수는 평균 47.3명이다. 이들이 상습 누범화하는 것을 막는 것에 대한 중요성은 아무리 강조해도 지나침이 없다. 따라서 15장에서의 주장처럼, 최소한 청소년 보호 관찰관 대 아동의 비율을 1:4 정도로 보호 관찰관(보호 관찰 업무에 특화된 교사)을 늘리자는 것은 그 숫자만 늘려서는 의미가 없다. 13장에서 조언한 것처럼, 보호 관찰 업무에 대한 교육적인 고려와 실행이 있어야 한다. 그 구체적인 실행방법에 대한 조언을 제시하려고 한다.

현재, 청소년 보호 관찰 업무는 정책적인 고려로 인한 업무라고 해도, 결국 재범을 막기 위한 관리 및 통제 위주의 업무다. 이마저도 현재의 인적 구성과 인원으로는 업무를 수행하는 데 이미 한계를 넘었다. 특히 자신이 '촉법'임을 주장하고 대드는 아동이나, "2년 정도쯤이야!"를 외치며 영웅 심리에 들떠 있는 아동, 또는 자포자기식의 막가파 우범 소년들에게는 법적 제재가 백약이 무효가 된 지 오래다. 보호 관찰관의 엄포에도 영악해진 촉법소년들은 "6호 갈게요!"라며 대들고, 우범소년들은 "2년쯤 바른 학교생활 좀 하지, 뭐."라며 대범한 척 허세를 부린다. 그러나 두 경우 모두 결국 범죄의 길에 더 깊이 들어가게 되는 결과로 이어진다. 이것이 현재 성인 범죄의 재범률보다 청소년 범죄의 재범률이 2배나 높은 이유다.

그러므로 이제까지의 통제와 관리 방식으로는 소년 범죄의 재범을 막기 어렵다. 그러므로 보호 관찰 업무에 교육적인 관점의 활동을 특화하고 적용해서, 현재의 보호 관찰 업무와 상호 유기적으로 활동할 수 있는 조직망을 시급히 구축해야 한다. 특히 먼저 범법소년의 재범에 공급원 역할을 하는 촉법소년층을 주된 목표 집단으로 집중해, 이를 서서히 범법소년층에도 확대 적용해야 한다. 그에 대한 구체적인 방법은 이러하다.

첫째, 촉법소년들을 위한 5인 교사와 아동 20명으로 구성한 교육 캡슐을 만들고,

그 교육 캡슐에 4개의 교육 셀을 조직한다. 교육 캡슐은 보호 관찰관이 대표가 되고, 교육 셀은 교사 1인이 그 담임을 맡는다. 이 조직의 핵심은 관리하는 아동의 규모를 최소화하고 세분화해서, 반드시 같은 성향을 가진 아동들로 교육 셀을 조직하는 것이다. 아동의 특성을 고려하지 않고 교육 셀이 구성될 경우, 비행 아동들끼리의 재연결(예를 들면, 폭력 성향과 절도 성향의 아동들은 분리시켜 구성해야 한다.)로부터 아동을 보호하지 못하거나 교육의 효율성이 떨어지게 된다. 따라서, 서로 다른 교육 캡슐의 아동들끼리는 교류하지 않거나 같은 특성과 수준의 학생으로 교육 캡슐을 구성하도록 한다. 이것이 절대 조건이다. 이를 위해서 교육 캡슐용 공간 확보도 필수적이다. 아래는 이 조직망에 대한 전체적인 내용이다.

① 인적 조직: 보호 관찰관을 중심으로 보호 관찰 업무에 특화된 4명의 교사를 배치해 총 5명의 소규모 교육 캡슐을 만든다.

② 교사 업무: 이때 보호 관찰관은 기존의 지도와 관리, 감시의 안전망을 책임지고 아동을 보호하며, 특화된 4명의 교사는 교사 1인이 액티비티, 노동작업 교육, 공동체 교육, 그리고 학습 지도를 모두 담당한다.

③ 학급 운영: 교육 캡슐 내에서 이 4명의 담임 교사는 아동의 연령, 성향과 기질을 고려해 1개 반을 5명으로 운영하는 총 4개의 소규모 반으로 구성된 교육 캡슐을 만든다.

④ 교육 캡슐의 공간: 이 중 가정 형편이 불우해 보호할 수 없는 상황에 있거나 규범성이 박약해 규칙을 지키지 않고 일탈하는 경향(단절해야 할 재범 성향의 교우 관계를 유지하려는 아동-이도 학생인권조례 제13조 〈사생활의 자유〉 6항에 위배되는 부분이 있긴 하지만-)의 아동들을, 6호 처분과 같은 법률적인 공식 처분이 아닌, 비공식적인 교육 캡슐 내에서의 격리 공간(일반 가정집과 같이 아파트를 활용하거나 교회나 종교기관 또는 학교의 안전한 기숙사 등을 활용해)을 만들어서 가능하면 일반인에게 주목받지 않도록 한다. 따라서 교육 캡슐에는 5-6인의 아동과 교사가 함께 생활하며, 아동을 격리 및 보호할 수 있는 장소도 반드시 필요하다. 이때 교육 셀이 다른 아동을 동시에 격리해야 할 경우에는 재연결될 수 없도록 가능한 최소 인원을 배정하고, 교사 중 1인이 상주해 교사가 아동들을 교육하고 관리한다. 교육 셀이 다를 경우 최대 수용 인원은 3명을

넘지 않도록 하고, 그 기간도 가능한 한 짧게 한다.

둘째, 이 교육 캡슐 안에서 촉법소년들을 대상으로 교육 셀 별로 가능한 한 활발하게 활동을 하도록 해 불필요한 여유 시간을 줄이고, 이를 통해 촉법소년들이 비행에 노출될 시간과 빌미를 없애야 한다. 이를 위해 요일별이나 특별한 필요에 의한 시간표를 작성해 아동들의 교육 셀 수업을 진행한다. 수업의 내용은 아동들이 흥미를 가질 수 있고 성취감을 느낄 수 있으며, 이로 인해 사람들의 주목과 인정을 받고 칭찬을 많이 들을 수 있는 분야로 구성한다. 아래에 이에 대한 구체적인 내용을 정리했다.

① 액티비티 수업: 기본적으로 재미있고 활발한 신체적 활동이 좋다. 특히, 5명 정도인 소규모 그룹을 구성해 축구를 응용한 풋살 등 승부욕을 자극해 스트레스를 해소할 수 있는 활동이나 야구, 수영과 같은 스포츠 활동, 보드게임과 각종 레크리에이션 활동, 그리고 다양한 형태의 견학으로 호기심을 높이는 활동 등을 통해 교육할 수 있다.

② 노동 작업 교육: 실생활에서 활용되는 가구 고치기, 기본적인 목공 작업, 벽돌 쌓기, 페인트칠 하기, 텃밭 가꾸기 등과 일러스트레이션, 포토샵과 같은 컴퓨터 프로그램, 그리고 음악과 미술 등에서 요구되는 기본적인 기술을 교육한다. 초등학교 6학년 이하의 학령이기에 교사가 함께 배우며 기본을 가르칠 수 있고, 부분적으로 전문적인 부분이 요구될 때는 전문가를 초청하거나 인터넷 또는 서적을 통해 함께 배우며 학습 목표에 도달할 수 있다.[69]

③ 공동체 교육: 다양한 형태의 모험 활동으로 팀워크를 다지도록 하는 데 교육 목표를 두고 활동한다. 예를 들면, 등산 같은 협동심을 발휘해야 이룰 수 있는 도전적인 과제를 부여하거나, 각 반별 미니 풋살이나 농구 경기 등 인내심 강화와 협동심을 배울 수 있는 교육 캡슐 내에서의 경합 활동도 좋은 소재다. 팀워크가 잘 갖춰

---

69) 필자가 25년간 노작 교육을 시행했던 경험으로 보면, 아동들의 집중력과 성취 동기가 가장 강하게 나오는 부분이 노작 교육이었다. 특히, 교사와 함께하게 될 때 느끼는 일체감은 너무나 큰 교육적 자산으로, 아동들과의 관계 발전에 큰 기여를 했다.(노작 교육에 대해서는 발도르프 학교의 슈타이너 박사의 이론을 참고해도 좋다.)

진 후에는 더 폭넓은 교육의 일환으로써, 반드시 자발적인 의미가 있는 양로원 방문 등의 사회 봉사 활동 기회를 제공하도록 한다.

④ 학습 지도: 먼저 학교를 다니는 아동과 그렇지 않은 아동을 분리한 뒤, 학교를 다니지 않는 아동은 오전부터, 학교를 다니는 아동은 방과 후 일정 시간을 정해 학년을 고려하지 않고 학습 지체가 발생한 부분부터 가르쳐야 한다.[70] 이 부분이 가장 중요한 이유는 이 아동들이 6개월이나 1년 후에 다시 학교로 복귀할 때, 학습 지체가 있는 상태에서는 학교생활 자체가 지겹고 자존감도 상하게 되는 등의 여러 이유에서 다시 일탈 행동을 감행하기 때문이다. 따라서, 우호적이고 격려하는 분위기 속에서 반드시 학습 지체가 발생한 부분을 제대로 파악해 학습 수준을 회복시켜야 한다.[71]

---

70) 필자의 경험으로는 정상 지능 범위의 아동일 경우, 그리고 6학년일 경우, 수학의 경우는 개인 학습을 통하면 3개월이면 학습 지체를 극복했다. 국어나 어학의 경우는 아동이 집중력을 발휘할 수 있는 상황에서 다양한 어휘를 접하도록 하면 학습 지체를 쉽게 극복할 수 있었다.
71) 이 조언은 촉법소년 중에서 6호 처분을 받은 아동을 대상으로 하면 효과를 극대화시킬 수 있다고 생각한다. 그러나 이를 응용한다면 보호 관찰 중인 촉법소년들 중 가정 환경이 불우해 가정 내 수용이 곤란한 아동들이나, 매일 교육 캡슐까지 통학시켜 줄 수 보호자가 있는 경우에도 상당한 효과가 있을 것이라고 확신한다. 단, 보호 관찰 중인 아동들에게 이 제도가 효과를 발휘하기 위해서는, 교육 캡슐로부터 아동들의 접근 거리가 최소 1시간 이내에 있어야 한다.

17

보호 관찰 중 재범 방지 대책 4:
6호 시설의 기능과 규모를 다양화시켜라!

실제로 이들의 범행 중에는
소위 말하는 '소년원 동기'나 '6호 친구들'과
함께 공모하고 범행하는 범죄가 많은데,
그 이유는 그들이 소년원이나 보호 시설에서
이런 범죄 기술을 전수받는 과정에서
여러 인맥을 형성하기 때문이다.

　보호 관찰 중인 아동의 재범 방지를 위해 반드시 해결해야 할 또 다른 문제는, 6호 처분을 받은 아동을 위한 보호 시설의 확충과 이에 대한 세심한 설계다.

　아동 보호 관찰의 구조적인 한계와 문제를 제대로 이해하기 위해서는. 보호 관찰 아동들이 대부분 두려워하고 기피하는 6호 처분이 무엇인지 구체적으로 알아볼 필요가 있다. 6호 처분은 아동복지법에 따른 아동복지시설이나 그 밖의 소년을 보호하는 데 필요한 환경과 시설을 구비하고 있는 소년 보호 시설에 감호(監護)를 위탁하는 것이다. 이 처분은 수용 처우를 명하는 보호 처분인 점에서, 1호 내지 5호 처분과는 다르다. 그러나 수용 시설이 소년원 같은 공적 시설이 아닌 사적 시설인 점에서는 8호, 10호 처분과 구별되므로, 법률상 순수한 사회 안에서의 보호와 소년원 송치 처분의 사이에 있는 중간적인 위치를 가진다.

　촉법소년 중 6호 처분을 받은 아동을 위해서는 16장에서 조언한 것처럼 제도를 개선해 교육 캡슐을 설치하는 것이 효과적이다. 교육 캡슐은 사회 안에서의 보호와 사회 밖에서의 보호의 중간적 성격인 6호 보호 시설에서의 감호(監護)보다, 사회 내의 보호에 훨씬 가까운 5.5호쯤 되기 때문에 아동에게 훨씬 더 도움이 될 것이다.

　이번 장에서는 언급할 내용은 촉법 연령이 지났거나 촉법소년 중에서도 비행 정도가 심각한 아동을 포함해, 6호의 처분이 필요한 아동들을 감호(監護)할 수 있는 6호의 시설 운영에 대해 반드시 필요한 조언이다. 전국적으로 대표적인 6호 기관은 효광원, 나사로, 살레시오, 로뎀 청소년학교, 마자렐로 센터, 수지의 집, 가톨릭 푸름터, 웨슬리 마을, 신나는 디딤터, 로뎀의 집 등으로 알려져 있다. 이들 모두 생각보다 수용 능력이 크지 않다는 점은 우리 사회의 극복 과제기도 하다.

　이 6호 아동 보호 시설들은 아동을 적절한 환경이 구비된 공간에 정해진 기간 동안 보호 및 수용하면서, 적극적인 심성 교육을 통해 가정과 학교, 사회에 쉽게 적응할 수 있는 능력을 길러주는 것이 목적이라고 할 수 있다.

그런데 여기서 문제는, 이 시설의 수와 인력이 아동들을 그 영과 특성에 맞게 구분해서 교육하기에는 절대적으로 부족하다는 현실이다. 이 부분에서 6호 처분을 받은 보호 아동들에게 큰 피해가 발생하고 있다. 2022년 12월 2일 방영된 KBS 시사〈창〉이라는 프로그램의 '경계에서 선, 6호 시설 아이들'이라는 보도를 보면, 우리나라 최대 6호 아동 보호 시설인 '효광원'의 원장과 교사들로부터 그 요구가 절실하게 울려 퍼지고 있다는 사실을 알 수 있다.[72]

해당 프로그램의 내용은 이러하다. 효광원에 입소한 아동들의 생활 모습 전반을 스케치하듯 보도하면서, 간간이 다른 6호 시설의 사례를 보도하다가 효광원 원장의 인터뷰가 시작된다. 효광원에 입소한 아동 중 충동적인 폭력 성향이 강한 아동으로 인해 소동이 일어나는 현장을 배경으로 인터뷰가 시작되는데, 이 아동은 식사를 하다가 탁자를 넘어 상대 아동을 주먹으로 때리는가 하면, 복도에서든 침실에서든 사소한 일로 주먹을 휘둘러서 교사 세 명이 제지를 해도 감당하기 어려운 아동이었다.

효광원 원장은 이야기한다.

"일단은 정신과 진료를 필요로 하는 아동들이 매년 늘어나고 있습니다. 그리고 그 정도도 점점 더 심해지고 있습니다. 7호 처분이 의료 소년원이거든요. 거기에 대한 문제(아동을 정확하게 분류하지 못하는 문제)가 점점 심각해지고 있습니다.(화면에서는 아동의 난투 장면, 교사와 아동의 몸싸움이 모자이크 화면 처리된 채 무거운 음악과 함께 보여진다.) 정신 질환이 있는 아동은 많은데 수용할 수 있는 인원은 한정적이고, ₁그런데 그런 아이들이 재범을 하다 보면 다른 곳에 갈 수 없다는 거죠.(원장은 울먹이며 한참을 말을 잇지 못한다.) 사실 이거는 되게 복잡한 문제이기는 한데요, 제 개인적으로는 ₂그런 아이들을 이제 6호 시설에서 잘 케어해 줄 수 있으면 그게 가장 좋습니다. 하지만 이제 그 아이들이 얌전하게 또 공동체 생활을 어느 정도 할 수 있다면 그게 가능한데, 그런 아이들은 다루기가 쉽지 않거든요."

---

72) "경계에서 선, 6호 시설 아이들", KBS 〈시사기획 창〉, 2022년 12월 2일.

원장의 이야기는 어느 정도 정신적인 문제가 있더라도 7호 시설에 보내는 것보다 그나마 6호에서 감당하는 것이 그 아동을 위한 최선이겠지만, 그 아동의 공동체성이 심각하게 부족한 경우에는 도저히 감당할 수 없다는 말을 에둘러 표현한 것이다.

이어서 효광원 입소 아동의 인터뷰다.

"저는 ADHD, 불안장애, 수면 유도제 이렇게 약을 먹고 있는데, 충동적인 면이 있는 것 같다고 판사님이 7호 처분을 내리셔서 7호를 다녀왔습니다."

나레이터에 의하면, 이 아동은 다시 범죄를 저질렀지만 무슨 이유인지 예상보다 강하지 않은 6호 처분이 내려졌다고 한다. 이어 아동이 인터뷰에서 자신이 먹는 약과 약의 효과, 그리고 그 가운데 왜 폭행 사건이 일어났는지를 담담하게 설명한다. 그 뒤, 다시 아동이 일으킨 폭행 사건의 화면이 나타난다. 그리고 담당 교사의 인터뷰가 시작된다.

"몇몇 애들은 약을 먹어도 그걸 이겨낼 정도로 감정의 폭이 격하기 때문에, 그럴 경우에는 아, 3 이 애는 6호 시설에 오면 안 되지 않나 하는 생각이 많이 들죠. 그런데 판사님들 같은 경우에는 그걸 정확하게 딱딱 캐치 못하시니까……"

화면은 다시 아동들의 격한 몸싸움 장면으로 전환된다. 그리고 다시 교사의 인터뷰가 이어진다.

"저희가 솔직히 걱정하는 건, 저희가 힘든 건 모르겠는데, 그 애가 주변 애들에게 미치는 영향이 좀 저희가… 저희가 걱정되거든요. 저희가 사회 복지 시설이라 어쨌든 애들을 다 품어주고 있긴 하지만, 4 그 한 명을 위해서 주위 애들 모두를 다 희생시킬 수는 없는 거잖아요."

밑줄 친 원장 선생님의 1, 2의 발언과 담당 교사의 3, 4의 발언 속에서, 이 아동도 버릴 수 없고 저 아동이 입는 피해도 방관할 수 없지만, 어쩔 수 없이 이 둘을 함께 섞어 놓을 수밖에 없는 현실을 향한 한탄이 느껴진다. 결국 두 아동 다 피해를 입게 되는 상황을 두고 볼 수밖에 없는 교사의 고뇌하는 울먹임이 더욱 깊이 메아리쳐 들려온다. 아동들을 사랑하고 보호하고픈 이상(理想)과 척박한 환경 사이에 끼인 교사의 괴로운 고백을 들으면서, 우리는 이것을 마음 여린 교사의 감상이 아닌 현실적인 대책이 필요하다는 처절한 웅변으로 받아들여야 한다.

'경계에 선 6호 시설의 아이들'에서 제기한 문제 중 가장 현실적인 대응이 필요한 문제가 이 부분이다. '경계에 선 6호 시설의 아이들'에서 주로 카메라에 담은 것은 6호 시설 내에서 정신적, 감정적 경계선에 결함이 있는 아동들이 6호 시설과 7호 시설 중 어디에 있어야 하냐의 문제였지만, 효광원 원장과 담당 교사의 발언이 이 문제만을 이야기한 것이 아님은 틀림없다. 폭력적인 아동과 도벽이 있는 아동, 거짓말하는 아동과 성(性)적인 문제를 가진 아동 등 다양한 연령층과 다양한 성장 배경 속에서 결코 섞이기 힘든 특성의 아동들이 만약 뒤죽박죽 섞이는 수용을 전제로 보호 기관에 있다면, 교사들의 희생과 그 아동들의 미래까지도 어두울 것이며 아무리 시설에 오래 머물더라도 아무런 소득을 얻을 수 없을 것이다. 후술하겠지만 우리는 보호 아동들에 대한 전반적인 공간적 환경의 문제를 직시해야만 한다.

위의 사례에서 확인할 수 있는 문제와 공통된 시사점을 관찰하기 위해, 이번에는 소년원의 모습을 부분적으로 기술하려고 한다. 소년원은 크게 보면 학교와 마찬가지다. 법률상 학교로서의 취급을 받는다. 그래서 학교라는 명칭을 쓴다. 그리고 그 교육 과정은 두 가지 틀에서 이뤄진다. 하나는 교육이 행해지는 교실과 작업실, 또 다른 하나는 생활하는 방이다. 특히 소년원에서는 같은 직업 교육을 받는 학생들을 같은 방에 배정하는 게 보통이다. 이를 기준으로 비슷한 또래들이 한 방에서 생활한다.

그러다 보니 처음 잘못을 저지른 아동들과 최소 10차례 이상 전과가 있는 아동들이 한 방에서 생활하는 건 아주 흔한 일이다. 여러 차례 범죄를 저지른 아동들의 말을 들어보면, "소년원에서 만난 친구들에게 새로운 범죄 수법을 배웠다."라고 자주 말한다. 실제로 이들의 범행 중에는 소위 말하는 '소년원 동기'나 '6호 친구들'과 함께 공모하고 범행하는 범죄가 많은데, 그 이유는 그들이 소년원이나 보호 시설에서 이런 범죄 기술을 전수받는 과정에서 여러 인맥을 형성하기 때문이다.

소년원에서 처음 방을 배정받으면, 성인들의 교도소에서처럼 신고식 비슷하게 자기소개를 하게 된다. 그때 자신이 어떤 범죄를 저질렀는지에 대해 이야기하는데, 자신의 과오에 대한 회한의 고백이 아니라, 자신이 얼마나 대담무쌍하고 범죄에 능숙한지에 대해 무용담의 일환으로써 자신의 범죄를 고백한다. 그곳에서는 이런 자기소개가 자신을 보호하는 한 방편이 되기도 하기 때문이다. 그 과정에서 자연스럽게 서열도 정리되고, 다른 범죄도 습득하게 된다. 예를 들어, 단순 절도로 들어갔는데 거기서 금고털이 등을 배우고 나와 또 범죄를 저지르는 일은 보통이고, 이후 본격적인 범죄의 세계와 인맥을 형성하면서 또다시 소년원에서 교도소로 이어지는 고리에 갇혀버리고 마는 경우도 셀 수 없이 많다.

문제 아동은 보호 관찰의 단계를 넘으면 6호 시설이나 소년원에 들어가게 된다. 하지만 이런 수용 시설들에서 본래의 교육과 교정, 교화라는 중요한 임무는 퇴색된 지 오래고, 현재는 그저 아동들을 가둬두는 수감 기관으로서의 역할에만 급급한 상황이다. 원래 범죄의 요람 정도였던 아동의 범죄 수준은 이런 수감 기관에서 2-3년을 거치고 나면 마치 범죄의 고등학교를 졸업하고 나온 것처럼 그 수준이 급격하게 올라가게 된다. 이렇듯 본래의 순기능보다 역기능이 우세한 것이 우리나라 촉법소년, 범죄소년 수용 시설의 현실이다.

이처럼 소년원을 포함한 아동 보호 시설의 문제로 지적할 수 있는 것은, 재범 또는 재범이 우려되는 아동들의 불건전한 인간관계(가능한 보호 시설 내에서든 밖에서든 범죄와 관련 있는 관계)를 차단하는 것을 최우선으로 두지 않는다는 점이다.

아동들의 비행에는 대부분 '문제적인 환경'이라는 늪이 그 원인으로 도사리고 있다. 이 문제의 늪은 불우한 가정이나 아동을 학대하는 가정, 또는 비행성(非行性)이 높은 또래 집단이 아동들에게 거미줄처럼 얽힌 채, 그들의 인간관계에 강력한 영향력을 미치며 존재한다. 충동성이 강하고 장래에 대한 진지한 생각과 통제력이 박약한 아동들에게, 이 같은 또래 집단 가운데서 느끼는 안정감과 해당 집단 안에서 소외되지 않으려는 인정 욕구는 이를 위해서라면 어떤 대담한 행동이라도 일삼게 만든다. 그것이 그대로 이어져서 영웅 심리, 자포자기, 낙인 효과 등이 그들을 더욱 더 비행 행동으로 이끌게 되고, 결국 재범의 굴레로 흡인하고 있는 것이다. 그럼에도 우리나라에는 아동들을 이 무서운 늪에서 꺼내줄, 악마의 거미줄을 끊어 줄 제대로 된 보호 시설을 제공하지 않는다. 오히려 국가에서 지정한 보호 시설에 들어가면, 더욱 거칠고 무서운 거미줄만 존재해 아동에게 얽힌 거미줄을 광역화시킬 뿐이다.

보호 처분을 받은 아동을 이 무서운 늪과 거미줄에서 구해줄 장소가 있다면, 그것은 전국적으로 소수 산재한 6호 아동복지법상의 아동 복지 시설이나 그 밖의 소년 보호 시설인 감호 위탁 아동 보호 기관, 그리고 7호 소년 의료 시설(전국에 1개소 운영) 정도가 최선일 것이다. 그러나 현재는 이런 시설들마저 절대적으로 부족한 상태다.

보호 관찰관의 입장에서는 보호 아동의 특성에 맞게 보호 시설이 세분화되어 있어 아동의 비행 정도나 연령, 성향, 잠재 능력 등을 종합적으로 고려해 배정할 수 있는 다양한 시설이 필요하지만, 대부분이 이런 방안을 전혀 고려할 수 없을 정도로 시설 자체와 공간이 부족하다. 보호 관찰관들은 아동을 방치하자니 탈선을 막을 수 없고, 시설에 입소시키자니 아동을 더욱 심각한 범죄 상황에 노출시킬지도 모른다는 딜레마 속에서 고민할 수밖에 없는 상황이다.

보호 관찰관(효광원과 그 외 6호 시설 담당 교사 포함)의 고민처럼, 특별히 6호 시설이나 소년원의 입소를 우려하는 것은, 이곳에서 오히려 더 잘못된 관계로 이어져 비행의 기술과 인맥이 광역화되는 사례를 흔히 접했기 때문일 것이다. 여러 통계가 이를 증명하고 있다. 따라서, 이 문제를 시급히 해결하지 않으면, 아동 보호 시설이 결국에는 아동 우범화 시설로 전락하는 결말을 보게 될 것이다. 그나마 다행인 것은 필자의 의견으로는 이런 공간(이곳에서 일할 인력의 양성까지 포함) 해결은 다른 문제에 비해 정부 차원에서 교육부의 협조하에 특수 영역의 교사를 확보하고 노력한다면 충분히 대책을 마련할 수 있다고 생각한다.

특히, 촉법 이상 연령의 6호 시설에 대해서는 규모가 크지 않아도 충분히 가능할 것으로 예상한다. 설립 비용과 교육적인 환경을 고려해 도시보다는 농촌과 어촌, 또는 폐교를 선정해 지자체에 도움을 얻어 학생 수 2-30명의 소규모 학교를 건립하고, 교사 인원과 학교 관리, 시설 운영 등에 필요한 인원을 포함해 20여 명 정도로 구성해 운영한다면 상당히 큰 성과를 얻을 수 있다고 확신한다. 단, 이런 시설과 인력의 공급으로 아름다운 열매가 맺히려면, 그 전제로 강력한 훈육과 훈계의 수단이 보호 관찰관(교사)들에게 주어져야 한다.

① 6호 아동 보호 시설은 법무부의 소속의 기관(협력기관)으로 해 전국적인 운영의 통일성을 유지하며, 그 시설(학교)의 수는 아동의 다양성과 개성에 맞는 교육을 위해 현재 10곳 내외의 시설(학교)을 최소한 50여 곳 이상 운영한다.

② 정서적, 정신적, 경계 지능의 문제를 가진 아동을 위한 7호 시설 외에 시설(학교)을 설립하고, 상담과 정신과 진료, 특수 교육 부분의 전문가를 보강해 운영한다.

③ 먼저 직업 교육과 진학 교육을 구분한다. 그리고 누범 횟수를 비교적 상세히 구분하고 범행의 종류와 죄질을 판단해 비슷한 부류의 아동을 모아 교육하는 시설을 운영한다.

④ 시설(학교)장의 청원에 따라 판사가 입소 기간을 현행보다 과감히 늘리거나 줄일 수 있는 제도를 마련해 교육에 활용하도록 하고, 소년원으로의 송치를 최대한 억제할 수 있는 기틀을 만든다.

전국적으로 이런 상세한 구분을 위한 50여 개의 시설(학교)을 설립해 위의 사항을 기반으로 운영한다면, 상당히 많은 아동들을 교육적인 성과를 낼 수 있도록 지도할 수 있을 것이라고 확신한다.

세상을 바꾼 교사

이황

이황(李滉, 1501 ~ 1570)은 호는 퇴계(退溪), 시호는 문순(文純)을 쓰는
조선시대의 문신이고 학자이며 후학 양성에 힘을 쓴 교육자이다.
그는 이언적 사상을 계승하여 영남학파의 중심적 성리학자이자 이이와 함께
대표적인 거유(巨儒)가 됐다. 기대승과의 사단칠정논변은
한마디로 이황의 사상을 만들어 낸 성리학에 있어서 역사적인 논쟁이다.
그의 사상적인 심오함과 파급력이 얼마나 큰지
임진왜란 당시 일본군이 그의 저서 중 일부를 약탈해 갔는데,
이것이 일본 성리학 발전에 크게 영향을 줬을 정도였다.

이황의 가정생활은 순탄치 않았다. 그의 아버지는 그가 태어난 지 7개월 만에
마흔 살의 나이로 사망해 이황은 홀어머니 밑에서 자랐고,
이황의 형도 정치적인 사건에 휘말려 유배 도중 병사했다.
그의 첫째 부인은 그의 나이 27세에 타계했고, 특히 둘째 부인은
연산군을 비방하는 언문 투서사건에 연루되어 거제도에 유배됐다.
그녀는 권질의 딸로, 정변에 휘말린 할아버지 권주(權柱)가 연산군에 의해 교살당한 일과,
아버지 권질 역시도 사화로 참혹한 일을 겪은 충격으로 심각한 정신적인 질병이 있던 여인이었다.
이를 권질이 이황의 인물됨을 알고, 간곡히 자신의 딸과 결혼해줄 것을 퇴계에게 부탁하여
이황이 오랜 고민 끝에 승낙해 맞이한 두 번째 결혼이었다.
그러니 그의 두 번째 부인과의 결혼 생활은 정상적이지 않았다.
그러나 그 가운데에서도 이황은 그의 명성보다 더 큰 인품으로 그 부인을 항상 따듯하게 대했고,
늘 이해하여 주고, 임지가 어디든 동행하여 부인을 자상하게 대한 일화들이 전해진다.

한 번은 종가(宗家)에 모여 제사를 지내려는데
일가의 식솔들이 모두 모인 자리에서 차려진 제사상의 음식을 집어 먹고,
심지어 상위에서 떨어진 배를 치마에 숨기기까지 했다.
이를 목격한 친척들이 못마땅하게 여겨 핀잔을 줬는데, 이때 이황은
제사 전 음복하는 것이 예에 어긋나나, 조상님께서는
철없는 손주며느리의 행동을 귀엽게 봐주실 것이라며 권씨를 감싸주고,
그 이후 일가에게 정중히 용서를 구했다고 한다.
당시 사대부 사회에서 제사가 얼마나 중요한 행사인지는 두말할 필요도 없지만,
그럼에도 성리학의 형식이 아닌 그 근본을 실천하는 학자의 인품이 느껴지는 대목이다.
어떤 지성도 인성에 지지를 받지 못하면 감동을 줄 수 없다는 사실을 우리는 안다.
이황의 이런 일화를 통해 그의 지성과 명성의 기반이 무엇이었는지는 충분히 증명되고도 남는다.

이황은 이러한 인품을 가지고 적서차별이 당연한 신분제 사회에서도
당시의 법을 뛰어넘어 인간의 본성에 치우침이 없는 이상을 실천하며 살았다.
이황은 늘 자녀들에게 친모와 계모를 차별하는 것은 잘못이라고 가르쳤다.
더 나아가 첫째 부인과 사별 후 아이들의 돌봄을 위해 첩을 두었는데,
그에게도 친모와 차별하지 말 것을 가르쳤다고 한다.
첩이 죽은 후, 그녀와의 사이에서 난 아들을 자신의 호적에 두고,
후손들이 적서차별을 하지 못하게 하려고 족보에 적서의 구별을 두지 않았다.
그 후 300년 후에나 신분제의 타파의 주장이 나오니,
실로 시대를 앞서간 대학자임이 틀림없다. 그는 많은 제자를 배출했다.
그리고 유성룡 같은 이가 그의 제자로 세상에 드러난 것은 결코 우연이 아니다.
우리는 인간을 존중하여 제자들을 온유하게 대하는
교사의 모범을 이황에게서 확인할 수 있다.

18

보호 관찰 중 재범 방지
대책 5:
규제 수단

아동이 성장하는 과정에서
이런 상황이 반복적으로 발생하게 되면,
아동이 직접적인 체험을 통해
여러 감정에 대처하면서
조절하는 방법을 연습할 많은 기회들이 박탈된다.
그리고 다시 부모가 문제에 개입하는
악순환이 반복되면서
아동은 더욱 왜곡된 시각을 가지게 되고,
점차 왜곡적인 상황을 정상적으로
받아들이게 된다.

　여기 우리나라의 어딘가에 있을법한 가상의 아동 E가 있다. E는 5살 때부터 아파트 안에 있는 어린이집에 다녔다. 아파트 단지에 있는 어린이집을 선택한 이유에는 E 엄마의 불안감이 결정적 요인으로 작용했다. E를 한 시간도 혼자 놔둘 수 없는 엄마에게, 5층 거실에서 훤히 보이는 어린이집이 자신과 E가 분리됐을 때 생기는 불안감의 일부분을 해소시켜 줄 수 있는 유일한 방법이었기 때문이다.

　첫 아이였던 E는 엄마와 아빠에게는 왕자이자 금쪽보다 더 소중한 존재였다. 결혼하기 이전부터 대기업에 다니는 아빠는 너무나 바빴기 때문에, 결혼 후 임신과 출산의 과정부터 육아의 모든 과정은 당연히 엄마의 몫이었다. 그러기에 아빠는 일주일에 한두 번 피곤한 얼굴로 귀가해 아이를 마주할 때면 무조건 잘해 줄 수밖에 없는 '아들 바보'로 이미 그 역할이 결정됐고, 혹여나 귀여운 아들의 손등에 벌레라도 물리면 모든 책임은 엄마가 지게 되는 가정의 구조였다. 그러나 E는 엄마에게도 더 없이 귀한 아들이었다. 연애 시절 남편보다는 자신이 더 적극적으로 구애를 했고, 결혼에 미온적이던 남편이 결정적으로 결혼을 결심한 이유도 E의 임신 덕이 컸다. 친정집과 시집에서도 첫 손주였기에 E의 일거수일투족은 양가의 큰 관심사가 됐고, 다행히 결혼하자마자 지방으로 근무지가 바뀌어서 그렇지, 서울에 있었다면 양가 어른들이 E를 보기 위해 집에 상주할 지경이었다.

　E의 엄마는 처음 E를 어린이집에 보낸 날부터 거의 2주간을 선생님들의 간곡한 조언에도 불구하고 교실 구석, 복도, 놀이터에서까지 E가 참여하는 모든 활동에 함께 참여했다. 보통 엄마들은 하루이틀이면 아이를 독립시킨다는데, E의 엄마는 다른 아이들이 E에게 조금만 거칠게 대해도 바로 개입하고 간섭하지 않을 수가 없었다. 그러지 않고는 큰 불안감에 휩싸였기 때문이다. 2주가 지나자 원장 선생님은 다른 학부모의 민원도 있었다며, E의 엄마에게 간곡히 부탁했다. 엄마가 아동으로부터 분리되지 않을 경우 E에게 미칠 안 좋은 영향에 대한 전문적인 상담을 통해, E의 엄마는 2주가 지나서야 겨우 E를 어린이집에 혼자 남겨 놓고 나올 수 있었다.

그러고도 커피 한잔 하자는 또래 엄마들의 제안도 무시하고 곧바로 집에 와서 향하는 곳은 거실의 베란다였다. 거기에는 남편이 등산갈 때 쓰는 성능 좋은 쌍안경이 있었다. 그것으로 어린이집을 보면 E의 모습을 잠깐씩이라도 확인할 수 있었다. E의 엄마는 E와 떨어지면 생기는 원인 모를 불안감 때문에 안 보이면 안 보이는 대로, 보이면 보이는 대로 담당 선생님에게 여러 번 전화를 해댔다.

"선생님, 동수가 우리 애를 밀치잖아요!"
"선생님, 우리 애가 저기 혼자 있는데 왜 그런 거예요? 아까 급식실 쪽에서 놀 때 무슨 일 없었어요?"

이런 식의 전화가 몇 번 반복되자 왠지 선생님들과도 서먹해지고, 선생님들의 모든 말이 변명처럼 들렸다. 그럴 즈음에 E의 엄마는 또래 엄마들과도 거리가 생겨서 더욱 고립됐다. 그리고 E 역시 어린이집 친구들과 잘 어울리지 못하는 모습이 자주 목격됐다.

어느덧 E를 어린이집에 보낸 지 6개월이 지났다. 그사이 E 엄마의 불안감은 많이 가라앉았다. 역시 경험이 최고의 약이었다. 이것저것 눈으로 확인하고 선생님들과도 더 적극적으로 이야기했다. 어린이집에서 E에게 발생하는 여러 문제를 지켜보던 E 엄마는 스스로 E를 붙들고 받아쓰기, 구구단, 영어 단어는 물론 옷매무새부터, 친구들과 대화하는 법까지 직접 지도했다. 누구라도 우리 아들을 무시 못하게끔 야무지게 키우겠다고 다시 한번 다짐했다. '교육이 뭐 별거인가, 미리 미리 다 가르치면 되지!'라는 생각에까지 이르자 뭔가를 가르치면 척척 잘하는 아들 E가 더 대단하게 느껴졌다. 심지어 까부는 애들을 대하는 법을 가르쳐 줄 때는 어디서 들었는지 욕도 한마디 했는데, 내심 사내아이라 씩씩하다고 생각했다. 그리고 누구와는 놀지 말고, 누가 이렇게 욕을 할 땐 선생님에게 말하고, 친구들이 주는 과자는 불결하니까 먹지 말고, 이 사탕은 누구에게는 주고 누구에게는 주지 마라는 등 세세하게 주문을 해도 척척 수행했다. E의 엄마는 E가 천재라고 확신했다. '최소한 수재는 될 거야. 이렇게 잘 키우면 서울대가 뭐야, 하버드 대학에 넣어야지!' 이 정도의 생각을 할 때쯤, E 엄마는 완전히 자신이 '헬리콥터 맘'과 '잔디깎이 엄마'가 됐다는 사실을 꿈에도 생각하지 못했다.

'헬리콥터 맘'이나 '잔디깎이 엄마'라는 말을 한 번쯤은 들어본 적이 있을 것이다. '헬리콥터 맘'은 자녀의 주변을 전지적 부모 시점에서 헬리콥터처럼 맴돌며 아동의 교우 관계를 포함한 거의 모든 영역부터 아동의 사소한 행동 하나 하나를 전부 파악해, 전방위적으로 참견하고 개입하는 엄마를 뜻한다. 또한 '잔디깎이 엄마'란 표현은 다르지만 '헬리콥터 맘'처럼 행동하면서, 특히 아동 앞에 놓인 장애물을 다 제거해 주는 엄마를 나타내는 말이다. 이것은 엄마가 생각하기에 아동에게 부정적으로 다가올 모든 요인을 앞서 제거하고 자기 자식에게 긍정적인 환경만을 조성하려는 엄마의 과보호적 성향을 표현한 것이다.('Helicopter parent'란 말은 1991년 미국 시사 주간지 〈뉴스위크(Newsweek)〉의 기자인 네드 제먼에 의해 처음 소개됐다.)

온실 속 화초에게 효과 좋다는 인공적인 비료를 마구 퍼부어 주자, 오히려 멀쩡하던 화초가 잎이 타고 줄기가 말라 죽었던 경험이 있다. 아직 초보 농사꾼이었던 필자는 좋은 비료를 많이 주기만 하면 식물이 잘만 자랄 줄 생각했다. 하지만 그렇지 않았다. 지금은 스마트 팜에서 나온 깨끗한 채소가 있지만, 아직까지 제철에 노지에서 직접 햇빛과 비바람 맞고 자란 식물의 건강함과 신선함, 그리고 그 영양분을 능가하는 채소를 본 적이 없다. 식물과 사람은 다르다고 하지만 어쩌면 생명을 성장시키는 본질은 다르지 않을지도 모른다.

과잉보호형 부모의 일반적인 특징 가운데 하나는 자신의 아이가 어떤 활동 중 상처를 입거나 관계 면에서 손해를 볼까 봐 걱정스러워하며 지나치게 보호한다는 것이다. 이런 행동은 아동이 문제에 부딪혔을 때 스스로 해결책을 찾을 기회를 허용하지 않음으로, 그 나이에 키우고 배워야 할 독립성과 생활 능력의 학습을 방해하는 결과로 연결된다. 그 결과, 아동이 의존적인 성향이 되거나 학습적인 능력이 박약해질 가능성이 매우 높아지고, 부모의 두려움마저 전이되면서 소심한 성향을 가지게 된다.

과잉보호형 부모는 아동의 상태에 대해 과민하게 반응하는데, 대개 아동이 처하는 부정적인 상황에 매우 신경을 곤두세운다. 이럴 때는 대개 아동이 그 상황을 해결하도록 기다리지 않고 부모가 직접 개입해 해결하고자 하는데, 이것은 특히 아동의 정서적, 심리적인 상황에도 영향을 미치면서 아동의 정서 발달에 매우 좋지 않은 영향을 미친다. 구체적으로 설명하자면 정상적인 인간관계에 일반적으로 존재하는 상당성과 인과성에 왜곡을 가져와, 아동의 사회성을 위축시키거나 일방적인 경향을 가지게 한다.

아동이 성장하는 과정에서 이런 상황이 반복적으로 발생하게 되면, 아동이 직접적인 체험을 통해 여러 감정에 대처하면서 조절하는 방법을 연습할 많은 기회들이 박탈된다. 그리고 다시 부모가 문제에 개입하는 악순환이 반복되면서 아동은 더욱 왜곡된 시각을 가지게 되고, 점차 왜곡적인 상황을 정상적으로 받아들이게 된다.

인간이 성장하면서 행복감을 느끼고, 성공을 경험하며, 성취감을 얻는 것은 아주 중요한 과정이자 가치다. 그러나 좌절과 고통, 실패와 슬픔 등의 감정도 인생을 이루는 필수 불가결한 요소들이다. 하지만 과잉보호의 부모들은 이런 전체적인 관점에서 아동의 감정과 발달 과정을 이해하지 못한 채 부정적 경향의 감정들을 다스릴 기회를 주지 않아, 결국 아동이 심리적인 장애를 일으키기 쉬운 환경을 조성한다.

과잉보호는 아동에게 유아독존(唯我獨尊)식의 지나친 자기중심적 사고를 고착시켜 관심의 대상은 늘 자신이 독차지해야 한다는 특별 의식과 독점욕으로 가득 차게 만든다. 그리고 이런 비정상적인 욕구를 만족시키기 힘든 실생활에서는 그것이 반사회적인 경향으로 나타나기도 한다.

E의 이야기를 다시 이어가 보자.

E가 어린이집을 다닌 지 9개월이 지났을 시점이었다. 초보 학부모의 티도 벗으면서 E의 엄마는 엄마로서 나름대로 엄마들 사이의 정치도 필요하다는 사실을 느꼈고, 서울 출신이라는 사실과 남편의 좋은 직장, 그리고 높은 경제력이라는 우월한 조건을 이용한 선물 공세를 통해 지방의 또래 엄마들을 휘어잡았다. 그 결과로 엄마들 사이에서 자신의 발언권이 강해지자 스스로가 만족스럽게 느껴지기도 했다.

"아들 일은 엄마하기에 달렸다!"

무슨 광고의 카피를 패러디한 것 같은 말이지만, 실제로 E의 엄마는 이렇게 생각했다. 이제 더 이상 지방으로 이사 와 지역적인 한계로 인해 사투리 심한 또래 엄마들 사이에서 이질적인 존재로 소외감을 느끼던 몇 달 전의 E 엄마가 아니었다. 선생님들과 E 또래의 엄마들에게 남편의 회사에서 준 사은품이나 출장 중에 가져온 선물들을 아낌없이 푼 결과, 그 효과는 엄청 났다. 처음에는 서울 말씨라고 E 엄마를 흉보던 또래 엄마들도 선물 덕분인지 이제는 서울 말씨를 배우고 싶어 했다. 다른 남편들과 연봉이 몇 배쯤 차이나는 E의 아빠 덕에, E의 엄마는 모든 찻값과 기가 죽을 정도의 청요리까지 기회만 되면 다른 엄마들에게 대접했다. 이 정도쯤 되니 E의 집은 매일 E 또래 친구들의 엄마들이 모이는 회합 장소가 됐고, E의 엄마는 이 아파트에 사는 또래 엄마들의 대모 격이 됐다. 나이로 치면 한참 손위인 원장 선생님도 이제는 E 엄마를 더욱 공손하게 대했다. 어린이집을 지나칠 때면 일부러 나와 인사를 하는 경우도 많았다.

"내가 뿌린 게 얼만데."

E의 엄마는 마치 어린이집의 원로가 된 것 같은 대접을 받으니, 내심 '누가 내 아이를 건드리겠어?' 하는 마음에 더 이상 불안하지 않았다. 물론, 이젠 거실에서 쌍안경을 들고 어린이집을 감시할 생각조차 들지 않았다. E도 더욱 똑똑해지고 다부져지는 것 같아 남편 보기에도 스스로가 대견하게 느껴졌다.

그러던 어느 날, 어린이집에서 전화가 왔다. 원장 선생님이었다. 전화기 너머로 일단 어린이집으로 오라는 말을 건네는 원장 선생님의 목소리에서 당혹스러움이 느껴졌다. 상황은 이러했다. 먼저, 간식을 주는 과정에서 E가 가장 먼저 간식을 차지하려고 하자 다 같이 게임을 통해 정하기로 했고, 규칙에 따라 게임에서 1등을 한 친구가 먼저 간식을 받으려다가 E와 싸움이 됐는데 선생님의 제지로 그 상황은 곧 정리가 됐다. 그러나 문제는 E가 선생님의 제지 후 갑자기 간식을 놓은 상을 손으로 휘저어 쏟아 버리면서 일어났다. 그 행동을 말리는 과정에서 선생님은 E의 손을 붙잡거나 안아 들었고, E는 계속 버둥거리다가 잠시 뒤 진정을 했다. 그 결과 상황이 다 정리되고 보니 E의 손톱이 부러져 있었고 손가락에도 작은 찰과상이 났으며, 선생님의 뺨에도 손톱으로 할퀸 자국이 생겼다는 것이다. 15초 정도 되는 문제의 장면을 CCTV로 확인해도 모든 상황은 원장 선생님의 설명 그대로였다.

그러나 E의 엄마는 어린이집을 방문해서 E의 모습을 살폈다. E는 엄마를 보자

울음을 터뜨렸다.

"엄마! 선생님이 나 때렸어!"

원장 선생님과 담당 선생님은 E가 말하는 상황을 극구 부인했다. 원장 선생님과 함께 CCTV를 확인한 E 엄마의 눈에도 선생님이 E를 때리는 장면은 확인할 수 없었다. 그러나 선생님이 간식을 나눠주다가 갑자기 달려들어 손을 잡고 E를 안아 드는 행동 가운데 E가 충분히 맞았다고 느낄 수 있다고 우기다가는, 선생님이 완력을 행사했다고 단정했다. 원장 선생님과 담당 선생님은 손에 난 상처는 간식을 엎어버리는 행동을 하다가 또는 담당 선생님의 뺨에 상처를 내는 과정에서 난 것이라고 설명했다. 두 분의 선생님은 완력 행사에 대해 억울하다고 하소연하면서도 입장상 학부모에게 머리를 조아릴 수밖에 없었고, 그 가운데 E는 서재에 있는 동화책을 보며 엄마 등 뒤에서 아무 일도 없다는 듯이 놀고 있었다.

E의 엄마는 거의 한 시간 동안 선생님들을 질책했다. 두 분의 선생님이 질책을 들으면서 그저 읍소하는 동안, E는 천진하다고만은 말할 수 없는 영악한 웃음을 지은 채 나무쌓기 놀이를 하고 있었다. 때마침 일찍 퇴근한 E의 아빠도 어린이집으로 들이닥쳤다. 그리고 두 분의 선생님에게 호통을 쳤는데, 그 수준은 E의 엄마가 한 질책과는 차원이 달랐다. "친구 변호사에게 의뢰하겠다."라든가 "선량한 관리자의 의무를 지키지 않았다."고 말하다가는, 급기야 "아동복지법 위반으로 고발 조치하겠다!"라는 최후 통촉을 날렸다. 물론, E가 이 모든 상황을 다 봤음은 주지의 사실이었다.

그날로 E는 병원에 가서 정형외과 진단을 받았다. 전치 2주였다. 손가락의 인대에 문제가 생겼다는 것이다. 그리고 다음 날, 신경 정신과에서도 진료를 받았다. 밤에 잠을 깨서 울었다는 주장으로 인해서였다. 사건이 발생하고 이틀 뒤, E의 아빠의 친구라고 하는 변호사가 원장 선생님과 통화를 했다.

그날 저녁, E의 엄마는 E와 병원에 다녀오는 길에 양손에 선물을 든 채 현관에서 죄인처럼 기다리는 두 분의 선생님을 만났다. E는 쭈뼛쭈뼛하다가 결석으로 며칠 동안 못 만났던 선생님들에게 밝게 인사했다.

"선생님! 안녕하세요!"

E는 안녕할 수 없는 상황 속에서 밝게 인사하는 자신을 안아준 담당 선생님과 원장 선생님이 다시 밤늦게 E의 아빠를 만나러 E의 집을 찾아와 읍소하는 것도, 자신의 아빠가 거만한 모습으로 두 선생님에게 함부로 행동하고 말하는 것까지 이 모든 과정을 전부 지켜봤다. 그날 저녁, 긴 이야기 끝에 E의 아빠는 어린이집에서 있었던 일을 더 이상 문제삼지 않겠다고 말했다. 그리고 이후 E는 그 어린이집의 왕자가 됐고, 그 상태로 1년을 더 다녔다.

과잉보호와 간섭은 사실 한 세트다. 이들 부모는 연약한 아동을 보호한다는 명목으로 간섭하면서, 실제로는 어른들의 불완전한 세계에 아동을 대입시켜 그 아동을 중심으로 모든 문제를 해결하는 사고방식을 아동에게 고착시킨다. 그리고 결국 이를 박제화하는 우를 범한다. 이는 어쩌면 사회 속에서 가장 위험한 집단을 조성하는 행위다. 과잉보호와 간섭을 통해 습관적으로 왕자처럼 살았던 E와 같은 아동은 정상적인 질서와 규범에 접하면 심한 부당함을 느낀다. 그리고 이 부당함은 사회생활을 하는 곳곳에서 시시각각 정상적인 상황에 맞닥뜨릴 때마다 왕자의 자리에서 쫓겨나는 듯한 배반감(아동 스스로에게 형성된 질서와 규범에 대한 신뢰감의 상실)을 느끼게 만들고, 아동은 이에 저항하게 된다. 간식은 당연히 왕자가 먼저 먹어야 한다. 엄마도 그랬고, 아빠도 그랬다. 그리고 할아버지와 할머니까지도 그것이 옳다고 말했다.

이렇게 성장한 아동들은 정상적인 사회의 질서와 규범을 대하면, 그 정상이 자신에게 적대심을 갖고 있다고 느껴 자신의 불만과 적대감을 분노와 보복의 방식으로 표현한다. E는 게임에 의해 간식을 나눠주는 규율로 인해 왕자로서의 모든 자존심과 존재감에 공격을 받고, 손상을 입은 것이다.

만약 부러진 손톱과 피 한 방울 정도나 났을 찰과상을 뒤로하고 E의 엄마가 E에게 "너 왜 선생님 말씀 안 듣고 간식 먼저 먹겠다고 투정 부렸어? 그리고 왜 다른 친구들 간식까지 다 바닥에 버렸어?"라고 따끔하게 훈계했다면, 이것이 바로 정상을 가르치는 '정상적인 교육'이었을 거다.

그러나 E의 엄마는 불행하게도 자신의 왕자님이 간식을 먼저 먹기 위해 다른 왕자님을 밀쳐낸 비정상을 간과했고, 자신의 왕자님이 손가락을 다치게 된 상황이 초래된 본질적인 원인이 무엇인지도 고려하지 않았다. 그리고 선생님의 완력 행사로 왕자님이 부당한 대우를 받았다고 주장하며 정형외과와 정신과에 다니기만 급급했고, 있지도 않은 선생님의 잘못을 부각해 자신의 왕자님을 비호하며 아동에게 거짓말의 위대한 능력을 가르치기 시작한 것이다. E 아빠의 고압적인 태도는 언급할 가치도 없다. 아동의 두 눈앞에서 거짓을 사실로, 비정상을 정상으로 가르치는 교육을 몸소 실천한 것이다.

E가 손가락을 다친 것으로 진단받고 그 정도 일로 정신과에서 치료를 받은 것으로 E의 부모는 어린이집과의 싸움에서 승리했다고 자부심을 느낄지도 모르지만, E의 인생에 있어서는 정상, 규범, 양보, 관용과 같은 진짜 왕자가 되기 위한 요소들을 함양할 기회를 다시 한번 비정상이 정상이라는 교육으로 대체시켜 버린 것뿐이다. E의 부모는 인생은 그리 만만하지 않고, 교육은 파종부터 수확까지의 회수 기간이 상당히 긴 백년지대계라는 것을 모르고 있는 것이 틀림없다.

피 한 방울 안 흘린 손가락으로 전치 2주 진단을 받으면서 E는 필연적으로 거짓말의 위력을 실감했을 것이다. 그리고 정신과 진료를 받은 경험은 분명 E가 수년 후 약간의 고난과 도전을 맞닥뜨렸을 때, '나는 원래 정신적으로 나약해.'라며 비정상을 정상으로 받아들이도록 하는 주요한 원인이 될 것이다. 교육이라는 것은 대개 영어나 수학같이 한두 시간 만에 깨달아지는 부분도 있지만, 가치관과 신념, 정의와 규범과 같은 부분은 개인의 어른에게도 그 효과가 나타나기까지 족히 수년이 걸릴 수 있는 영역이다. 그리고 두 분의 선생님을 거의 무릎 꿇리다시피 한 E 부모의 무지한 만행은, 분명 부메랑이 돼서 E에게 가공할 무자비와 폭력, 그리고 권위의 왜곡과 불신으로 삶을 채울 것이고, 이로 인해 스스로의 삶의 좌표에 엄청난 혼란을 몰고 올 불행의 소재로 돌아올 것이라고 확신한다.

시간이 흘러 E는 초등학교에 입학했다. E의 아빠는 E의 교육을 생각해서 무리하게 서울 본사로 근무지를 이동했다. E의 엄마는 어린이집에서의 경험을 거쳐 이제 왕후의 위용과 기술까지 능히 갖췄다. 마음에는 지방의 왕후이기에 서울에서도 통할까 걱정이 없지는 않았지만, 자신에게는 천재인 아들 E가 늘 든든한 버팀목이 되어주니 문제없었다. E의 서울에서의 초등학교 생활은 이렇게 시작됐다.

　E가 다니게 된 초등학교는 서울 외곽의 교육열이 높은 동네에 있었다. 하지만 학부모 모임에 처음 나간 후, E의 엄마는 자신감이 생겼다. 자신이 엄마들의 모임에서 주도적으로 발언을 한 것이 만족스러운 반응을 얻었기 때문이다. 담임도 고분고분한 어린 여선생님이었다.

　그러나 개학을 하고 한 달을 지내보니, E에게 큰 문제가 있음을 깨닫기 시작했다. 교육열이 높은 동네답게 같은 반 친구들의 선행 학습 수준이 상당했던 것이다. E는 겨우 책을 더듬더듬 읽는 수준이었고, 이나마도 어린이집에서는 천재라서 잘한다고 자주 칭찬을 들었다. 그런데 여기 아이들은 초등학교 1학년임에도 책을 읽고 쓰는 수준이 아니라 수학의 사칙 연산 정도는 이미 터득한 상태였고, 영어도 이미 기초적인 회화를 구사했다. 이 정도 수준은 유치원 시절부터 영어 전문 학원을 다닌 대부분의 아이들에게는 자랑거리도 못 된다는 말도 어디선가 들려왔다.

　E의 엄마는 속으로 '지방은 지방이구나.'라고 한탄했을 것이다. 그러나 이런 한탄은 그녀가 아직도 자신의 양육 방식에 존재하는 크나큰 오점을 모르고 있다는 증거였다. 지방이어서가 아니라, 규모가 작은 어린이집에서 착하디 착한 선생님들에게 위세를 부린 결과가 이렇게 시작되고 있다는 사실을 여전히 깨닫지 못한 것이다. E가 초등학교에 입학하면서 생긴 문제는 그저 E의 부모가 끝까지 고수했던 '자신만의 왕자 교육'이 야기한 쓰나미의 전조 증상일 뿐이었다.

　문제는 받아쓰기 시간에 일어났다. 다른 친구들은 모두 받아쓰기 100점을 맞았는데, E만 70점을 맞은 것이다. 옆에 앉은 짝꿍 여자아이가 E의 점수를 보고 놀렸다.

　"너는 글을 쓸 줄 모르니? 읽을 줄은 알아? 읽을 때 그냥 흉내 내는 거 아니야?"

　'칭찬은 고래도 춤추게 한다'를 신조로 E를 양육해 온 엄마의 영향으로, E는 가정뿐만 아니라 어린이집에서조차 이런 상황에 노출된 적이 단 한 번도 없었다. 그렇기 때문에 E는 이런 놀림에 대한 적당한 대응 방법을 알지 못했다. 그런 E가 우물쭈물하다가 여자아이의 뺨을 향해 주먹을 날렸다. 분노가 폭발한 것이다. 그런데 이날 E에게 있어서의 불행은 놀림을 받은 것으로 끝나지 않았다. E가 날린 주먹에 하필이면 연필이 쥐어져 있었던 것이다. 연필을 쥔 주먹은 여자아이의 뺨을 향해 날아갔지만, 심각한 것은 쥐고 있던 연필의 심이 여자아이의 어깨를 스치며 옷을 뚫고 들어가 상처를 냈다는 점이었다.

여자아이가 크게 울음을 터뜨렸고, 담임 교사는 일단 여자아이를 보듬어 양호실로 보냈다. 급히 연락해 부른 옆 반의 남자 교사가 대신 E를 진정시키고 있었다. 그러나 E는 분을 삭이지 못했고, 제지하는 남자 교사를 뿌리치고 여자아이를 쫓아가려고 했다. 남자 교사는 이를 몸으로 막으면서 "참아라!", "안돼요!"를 연발해 E를 겨우 진정시켰다. 적극적으로 손을 이용해 제지를 하거나 언어적으로 강한 표현을 사용해 제지할 경우 아동복지법상 신체적 학대나 정서적 학대에 해당한다고 신고당할 수 있기 때문에, 이 정도가 남자 교사가 할 수 있는 최선이었다.

다음 날, 이 일로 여자아이의 부모와 E의 부모가 학교에서 만났다. 교장 선생님의 주재하에 모인 자리에서 여자아이의 부모는 고작 초등학교 1학년이므로 교육적인 차원에서 가벼운 주의 정도와 아동 E의 서면 사과, 반성문을 요구했으나, E의 부모는 오히려 이를 완강하게 거부했다.

E의 부모는 일단 받아쓰기 시험을 통해서 아이들을 비교한 것을 문제삼고 나섰다. 아울러 여자아이가 이를 가지고 먼저 놀렸으므로 사과는 여자아이가 먼저 해야 하고, 이를 폭행 사건이 되도록 방치한 것은 담임 교사와 학교에 책임이 있다는 주장이었다. 더 나아가, E가 어린이집에 다닐 때 충동조절 장애로 치료를 받은 것을 입학 상담 때 교사에게 이미 이야기했고, 그럼에도 이런 부분에 대해 특별한 관심을 두지 않은 것은 아동을 방치한 학대라면서 모든 책임을 담임 교사에게 전가했다.

E 부모의 이런 주장과 태도를 참을 수 없었던 여자아이 부모는 반발하며 E를 다른 학급으로 분리할 것을 강력히 요구했다. 하지만 교장 선생님과 담임 교사의 눈물겨운 호소를 통해 오히려 폭력의 피해를 입은 여자아이가 다른 학급으로 이동하는 것으로 사건은 마무리됐다.

아직 E가 범법소년(만 10세 미만의 아동이 저지른 범죄에 대해서는 보호 처분도 형사 처분도 할 수 없다.)이었기 때문에, E의 엄마는 당당하게 큰 소동을 일으킨 뒤 주눅이 든 E에게 이런 이야기를 했다.

"사나이가 이만한 일로 눈치를 봐? 넌 잘못 없어! 먼저 놀린 게 잘못이지! 그리고 아빠가 교장 선생님까지 혼내줬으니까 만약에 선생님이 또 화나게 하면 엄마한테 말해, 엄마가 가서 다 혼내줄 테니까!"

이 에피소드 속에서 우리가 반드시 주목해야 할 부분이 있다.

첫째는 과잉보호형 부모의 비교육적인 교육의 행태와 그 한계다. 아무리 E의 엄마가 헬리콥터를 수십 대 동원해도 아동의 학급 활동의 세세한 부분까지 알 수도 없고, 예측할 수도 없다. 잔디깎이 기계를 아무리 열성적으로 돌려도 7-8살 아동들의 대화와 행동을 전부 제재할 방법이 없음도 마찬가지다. 결국 E는 온실 같은 어린이집에서 왕자로만 떠받들여지다가 초등학교 입학 한 달 만에 받아쓰기 시험이라는 냉혹한 현실과 마주했고, 여자아이의 놀림 한 번에 이제까지 엄마가 쌓아 올려준 연약한 모래성이 무너지는 체험을 한 것이다.

둘째로, E의 엄마가 오로지 아이의 잘못을 회피하기 위한 수단으로 E에게 정신과 진료를 받게 했다는 점이다. 충동조절 장애라는 진단을 통해 5-6살 시기의 발달 과정에서 지극히 평범하고 정상적일 수 있는 행동을 질병이나 장애로 보고, 이를 E를 보호하기 위한 수단과 부모로서의 자신의 입장을 강화하는 방편으로만 사용했다. 그리고 무엇보다 훈련과 훈육이 필요한 부분에 치료를 선택하는 우를 범했다. 이것이 교육적인 문제임에도 불구하고 교육 상담가나 교사들의 의견을 구하지 않은 채, 스스로 질병이나 장애로 단정 지어 아동에게 여러 가지 부작용이 뒤따를 사실상 교육이 아닌 교육 방식을 택한 것이다. 이 선택에는 의사가 개입할 여지가 거의 없다. 의사의 기준으로는 폐렴도 감기도 모두 치료해야 할 질병인 것은 맞지만, 감기의 경우에는 자연 치료도 훌륭한 치료법이 될 수 있음을 이 부모는 알아야 했다.

의사에게 상담과 치료를 받는 과정을 통해, 이 아동에게는 자신이 잘 참지 못하는 병에 걸렸다는 강화가 일어났다. 또한 부모 자신부터 원래는 자연스럽게 문제라고 인식하고 수용할 수 있었을 아이의 행동을 바라보는 시각이 달라졌고, 그에 대한 반응도 달라졌다. 이에 따라 전문가의 충동조절 장애라는 말이 부모에 의해 E에게 플라시보 효과로 작동할 것임은 틀림없다.[73] 그리고 시간이 가면서 부모는 아동의 충동적인 경향을 더욱 수용적으로 받아들이게 되고, 이러한 일들이 익숙해지면 자주 마찰이 생길 수 있는 주변 사람들에게 아동의 병력을 자연스럽게 알리게 된다. 그러나 이는 그를 통한 낙인 효과를 가늠하지 못한 어리석은 언행이다. 이렇게 2-3년이 지나면, 이런 아동의 부모에게도 이해와 보호의 한계가 하나둘 드러나기 시작하는 시기가 도래한다. 아직은 중학교 입학 무렵부터 시작되는 질풍노도의 시기는 아니지만, 아동은 그 전조로써 갑자기 수위를 높이는 심상찮은 파도처럼 처리하기 힘든 문제를 하나둘씩 일으킨다. 이때가 아동에 대한 자신들의 양육 방식에 대해 돌아볼 기회인데도 불구하고, 이들 부모는 이런 기회를 다 놓치고 나서 대개 이렇게 생각한다.

'이번이 마지막일 거야, 분명 이런 충동적인 증상은 이 약으로 치료가 될 거야.'

그러나 지금 이 아동에게 시급한 문제는 생화학적인 약물로 충동성을 없애는 것이 아니다. 이런 증상을 개선하기 위해 아동이 꼭 갖춰야 할 것은 자신의 충동성을 관리할 수 있는 능력과 기술이고, 이를 조화롭게 사용할 수 있는 사회성이다. 아직 이런 부분을 보완하는 약은 존재하지 않는다. 그리고 이런 약이 있어서도 안 된다. 이는 오직 교사와 부모가 겸허한 마음으로 공동체 안에서 이런 영역에 대한 부분을 실천하고 교육할 때만 가능한 교육의 영역이기 때문이다.

셋째로 E의 부모가 E의 문제에 대해 학교나 교사를 억압하는 방식으로(이를 허락

---

[73] 필자의 경험으로는 이런 경우, 여러 상황에서 테스트를 해보면 자신이 충동조절 장애라고 믿고 함부로 행동하는 사례가 대부분이었다. 특별히 이런 아동은 그 부모가 의사와의 면담 시 아동의 증상을 자기의 시각으로 과장해서 상담하는 경우가 많다. 그렇게 되면 의사는 심리 검사, 상담, 투약, 등의 진료 과정을 거쳐 이를 완화시키려고 하고, 아동은 이런 과정과 정기적인 병원 방문을 통해 자신의 충동성에 대해 강화를 일으키게 된다. 이 상태에서 초등학교 고학년이 되면 습관적으로 자신의 행동을 충동적인 성향을 일으키는 질병 때문이라고 치부하면서, 오히려 이를 활용하거나 심지어는 자신의 욕구를 이루기 위한 행동을 정당화하는 데 사용한다.

하는 우리나라의 교육 현실과 그와 관계된 법이 실로 한심하지만) 부당한 영향력을 행사해서 E를 보호했다는 점이다. 그러나 이것을 진정 E를 보호했다고 말할 수 있을지는 의문이다. '금쪽보다 더 귀한 내 아이를 누가 건드려!'라고 생각하면서 자기 자식을 지켰다고 만족해하고, E는 부모의 바람대로 기가 펄펄 살아 날뛰었겠지만, 이들 부모는 그 방향이 무서운 범죄의 고속 도로를 타기 시작했다는 것을 제대로 직시해야 했다.

우리 모두에게 진정한 권위는 '진리'나 '공의'와 같은 올바르고 타당한 것이 그 근거로써 존재해야 한다. 그러나 E의 부모는 E에게 자신들이 얼마나 능력 있고 힘이 센지를 보여주는 것을 통해 잘못된 권위의 기준을 제시했다. E가 보는 앞에서 어린이집 선생님들을 함부로 겁박했던 겸손하지 못한 부모의 잘못된 권위가, 결국에는 아직 1학년밖에 안 된 아동의 주먹이 여자 짝꿍의 뺨에 작렬하도록 만든 것이다. 게다가 부모가 다른 이들에게 행사하는 그릇된 권위를 아동에게 주입하는 것은 형법에는 없지만 '포괄적 아동 범죄교사죄'에 해당한다고 볼 수 있을 만큼 그 피해가 크다.

이 '포괄적 아동 범죄교사죄'에서 더욱 일반적인 사실은, 과잉보호를 한 부모의 절대적인 권위가 아동 앞에서 그리 오래가지 않는다는 사실이다. 부모의 과잉보호는 아동의 독립성과 자율성 발달에 장애를 유발한다. 그리고 이에 익숙해진 아동의 욕구를 충족시키지 못할 경우, 이 아동은 정서 결핍과 소외감, 그리고 배신감을 동반한 분노를 느끼게 된다. 이 분노는 우선적으로 과잉보호를 한 부모에게 향하게 되고, 그 방식 또한 부모에게 학습된 잘못된 권위를 그대로 모방하는 형태로 이뤄지기가 쉽다.

넷째로, 우리의 21세기 교육 현실 가운데서 이제까지 소개된 아동들에게 보편적으로 존재하는 문제는 E와 같은 아동을 포함한 문제 아동들의 행동을 제지할 훈계가 부재한다는 사실이다. E가 어린이집에서 간식상을 뒤엎었을 때와 그 처리 과정 이후로 줄곧 왕자로만 대접받았을 때, 그리고 초등학교에서 주먹으로 여자아이의 뺨을 내려쳤을 때조차도 E는 그 어떤 훈계도 없이 오직 보호만을 받았다. 남자 교사조차 아동복지법에 묶여 아동의 공격적인 행동을 물리적으로 제압하지 못하는 현실이 만든 비참한 이야기다. 마땅히 훈계가 필요한 아동의 잘못에도 학생인권조례와 아동복지법은 내 자식만을 외치는 부모 이기주의, 그리고 과잉보호와 환상의 호흡을 맞춰 교사가 절대 훈계를 할 수 없는 환경을 조성했다. 이와 같이 교육이 절반의 기능밖에 하지 못하는 상황에서 우리 사회는 그저 아동들이 절벽으로 질주하는 것을 보고만 있다. 많은 사람들은 이것을 '보호'라고 주장하는 가짜 교육 심리학의 거짓말을 믿고 있는 것이다.

우리나라의 학교 현장은 무너져 버렸고, 교사들은 일개 직업인으로 생존을 위해 온갖 수모를 감내해야만 했다. 범죄 관련 통계는 범죄의 연소화를 경고하고, 매스컴에서도 하루이틀이 멀다 하고 청소년이 저지른 흉포한 수많은 범죄 기사를 보도하는 현실이다. 그러나 지금도 아동들에게는 여전히 교육과 훈육이 없는데도 불구하고, 우리의 학교 현장은 그것을 아동 보호라고 기만하는 연구 보고서로 지배당하고 있다. 교육적인 성과는 심리학적인 치료와 상담만으로는 이뤄지지 않는다. 어떤 이유에서인지 모르겠지만 교육학이 심리학에게 지배당하는 상황에서 교육에 대한 비전문가의 진단이 교육 정책을 주도하니, 아동들에게 교육적으로 꼭 필요한 사소한 꾸지람조차 할 수 없는 현실이 됐다. 이것은 명백한 아동복지법 제17조 6항의 위반이다.[74]

만일 E에게 '어린이집 간식 사건'이 일어났을 때 질서를 지켜 간식을 받아야 하고 친구 것을 뺏으려 한 것이나 간식이 있는 상을 엎어버리는 행동은 옳지 않다는 훈계가 보호와 함께 균형 잡혀 이뤄졌다면, 초등학교 받아쓰기 시험에서 놀림을 받았다고 그렇게 쉽게 여자아이에게 주먹을 날렸을 리 없다. 아울러 E의 부모는 여자아이에게 주먹을 날린 E에게는 잘못이 전혀 없고, 받아쓰기 시험을 봐서 차별적인 환경을 조성한 교사와 이것을 놀린 여자아이가 사건의 원인을 제공을 했다고 주장했다. 그리고 결국 이 부모는 이 모든 것을 관리 감독하지 않은 교사의 잘못으로 몰고 갔다. 이것을 등 너머로 모두 지켜본 E가 앞으로 부모를 통해 무엇을 보고 배울지 심히 우려될 수밖에 없다.

E는 점차 성장하면서 자신의 욕구가 더 이상 사회라는 실생활에서 채워지지 않는다는 사실을 직접 경험할 것이다. 받아쓰기 100점도 맞게 해줄 수 없는 부모의 한계 상황 아래서 더 이상 보호받지 못하는 E가 불과 수년 후 '날아 차기 학생'이

---

[74] 제17조(금지행위) 누구든지 다음 각 호의 어느 하나에 해당하는 행위 6. 자신의 보호·감독을 받는 아동을 유기하거나 의식주를 포함한 기본적 보호·양육·치료 및 교육을 소홀히 하는 방임행위

되지 말라는 법은 없으며, '목공 톱 투척'으로 여교사를 겁박하는 무서운 소년이 되지 말라는 법도 없다. 수년 후면 학급과 학년을 가릴 것 없이 학교 폭력을 일삼게 될 것이다. 자신은 태어나서 회초리 한 대도 안 맞아 봤지만, 정작 자신은 수십 명의 학생에게 폭력을 휘두르는 범죄 아동으로 성장하는 것이다.

이들은 보호 관찰관에게도 수시로 상스러운 욕을 날리며, 조금 더 영악해 지면 잔머리를 굴려 보호 관찰관을 따돌리고, 보호 관찰관의 엄포를 피하려고 거짓말을 일삼는다. 보호 관찰관과 10분 전 통화했는데 실제로는 방금 훔친 오토바이를 탄 채 폭죽을 터뜨리면서 경찰 순찰차를 위협하고, 대한민국의 공권력을 조롱하고 있기도 했다. 초등학교 때부터 교실에서 선생님을 조롱하며 수업을 방해하던 배짱이 그대로 이어져 온 것이다. 이런 촉법소년에게 존재하는 유일한 처벌 수단인 강화 일변도의 법적 처벌은 현재 아무런 억제력이 되지 못한다. 왜냐하면 충동에 길들여진 아동은 한 시간 후의 일도 생각하고 싶어하지 않기 때문이다. 따라서, 전과 18범의 소년이 아빠뻘 되는 편의점 점주가 자신에게 담배와 술을 팔지 않는다고 코뼈를 주저앉히는 범행을 저질러 19범에 이르고, 급기야 이런 만행을 저질렀음에도 불구하고 그 누구에게도 훈계를 듣지 못하는 상황이 벌어진다. 법이 모든 훈계를 금지하고 있는 것과 마찬가지기 때문이다. 그저 촉법소년을 벗어나자마자 받게 될 법적인 처벌만을 기다릴 뿐이다.

'촉법'이라고 외치며 빨리 조사하고 귀가시키지 않는다고 경찰관을 발로 걷어차는 아동의 모습이 뉴스 화면을 장식한 적이 있다. 경찰관 두 명이 그 발길질을 피해 가며 결국 그날 밤 아동을 귀가시켰을 텐데, 이 정도로 공권력을 두려워하지 않는 아동이 과연 커서는 무엇이 될까? 법을 개정해서라도 공권력에 도전하는 이런 아동들, 어쩌면 공권력이나 법 등 이런 것들을 이해할 수 없을 정도로 자기통제력이 상실된 아동들에게는 체벌이라도 행사해서 그 행동을 규제해야 한다. 그것이 이 촉법소년들을 살리는 유일한 방법이고, 더 나아가 이 촉법소년들이 성장하면서 해치게 될 이 사회의 건전한 수많은 아동들을 비롯한 사회 구성원을 보호하는 방법이다. 어떤 대화도 통하지 않는[75] 이 어린 촉법소년들에게 징계 없는 보호 조치가

---

75) 필자가 교육 현장에서 만난 아동들은 정서적, 심리적, 교육적인 발달의 한계로 법적인 제재가 자신들의 삶에 어떤 치명적인 굴레와 오점으로 작동되는지를 모르는 경우가 대부분이었다. 따라서, 이런 아동들에게는 법적인 제재가 적합한 수단이 아니라고 확신한다.

무슨 의미가 있으며, 소년원과 교도소가 이들의 삶에 무슨 효과가 있는지 진지하게 재고해야 한다. 아울러, 이런 법적인 제재 일변도가 E와 같은 아동들을 어떤 모습으로 성장시킬지 그 결과에 대해 진지하게 고민해 본다면, 서둘러 체벌이 포함되어 있는 특별한 아동들을 위한 특수 교육과 훈육 체계를 시급히 마련해야 한다.

19

소극적 학생생활지도고시와 교육 4법 개정

교사의 지위와 교육적 행위를
현행처럼 해석하는 상황에서
결국 선언적 의미만 있는
학생생활지도 고시는
일부분에서는 효과가 있을지 모르지만,
본질적으로는 큰 효력을 발휘하지
못할 것이다.

    2023년도 서울 서초구 한 초등학교 교사의 극단적 선택을 계기로 교권 침해에 대한 심각성이 드러나면서, 무더위에도 불구하고 수만 명의 교사들이 이심전심의 마음으로 모였다. 첫 모임은 자연 발생적으로 시작됐지만, 11차에 이르는 집회를 자발적으로 계속 이어갈 정도로 그 절실함은 간절했다. 현재 대한민국의 공교육을 담당하는 교사들이 11차에 이르는 집회를 통해 직접 교육 붕괴에 대한 뜨거운 목소리를 토해냈다.

    교사들의 울부짖는 목소리는 우리 교육의 참담한 현실을 그대로 반영하고 있었다. 특히, 공교육의 붕괴에 대한 교사들의 절박함이 얼마나 심각한지는 2023년 9월 3일의 집회에 무려 30여만 명의 교사가 모여 목이 쉬어라 우리나라 교육의 재건을 위해 부르짖은 모습을 보면 너무나 잘 알 수 있다. 이 2023년 9월 4일을 '공교육 멈춤의 날'로 지정해서, 교사들이 전국적으로 수업 중단이란 집단행동을 하기도 했다. 이날의 행사에서 가장 강력하게 울려 퍼진 것은 사망한 교사에 대한 추모, 사망 원인의 규명과 아울러, 아동학대 관련법 개정을 포함한 교권 회복을 요구하는 교사들의 목소리였다. 이는 교권의 침해가 얼마나 심각한지를 국민에게 단적으로 인식시키는 계기가 됐다.

    2023년 교육부가 국민의 힘 김웅 의원에게 제출한 '2016-2021년 재직 중 사망한 교사 현황 자료'를 보면, 전체 사망자 687명 중 76명(11%)이 자살로 사망했다. 2021년 한국의 전체 사망자 중 자살 비율(4.2%)과 비교하면 2배 이상 높았다.[76] 그만큼 업무 스트레스의 강도가 글자 그대로 살인적이었다는 뜻이다.

    연령별로 20대가 5명, 30대가 24명, 40대가 18명, 50대가 25명, 60대가 4명이었다. 일반적인 인식으로 보면 학생들을 가르치는 데 가장 열정적이어야 할 20대, 30대 교사가 전체 자살자의 38%를 차지했다는 것도, 이 통계를 통해 드러난 눈에 띄

---

76) "최근 6년간 교사 사망 11%가 '극단 선택'", 동아일보, 2023년 7월 22일.

는 시사점이다.

앞서 언급한 교육부의 자료에 의하면 교권 침해는 매년 2,500건 정도 발생하는데 이것은 학교 교권보호위원회가 열려 심의된 공식적인 사건 수만 반영된 것이다. 그러므로 교권보호위원회가 열리지 않은 비공식적인 사례까지 고려하면 실제 발생 건수는 더욱 많을 것으로 짐작하고도 남는다.

교사들을 죽음으로 내몰기까지 한 교육계의 전방위적인 문제의 해결 방안으로 2023년도 2학기 시작부터 교육부의 '교원 학생생활지도에 관한 고시'가 시행 중이다. 하지만 정작 교권의 침해를 방지하려는 목적으로 시행된 이 고시에 대한 교사들의 반응은 전혀 만족스럽지 못한 것으로 조사됐다.

학생생활지도 고시 제12조 훈육의 조항과 제13조 훈계의 조항을 보면, 비행 학생들이 일으킨 듣기조차 민망할 수준의 악행을 이런 유약한 규정으로 교육할 수 있는지 심히 의심이 든다. 수업 시간에 자는 학생을 깨웠다가, 싸우는 학생을 말렸다가, 자신을 공격하는 학생을 막기 위해 밀쳤다가 아동학대로 고발당하고, 게다가 그 피해를 교사 혼자 감당해만 하는 상황 속에서 이런 학생생활지도 고시가 교사에 의해 적용될 수 있을지 또한 의문이다. 예를 들면, 학생생활지도 고시 제12조 6항에 의해서 학생 분리를 시도하려고 해도 통제되지 않는 학생을 제압할 수단이 없기에, 결국은 교실 내의 혼란과 교사의 무능력만이 드러나게 될 것이다. 그에 따라, 제12조 6항의 분리 조치를 거부하는 학생은 학생생활지도 고시 제12조 7항에 의해서 학부모를 소환해 인계시키는 방법이 가장 강력한 수단인데, 이마저도 학부모가 거부하면 교사의 신변 또는 지위는 극히 위험한 상황에 빠지게 될 것이다. 따라서, 이 학생생활지도 고시가 현실적으로 작동할 수 있도록 더욱 보완이 필요하다.

교사들의 목소리와 노력을 통해 교육부의 학생생활지도 고시안이 2023년 2학기부터 실시되고는 있다. 하지만 전국교직원노동조합이 지난 9월 19일부터 22일까지 전국 유·초·중·고 4168명의 교사를 대상으로 실시했던 긴급 실태 조사 결과, 72.3%가 '고시안 발표 이후 학교에 변화가 없다'고 답했고, 응답자의 58.7%가 학생생활지도 고시의 핵심 사항인 수업 방해 학생의 분리 조치는 '실효성이 없다'고 응답했다. 반면에 '어느 정도 실효성이 있다'고 응답한 교사는 11.3%로 발표됐다. 이 통계에 의하면, 교사들이 고시에 제시된 분리 조치의 시행 과정에서 인력 지원의 부재, 학부모들의 인식 변화의 부재, 정부와 교육부의 지원 대책의 부재, 예산 부족, 교육청의 소극적인 관행 등으로 인해 분리 조치의 효과에 큰 기대를 하지 않는 것으로 이해할 수 있는 통계다.

누구보다도 이런 대책을 환영할 것 같은 교사들이, 오히려 이토록 학생생활지도 고시에 의구심을 품는 이유는 무엇일까? 이는 학생생활지도 고시의 내용에 핵심적인 사항들이 배제됐기 때문이다. 학생생활지도 고시의 성공적인 시행과, 더 나아가 우리의 교육 현장의 고질적인 문제를 해결하기 위해서는 어떻게 해야 할까? 이 또한 학생생활지도 고시가 시사하고 있는 바가 크다.

첫째는 학부모의 인식 변화와 정부의 지원 대책에서 가장 핵심적인 요소, 즉, 법적으로 교사의 명확한 지위와 교육의 권한을 확보해야 하며, 이에 대해 학부모 중심의 사회적 지지를 확보할 수 있는 시책의 마련이 필요하기 때문이다. 교육 현장에서 이런 핵심적인 조치가 선행되지 않으면 어떤 교육적인 정책도 효과를 얻을 수 없는 것이 현재 우리나라의 교육 현장이다. 이번 고시에 대한 교사들의 반응에 우려가 크게 섞여 있는 이유 또한, 이 부분에 대한 대책이 부족함을 나타내는 증거라고 할 수 있다.

학생생활지도 고시의 여러 내용 중 비교적 쉽게 적용해서 수업권을 확보할 수 있을 것으로 예상되는 것이 '수업 방해 학생 분리 조치'다. 그러나 이는 내용 자체로는 시행하는 데 전혀 어려움이 없을 것 같아 보이지만, 막상 교육 현장에서는 교사들에게 가장 큰 반감을 얻는 시책 중 하나로 여겨지고 있다. 한 예로 이것이 가지고 있는 한계에 대해 확인하고자 한다. 이를 통해 교사들의 우려를 적극적으로 반영해 더 완성도 높은 고시를 만들고, 더 나아가 현재 우리 교육의 현장에 대한 문제점도 함께 재고하기를 바란다.

수업에 방해를 한다는 이유로 '핸드폰의 분리'나 '학생의 분리'를 하는 것은, 단순히 학생에 대한 교사의 지도 및 지시만으로 끝날 수 있는 일이 아니다. 이것을 행하기에 앞서 우선 현실적인 학교 구조와 법, 그리고 현재 우리나라 교육을 지배하는 학부모와의 역학적인 문제가 해결돼야 한다.

가장 단순하고 현실적으로 생각했을 때, 이 문제를 해결할 수 있는 방안은 학교에 별도의 공간을 마련하고 관리 인력을 배정하는 일일 것이다. 이 정도는 어렵지 않을 것으로 예상될 수 있다. 일단, 핸드폰이나 기타 전자 기기를 관리하고 출납을 하는 직원 정도가 있다면 무난할 것 같고, 수업 방해 학생에 대해서는 조금 더 복잡한 문제가 파생될 수는 있겠지만 우선 수용할 수 있는 공간과 그 공간을 운영할 수 있는 인력의 교육과 배치 등만 필요한 정도로 생각하기가 쉬울 것이다. 이런 공간적, 인적 자원을 구성하려면 적지 않은 예산이 들어가겠지만, 확보만 가능하다면 1-2년 이내로 이를 시행할 인프라를 전국 학교에 구축하는 데 결코 문제가 없을 것이다. 하지만 이것은 잘못된 판단이다. 이런 환경이 조성되기 위해 가장 중요한 조건이 있다. 그것은 분리 조치를 위한 하드웨어인 공간과, 인력을 운영할 소프트웨어가 확실히 준비돼야 한다는 것이다. 그러나 현재 우리나라에서는 이런 부분을 확보하는 데 큰 어려움이 따른다.

이 소프트웨어는 현실적인 학교의 자원과 환경, 시스템만 구축하면 완성되는 것이 아니다. 이 당연하고 단순한 제도를 시행하고 성공시키기 위해 반드시 필요한 것은 무엇보다 법적인 환경의 확립이다. 2023년 7월 17일 고시의 시행을 발표하는 이주호 교육부 장관의 언급을 주목해 보면, 그 역시 고시와 학생인권조례가 상충하는 부분이 있음을 인식하고 있고, 이를 통해 일어날 문제를 우려하고 있다는 사실을 알 수 있다. 물론 고시가 상위법이기에 조례의 개정을 유도하겠다는 첨언도 잊지 않았다. 그러나 말로는 표현하지 못했겠지만, 정작 그가 진정으로 우려한 것은 조례의 개정 정도로는 법적인 환경, 즉, 교육에 대한 전반적인 환경이 바뀌지 않는다는 사실이었을 것이다.

교육을 둘러싼 현재 우리나라의 법적, 환경적인 문제가 얼마나 심각한지는 지금 우리나라의 교육 환경을 보면 확연히 알 수 있다. 정당한 수업권을 지키고자 교사가 수업 방해 요인을 제거하기 위해 학생을 훈계하고, 필요에 따라 분리 조치하는 것은 교사 개인이 할 수 있는 너무나도 상식적인 당연한 조치다. 그러나 이런 당연한 조치가 학생인권조례상 금지된 것과 마찬가지인 것이다. 본격적으로 문제가 불거지고 나서야 국가가 나서서 법안을 만들어 공표를 하고, 일국의 교육부 장관이 나와 "고시안이 상위법의 개념이지만, 그럼에도 학생인권조례의 개정을 통해 시행하겠다."라며 아직도 완성형 고시를 선포하지 못하는 이 자체가 이 나라 교육의 왜곡된 현상과 학교 붕괴의 단면을 보여주는 것이 아니고 무엇이겠는가?

　상황이 이 지경에 이르렀는데도 정당한 교권을 회복하기 위한 법적인 환경을 구축하지 못한다면, 아무리 좋은 시책을 시행하고 충분한 예산을 투입해 물적 및 인적 자원을 확보하더라도, 어떤 고시나 조례든 현장에 의도한 목적대로 적용될 수 없을 것이다. 현재 우리 교육 현장에 팽배해진 왜곡된 '아동 우선주의'의 분위기는 '부모 이기주의'와 1990년대 후반부터 우리의 교육계에 영향을 끼친 '자유주의 교육관', 그리고 이 모두를 다채롭게 반영한 학생인권조례와 아동복지법으로 인해 그 영향력이 제어할 수 없을 정도로 확대됐다. 거기에 더해 광범위하고도 모호한 규정과 잘못된 적용 방식이 상호작용을 일으켜 교권을 크게 위축시킨 주된 원인이 된 것은 주지의 사실이다.

　현재의 학교 교육 상황이 이러하니, 수업을 방해하는 핸드폰의 소지 및 조작을 제지하고 그 기기를 분리하는 것조차 교육부 장관까지 나서서 고시로 지정해야 한다. 그러나 이렇게까지 하더라도 그 이행 가능 여부에 신뢰를 보내지 못하는 현장의 교사들이 58%가 넘는 상황이며, 수업권을 지키기 위한 학생 분리와 관련된 조치(학생이 교육 활동을 방해한다고 판단하는 경우, 교실 안과 밖 지정된 장소로 분리할 수 있다.)에 대해 많은 교사들이 현실적으로 '과연 가능할까?'라고 우려하는 것은 지극히 당연한 반응이다.

　그 이유는 교권이 추락한 상태에서 학생과의 이해관계가 첨예하게 대립하는 와중에 핸드폰을 학생에게서 분리하는 일만 해도 만만치 않은데, 학생을 학급에서 분리하는 것(학급 내에서의 좌석 이동은 거론하지 않겠다.)은 훨씬 힘든 일이기 때문이다. 게다가 이 모든 일에 아동 중심의 법과, 또한 분쟁을 일으킬 가능성이 있는 부모가 그 배경에 도사리고 있기 때문이다.

　이런 배경 아래서 교사들은 당연히 학생생활지도 고시에 대한 현실성에 의문을 품지 않을 수 없는 것이다. 수업 중 잠을 깨웠다고 잠에서 깬 아동이 교사에게 아동학대로 고발하겠다고 으름장을 놓는 시대에, 과연 수업을 방해하는 학생이 반항 없이 지도에 따라 교실 밖의 지정된 장소로 이동할지 의문이다. 짝다리를 집고 따지는 학생에게 멱살만 잡히면 오히려 다행이라고 여길 정도로 교사들의 무기력감은 심각한 상황이다. 잃어버린 십수 년의 교육 현장에서 수업 중에 자는 아동을 깨우다가, 수학 시간에 교실 바닥에 농구공을 튀기며 수업을 훼방하는 아동을 꾸짖다가, 그 외의 여러 유형으로 수업을 방해하는 아동을 나무라다가, 오히려 매를 맞고 고소와 고발을 당한 교사의 이야기가 너무나 흔하게 존재하기 때문이다. 현재 우리나라의 교육 현장에서 대부분의 교사들은 수업을 방해하는 학생을 분리하려는 상상만 해도 학생이 저항하는 모습을 떠올리며 몸서리칠 것이 분명하다. 교사들의 공포감만이 이런 문제의 원인이 아니다.

또한 "분리를 당한 학생을 누가 돌봐야 하는가?"라는 질문도 교권이 바닥에 떨어진 이 시대에, 또 다른 맥락에서 교사의 입장을 헤아리면서 고민해야 할 문제다. 분리 조치가 징계의 성격으로 특수 공간에 유치하는 것인지, 아니면 분리 조치 후 아동을 훈육하는 것인지, 아니면 그 아동에게 맞는 특수한 교육을 행하는 것인지에 따라 교사의 수업 방해 물품 유치(留置)와 학생 분리 조치에 대한 교사들의 태도가 달라질 수 있다. (이후에는 수업 방해 학생의 분리 조치에 대해서만 설명하겠다.) 분리 조치 후 학생을 계속 대면해야만 하는 교사의 입장에서 만일 현재와 같이 교권이 확보되지 않았는데 분리 조치의 성격이 단순히 아동을 특수 공간에 유치해 일반 아동들과 격리할 뿐이라면, 교사는 그 아동이 복귀 후에 교사인 자신에게 느낄 억하심정을 감당하기 곤란하다. 따라서, 교사는 감히 분리 조치를 시행할 수 없을 것이다.

특히 학생과의 관계가 틀어지면 학부모들과의 관계에도 악영향을 미칠 것이 분명하기 때문에, 교사들의 입장에서는 물품이든 학생이든 적극적으로 분리 조치를 할 수 없을 것이다. 이는 업무 수행과 관련해서 학교 및 교육청 등 어떤 기관에서도 보호받지 못한 교사들이 극단적인 선택을 할 수밖에 없었던 '교사 경시와 왜곡된 아동 우선'의 행태가 지금의 교육 현장을 장악했기 때문이라는 사실을 우리는 직시해야 한다.

교사가 완전히 방치된 교육 현장에서 학생생활지도 고시의 분리 조치뿐만 아니라 모든 징계성 조치 역시 사문화(死文化)될 것이라고 판단하는 것은 당연하다. 교사 일각에서는 분리 학생에 대한 지도책임이 분리 조치를 명령한 교사나 다른 교사에게 전가되지 않도록 학교장의 책무로 분리해서, 교장의 책임하에 분리된 학생을 지도할 별도의 조직을 만들 것을 요구했다. 그러나 우리나라 교육계의 관행과 형편으로 보면 결국은 분리 조치를 시행한다고 해도 상당 기간 이를 시행할 예산과 인원의 확보 등을 위한 시간이 필요할 것이고, 그 과도 기간에는 결국 분리 조치에 대한 모든 관리까지도 어떤 형태로든 교사의 몫으로 전가될 것이 당연하게 예상된다. 따라서 교사의 지위와 교육적 행위를 현행처럼 해석하는 상황에서 결국 선언적 의미만 있는 학생생활지도 고시는 일부분에서는 효과가 있을지 모르지만, 본질적으로는 큰 효력을 발휘하지 못할 것이다. 이러므로 절반 이상의 교사가 학생생활지도 고시의 효과를 신뢰할 수 없다고 대답한 것이다.

또한 공간의 확보와 인적 자원의 확보 차원에서 파생되는 문제가 있다. 앞서 말한 단순히 공간 확보나 인적 자원 확보의 행정적인 차원과는 별개로, 여기에는 다른 별도의 문제가 존재한다. 그것은 막대한 예산을 편성해서 분리 조치를 당한 아동의 관리를 위한 전문적인 교사를 확보하기까지 걸리는 과도기적인 문제 외에도, 분리 조치를 명한 교사와 담임 교사 그리고 분리 조치를 당한 아동을 관리하는 교사들 간의 관계에 대한 문제다. 이는 구체적으로는 교사들 간의 관계와 지위, 그리고 역할 설정에 대한 영역이다. 누가, 어떻게, 어떤 지위와 역할을 가지고 '분리를 당한 학생을 돌봐야 하는가?', 또는 '분리 조치된 아동의 수업 결손은 어떻게 보충해 줘야 하는가?' 등 교사들로 이루어진 다양한 구조적인 시스템을 갖춰야 하는 문제도 만만치 않다. 그러나 또 다른 맥락에서 교사들 사이의 입장 또한 잘 고려해야 한다. 뒤에 다시 언급하겠지만, 관리 교사의 지위와 역할이 분명하게 정해져 그들이 단순히 학교 내의 교육 보조자인지, 아니면 징계를 위한 특수 교사인지 등부터 그 외에도 정해야 할 것이 무척이나 많은 민감한 사안이다. 그러나 이런 세심한 고민의 흔적이 아직 학생생활지도 고시에서 보이지 않고, 오히려 급조한 경향이 더 강하다. 이로 인해 교육 현장에는 더 많은 혼란이 발생될 것이 불 보듯 뻔하다.

아울러 분리 조치가 징계의 성격으로 특수 공간에 유치하는 것인지, 분리 조치 후 아동을 훈육하는 것인지, 아니면 그 아동에 맞는 특수한 교육을 행하는 것인지에 따라 교사의 분리 조치에 대한 참여도가 달라질 수 있다. 분리 조치 후 학생을 계속 대면해야만 하는 교사의 입장에서 만일 현재와 같이 교권이 확보되지도 않았는데 이런 분리 조치가 그저 아동들을 단순히 특수 공간에 유치해 일반 아동들과 격리하는 조치일 뿐이라면, 그 아동의 복귀 후에 그 아동과 학부모에 의해 쏟아질 원망과 보복성 민원을 개인의 교사로서는 감당할 수 없을 것이다. 교사들이 원래 소심하고 심약한 사람들이기 때문이 아니다. 많은 교사들이 죽음으로 내몰리는 냉혹하고 잔인한 현실을 많은 사람들이 자각하지 못하고 있다. 분리 조치와 같은 징계 방법처럼 이 고시는 현재 교육 현장에서의 교사의 입장을 전혀 반영하지 못한 나머지, 교사를 아동과 학부모에 대해 더욱 철저하게 사회적으로, 법적으로 취약한 약자로 만들었다. 이런 부분에 있어 학생생활지도 고시의 실효성에 의심이 들 수밖에 없다.

학생생활지도 고시는 교사가 분리 조치를 시행할 때, 무조건 수업을 방해한 학생이 특수 공간에 있다가 다음날 교실로 복귀해서 눈물을 글썽이며 선생님께 반성문을 내고, 다시는 수업을 방해하지 않겠다고 사죄를 한 뒤 순한 양처럼 수업에 전념할 것이라는 결과를 전제로 제정됐다. 이런 모습은 1990년대 교실의 분위기였다면 가능했을 것이다. 그런데 이런 조치 하나로 지금까지 교실에서 일어났던 문제가 해결될 정도라면, 1990년대의 교실에서처럼 당연히 교사의 권위만으로도 수업 시간에 수업을 방해하는 학생을 제지하거나 훈계하는 것에 무리가 없었을 것이다. 이렇듯 교사의 교권이 강했던 1990년대 이전의 학교라면, 사실상 교육부 고시를 통해 '수업 분리'와 같은 조치를 제정할 필요도 없었을 것이다. 그러나 이 고시는 2020년대의 대한민국 교실의 상황을 철저히 오해했다. 현재 교사의 권위가 무너진 교실에서 수업 방해 아동을 분리 조치하는 것이 과연 가능할지에 대한 현실적인 연구와 고민이 먼저 이뤄졌어야 했다.

현재의 교육 현장 속에서 학생생활지도 고시가 그 의도대로 효력을 발휘할 가능성은 거의 없다고 봐도 무방할 것이다. 지금 학교는 학생의 반성문은 고사하고, 학생의 성난 부모가 교실로 들이닥쳐 멱살만 잡아도 다행인 형편에 있다. 고시가 교사들 사이에서 외면받는 이유는 교권이 확보되지도 않고 교사의 안전판도 이미 모조리 사라져 버린 상황에서, 교사의 권위와 교직의 안정성이 공고하다는 잘못된 전제로 수업 방해 학생 분리 조치를 시행하라는 본말이 완전히 뒤바뀐 말도 안 되는 시책이기 때문이다. 교권 보호 4법이나 아동복지법, 아동학대범죄 처벌법 같은 큰 틀에서, 교사의 전문성과 전인 교육자로서의 특수성을 반영해 면책권 등 법적인 안전망을 구축해 주지 않는다면, 교사들이 적극적으로 교육 정책에 부응하는 일은 일어나지 않을 것이다.

둘째로, 교육부 장관의 "고시가 상위법의 개념이므로 그럼에도 (조례와 상충되는 부분이 있다면) 학생인권조례의 개정을 권고하겠다."는 언급을 다시 떠올린다면, 현재의 고시안은 급조된 이유가 있지만 분명 법률적으로 조율해야 될 부분이 너무나 많은 불안정한 규정이기 때문에 그에 대한 법적 보완과 개선이 필요하다.

국회에서 권은희 의원이 제기하기도 한 문제지만, 현재의 학생생활지도 고시안은 법률적으로 학생인권조례와 상충될 여지가 충분하다. 교사는 고시에 의해 처벌을 했는데, 학생과 학부모는 학생인권조례에 의해 고발을 하는 경우가 발생할 수 있다는 의미다. 핸드폰이나 수업 방해 학생 분리 조치뿐 아니라, 반성문의 작성[77] 등 충돌이 일어날 여지는 너무나도 많아 헤아릴 수 없다.

불안정한 학생생활지도 고시의 실효성을 높일 수 있는 측면에서 그나마 다행인 것은 그동안 교육 현장에서 적극적으로 개정을 요구한 이른바, '교권 보호 4법'과 '아동학대범죄처벌법'이 각각 2023년 9월 21일과 2023년 12월 8일 국회에서 가결됐다는 점이다. 이들 법의 개정으로는 교사가 아동학대로 신고됐더라도 정당한 사유가 없는 한 직위 해제 처분을 금지하고, 교장은 교육 활동 침해 행위를 축소, 은폐할 수 없다는 것과 교육감은 교원을 각종 소송으로부터 보호하기 위한 공제 사업을 할 수 있다는 것, 그리고 교육청이 교권 침해 조치 업무를 맡고 아동학대 신고로 조사나 수사가 진행되면 교육감은 반드시 의견을 제출할 의무가 있다는 내용 등도 포함됐다. '초·중등교육법' 개정으로 교원의 정당한 생활지도는 아동학대로 보지 않는다는 것과 학생 보호자가 교직원이나 학생의 인권을 침해하는 행위의 금지, 학교 민원은 교장이 주무한다는 내용도 포함됐다. '유아교육법' 개정으로는 교원의 유아 생활지도권이 새로 만들어졌고, 정당한 생활지도는 아동학대로 보지 않는다고 수정됐다. 또한 '교육기본법'에서는 부모 등 보호자가 학교의 정당한 교육 활동에 협조하고 존중해야 한다는 점을 강조해 개정됐다.(본서의 앞부분에서 시급히 개정을 요구한 사안이 집필 중, 교원지위법과 초·중등교육법이 개정되면서 국회에서 여야 이견 없이 통과됐다.)

그러나 학생을 교육하기 위해 너무나 당연하고 마땅한 일들이 학교 교육 현장에 온전히 실행되기 위해서는 교권 보호 4법만의 개정만으로는 부족하다. 근본적인

---

77) 학생인권조례 제16조(양심·종교의 자유) ② 학교의 설립자·경영자, 학교의 장 및 교직원은 학생에게 양심에 반하는 내용의 반성, 서약 등 진술을 강요해서는 아니 된다.

해결을 위해서는 학생인권조례의 폐지와 아동복지법, 아동학대범죄 처벌법을 더욱 보완하는 개정이 뒤따라야 하고, 그렇게 될 때 비로소 교사들이 교육 현장에서 올바른 교육을 바로 세울 수 있다. 우리의 교육 현장에 문제의 핵심어로 등장한 '아동학대'에 대한 명확하고 분명하며 교육적인 관점에서의 규정이 필요하기 때문이다. 만일 이를 개선하지 않고 방치한다면, 교권 보호 4법의 개정에도 불구하고 교사들이 아동학대와 관련해 법정으로 끌려나갈 일은 언제든지 비일비재하게 발생할 것이다. 학생생활지도 고시와 교권 보호 4법의 개정이 교사의 행위가 아동학대냐 아니냐를 가르는 기준법은 아니기 때문이다. 이런 상황에서 어쩌면 교사의 정당한 교육 행위를 놓고 학부모와 교사 간의 법적인 충돌은 더 자주 일어날지도 모른다. 또한 개정에도 불구하고 여전히 남아있는 규정의 모호성으로 인해 어느 것이 정당한 교육 행위고 부당한 아동학대인지를 구분할 수 없는 경우, 이런 교육 공백 상태는 계속 이어질 것이다. 그리고 교육 공백 상태로 인한 혼란의 계속은 교사들의 사기 위축을 더 가속화시킬 것이고, 교사들의 열정도 계속 시들어가게 만들 것이다.

"아무것도 하지 않았으면 아무 일도 일어나지 않았을 텐데."

다투던 두 아동을 훈계하다가 가해 아동을 나무란 것이 차별에 의한 아동학대라고 고발당해 교단에서 배제되고, 결국 법정 싸움을 이어가지 못한 채 생을 마감한 어느 교사의 유서가 담긴 일기장에서 나온 억울함이 담긴 글이다. 저 한 마디에 담긴 교사의 모습이 정말 안타까울 뿐이다. 이는 한 명의 교사의 슬픈 절규임과 동시에, 위축된 모습이 너무나 서글프고 가슴 아픈 우리 대한민국 교사들의 자화상이기도 하다.

따라서, 아동복지법과 아동학대 처벌법 안에 시급히 학대에 대한 명확한 규정을 만들고, 특별히 교사의 교육 행위에 대한 부분을 신설함으로써 일반적인 학대와 교육 행위를 구별해야 한다. 그리고 교육적인 훈육과 훈계에 대한 명확하고 구체적인 규정을 마련해야 한다. 또한 아동학대 사건이 교사에 의해 일어났을 경우, 개정된 교원지위법에 의한 교육감의 의견 제출 시 이 내용이 교사에 의한 아동학대를 부정하는 의견일 경우, 교육청에서 지원하는 교육 전문가가 아동학대 사례 결정위원회나 수사 단계에서 경찰과 검찰에 참석해 교사의 행위를 설명할 수 있도록 제도화해야 한다.

전술했듯이, 가정과 보호 기관에서 보호자에게 은밀하게 학대받는 아동을 구제하기 위한 규정들이 공개적으로 교육적인 활동을 하는 교사들에게 잘못 준용되면서, 교사들의 삶에 일반적으로 일어나게 된 이 웃지 못할 통곡의 해프닝이 그들의 족쇄로 작동한 지 벌써 십수 년이 지났다. 이로 인해 교사들은 위축된 채 죽음으로 내몰리고, 학생을 위한 열정보다는 스스로의 무사안일이 가장 중요한 직무 지침이 됐다. 하루라도 빨리 교직에서 탈출해 이직하는 사람이 지혜로운 것이라는 농담 아닌 농담이 교사들의 자조에 점점 더 짙게 배어 나오고 있다.

이런 분위기를 혁파하기 위해 교권 보호 4법의 개정으로 미약하나마 교사의 법적 지위를 위한 교두보를 확보했다. 교사의 교육 행위에 대한 아동복지법과 그 관련법에 명확한 규정과 정당한 교육 행위가 이행될 수 있는 규범을 구체적인 규정을 시급히 만들어야 할 것을 거듭 재촉한다. 특별히, 개정된 법에서도 '정당한 교육 행위'가 무엇인지 구체적으로 규정돼야 할 것이다.

지난 십수 년간 절대다수의 교사들이 교단에서 아동학대범으로 몰리는 위험 속에서 어떤 교육도 할 수 없었듯이 '아동복지법'이나 '아동학대 범죄 처벌법'을 현행처럼 방치하면, 2023년 9월의 '교권 보호 4법'의 개정이나 '학생생활지도 고시'의 제정 또한 그저 선언적 의미만 있게 될 뿐 더 치열한 법적인 분쟁만을 야기하게 될 것이다. 따라서 교권 보호 4법에 교사에 의한 정당한 교육 행위를 더욱 구체적으로 명시해서 교사가 그 한계와 범위를 명확히 알고 교육에 임하도록 해야 한다. 그렇게 하지 않는다면, 아동복지법이나 아동학대범죄 처벌법을 근거로 교사의 교육 행위를 겨냥한 아동학대의 고소와 고발은 개정 전보다 더 급증할 것이고, 이로 인해 우리나라 교사의 교육적인 역량이 쓸모없이 허비되기만 하는 또 다른 교육 부재의 시대가 도래할 것이다.

셋째로 학생생활지도 고시에는 교단에 서 있는 교사의 심리적 부담감을 줄일 수 있는 업무에 대한 배려와 학생 지도에 대한 현장성 있는 교육적 설계가 미흡했다. 이대로 이를 시행할 경우, 교사의 입장에서는 정책과 학생, 그리고 학부모 사이에서 또 다른 갈등의 고리로 희생당할 확률이 커진다. 따라서 이 고시는 교사의 사회적인 업무 배경과 환경을 고려하지 않은 근시안적인 규정으로 구성되어 있어 교사들이 사회 속에서 냉소의 대상으로 전락할 가능성을 상당히 높게 내포하고 있기 때문에, 이런 부분에 대한 보완이 시급히 이뤄져야 한다.

예를 들면, 핸드폰의 분리는 곧, 핸드폰을 따로 보관해야 함을 의미한다. 이뿐만이 아니다. 이는 동시에 학생의 의사에 반해, 핸드폰을 제출하라는 행위를 강제하는 조치가 될 가능성이 아주 높다. 또한 수업 중 학생에 대한 전자 기기 등의 물품을 따로 분리해 보관하라는 고시를 교사가 따르려면 관리 대장 등을 만들어야 하는데, 이 일은 적지 않은 업무가 된다. 수업 방해 아동의 분리 조치도 교사의 입장에서 구체적으로 생각하면 단순한 문제가 아니다. 이런 업무의 핵심적인 사안은 업무의 양(量)적인 측면에만 있는 것이 아니다. 현재 교사의 지위가 심리적으로 위축된 상황에서, 다시 말하면 아동들이 교사를 경시하고 그 권위에 반항하는 일이 일상적인 현상이 된 교사의 입장에서 이런 조치들은 높은 난이도의 업무가 될 수밖에 없다는 사실이다. 수업이 제대로 진행되지 않는 급박한 상황에서 교사에게 폭력적인 언사와 행동을 하는 학생을 앞에 두고, 구체적으로 누구에게 어떻게 연락을 해서 학생을 교실로부터 분리해야 하는지에 대한 방법은 학생생활지도 고시에도, 다른 그 어디에도 명시되어 있지 않다. 이는 분리 조치된 아동을 관리 감독 및 지도하기 이전의 문제로, 교사에게는 실질적으로 가장 중대한 문제다. 그런데 현재 이 고시는 이런 책임을 모두 교사의 몫으로 지정하고 있다.

고시를 만든 실무자가 누구인지 모르지만, 적어도 '수업 분리'라는 아이디어를 낸 사람은 십수 년 전, 그래도 선생님을 존중했던 세대 중에서도 개인적으로 선생님들을 온순하게 잘 따랐던 인격을 가진 사람임이 틀림없다. 그러기에 수업을 방해하는 학생을 지명해 지시한 곳으로 이동을 명하면 그대로 따를 것이라는 전제가 당연하게 깔려 있는 것이다. 그러나 만약 본서 앞부분에 등장한 '날아 차기 아동'이나 '목공 톱 투척 아동'이 분리 조치를 해야 할 학생이고 지금 당장 교사가 분리 조치를 시행해야 한다면, 그것은 너무나 위험하고 가혹한 업무가 될 것이다. 요즘의 교육 현장을 제대로 모르는 이들은 극단적인 사례라고 비웃을지도 모르지만, 절대 그렇지 않다. 우리가 흔히 생각하는 극단적인 사례들이 2010년도에 들어서면서부터는 아동들에게 일반화됐거나 혹은 일반화되기 직전에 이르렀기 때문이다.

2023년 7월에도 초등학교에서 6학년 남학생이 담임인 여교사의 얼굴 등의 신체 부위를 여러 차례 가격하고 바닥에 넘어뜨려 전치 3주의 상해를 입혔다.[78] 교사가

---

78) "6학년 남학생이 여교사 수십차례 폭행…"메쳐 꽂고 밟았다"", news1 뉴스, 2023년 7월 19일.

교실 한복판에서 다른 학생들이 다 보는 가운데 자신이 가르치던 학생에게 수십 차례의 폭행을 당한 충격적인 사건이었다. 또 다른 사건은 2023년 같은 달에 초등학교 6학년 남학생이 여자 담임 교사에게 "병X아, 뜨거운 밤 보내!", "남자만 잘 꼬시지."와 같은 성추행 문자와 이모티콘을 보낸 사건이었다. 이 사건은 공론화되면서 시민들에게 큰 공분을 샀다.[79] 현실은 이와 같은데, 학생생활지도 고시에는 이를 실제로 실행에 옮길 수 있는 제도적인 보안 장치가 전혀 없다. 이런 학생들이 수업에서 교사에게 분리 조치에 대한 지시를 받았을 때, 과연 순순히 응할까? 현장에 있는 최소 30% 이상의 교사들은 "결코 그렇지 않다."고 대답할 것이다.

그렇다면 이번 장의 첫 부분에서 잠깐 언급한 것처럼, 수업 분리(학생생활지도 고시 제12조(훈육) 6항 3호, 4호의 경우)를 명령한 교사는 학급에서 나머지 학생들과 계속 수업을 해야 하므로, 당연히 수업 분리를 당한 학생을 분리하는 과정에서부터 이를 전담할 다른 교사가 필요하다.[80] 그렇게 분리가 완성되고 난 다음 단계로 분리된 학생을 관리하는 체제를 구축해야 하는데, 현재의 학교 상황에서 이런 체제를 구축하기 위해서는 새로 인원을 충원해야 할 것이 틀림없다. 그때, 이 관리 인력을 교육을 전담하는 교사들로 충원해야 하는지, 아니면 관리를 전담하는 학교 경찰과 같은 역할을 하는 교사로 충원해야 하는지 등 고민할 여지가 많다. 학교 경찰 제도를 도입해 분리당한 학생을 관리할 것이라면 교육의 기능을 담당할 수 있는 교사 자격을 가진 학교 경찰들로 임명해야 하는지, 아니면 단순히 관리 감독의 차원에서 필요할 시 사법적인 기능도 수행할 수 있는 공식적인 학교 경찰로 임명해야 하는지 등도 서둘러 결정해야 할 중요한 사안이다.

아울러 수업에서 분리 조치를 시행한 교사와 분리 조치 된 아동을 관리 감독하는 교사, 또는 학교 경찰과의 직무상 관계도 중요하게 설정해야 한다. 이는 교육의 일관성을 유지하기 위해 반드시 필요한 사항이다. 만일 수업에서 분리 조치를 시킨 담임 교사와 그에 대한 관리를 맡은 관리 교사, 그리고 학교 경찰이 서로의 교육적인 견해 차이로 아동의 행위에 대해 다르게 해석할 경우, 이것은 분리를 당한 학생

---

79) "'남자 잘 꼬시죠 '뜨밤' 보내요"..초6이 담임에게 보낸 카톡", 파이낸셜 뉴스, 2023년 7월 11일.
80) 미국의 일부 주의 경우는 학교 경찰을 운영해 교사가 분리시켜야 할 학생이 발생하면, 학생보다 먼저 학교 경찰에게 연락해 이를 경찰이 처리한다. 물론 이를 위한 막대한 예산이 들어감은 물론이다. 필자는 이 제도에 대해 전적으로 반대 입장을 가지고 있다.

과 교사 모두에게 재앙적인 또 다른 사건으로 번지기 때문이다. 이런 가능성을 우려하는 이유는 첫째, 교육 현장에서 교사들 간의 교육적인 견해 차이로 발생하는 피해가 이미 존재하고, 둘째, 교육이라는 것이 아동의 영혼까지를 포함한 전인격적인 문제를 다루는 영역이기 때문에 섬세한 교육적 설계가 필요하기 때문이다. 따라서 학칙 정도의 규정으로도 부족하고, 최소한 법적인 차원에서 근거를 갖춘 뒤 교장의 지도와 위임하에서 담임 교사와 관리 교사의 관계를 정해야 한다. 이처럼 교육 현장이 일원화된 관리 체계와 지휘 체계를 갖춘 상태에서 섬세한 교육적 설계가 이뤄질 때, 비로소 불필요한 분쟁을 뿌리 뽑을 수 있을 것이다.

수업 방해 학생의 분리 조치 후에는 더욱 세심한 배려와 관심이 필요하기 때문에 복잡하고 구체적인 과정을 거친 교육적 설계가 필수적이다. 이런 중요한 고려 없이 교사의 심리적 부담감만 가중되는 상황에서 이런 조치를 배당하게 되면, 학생생활지도 고시는 현장의 교사들에게 의구심을 더하는 것을 넘어 무기력감을 들게 하는 또 하나의 커다란 요소로 작동하게 될 것이다.

위의 세 가지를 보완한다면, 학생생활지도 고시와 교권 보호 4법의 개정은 우리 교육에 있어서 부분적으로는 확실한 기능을 할 것이라고 생각한다. 현재 우리나라의 교육 현장을 생각하면서 '스승의 은혜는 하늘 같아서'라는 스승의 날 노래 가사나, '선생님은 그림자도 밟지 않는다.'는 말에 담겨 있는, 이십 년 전만 해도 이 사회에서 수긍됐던 전통적인 교육의 가치를 다시 한번 되새겨본다. 이것은 현실에 적응하지 못해서 과거를 그리워하는 구시대적인 낭만주의가 아니다. 이런 전통적이고 보편적인 가치는 지극히 관념적이지만, 역설적이게도 이 가치를 상실했을 때 발생하는 문제는 현실적인 제도의 보완과 인력의 보충 등의 막대한 비용을 발생시키게 된다. 지금처럼 교육의 숭고함과 교사에 대한 법적인 위상과 사회적 지위가 보장되지 않는다면, 교사가 교실에서 수행해야 할 가장 기본적이고 단순한 일조차 비현실적인 규정으로 지탄받게 될 것이며, 또한 그 지탄에서 벗어나기 위해 어마어마한 인적 자원과 물적 자원, 금전적인 비용이 소모될 것임을 다시 한번 강조한다.

이처럼 학생생활지도 고시는 실제로 방임에 가까운 아동에 대한 맹목적인 사랑과 검증되지 않았거나 우리의 문화에 맞지 않는 서구 교육 이론을 시류에 편승하듯 우리 사회에 무분별하게 적용해서, 수천 년, 최소 수백 년간 우리 문화와 전통적인 가치가 응축해 온 교육적 자산들을 교육 현장에서 배제하고 있다. 그로 인해 소중한 교육적 자산들이 점점 사라지고 있다. 이 상태가 멈추지 않고 계속된다면, 사회적, 경제적, 법적인 자원이 낭비되는 정도의 희생으로는 우리 사회에 더욱 본격화될 탈선한 교육의 수레바퀴를 멈출 수 없을 것이다. 그뿐만이 아니다. 우리 사회는 예상할 수 없는 가공(可恐)할 만한 위험에 직면하게 될 것이다. 그 궤적을 따라가다 보면 우리는 분명 어마어마한 비용 가운데 서 있는 수많은 우리의 가해 아동과 피해 아동을 만날 것이다. 결코 돌이킬 수 없도록 망가지고 있는 가해 아동과 피해 아동들의 소중한 인생과, 명예롭고 보람 있는 교육자를 천직으로 삼고 묵묵히 학교 현장에서 일하다 '아동학대범'이라는 무시무시한 누명을 쓴 채 스스로 삶을 마감하는 교사들의 억울하고도 억울한 삶이 우리의 교육 현장에 있다. 이는 우리 국가와 사회에 있어서 계량할 수 없을 만큼 막대한 손해이자 비용이다. 어떤 방법을 동원하더라도 절대 되돌이킬 수 없는 귀한 자원이다.

더 이상 이런 비극이 우리 사회에 일어나지 않도록, 그리고 그들이 이 세상을 떠나면서까지 아끼고 사랑했던 다른 아동들의 영혼이 이 이상 무규범 속에서 방치라는 학대와 혼란을 겪지 않도록, 우리는 힘을 모아 새로운 법을 만들어 학교라는 교육의 뜰을 제대로 가꿔야 한다. 우리의 교육을 회복시키지 못했을 때 당연히 찾아올 교육 역량의 저하는 역사가 말해주듯이, 개인의 삶에 대한 소실의 차원이 아닌 우리 국가와 민족적인 역량에도 직접적인 영향을 미칠 것이다. 그래서 결국 우리 민족이 세계사에서 쇠퇴하고 퇴장당하게 되는 결과마저 불러올지도 모른다. 따라서, 이런 중차대한 문제를 품은 교육 현장을 회복하기 위한 노력이 교권 회복의 실효를 얻기 위해서는 백화점의 보여주기식 진열처럼 겉만 번지르르한 채 새로운 문제만 파생시키는 방안이 아니라, 교권의 확보를 위한 핵심적이고도 명확한 법적 시행이 절박하게 필요한 것이다.

한국교원단체총연합회(교총)에서 2023년 10월 25일부터 30일에 걸쳐 5,461명의 각급 학교 교사들에게 설문 조사를 했다. 설문에 응답한 교사의 99.4%는 정당한 생활지도에 대해 아동학대를 적용하지 않는 아동복지법 개정을 요구했다.[81] 아울러

---

81) ""아동학대 고소·고발 여전히 불안"…교원 99% "아동복지법 개정해야"", 이데일리, 2023년 11월 1일.

99.6%는 아동학대 무혐의(무죄) 시 악성 민원 가해자에 대해 처벌을 강화(업무 방해죄, 무고죄 등으로)하는 것에 동의했다.[82] 전국의 50만 교사들이 묵묵히 교직을 천직으로 여기고 일하는 가운데 나온 이 통계가 진정으로 의미하는 바를 우리는 새겨들어야 한다. 우리나라의 모든 아동을 바로 세우기 위해 우리 모두는 지금 이 통계가 웅변하는 내용과 그 의미를 하나의 이야기로 듣는 것이 아니라, 우리나라 모든 교사들의 전체 의견으로써 무겁고도 진지하게 새겨들어야 한다.

---

82) "아동학대 및 학교 폭력 관련법 개정 촉구 전국 교원 서명운동 돌입!", 한국교원단체총연합회 보도자료, 2023년 11월 2일.

20

어느 울보 교사의
고백을 듣고 묻는다:
"체폭"을 요구하는 것인가?
〈정말로 장애아동인가?〉
〈정상장애아〉
〈학생생활지도 고시 제12조 3항〉

그는 눈시울을 붉혔고,
말끝을 흐리고 더듬으면서
성향이 너무나 거친 아동은
자신도 가르칠 수 없다며
학습의 의욕이 있는 아동들만을
가르칠 수 있도록 해달라는 요청을 끝으로
짧은 발언을 마무리했다.
"치료인가, 소년원인가?"
이 시대의 슬픈 햄릿의 대사다.

    2023년 8월에 한국교원단체총연합회(교총) 주관으로 서울 코리아나 호텔에서 학생생활지도 고시를 위한 포럼이 열렸다. 필자가 본 것만 해도 거의 세 시간에 걸친 포럼이었고, 참석자 중에는 열성적인 학부모들도 있어서 서로 발언권을 달라며 현장은 후끈 달아올랐다. 발제자의 수가 많아 토론은 거의 이뤄지지 않았고, 교육의 각 분야에 종사하는 교사와 관계자들이 교육 현장에 대한 이야기를 발표하는 것을 중심으로 포럼 시간이 채워졌다. 발표자들의 진지하고 열띤 분위기가 계속 이어졌고, 예정된 발표자의 수가 많이 남아 사회자는 나머지 발표자들에게 빠르고 간략히 발표할 것을 반복해 요청했다. 그 정도로 포럼에서 쏟아지는 교육 현장에 대한 정보는 많고 생생했다.

    두 시간쯤 지나 사회자가 참석자들에게 발언 시간을 더 줄여달라고 요청하는 가운데, 지방 교사 모임의 임원인 삼십 대 후반의 교사가 마이크를 잡았다. 준비한 자료를 보여주면서 발표할 수 없으니 자신은 자신의 요청만 이야기하겠다고 하며 발언을 시작했다. 언뜻 봐도 순하게 생긴 그 교사는 자신의 학급에 정서적인 장애가 있는 학생이 있으며, 자신은 그 학생을 더 이상 감당할 수 없으니 다른 곳에서 가르칠 수 있게 옮겨달라고 발언했다. 길지 않은 발언의 말미에 그는 눈시울을 붉혔고, 말끝을 흐리고 더듬으면서 성향이 너무나 거친 아동은 자신도 가르칠 수 없다며 학습의 의욕이 있는 아동들만을 가르칠 수 있도록 해달라는 요청을 끝으로 짧은 발언을 마무리했다.

    필자는 그 교사의 발언을 듣고 그의 울먹이는 모습에서 강한 인상을 받았다. 만약 그가 울먹이지 않았다고 했을 때, 그 발언을 좋게 해석하면 수업에 참여하는 학생들의 동질성 확보로 수업의 질과 수준, 효과를 높일 수 있게 해달라는 지극히 평범한 교육적인 요청으로 받아들일 수 있었을 것이고, 나쁘게 해석하면 수업을 편하게 하려는 '얌체 교사'로 단정할 수 있는 내용이었다. 하지만 그 교사의 눈물 가운데, 필자는 그 교사의 발언에 이면이 존재한다고 확신했다. 그 숨겨진 이면에는 교사의 건전한 의욕으로는 모든 학생을 품고 싶지만, 현재의 교육 제도 아래 너무나 좁아진 교사의 입지 탓에 학생에게 아무것도 해줄 수 없게 된 교육 환경에 대한 절규가 숨어있다고 확신한다. 그 안타까운 마음을 눈물로 풀어내며 가르칠 수 있는 학생들만이라도 잘 가르치고 싶다는 갈망을 호소한 것이었을 거다. 여기서 교사의 좁은 입지란, 학생을 지도할 방법이 지극히 제한된 교육 현실을 뜻한다.

정신적이고 정서적인 면에서 장애를 가지고 있다고 하는 아동을 교육하면서, 그 학생이 진정으로 장애가 있는 아동인지도 확실하지 않은데 그에 대한 교육 방법이라는 것이 오로지 아무리 심각한 문제라도 못 본 척할 수밖에 없는 굴욕을 수용하고 인정하며 인내하는 것뿐이라면, 그것은 너무나도 잔혹하다. 아무런 문제가 일어나지 않도록 살얼음판 위를 걷듯 소극적인 심정으로 교육에 임하는 교사의 역할과 책무에 스스로 환멸을 느꼈을 수도 있을 것이다. 정신과 진단을 방패 삼아 정상 교육의 틀을 깨려고 온갖 수업 방해 행동을 하는 고작 한두 명밖에 안 되는 아동을 제어할 방법이 교사에게는 사실상 아무것도 없는 현실이다. 그렇기 때문에 이 교사는 그저 울먹일 수밖에 없는 것이다. 수업 방해 아동을 그대로 방치하면 교실의 분위기는 교육을 받고자 하고, 받을 수 있는 아동들조차 그 흐트러진 분위기에 물들고, 문제 아동들이 주도하는 산만하고 못된 행동들이 수업에 참여하고자 하는 아동들에게도 악영향을 미치기 때문에 아무리 어려운 상황이더라도 울먹이던 그 교사는 이 모든 것을 방관할 수는 없었을 것이다. 그는 얌체 교사로 치부돼도 좋으니 가르칠 수 있는 학생들만이라도 제대로 가르치게 해달라고 절규한 것이다. 그러나 이런 절규는 울보 교사의 심약한 기질에서 나온 것이 절대 아니다.

이는 우리 교육 전반에 걸친, 유치원 교사와 중고등학교 교사들에게도, 심지어 보호 관찰관이나 보호 관찰소의 교사들에게서도 동일하게 터져 나오는 한탄과 절규다. 아동을 교육하기 위한 교사 혹은 보호 관찰관으로서 권한이 있다고 해도, 겨우 언어적인 주의와 제지를 주는 것 외에는 할 수 있는 것이 아무것도 없다. 그리고 훈계와 훈육이라는 영역에 있어서 지난 10년간 교사들을 가둬 뒀던 '정서학대'라는 모호함에 이제는 '정당한 교육 행위(초·중등교육법과 유아교육법에 "교원의 정당한 생활지도는 아동학대 금지행위 위반으로 보지 않는다."는 규정이 있다.)'라는 또 하나의 모호한 기준이 더해진 것이다. 고무적인 개정임에는 틀림없으나 그 기준에 대한 모호함으로 인해 본래의 가치는 거의 상실될 것이다. 이런 상황에서 교사의 훈계를 거부하는 아동에게 교육적 처방으로 내릴 수 있는 조치는 궁극적으로 의학적 치료나 소년원이라는 두 가지 선택지밖에 없는 것이다. 교사들은 이토록 지극히 제한적인 영역 안에서 학생들 앞에 서기가 두렵다. 왜냐하면 학생에게 주의를 주고 훈계를 한 이후 이에 순응하지 않을 때, 그 다음으로 선택할 수 있는 대안이 아무것도 없기 때문이다. 교사의 말에 토를 달고 비아냥거리며 희롱을 하면서도 토론이라고 주장하는 아동들이 있다면, 그리고 그것을 방치할 수밖에 없는 현실이라면, 그것은 어떤 의미에서든 아동을 파멸로 몰아넣는 길임은 너무나 자명하다. 울보 교사도 이 사실을 너무나 잘 알고 있었던 것이다.

"치료인가, 소년원인가?"

이 시대의 슬픈 햄릿의 대사다.

초등학교 2학년짜리가 거짓말을 일삼고 습관적으로 친구를 때려도 교사는 이를 교정하고 가르칠 만한 권한이 없다. 이런 저런 규정에 의해 훈육하고 훈계할 수 있을 것 같지만, 사실상 불가능하다. 만약 교사들에게 이를 강력하게 제어할 수 있는 훈계의 권한이 있어서 예전처럼 체벌을 해서라도 겁이 없거나 겁도 모른 채 친구를 때리는 중학교 1학년 학생의 잘못을 제지할 수 있었다면, 최소한 울보 교사는 습관적으로 학급 친구를 때리는 아동을 학급에서 배제해 달라는 울음 섞인 호소는 하지 않았을 것이다. 왜냐하면 십수 년 전만 해도 교사의 체벌을 포함한 훈계를 통해 폭력적 성향의 학생에게 필요한 교육적 조치를 할 수 있었고, 일단 타인을 때리는 행동을 현장에서 바로 제지할 수 있었기 때문이다. 그 다음의 과정으로 이것이 얼마나 반사회적인 것이며, 그런 행위를 했을 때 최소한 학교에서 벌을 준다는 사실을 신체적인 체벌을 통해서라도 체험하게 했고, 이를 추후의 행동 개선으로 이어질 소중한 교육적 자산으로 활용했다. 이런 과정을 통해 학생에게 지속적인 조언과 상담을 이어가면서 건전한 전인격체(全人格體)로 충분히 교육할 수 있었던 것이다. 아니, 애초에 학생끼리의 싸움 정도는 교사의 등장만으로도 충분히 제지가 됐던 문제였다.

그러나 요즘은 학교 현장에서 징계의 권한이 없는 교사를 조금이라도 두려워하는 학생을 찾기 힘든 시대다. 열린 교육이니 눈높이 교육이니 시작하다가(열린 교육이나 눈높이 교육이 카피로만 작동되는 부작용에 대해 이야기하는 것이지, 그 취지 자체를 비난하는 것은 아니다.) 어느새 교사의 권위를 훼손하기 시작했고, 학생인권조례와 같이 학생과 교사의 관계를 제로섬게임과 같은 관점으로 파악하는 오류를 범해 학생의 권리만을 옹호하다가는 결국, 교사의 교권을 폐기해 버린 결과를 가져왔다. 교육적인 권위를 가진 교사로서의 지위를 앗아가는 대신 서구에서는 광범위하게 용도 폐기가 된 교육관에 지나지 않는 이론을 전면 도입해서, 교육 전문가인 교사를 학생들에게 친구 정도도 아니고 친구보다도 더 못한, 무시해도 아무 문제가 되지 않는 허수아비로 만들어 버렸다.

학부모의 눈치를 보고, 학생들의 비위를 맞춰야 하는 지금의 교사 생활의 현실 속에서, 학생의 폭력 현장은 교사가 어떤 대처를 해도 마음을 편히 놓을 수 없는 난해한 현장으로 전락했다. 아차 잘못하다가는 학부모의 일방적인 악성 민원이 제기되기 때문이다. 따라서 교사는 명백히 비교육적인 상황이 펼쳐짐에도 불구하고, '목공 톱 투척 사건'의 예와 같이 폭력을 행사하는 학생 앞에서 무기력하게 "친구야"를 연발하며 겁에 질린 채 그 상황이 끝나기만을 호소할 수밖에 없다. 그런 교사를 학생들은 어떻게 바라볼까? 동료 교사가 폭행당하는 순간에 학생을 겨우 제지하면서, 오히려 아동학대로 고발당하지 않을까 걱정하며 몸부림칠 교사가 상황이 종료된 이후라도 폭행을 행사한 학생에게 교육적으로 적절한 훈계와 가르침을 줄 수 있을까? 아무런 징계도 할 수 없는 교육적 상황이 일반화된 요즘, 학생들은 교사의 훈계를 철 지난 '꼰대의 농담'으로 들을 뿐이다. 요즘의 학생들에게 교사는 전혀 두렵지 않은 존재로 인식되기 때문에, 교사가 학생들의 잘못된 행동을 교정하고 교화하는 능력과 기능을 상실한 것은 너무나 당연한 현상이다. 그러므로 현재로서는 자신이 가르칠 수 있는 학생만을 가르치겠다고 울부짖는 것이 교사로서의 최선이 된 것이다.

울보 교사의 울먹임에는 또 다른 이유가 있다. 현재의 교육 시스템에서 교사의 절규에 가까운 요청으로 해당 학생이 퇴학 처분이 됐다고 해도, 그 아동이 앞으로 가게 될 곳을 그 울보 교사는 이미 알고 있기 때문이다. 따라서, 그는 그들에 대한 삶의 질곡을 막지 못한 스스로에 대한 무력감과 그 아동의 앞으로의 삶에 대한 연민으로 인해 눈물지은 것이다. 우리의 교육 현장에서 수업에 배제된 아동들이 다다르는 목적지는 결국 치료를 위한 병원이나 교화를 위한 소년원 둘 중 하나로 귀착되는 경우가 대부분이다. 이 사실을 아는 상태임에도 불구하고, 그는 수업이 가능한 다수의 아동을 보호하기 위해서 어쩔 수 없이 이와 같은 선택에 이르게 됐다.

교실에는 훈계의 다양한 수단이 그대로 존재했다면 포기하지 않고 충분히 가르칠 수 있는 상태의 아동들도 분명 있었을 것이다. 그러나 오늘 교사에게 허용된 훈육과 훈계의 제약(고무적으로 제정된 학생생활지도 고시에도 훈육과 훈계의 부분이 현실적인 부분과 동떨어져 있다. 이 부분은 후술하며 자세히 분석하겠다.)으로 인해 울보 교사처럼 훈계를 포기하고, 교사가 직접 아동을 교실에서 내몰아 달라고 호소하는 선택밖에는 다른 방법이 없다. 교실에서 아무리 많은 문제를 일으켜 교사를 힘들게 했다고 해도, 교사로서 교실에서 내몰린 학생에게 치명적인 결과를 가져다 줄 결단을 해야만 하는 교사의 마음이 얼마나 괴로울지 우리는 상상도 할 수 없을 것이다.

〈정말로 장애아동인가?〉

현재 우리나라 교실에는 정서적인 문제를 가지고 있는 아동이 너무나 많다. 이런 아동을 학교 현장에서 직접 대하는 교사가 자조적으로 말하는 표현을 빌리자면, 학교 내 감기 환자 수보다도 더 많다고 한다. 그 스펙트럼도 광범위해서 어느 선까지가 정상의 범주고, 어디까지가 장애의 범주인지에 대한 의견은 진단하는 의사마다 분분하다. 이런 아동들을 일상적인 교육 현장에서 대하는 교사들은 이 아동들이 정말 정서적 장애나 심리적 질환이 있는 것인지 의아할 때도 상당히 많다. 많은 아동들이 정신적, 심리적, 정서적인 문제가 있다는 진단을 받고도 특수 학교에 진학하지 않고 일반 학교에 진학하는 이유 또한, 정서적인 장애가 있다고 해도 일반 생활에 적응을 못 할 정도가 아닌 경우가 대부분이기 때문이다.

필자가 교육 현장에서 체험한 경우를 말하자면, 정서적인 문제로 진단을 받고 심지어 약물 복용까지 하는 아동들도 한두 달만 함께 기숙사에서 밀접하게 생활하다 보면, 일반인과 차이가 날 정도로 눈에 띄는 정서장애 증세를 발견할 수 없는 경우가 상당히 많았다. 이들 중 상당수가 필자의 학교에서 기숙사 생활을 하다 보면 복용하던 약조차 자연스럽게 중단했고, 그러고도 생활과 학습 부분에 있어서 아무런 장애도 발견되지 않은 경우가 대다수였다. 물론 이 중에는 교사들의 전문적인 열정과 교육적인 노력, 그리고 교사가 하나님께 드린 기도에 따라 간혹 정서적, 심리적, 정신적인 문제까지도 드라마틱하게 치유되는 경우도 종종 있었음은 부인할 수 없다. 그러나 정서적, 심리적인 문제로 진단을 받은 아동들 중, 상당수의 아동은 실제 장애가 아니거나 혹은 과잉 진단된 경우일 확률이 높아 보일 정도로 정상적으로 학교생활을 했다. 이는 아동들이 적합한 교육적 처방에 의해 비정상적인 활동을 하지 않을 때 자신에게 더 많은 유익이 따라온다는 사실을 깨닫도록 가르치기만 하면, 스스로의 노력으로 정상적인 행동을 하기 시작하면서 모든 정서와 행동이 정상 궤도로 진입했기 때문이다.

따라서, 학교 교육을 정상화하기 위해서는 과잉 진단의 문제를 반드시 해결해야 하며, 이런 의심 사례가 교사에 의해 보고되면 이를 바로 분별할 수 있는 시스템을 도입해야 한다. 만약 아동에 대한 정신과 전문의의 정서 및 심리에 대한 질병과 장애의 진단이 정확하다면 같은 학급의 다른 학생은 물론, 해당 장애아동과 학급을 책임지는 교사를 위해서도 전문적인 치료와 교육을 병행할 수 있는 특수 학교나 학급을 설치하고 운영하도록 해야 한다. 그렇게 해서 이들을 적극적이고 세분화된 치유 목적(교육적인 목적도 포함)의 교육 과정으로 분리해야 한다. 교육에 있어서 아동의 동질성을 확보하지 않고는 정상적인 교육을 기대할 수 없기 때문이다.

문제는 정상과 장애의 경계선에 있는 아동과, 과잉 진단과 착오 진단으로 인해 실제로는 그렇지 않은데 장애아동으로 분류된, 그래서 스스로 장애아동이라고 믿어 필요할 때마다 장애아동같이 행동하는 아동을 자녀로 둔 부모들이다. 대개 이런 문제를 가진 아동의 부모는 E의 부모처럼 양육 방식에 많은 문제를 가지고 있어서, 현재 진행형으로 아동의 현 상태에 절대적인 영향을 끼치고 있다. 그들은 특히 자신의 자녀들이 일반 학교에 다니는 것을 선호해 특수 학교나 특수 학급에 배정되는 것을 큰 불이익으로 여기고 이를 결사적으로 반대한다. 동시에 이 부모들의 대부분은 일반 학교 교사가 자신의 자녀에게 특별한 대우를 해주기를 원하고, 동시에 치유적으로 접근하기를 바란다. 이들 중 일부는 지나치게 자기중심적이다. 그리고 자신의 요청에 대한 기대에 못 미치는 교사를 공격한다. 그러나 이것은 내과 의사에게 치아를 발치해 달라는 것보다 더 무리한 요구다. 교사는 교육의 전문가지 치료의 전문가는 아니기 때문이다. 이런 아동의 행동과 학부모들의 무리한 요구로 교사의 수업권은 제대로 보장되기 어렵고, 교권은 뿌리째 흔들리고 있다. 이런 아동과 학부모들이 학급에 하나둘 이상 있다는 것은 교사들에게 있어 큰 어려움이다.

따라서 정신적, 정서적, 심리적인 문제가 있는 아동은 신중히 선별해 그들에게 맞는 치유 목적을 가진 특수 학교에 보내야 한다. 그러나 정신과적으로 정신, 정서, 심리적인 문제가 경미하거나 어느 정도 정상적인 범주 안에 있다고 진단된 아동들은, 일반적인 기준의 교육을 목적으로 하는 정상적인 교육을 받도록 해야 한다. 이 교육에는 훈육과 훈계가 있어야 하고, 연령에 따라 아동들의 이상 행동을 교정할 필요가 있을 때는 교육적으로 강력하게 설계하고 실행해서 제지할 수 있도록 해야 한다. 그렇게 해서 이런 아동들에게 규범과 규칙, 준법성과 책임 등을 가르쳐야 한다.

현재까지는 오진이나 과잉 진단 등의 문제가 있는 아동들을 교육 현장에서 거의 방치할 수밖에 없는 상황이었다. 아래는 그런 상황에 놓인 교사들의 실제 경험에 대해 적은 것이다.

"수업 중에 잠자는 아이는 우울증으로 인한 무기력증의 발현이라고 하니 훈계를 하면 아동학대가 맞는 것 같고, 방치하자니 수업 중 절반 이상의 학생이 엎드려 잠을 잔다. 그런데 친구들과의 대화를 들어보면 게임을 하느라 밤을 새워 졸린 것이다. 게임은 무기력증 치료제인가 보다."

"교사에게 화를 내고 막말을 하는 아이는 충동조절 장애가 있어서 그런 행동을 제지할 수가 없다. 이 아이는 화가 나면 뭔가를 던지기까지 하니, 욕을 해도 못 들은 척 딴청부리는 것도 교사의 노하우가 된 것 같다. 그러나 그 아이의 행동을 따라 함부로 말하고 욕하는 애들이 한두 명 늘어난 게 아니다. 게다가 충동조절 장애가 있다는 그 아이가 일진 선배들한테 90도 각도로 인사하는 것을 보면, 일진 선배라는 아이들이 존경스럽기까지 해진다."

위의 사례에 등장하는 오진이거나 과잉 진단된 것으로 추정되는 아동이 다니는 이 학교와 학급의 분위기, 그리고 교사의 교권에 미치는 폐해도 큰 문제지만, 또 다른 문제가 있다. 만약 이것이 정말 오진이나 과잉 진단이라면, 이런 아동들은 낙인감으로 스스로를 정신 및 정서장애로 인식해 결국 자존감에 손상(이들은 왜곡된 장애에 대한 편견이 있기에)을 입고, 그런 과정이 악순환되는 현상이 발생한다. 자아 정체성이 스스로를 장애아로 판단하면서 형성되고, 형성되는 과정에서 다양한 정체성 혼란의 문제를 겪는 것 또한 이런 아동들이 품고 있는 큰 문제다. 이들은 문제 행동으로 인한(대개 부모의 과잉 반응을 기초로 한 진단이다.) 진단을 받고, 그 진단에 의해 그에 맞는 문제 행동을 하면서 그 행동을 당연시하거나, 그에 대한 책임을 단순히 장애로 인한 현상으로 치부해버리면서 악순환을 겪는 경우가 대부분이다. 이를 막지 못했을 때, 이들의 삶이 앞으로 얼마나 왜곡되고 혼란된 비정상적인 상태로 변해갈지 너무나 쉽게 예상되는 것이다. 더 이상 이런 문제를 방관할 수 없기에 아동을 보호하는 차원에서의 본질적인 해결 방안이 필요하다.

우선 반드시 해당 아동이 교육이 가능한 아동인지, 치유가 필요한 아동인지를 교사의 청원에 의해 정확히 감별할 수 있는 진단 시스템이 갖춰져야 한다. 이것은 차별이 아니다. 정상과 비정상을 떠나 우리 사회의 모든 아동들을 위해서다. 그 후, 교육 가능의 범주에 든 아동들에 대해서는 더 이상 스스로의 이상 행동을 병 때문에 그렇다고 병리적인 관점에서 이해해주는 선을 넘어, 교사에게 교육적인 차원에서 강력한 훈육과 훈계까지도 할 수 있는 권한을 허용해야 한다. 그래서 우리의 학교를 넘어선 모든 교육 현장에서 학생에 의해 일어나는 무질서, 나태, 폭언, 폭력 등의 반사회적인 행위를 근절해야 한다. 이를 통해 선량한 다수의 아동들을 보호해야 함은 당연하다. 그러나 이런 모든 과정을 통해 보호하려는 궁극의 대상은 다름 아닌, 현재 교실에서 문제시되며 교실 바깥으로 내몰린 많은 문제 아동들이다. 이들 또한 우리가 보호해야 할 우리 사회의 소중한 아동들이다.

〈정상장애아〉

교육 현장에서 오진이나 과잉 진단을 받았든지, 아니면 일탈과 비행을 취미로 여기든지, 이런 아동을 마주한 교사의 입장에서 어떤 경우에는 충분히 교육으로 바르고 건강하게 교육할 수 있겠다는 확신이 드는 경우가 있다. 그러나 현재 우리의 교육 환경에서 이런 경우의 아동들의 문제 행동을 훈계하는 것은, 심리적, 정서적으로 병들어 정상이 아닌 아동을 학대하는 행위로 여겨져 교사가 이들에 대한 정상적인 교육을 할 어떤 방법도 없는 형편임을 누누이 설명했다. 그러면 이런 아동을 방치할 수밖에는 없다는 것인데, 이때부터 해당 아동이 포함된 학급에서는 일반적인 수업의 질조차 제대로 보장할 수가 없게 된다. 즉, 교사의 수업권과 다른 아동의 학습권까지 덩달아 보장되지 못한다는 말이다. 그러니 훈계만 가능하다면 충분히 품고 가르칠 수 있는 아동을 다른 학교나 학급으로 옮겨달라는 호소를 하면서도, 스스로의 무력감과 교육 현실에 대한 좌절감으로 울먹이는 울보 교사들이 우리 사회 곳곳에 나타날 수밖에 없는 것이다.

현재 우리나라 교사들 사이에는 학급에 충동조절 장애, 주의력 결핍 장애(ADHD), 품행장애 아동 중 한 명만 있어도 그 교실에서 수업을 이어가는 것은 거의 불가능하다는 공감대가 형성되어 있다. 그러나 더욱 심각한 것은 포럼에 나와 울먹인 교사의 탄식처럼, 우리의 교육 현장은 현재 정상적인 수준의 경계선에 서서 경미한 정서 및 심리적 문제를 지닌 아동들과 정상적인 아동들이 무분별하게 혼재하고 있기 때문에, 수업의 질이 심각하게 저하되는 것과 함께 수업 불능의 상태가 일어나고 있다는 점이다. 특히 심각한 문제는 이런 아동들의 문제가 대부분이 교육 전문가인 교사의 눈으로 보면 병적인 문제가 아닌 잘못된 양육 환경이나 그릇된 양육자의 태도에 의해 야기된 교육적 차원의 문제라는 사실이 확실한데도 불구하고, 정작 부모가 의사에게 자신의 잘못된 관점으로 아이의 상태를 왜곡해 진술해서 오진 혹은 과잉 진단을 받는다는 것이다. 그 결과, 실제로는 장애아동이 아닌데 장애아동의 취급을 받는 아동들이 생겨나게 된다. 분명 우리 사회 속에 이런 사태가 일어나도록 조장하고 있는 부분이 상당히 많을 것이다. 교육 현장에서 아동들과 함께 생활하는 교사가 아닌 일반인의 눈에는 믿어지지 않을 정도로 의아한 사안이겠지만, 실제로 이런 상황에서 교육받고 성장하는 아동들이 상당히 많이 있음은 주지의 사실이다. 필자는 이들을 '정상적인 장애아'로 칭하고 싶다. 이후 더욱 줄여서 '정상장애아'로 칭하겠다.

'정상장애아'의 예를 들면, 앞서 소개된 E군과 같은 유형의 아동들이나, 또는 울보 교사의 학급에서 교사와 주위 친구들을 힘들게 한 부류의 아동들이다. 실제로는 장애가 없거나 최소한 정신적, 심리적으로는 정상이어서 교육을 통해 정상적으로 양육될 수 있는 아동이지만, 성장 환경 가운데 부모의 양육 태도에 의해 '장애아동화(障礙兒童化)'된 아동을 뜻한다. 이런 아동들의 특징은 E와 같이 부모 중 최소한 한 명의 과잉보호 속에서 성장하다가 초등학교 입학을 전후로 어떤 사건을 겪으면서, 부모가 아동의 행동과 입장을 강화하거나 회피할 목적으로 받은 정신과 진단이나 심리 상담 등의 치료가 아동의 장애적인 특성을 강화(reinforcement)했고, 그런 과정을 통해 장애적인 행동 양식과 기질이 더욱 개발되고 학습됐다는 것이다.

　이런 경우, 아동의 입장에서는 일단 표피적으로는 얻게 되는 이득이 많다. 먼저, 자신의 뜻대로 거의 모든 것을 할 수 있다. 현재의 교육 상황에서 아동의 뜻을 거슬러서 제지할 수 있는 사람이 있다면, 그것은 오직 아동의 부모뿐이다. 그러나 이런 문제 아동의 부모는 아동의 입장에서는 전혀 문제가 되지 않는다. 그들은 늘 자신의 아이를 과잉보호해 왔던 부모이기 때문이다. 이런 아동의 가정은 대부분 둘 다 과잉보호형 부모인 경우가 많다. 어차피 이들 부모는 모든 환경을 아동 위주로 형성해서 그에게 오직 기쁨과 보람만을 제공할 의도와 의욕이 가득하고, 그렇게 하는 것이 아동에게도 교육적으로 가장 좋다고 확신하는 사람들이다. 그러나 한 명의 부모만 과잉보호를 해도 양육 분위기를 주도하는 것은 과잉보호하는 쪽이기 때문에, 아동을 양육하는 다른 한 명의 보호자도 자연스럽게 그 과잉보호의 태도에 동화되거나 이를 방관하게 된다. 그렇지 않을 경우, 부부 사이에 문제가 생길 가능성이 높기 때문이다. 그러므로 과잉보호를 받는 아동들은 겉으로는 자신이 원하는 것을 거의 다 이루고 살아온 것이다.

　과잉보호형 부모에게 아동을 양육할 때 가장 중요한 기준은 '사랑'이다. 그러나 그 '사랑'이 너무나 많아서 '익애형' 부모로 분류되기도 한다. 그러나 사랑은 항상 '공의'와 한 세트로 이뤄진 진리라는 사실을 대개 이런 부모들은 모르고 있다. 그래서 아동에게 아동의 뜻대로 하도록 모든 요청과 억지까지도 다 들어주고 제지하지 않는 것을 양육으로써 최상의 교육으로 알고 있다. 그래서 이런 환경에서 자란 아동은 대개 규범적이거나 규칙적인 부분이 상당히 부족한 채로 성장한다. 또한 자기중심적이기 때문에 협업하는 과제에 상당히 취약해진다. 특별히 부모가 열등감이 많은 성장 배경을 가졌다면, 이런 부모의 열등감이 자녀를 양육하는 데 있어 부지불식간에 불안감 등으로 투사돼서 아동에게 과도한 집착을 하게 되기가 쉽다. 자기 자녀에게 자신이 겪은 열등감의 근원을 물려주지 않기 위해 혼신의 힘을 다하는데, 이런 부모들이 흔히 하는 말이 있다.

"내 아이 만큼은 기죽일 수 없다!"

자신의 아이를 향한 이 일생의 교육 방식은 초등학교 저학년까지는 대개 잘 들어맞아 한두 번쯤 천재 소리를 듣고, 부모가 투자한 만큼 혹은 그 이상의 성과를 거두기도 한다. 그러나 이런 새내기 초등학교 저학년 학부모들은 이렇게 성장한 자신의 아이가 오히려 그 기가 죽지 않아 문제가 될 줄은 꿈에도 생각하지 못한다. 이들에게 취약한 규범성, 규칙성, 준법성 등이 본격적으로 요구되는 시기가 오면 이제까지 오직 자신만을 위한 룰 속에서 성장하며 습득한 태도로 인해 경쟁이 갈등으로, 갈등이 일탈로 돌변하는 시기를 맞이한다. 과잉보호형 부모는 기죽이지 않고 잘 키운 것 같던 내 아이가, 오히려 그 죽지 않은 기로 다른 아동들의 기를 죽이는 반사회적 아동으로 돌변하는 현실을 맞닥뜨리게 된다. 또는 다른 유형으로, 이대로 성장한 아동이 결국 캥거루족이 되는 절망적인 현실까지도 마주하게 된다.(이 부분은 구체적으로 기술하지 않겠다.)

　그 시작이 될 날은 유치원 때부터 찾아오기도 하고, 조금 늦게는 초등학교 3-4학년 때부터 찾아오기도 한다. 이런 예상하지 못한 갈등을 맞닥뜨린 과잉보호형 부모는 역시 이런 상황에서도 '자기 아동 중심', 더 정확하게는 '자기중심'으로 문제를 풀어나가려고 한다. 그러니까 그 갈등을 '재수가 없어서', 또는 '상대가 너무 안 좋은 아이'라고 일방적으로 해석을 하고는, 자신의 아이에게는 전혀 잘못이 없으니 대신 다른 환경이나 상대를 탓한다. 그러니 이들은 사랑하는 아이를 위해 당장 문제가 되는 모든 환경을 제거해야 하고, 그 상대를 꾸짖어야만 한다. 이런 현상은 점점 확장되다가 교사까지도 그 대상이 된다. 받아쓰기 시험을 본 뒤 놀림을 받았다고 짝꿍 여자아이에게 주먹을 날려서 쥐고 있던 연필로 목 근처 어깨에 상처를 낸 아동의 학부모도 이에 해당한다. 과잉보호로 인해 어그러진 부모의 양육 태도가 때린 자신들의 아이에게는 문제가 없고, 오히려 여학생이 놀렸기 때문에 맞을 짓을 했다는 논리 아닌 논리를 내놓는 것이다.

　이런 부류의 '익애형' 부모는 아동에게 필요한 교육적 차원에서의 교육 행위가 딱 절반만 존재한다고 믿는 부류라고 할 수 있다. 그들은 익애형 부모의 구미에 맞게 상처받은 아동들을 위해 만든 심리서 몇 권을 읽고 난 뒤, 자식에게 절대로 상처를 주지 않으려고 하는 소위 '잔디깎이 부모'를 자처한다. 이런 부모에게는 교육이라는 영역이 아동의 보호와 양육만을 뜻하며, 시험(단순히 교과목 시험만이 아닌 포괄적인 개념으로서의 시험)과 훈련은 존재하지 않는 것처럼 여겨진다. 특히, 훈계나 징계의 영역에 있어서는 조금의 양보도 없이 무조건 아동학대 그 자체로 인식하는 부류다. 그리고 그들의 편협한 자기중심의, 교육이라고 부를 수도 없는 교육관을 가지고서 교사에게 자기 자식만을 위한 요구 사항을 강요한다. 공적(公的)인 교실 안에서 다수의 학생을 가르치는 교사에게 자기 자녀만을 위한 욕망을, 그것도 자신의 자녀에게만 적용시켜 달라고 당당히 요구한다. 그리고 이를 거부하면 갖은 시비와 악성 민원, 무고성 고소와 고발을 주저하지 않는다.(2023년 교총에서 편찬한 〈교권 침해 사례집〉에 자세히 나와 있다.)

그러므로 이런 부모들을 대하는 교사는 학부모 사이에서 이중, 삼중의 딜레마에 빠져 이 아동, 저 아동 눈치를 보는 '눈치 교사'로 전락하고 만다. 그렇기 때문에 이런 상황에서 학급에 아동들끼리 다툼이라도 생기면 교사에게는 그것이 교직을 걸어야 할 만큼 심각한 문제가 된다. 특히 극성 학부모의 자녀들끼리 다투게 될 때, 대부분의 경우 학부모끼리 다투다가 결국에는 그 원인이 교사의 관리 소홀로 귀착되기 때문이다. 이런 경우 학생들 사이의 싸움은 늘 있는 일이 되고, 이는 교사 인생을 걸어야 하는 심각한 사건으로 번지게 된다. 그로 인해 교사는 매일 극심한 스트레스에 노출된다.

호랑이 레드카드 사건의 교사가 국어 교과서에 실린 동시에 나오는 시심을 학생들에게 느끼게 하기 위해 복도를 까치발로 2-3분 정도 걷게 했다고 아동학대로 고발되는 지금의 교실에서는, 당연히 그 어떤 교육도 제대로 이뤄질 수 없다. 모르는 지식을 가르치는 것만이 교육이 아니다. 현재 아동이 하기 어려운 일을 여러 과정을 통해 굳센 의지를 일으켜 고무시키고 반복시킴으로써 결국 가능하게 하는 것 또한 교육이다. 자유주의나 진보주의 교육에서는 고개를 젓겠지만, 그럼에도 그런 훈련과 훈육이 진정한 교육인 것이다. 그런데 이 훈련은 어떤 부분에서는 피교육자의 의사와 의지에 반하기 때문에 교육자에게 다소 저항이 따르는 것은 자연스러운 현상이다. 그러나 그런 과정을 거치면서도 제한적이나마 갈등에 대해 대처하는 건강한 사회화가 이뤄진다. 이런 건강한 사회화는 교육자의 권위가 이를 억제시켜 훈련의 소기의 목적을 달성하면서 습득되고, 궁극적으로는 전인격적 성장을 이루는 데 크게 기여하게 된다. 그러나 이런 학부모는 교사보다 항상 자신이 우위에 있으며 자기 자녀는 자기가 제일 잘 안다고 절대적으로 믿기 때문에, 단지 자신의 아이가 싫어한다는 이유로 교육적 차원의 훈련을 아이의 정서 발달에 도움이 되지 않는 악한 행위로 치부한다. 따라서, 이런 훈련의 과정은 그들의 자녀에게는 상처이며 학대에 지나지 않는 것이다. 또한 교사에게도 이런 일관된 양육 태도로 영향력을 행사해서 자신의 아이는 말할 것도 없고, 교실의 다른 모든 아동들에게도 부정적 영향을 미친다. 결국 많은 아동들이 신체적, 심리적인 부분에 있어 점점 반사회적(反社會的)으로 양육되는 환경을 이들 부모가 직접 만드는 것이다.

또한 훈련만이 교육이 아니다. 피교육자가 잘못된 것을 바로잡아 바른 방향으로 가도록 가르치는 것이 훈계다. 이를 통해서 아동을 건강하게 성장시킬 수 있기 때문에 훈계도 분명 교육인 것이다. 다만, 훈계는 훈련과는 달리 그 목적에서 교육자와 피교육자가 공유하는 부분이 지극히 적거나 상반되는 경우가 대부분이다. 아직 어린아이라 미숙한 부분이 많은 아동이, 성인인 교사가 알려주는 여러 기본적인 가치와 규율에 동의하거나 이해하지 못하는 경우가 생기는 건 흔한 일이다. 그래서 아동에 대한 훈계는 그 시작이 피교육자의 의사에 반하는 경우가 대부분이라고 할 수 있고, 그렇게 될 수밖에 없다. 따라서 훈계를 할 때 학생의 뜻에 반대하고 제지해야 하는 경우가 더 많아 학생과의 관계에 마찰과 저항을 주기가 쉽다. 그러나 현행법상 교사로서 훈계와 훈육의 수단이 대부분 아동학대가 될 여지가 상당히 높고, 훈계의 원인, 목적, 과정, 결과가 학생을 통해 학부모에게 일방적으로 전달될 때는 아동의 표현력과 감정 상태에 따라 왜곡된 채 전달될 가능성이 농후하기 때문에, 학부모와의 마찰은 거의 필연적이라고 할 수 있을 정도다. 그러니 학생의 잘못을 바로잡으려고 훈계를 하려다가도 학부모와의 마찰을 감수할 수는 없는 대부분의 교사는 그냥 하루를 무사히 넘기길 바라며 아동의 잘못된 행동에도 눈 한번 질끈 감고 넘어간다. 그래서 요즘의 학교에는 훈계가 거의 없다. 아무리 교사라고 해도 부모 외에는 야단 한 번 맞아보지 않은 아동을 상대로 어떻게 훈계를 할 수 있겠는가? 호랑이가 든 레드카드에 이름표 하나 붙였다고 고발하는 학부모를 맞설 만큼 우리나라의 교직에 대한 보호와 보장은 철저하지 않다. 개정됐다고는 하나 그 모호함은 변함없기 때문에 그 전과 다를 것이 없다.

"묵시가 없으면 백성이 방자해진다."

성경에 이와 같이 언급되어 있다. 묵시(apocalypsis)라는 것은 사전적으로는 신이 선택된 예언자에게 준 계시다. 그래서 가볍게는 예언과 같은 의미로도 쓰인다. 그러나 신이 준 계시는 사실상 '미래에 어떻게 될 것이다'라고 사용된 예보다는 '이렇게 하라'는 의미로 사용된 예가 더 많다. 따라서 묵시란 하나님의 말씀, 명령, 반드시 지켜야 할 규범으로 해석하면 훨씬 더 문맥에 맞을 때가 많다. 성경의 이 말씀 "묵시가 없으면 백성이 방자해진다."를 직역하면, "규범이 없으면 백성이 무례하고 건방져진다."가 될 것이다. 이를 다시 의역하면, 하나님이 주신 규범은 절대적으로 지켜야 할 것이기 때문에 "규범을 지키도록 하지 않으면 백성은 혼란에 빠져 망하게 된다."는 의미로 가슴에 새길 수 있을 것이다.

현재 우리나라 학교에서 학생들이 방자해지는 현상이 들끓고 있다. 그 원인 중 가장 직접적인 것은 교사가 즉시 훈육하고, 훈계하고, 징계하는 권리를 상실했기 때문이다. 학생생활지도 고시나 교권 보호 4법을 통해 이를 공고히 하려고 노력하고 있으나, 개정된 현재에도 그 효과는 요원하기만 하다. 교사의 다양한 훈계권을 보장하지 않는 이상, '정상장애아'와 그들의 뒤에 있는 '정상장애아' 학부모를 정상적인 교육의 장으로 초대할 수는 없을 것이다. 교사를 종처럼 부리다 못해, 왕의 DNA를 가진 아들처럼 대해 달라는 편지를 교사에게 아무렇지 않게 보내는 시대에서,[83] 더 이상 전인 교육은 제 기능을 발휘할 수 없다.(이 편지에서 교사에게 요구한 9개의 항목은 모두 자기중심적인 과잉보호 양육 태도를 지닌 부(父)가 다른 일반적인 규범을 거부하는 내용이다. 특히 "하지 마, 안 돼, 그만 등의 말을 절대 하지 않습니다."라며 교사에게 위압적인 문구를 사용한 첫 번째 항목만 봐도, 아이에게 훈계가 얼마나 유용한지를 모르는 부모의 단적인 예라고 할 수 있다.) 교사가 교육 서비스를 제공하는 종업원에 지나지 않는 이 시대에, 학생 중심의 교육 과정을 운영하는 학교와 '내 아이가 최고인 가정'의 기준대로 아동을 왕처럼 대하라는 학부모들에게, 학생을 훈계하는 것이 교육이고 사랑이라는 말은 도무지 이해가 불가능한 말일 것이다. 교사는 학생을 사랑하고, 학생은 교사를 존경하는 것이 역사가 만들어온 정상적인 교육의 모습이다. 그러나 학부모에 의해 교사에 대한 모욕과 폭행과 고발이 난무하는 시대에 학생이 교사를 존경하는 것은 당연히 어려울 것이고, 학생에 대한 교사의 사랑을 기대하는 것 또한 역시 어려울 것이다. 왜냐하면 교사와 학생 간에 상호 관계가 그 부모에 의해 막혀서 원활하지 않기 때문이다. 이 상호 관계의 바탕에는 서로에 대한 존중과 신뢰가 깔려있다. 만일 교사가 "하늘은 바다보다 높다."라는 것을 가르쳤을 때 아동이 갸우뚱하면서 "에이, 거짓

---

83) ""내 아이, 왕자대우하라" 교육부 직원, 교육청에도 압력", 오마이뉴스, 2023년 8월 10일.

말!"이라고 한다면, 제대로 된 교육은 절대 성립될 수 없다. 이처럼 교육적인 목적을 가지고 학생의 유익을 위해 훈계를 할 때, 학생과 그 부모가 이를 믿고 존중하고 신뢰할 때 비로소 교육적인 풍성한 열매를 맺을 수 있는데, 이 시대에는 그것이 불가능하다. 백 쪽이 넘는 교권 침해 사례집을 보면 학부모가 교사를 하인 다루듯이 심부름을 시키는 경우도 있고, 죄인 다루듯이 사사건건 간섭하는 경우도 많다. 얼마나 많은지 한탄이 다 나올 지경이다. 이런 상황에서 교사와 학생 간의 존경과 신뢰의 교육은 기대할 수 없다. 지금의 교사들이 할 수 있는 교육의 수준은 단순한 지식만을 전달하는 강사에도 못 미친다. 이런 교육 부재의 시대에 매년 만 여명의 아동들이 경찰서를 들락거린다. 그들에게 피해를 입은 선량한 아동들과 시민들을 생각하면, 이것을 국가적인 재앙이 아니고 뭐라고 말할 수 있겠는가?

울보 교사의 탄식에서 느껴지는 것처럼, 교사로서 학생들을 바르게 인도하고자 하는 사명감으로 어떻게든 비행의 늪에서 허우적대는 아동들을 구하고 싶은데, 현재 대한민국의 교사와 심지어 보호 관찰관에게조차 별다른 방법이 없다. 훈계조차 할 수 없는 상황 아래서 말이 통하지 않는 아동들에게 할 수 있는 최선의 조치는 학교에서 몰아내 결국은 병원이나 소년원으로 보내는 방법뿐이다. 2000년대 후반까지만 해도 체벌(이는 교육적인 체벌이 아닌 폭력이고, 본서에서는 이를 '체폭'이라고 명명한다.)을 오남용하는 '싸이코', '미친 개', '꼴통'으로 불리던 교사들이 많았다. 하지만 그 반면에는 학생의 삶에 밀착해서 어떤 희생이 따르더라도 잘못된 길을 가는 학생들을 선도했던 수많은 교사들도 있었다. 이런 교사들의 예 중 한 가지 사례를 가져왔다.

이 교사는 학교를 무단 결석하고 비행 청소년과 어울리는 자기 학급의 학생을 찾기 위해 생활지도를 자원했다. 그리고 거리에서 학생을 찾아 거의 완력을 사용해 강제로 학교에 복귀시켰다. 마침 학생이 위험천만한 폭력 사건에 개입되기 직전이었고, 반항하는 학생에게 체벌까지 행사하며 강하게 제지해야만 했다. 그 체벌에는 나쁜 친구들과 깊이 연루되어 저지른 다른 비행이 밝혀졌다는 이유도 있었다. 이 일로 그 학생은 폭력 사건에서 제외됐고, 가담했던 아동들 중 몇 명은 구속까지 되는 큰 상처를 남기고 나서 사건은 마무리됐다. 그 학생이 평소 또래에서 하던 역할로 봤을 때 폭력 사건에 가담했다면 반드시 구속되어 소년원으로 직행했을 것이라고 예상될 만큼, 이는 심각한 사건이었다. 이 일을 통해 학생은 뉘우쳐 성실히 공부를 했고, 교사의 지속적인 관심과 지도하에 무사히 졸업을 한 뒤 상급 학교로 정상적인 진학을 했다. 그러나 이런 교사의 올바른 훈육과 훈계로 가능했던 교육은 지금의 교육 현장에서는 신화가 됐다. 학생인권조례에 의하면 체벌은 폭력으로 규정되어 결코 일어날 수 없는 일이 되었기 때문이다. 교사의 체벌을 피하게 하려고 학교 안에서 수많은 일진들에게 피해를 당하는 아동들을 방치하고 또한 그 일진들(이들도 교사가 가르쳐야 하는 학생임에 틀림이 없다.)이 암흑의 정글에서 주고받는 폭력의 피해를 애써 외면한다. 아동의 인권을 보호해야 한다는 이들의 편협된 사고(思考)가 그저 안타까울 뿐이다.

우리나라의 학교 교육이 정상적으로 작동하려면 교사와 보호 관찰관이 교육적인 역량을 충분히 발휘할 수 있도록, 교육적인 수단을 구체적이고 명확한 지침 아래서 폭넓게 인정해 줘야 한다. 그래야만 교사가 아동을 교육할 수 있는 충분한 영역이 확보될 수 있다. 법적인 처리 일변도로 학생을 징계할 수밖에 없는 현재의 구조 아래서 학교는 학생들을 범법자로 만드는 예비된 불행의 장에 지나지 않고, 교도소로 가는 빠른 통로로 작용할 수밖에 없다. 우리나라보다 먼저 학교에서 일어나는 학생들의 비행을 엄정한 법과 경찰력을 동원해 처리한 미국에서도, '학교는 교도소로 가는 파이프라인[84]'이라는 말이 회자되는 것을 우리는 타산지석으로 삼아야 한다. 의사가 교사가 아니듯이, 경찰이 교육을 담당하는 전문적인 교사를 대신할 수 없음은 자명하다. 이를 간과하면 학교는 그저 교도소의 공급원으로 전락할 것이다. 다시 강조하지만 현재의 교육 현장은 학교에서 교사가 충분히 훈육과 훈계를 통해 우수한 인재로 키울 수 있는 아동들을 법적인 책임만으로 통제하려는 나머지, 교도소의 살벌한 쇠창살 안 무자비한 징벌의 방으로 몰아넣고 있다는 사실을 우리는 깨달아야 한다.

요즘 교육 현장에서 교사의 훈계나 징계에 반발하는 학부모들을 보면, 자기 자녀를 교사의 회초리를 피해 그 대신 폭력배의 몽둥이에 몰아넣는 우매함에 말을 이을 수 없다. 피해 아동은 가해 아동의 폭력에 신음하고 있고, 가해 아동은 법으로밖에 처리하지 못하는 과정 가운데서, 가해 아동들은 점점 더 깊은 범죄의 수렁에 빠지고 더 큰 폭력으로부터 폭력으로 다스려지고 있다. 교사에게서 훈계를 제한하고 회초리를 빼앗은 결과로, 우리의 아동들이 폭력의 제물로 희생되고 있는 것이다.

---

84) "The school-to-prison pipeline", http://HoKkasEyDOI?si=iqz-7Q72oKO4iq9

교사의 등장만으로도 교실의 질서가 바로잡히고, 다투던 아동들도 황급히 제자리에 앉도록 만드는 교사의 권위가 실제로 기능했던 시대가 있었다. 이때도 아동들의 비행은 있었지만, 그래도 잘못을 하면 선생님께 용서를 구했고, 초등학교 3-4학년 꼬맹이들이 일으키는 문제는 기껏해야 친구끼리 다투는 정도였다. 그러나 교사의 권위가 무너진 이 시대의 교실에서는 초등학생이 교사를 구타해서 상해를 입히고, 촉법소년이라고 주장하며 경찰에게 발길질을 하는 것이 예사가 됐다. 이 아동들이 사회의 권위를 존중하며 정상적인 구성원으로 살아갈 수 없음은 자명한 사실이다. 학교의 붕괴는 이미 '완료형'이다. 앞으로 이 아동들이 성장해 가면서 얼마나 심각한 사회악이 되어 영향을 미칠지 우리는 주목해야 하고, 시급히 본질적인 원인을 찾아 다시는 이런 일이 일어나지 않도록 문제를 해결해야 한다.

우리의 교육 현장이 정상화되려면, 우선 교사가 정당한 권위를 행사할 수 있어야 한다. 그래야만 이런 아동, 저런 아동을 가리지 않고 교육의 범주에 들어오는 많은 아동을 모두 가르칠 수 있다. 현재와 같은 좁은 스펙트럼 아래서는 지극히 온순하고 수용 능력이 좋은 아동들만의 학교가 되고 만다. 그 나머지인 창의성이 뛰어나거나 모험심이 강한 아동들은 채에 걸러지듯 학교 울타리 밖으로 신속히 퇴출되도록 방치할 뿐이다. 토마스 에디슨 같이 달걀을 품는 아동, 김유신처럼 기생집을 기웃거렸던 아동들은 이 시대의 교육 환경에서는 위대한 발명가나 통일신라 시대의 위대한 장군이 될 수 없었을 것이 너무도 당연하다. 이 시대에 태어났다면 분명 치료나 비행에 대응하는 프로세스에 갇혀, 병원 아니면 감옥으로 향하는 악순환의 굴레에 올라타 아무것도 이룰 수 없었을 것이다. 우리 아동들의 불행은 현재 학교나 교육 기관 전반에 강력한 훈계가 부재한다는 사실이다. 교사들에게는 학생을 위해 결코 물러설 곳 없이 물리력을 사용해서라도 훈계를 해야만 해는 상황이 자주 오게 된다. 그러나 우리나라는 교사와 학생이 그 지점에 이르렀을 때 교사로서 행사할 수 있는 모든 수단을 빼앗았다. 유일하게 남겨 놓은 것이 있다면, 그것은 '병원 또는 소년원'이라는 양자택일 아닌 양자택일뿐이다. 이것은 다만 교사로서 학생에 대한 교육을 모두 포기할 때 가능한 선택이다. 그러나 현재의 교육 현장은 교사에게 이런 선택을 하도록 종용하고 있다. 교사에게 너무나 쉽게 교육의 포기를 선언하게 하는 이 현실이 슬플 따름이다.

〈학생생활지도 고시 제12조 3항〉

　우리나라의 학교 현장의 문제를 파악한 교육부가 고무적인 조치를 발표했다. 선언적인 의미 외에는 가치를 인정하기 힘들다는 현장에서의 목소리도 있었지만, 교육 수장의 목소리를 통해서 발표된 이 고시로 인해 국가가 교육 현장의 문제를 알고 있다는 사실을 확인한 것만으로도 대부분의 교사에게 큰 위로를 줬다. 특별히 2023년 9월 1일 발표된 '교사의 학생 생활지도에 관한 고시'와 '유치원 교원의 교육활동 보호를 위한 고시'에는 교육 현장에 존재하는 교사의 권위 약화와 훈육과 훈계의 부재로 인한 고민이 그대로 반영되어 있어 그나마 다행이다. 이전에는 교사의 학생 생활지도에 대한 실질적인 권한과 근거가 마련되지 않은 모호하고 포괄적인 규정의 상태에서, 각각의 교사가 학생에 대한 훈육과 훈계의 영역을 개인적인 판단과 방식으로 시행했다. 그것과 비교하면, 교육부가 마련한 훈육과 훈계에 관한 학생생활지도 고시의 규정은 교사의 훈육과 훈계에 대한 법적 근거를 제공하고, 방법상의 정당성을 부여해 일보 전진했다는 의미가 있다. 그러나 앞서 언급한 것처럼, 현재 무너진 교육 현장을 온전히 파악하지 못하고 학생과 학부모에 대한 교사의 관계와 위치를 현실적으로 고려하지 못했다는 한계가 있다. 과연 이런 고시가 교사에 의해 교육 현장에서 제대로 실행될 수는 있을지 의문을 제기하는 교사 또한 다수 있다. 게다가 이 고시의 지침에 따른 교사의 지도 방식을 학생들과 학부모가 받아들일지는 더욱 의문이다. 오히려 교육 현장에서 이런 정책이 사문화되거나 혼란을 가중할 여지가 있다는 우려가 지배적이다.

　학생생활지도 고시에서는 생활지도의 종류를 다음과 같이 단계별로 구분하고 있다. '조언', '상담', '주의', '훈육', '훈계'의 5단계로 생활지도를 세분하고, 교육 활동을 방해하는 학생에 대해 규정된 범위 내에서 생활지도를 할 수 있도록 명시하고 있다. 학생생활지도 고시 제2조를 보면 5항에서 '조언'이란 학교의 장과 교원이 학생 또는 보호자에게 말과 글로(정보통신망을 이용한 경우도 포함.) 정보를 제공하거나 권고하는 지도 행위를 말하고, 6항에서 '상담'이란 학교의 장과 교원이 학생 또는 보호자와 학생의 문제를 해결해 나가는 일체의 소통 활동을 말한다. 7항에서 '주의'란 학교의 장과 교원이 학생 행동의 위험성 및 위해성, 법령 및 학칙의 위반 가능성 등을 지적해 경고하는 지도 행위를 말하며, 8항에서 '훈육'이란 학교의 장과 교원이 지시, 제지, 분리, 소지 물품 조사, 물품 분리 보관 등을 통해 학생의 행동을 중

재하는 지도 행위를 말한다. 그리고 가장 핵심 쟁점이 되는 9항에서 '훈계'란 학교의 장과 교원이 학생을 대상으로 바람직한 행동을 하도록 문제 행동을 지적해 잘잘못을 깨닫게 하는 지도 행위를 의미한다.

그러나 학생생활지도 고시에서 규정한 훈계는 교사가 학생의 잘못을 깨닫게 하는 지도 행위라고 그 의미만을 정했지, 그 지도 행위가 구체적으로 어떤 방식으로 어떻게 이뤄져야 할지를 정하지 않아 그 실효성에 의문이 제기되고 있다. 사실 이 고시가 제정되기 이전에도 교사의 학생에 대한 지도 행위는 당연히 인정됐다. 여기서 본질적인 문제는 교사의 지도 행위를 인정하는 규정이 아니라, 학생의 어떤 행위에 어떤 지도와 얼마만큼의 지도(훈육, 훈계 포함)가 가능한지, 그리고 이런 지도 행위가 가능한 학생의 행위에 대한 구체적이고 명시적인 규정이 부재하고 있다는 점이다. 아동의 문제 행동에 교육적인 목적의 제지나 훈계조차도 아동학대로 고소와 고발을 당하는 이유 또한, 지도 행위에 대한 정확한 규정이 부재했기 때문이다.

그러나 이 규정의 지도 행위를 더 자세히 상술한 학생생활지도 고시 제13조를 보면, 더욱 심각한 문제가 존재하고 있다. 아래에 옮겨 놓은 부분을 보면, 고시 제13조의 지도 행위를 상술한 구체적인 방법은 결국은 문제 행동을 하는 아동들로서는 콧방귀도 뀌지 않을 만큼 해도 그만이고, 안 해도 그만일 정도의 경미한 처벌이다. 그러니 교사들의 입장에서는 이런 훈계 방식을 사용해서만 지도해야 한다면, 차라리 아무것도 지도하지 않는 것이 훨씬 신상에 이로울 것이라는 판단에 이르게 될 것이다.

제13조(훈계)
1. 학교의 장과 교원은 제9조에 따른 조언, 제10조에 따른 상담, 제11조에 따른 주의, 그리고 제12조에 따른 훈육 등에도 불구하고 자신의 잘못을 인정하지 않거나 잘못된 언행의 개선 이 없는 경우 학생에 대해 훈계할 수 있다.
2. 학생을 훈계할 때에는 그 사유와 바람직한 행동 개선방안을 함께 제시해야 한다.
3. 학교의 장과 교원은 학생을 훈계할 때에는 훈계 사유와 관련된 다음 각 호의 과제를 함께 부여할 수 있다.
① 문제 행동을 시정하기 위한 대안 행동
② 성찰하는 글쓰기

③ 훼손된 시설·물품에 대한 원상복구(청소를 포함한다.)

결국, 이런 규정은 또다시 문제 행동을 하는 아동을 방치하는 결과를 초래할 것이다. 어떤 교사도 심각한 학교 현실을 외면한 이런 규정으로는 학생들을 지도할 수 없을 것이 분명하며, 학생인권조례나 아동복지법과 그 내용이 상충되는 점에서, 교사를 보호하지 못할 것도 분명하다.

학생생활지도 고시 중에서 학생의 제지 방식 중 가장 강한 방식을 규정한 것이 제12조 6항과 7항이다.

6. 학교의 장과 교원은 학생이 교육 활동을 방해해 다른 학생들의 학습권 보호가 필요하다고 판단하는 경우, 다음 각 호의 방법에 따라 해당 학생을 분리할 수 있다. 다만, 제3호 및 제4호에 따른 분리장소·시간 및 학습지원 방법 등의 세부 사항은 학칙으로 정한다.
① 수업 시간 중 교실 내 다른 좌석으로의 이동
② 수업 시간 중 교실 내 지정된 위치로의 분리
　(실외 교육 활동 시 학습 집단으로부터의 분리를 포함한다.)
③ 수업 시간 중 교실 밖 지정된 장소로의 분리
④ 정규수업 외의 시간에 특정 장소로의 분리
7. 학교의 장은 제6항, 제3호 및 제4호에 따른 분리를 거부하거나 1일 2회 이상 분리를 실시했음에도 학생이 지속적으로 교육 활동을 방해해, 다른 학생들의 학습권 보호가 필요하다고 판단하는 경우, 보호자에게 학생 인계를 요청해 가정학습을 하게 할 수 있다.

위의 조항에서 제시한 제지 방식이라는 것은 학교의 장과 교원이 주의를 줬음에도 학생의 행동에 변화가 없거나, 학생의 행동으로 교육 활동에 지장을 받을 경우 '수업 시간 중 교실 밖 지정된 장소로의 분리' 등의 훈육' 또는 '부모에게 인계' 등의 방법을 쓸 수 있다는 정도다. 본서 19장에서 학생생활지도 고시 중, 학교 현장에서 적용하기 힘든 부분을 핸드폰 분리와 수업 방해 학생의 분리 문제로 나눠 자세히 다뤘고, 이런 규정조차도 학생인권조례의 내용과 배치되는 규정이라고 말한 바 있다. 전술한 것처럼 분리 자체가 학생을 제지하는 훈계로써 가장 강력한 제지 수단인데, 초등학교 4-5학년만 되면 선생님에게 날아 차기를 하고, 전치 3-4주의 상해를 입히는 아동들이 6항의 규정에 근거해서 교사가 분리를 명했을 때 순순히 응할 리가 없다. 또한 이에 대응해 7항의 규정대로 부모에게 인계하려 했을 때, 만약 부모가 거부하면 이 규정은 무용지물이 될 뿐만 아니라 교사가 반발하는 학부모를 감내할 수 없는 상황에 이르면 이 규정은 그저 교사의 족쇄로 작용할 뿐이다. 따라서 이를 현실적으로 적용하려고 할 때 교사에게 엄청난 피해가 올 것이 예상되기 때문에, 결국 이 조항들은 교사들에게 외면받을 수밖에 없는 것이다.

수업 중 조용히 하라고 주의를 줬다고 교단으로 달려 나와 선생님을 바닥에 내팽개치고, 그 위에 올라타 수십 차례 폭행을 하는 아동들이 혼재된 교실에서, 교사가 분리 조치를 명하는 것은 오히려 폭력을 촉발할 뿐인 너무나 유약하고 현실성 없는 대책이다. 이런 아동들에 대해 현장에서 효과적으로 적용할 수 있는 훈계 방법을 마련해야 한다. 그렇다고 경찰을 불러 교사를 폭행한 아동들을 전부 감옥으로 보내는 것은 이미 교육이 아니며, 이런 방법으로는 절대 우리의 교육 현장을 개선할 수 없다. 게다가 이 아동들을 감옥으로 보내기에는 우리 사회의 비뚤어진 교육 풍조가 그 아동의 유치원 시절부터 부정적 영향을 끼친 교육적 책임이 있다. 분명 우리는 이 시대의 교육 풍조(필자는 '방임 교육'이라고 부르고 싶다.)가 문제 행동을 하는 아동들에게 범한 죄과와 영향이 존재한다는 것을 결코 부인할 수 없다. 이런 문제가 도사리고 있는 현실 속에서 지금 이 글을 읽고 있는 '당신과 나'의 책임 또한 분명히 존재한다.

세상을 바꾼 교사

애니 설리번

그녀는 시각 청각의 중복 장애를 가지고 있던
헬렌 켈러(Helen Adams Keller, 1880-1968)의 선생님이다.
애니 설리번(Anne Sullivan, 1866-1936) 자신도 어린 시절을 어린 동생과
고아원에서 지냈고 열악한 고아원 환경 탓에 질병으로 인해 시력이 크게 나빠졌다.
그녀는 퍼킨스 시각장애인 학교에 가서 역시 시청각 장애인인 로라 브리지먼에게
브라유 점자를 배웠고, 이와는 별개로 시력 교정 수술로 극적으로 시력을 회복했다.

그녀의 나이 21살 때 당시 7살이던 헬렌 켈러를 가르치기 시작해,
50년간 시청각 복합 장애아인 헬렌 켈러를 오늘날의 하버드에 편입한
여자 하버드라 일컫는 레드클리프 칼리지를 졸업하게 했고,
작가이자 교육가 그리고 사회주의 운동가로 명성이 있는 현재의 헬렌 켈러로 변화시켰다.

애니 설리번 선생은 헬렌 켈러에게 공연을 하도록 해 돈벌이를 시켰다는 오해도 받지만,
이는 공연을 통해 생계를 이어가게 학 위함이었다.
자기가 없더라도 헬렌이 자립하기 위해서 꼭 필요한 일이었다.
특히 오해를 무색하게 만드는 것은 그 공연을 통해서 얻은 헬렌의 공연 수입은
생계를 겨우 꾸릴 수 있을 정도의 푼돈에 지나지 않았다는 사실이다.

그 이전부터 애니 설리번은 헬렌의 집이 망한 뒤로 교육비를 한 번도 받지 못했지만,
그럼에도 불구하고 늘 헬렌 켈러를 위한 헌신적인 교사의 모습을 보여줬다.

헬렌 켈러의 친구가
헬렌을 위한 애니 설리반 선생의 헌신적인 삶을 알기에 이런 칭찬을 했다.
"당신이 없으면 헬렌은 아무것도 아닐 거예요!"
그러자 애니 설리반은 정색하며
그 친구에게 했다는 이야기가 아직도 큰 울림이 되어 전해진다.
"그렇다면 내가 헛되이 살았다는 거구나!"

애니 설리번이 죽자, 헬렌이 극심한 슬픔 가운데 통곡을 했다는 이야기도
그녀의 교사로서의 위상을 웅변하고 있다.

여담으로, 헬렌 켈러를 애니 설리번에게 소개한 이가 전화기를 발명한 것으로 유명한
알렉산더 그레이엄 벨(Alexander Graham Bell)이라는 점도 흥미롭다.

21

학생생활지도 고시
제 12조 4항:
물리력을 사용할 수 있다

환언하자면,
이것은 사소한 실수나 잘못에
교사의 물리력을 행사하자는 제안이 아니다.
학교 내에서 각종 비행으로 친구를 괴롭히고
교사의 교권을 침해하는 아동들로부터
우리의 아동들을 온전히 지키고
보호할 수 있도록
교사에게 정당한 권한을
부여하자는 것이다.

    학생생활지도 고시에 의한 생활지도의 방식으로 제시된 조언, 상담, 주의, 훈육, 훈계, 이 다섯 가지는 대화가 가능한 아동을 전제로만 시행할 수 있는 방법이다. 일반적으로 문제 행동을 일삼는 아동들에게는 사실상 적용이 불가능한 규정이다. 따라서, 학생생활지도 고시를 통해 실질적으로 교단에서 학생에 대한 생활지도가 가능하도록 그 취지를 살리기 위해서는 고시에 명시된 훈계의 부분을 보완해 개정해야 한다. 현재 학생생활지도 고시 제13조(훈계) 3항 부분에 아래에서 후술할 몇 가지의 조항들을 추가한다면, 교사와 학생의 균형 잡힌 실효성 있는 학생 생활지도가 가능할 것이라고 생각한다. 특별히, 고시 개정의 제안에 있어서 일반적인 체벌을 포함한 물리력 행사가 명시된 부분은 건전한 다수의 학생에게는 전혀 해당이 없는 규정인 것을 유념해야 한다.

    환언하자면, 이것은 사소한 실수나 잘못에 교사의 물리력을 행사하자는 제안이 아니다. 학교 내에서 각종 비행으로 친구를 괴롭히고 교사의 교권을 침해하는 아동들로부터 우리의 아동들을 온전히 지키고 보호할 수 있도록 교사에게 정당한 권한을 부여하자는 것이다. 특별히 이 규정에는 제동 없이 일탈과 비행의 악순환으로 인해 범죄의 길로 들어설 수 있는 아동을 구제하기 위한 중차대하고도 긴급한 교육적인 목적도 있음을 이해해야 한다. 어릴 때부터 제지라고는 받아보지 못한 아동들의 일탈은 얼마든지 교육으로 교정이 가능하다. 그러나 교육적인 훈계의 수단을 교사로부터 박탈한 후 아동들의 일탈이 본격적으로 심각해지도록 만드는 루트를 차단하지 못하고 방치하다가, 일정 수준의 범죄를 일으키게 되면 발생하는 족족 학교에서 추방하고 의법 조치의 이름으로 아동들을 병원이나 감옥으로 보내기 바쁘다. 더 이상 충분히 교육과 훈계로 바로잡을 수 있는 아동들을 방치만 하다가 법의 심판을 받게 하는 일은 우리 사회에 일어나서는 안 된다.

    지난 십수 년간, 학교에서의 훈육과 훈계가 말로만 이뤄질 수밖에 없다는 것을(실제로는 언어적인 훈육도 아동학대로 인정될 수 있기 때문에 상당한 제약이 있지만) 깨달은 영악한 아동들은 더욱 무책임해지고 방자해져서, 심지어 촉법소년의 신분을 활용한 대담한 범죄로 촉법소년의 수준이 아닌 성인들의 범죄를 무색하게 만들 정도의 대담함을 보였다. 더욱 무서운 현상은 그런 아동들끼리 모여 집단을 형성해 저지르는 범죄는 점점 더 대담해지고 흉포해져서 현재 상상할 수 없을 정도로 광역화되고 지능화된 채 오늘날에 이르렀다는 것이다. 결과적으로, 학교 또는 교육 기관에서 문제 아동의 폭언과 폭력을 수반한 모든 일탈 행위에 대한 적절한 징계권을 전부 금지함으로 온 교육의 부재 상황은 오히려 아동들에게 비행(非行)의 촉매로 작동하는 현실을 가져왔다.

더욱 적극적으로 주장한다면 폭언과 폭력을 수반한 행위에 예방적인 기능(징벌을 받는 모습을 보고서 그런 잘못된 행위를 범하지 않으려고 하게 하는 징벌의 효과)을 할 수 있는 교육적인 징계가 사라지면서, 학교의 교육적인 기능은 위축되고 축소되어 비행 학생들의 수적 증가에 기여하고 있다. 이와 함께 그 방법이 아동들에게 유포되고 있을 뿐만 아니라, 문제 아동이 이를 다른 아동에게 전파함으로써 아동의 일탈 행위가 확대, 흉포, 지능, 연소화되고 있다는 사실에 주목해야 한다.[85] 그리고 비행과 일탈 행위를 행하는 가해 학생들의 수보다 최소 4-5배에 이르는 많은 수의 피해 학생들이 양산되면서 학교 교육의 질이 심각하게 저하됐다. 또한 학교의 교육적인 징계 수단의 부재는 다수의 가해 학생을 학교의 징계 시스템의 단순화 또는 부재로 인해 결국 학교 밖으로 내모는 결과를 가져왔고, 그 결과로 가해 학생들 중 상당수가 잠재적 범죄자 내지는 본격적인 범죄의 길로 들어섰다. 그렇게 해서 현재 문제 아동의 사건을 처리하는 데 엄청난 사회적 비용이 대량으로 발생하는 상황을 지금 우리가 경험하고 있는 것이다.

지금처럼 교사에게 훈육과 훈계의 수단이 없는 조건에서, 폭언, 폭력을 수반한 일탈의 성향이 강한 아동들은 학교의 징계 시스템에 의해 학교 밖으로 내몰릴 수밖에 없다. 그렇다고 말로는 전혀 제지가 되지 않는 아동을 교사가 무조건 학교에 붙잡아 놓을 방법도 없고, 이들이 학교에 남아 계속 건전한 학생들에게 나쁜 영향을 끼치는 것을 방치할 수는 더더욱 없기 때문이다. 이들을 무조건 학교 밖으로 내

---

85) "처벌 못하는 거 알아" 촉법소년 2배 급증, 아시아경제, 2023년 10월 4일,
   (이외에도 연도별 법무부 공식 통계가 이를 증명함.)

모는 것 외에 정말 다른 방법은 없는 걸까? 학교에서 이들의 행동을 교육적인 방법으로 바로 잡아줄 수는 없을까? 학교 밖이든 안이든 이들의 일탈과 비행을 바로잡아 건전한 사회인으로 육성하는 일은 우리 사회 구성원 모두에게 책임이 있는 국가적인 과제라 해도 과언이 아니다. 그리고 가능하다면 학교 내에서 이들을 정상적인 궤도로 진입할 수 있도록 지도할 수 있게 해야 한다. 그렇게 하기 위해서 교사의 훈계와 훈육이 가능한 경우를 명확히 제정하되, 그 수단을 확대해 교사의 학교 안에서의 체벌을 포함한 다양한 권한을 고시로 제정해야 한다. 물론 드문 사례가 되겠지만, 초등학교 5-6학년부터는 아동의 일탈 정도에 따라 타인과 교사에 대해 폭력적인 언행을 할 경우, 물리적인 제재 수단도 사용할 수 있도록 해야 한다. 초등학교 때부터 체벌을 하는 것이 가혹하다는 의견에는 동감이지만 그럼에도 폭력을 비롯한 몇 가지의 반사회적 행동을 아동이라는 이름 아래 묵인하는 우를 범해, 반사회적인 성향을 더욱 조장하며 다른 아동들에게까지 전이시키는 것을 더 이상 허용해서는 안 되겠다.

물론 지금도 초등학교 5-6학년의 경우, 극소수를 제외하고는 체벌을 시행할 만한 일탈을 할 일이 없기에 이런 훈계의 수단이 유명무실화될 수도 있다고 본다. 정상적인 경우라면 초등학교에서 단 한 건의 체벌 조치도 이뤄지지 않을 것이라고 예상되지만, 그럼에도 불구하고 있는 것과 없는 것에는 중요한 차이가 있다. 어릴 때부터 사회에서 결코 용납되지 않는 행동을 일삼는다면, 그때는 반드시 단호한 훈육과 훈계가 있다는 것을 가르치는 단호한 교육이 필요하다. 물론 그 이전 단계에는 교육적인 상담과 설명, 주의를 주는 지도가 포함된다. 그런 훈육이 가능해진다면 아동들이 성장하면서부터 품고 있을 수 있는 반사회적 품성의 씨앗은 싹조차 트지 않을 것이다. 경험적으로 이런 교육은 대화가 가능한 10살 정도 이후라면 어릴수록 효과가 더 크고, 좋은 영향력이 아동에게 더 효과적으로 돌아간다. 따라서 일반적인 아동의 일탈 행위, 예를 들어, 친구를 때리거나, 선생님에게 욕설을 하거나, 교실에 불을 지르려고 하거나, 동물을 이유 없이 학대하는 행위 등을 교육 전문가인 교사가 그 정도와 수준을 가늠해 먼저 해당 아동이 언어로 훈육을 받을 수 있는 상태인지를 판단하고, 만약 넘어서는 절대 안 되는 레드라인을 위반했을 경우에는 연령에 맞는 물리적인 제재(간접 체벌도 포함)까지도 받을 수 있음을 아동에게 가르쳐서 준법성을 몸에 익히도록 해야 한다.

그렇다고 발달 과정상 아직 미숙한 초등학생의 다툼을 모두 폭력 사건으로 처리해 체벌하자는 주장은 결코 아니다. 지난 십수 년간 우리 교육계는 아동 그 자체를 병약한 존재로 인식해 아동에게 상처를 주지 않는 것을 교육의 제일 우선 목표로 주장했으며, 그런 아동들을 말로만 해도 충분히 제지할 수 있다고 주장했다. 이런 주장이 자기 자식을 사랑하는 부모의 마음에 큰 호응을 받은 것은 자연스러운 일이라고 생각한다. 그러나 거기에 '내 아이만'이라는 이기적인 조건을 추가해 생각하는 일부 학부모의 자기중심적인 양육 태도와 행동들이 더해지면서, 아동을 말로도 제대로 훈계할 수 없는 신기한 교육 체계가 구축됐다. 그리고 선거철마다 표가 급한 교육계 수장인 교육감들은 일종의 교육적인 표퓰리즘을 남발해 징계 없는 기형적인 학교를 구축했다. 그 발상 자체는 교육의 근간과 현실을 전혀 모르는 소심하고 빈약할 뿐인 자유주의 교육의 잔재라고밖에 말할 수 없다. 이들의 이러한 무책임한 행태는 아동 인권 보호라는 당초의 취지와는 달리, 학교 현장을 통제 불능의 상태로 만들면서 오히려 일탈 학생들을 양산하는 결과를 만들어냈다.

초등학생이 교사를 구타하고 나서도, 심리적인 불안정 상태에서 행한 행위라는 진단서 한 장이면 아무 징계도 하지 않는 교육 시스템이 과연 정상인지 되묻고 싶다. 아울러 이것이 가해 아동을 진정으로 위하는, 모든 아동에게 반드시 필요한 아동 보호인지 묻고 싶다. 이런 상황에서 교사에게 마구 달려드는 폭력배나 다름없는 아동에게 과연 대화로만 하는 훈계가 가능할지 여전히 의문이고, 현장의 교사들 중 문제 아동에 대해 언어만으로 훈계가 가능하다는 말에 동의할 사람이 있을지도 의문이다. 학부모들도 교육적인 관점에서 진지하게 검토할 필요가 있다.

앞에서 언급했던 것처럼, 2022년 충남 홍성의 한 중학교에서 수업 중인 여교사의 뒤에 벌렁 누워 추행에 가까운 언급을 하며 뒷모습을 촬영하는 학생과, 다른 날에 웃통을 완전히 벗은 채 젖꼭지며 겨드랑이 털을 다 보인 채 수업을 들었던 학생(촬영 사건 일주일 전이었다.)이 뉴스에 등장했다.[86] 이것이 진성 학교인가? 보는 이들의 탄식이 울려 퍼졌다. 그럼에도 이들을 무시하고 수업을 진행할 수밖에 없는 여교사의 자괴감은 둘째로 쳐도, 이런 현상이 우리나라의 학교 현장에서 벌어지는 일반적인 장면이라는 사실에 아연실색할 수밖에 없었다. 우리나라 중학교의 어떤 교실에

---

86) "교단 드러누워 폰 든 중학생, 여교사는 '아이 체벌 말아달라'", 중앙일보, 2022년 8월 31일.

서 한 학생은 교단에 누운 채 비실비실 웃으며 교사의 뒷모습을 촬영하고, 이 학급의 어떤 학생은 촬영 사건 일주일 전에 웃통을 벗고 성(性)적으로 예민한 신체 부위까지 보여 학급의 학생들이 박장대소하는 상황을 연출했다. 이 교실의 모습처럼, 수업권이 상시적으로 침해되는 현상은 이제 우리 교실의 일반적인 모습이 됐다.

아울러, 이런 엄청난 교권 침해 사례가 발생했을 때 교사가 할 수 있는 일이 없다는 점도 우리 교육계에 광범위하게 퍼진 일반적인 현상이다. 이는 교사의 권리는 없고 의무만 강조하는 학생인권조례의 영향이 아주 크다. 이런 조례의 영향 아래서 교사는 그저 참을 수밖에 없다. 만약 참지 못해서 수업을 중단하면 교장에게 문책을 받아야 하고, 학생을 나무라면 학생과 학부모의 엄청난 반격이 예상된다. 그래서 어쩔 수 없이 그저 묵묵히 수업만을 진행하는 교사는 정말 무능한 교사인가? 아니다, 절대 아니다. 이는 그저 대한민국의 교육에 관련된 법이 교사에게 훈육과 훈계의 권리를 박탈했기에 발생하는 현상일 뿐이다. 이런 상황에서 누가 가장 피해자일까? 교사인가? 수업을 방해받은 건전한 학생들인가? 아니면 교실 한복판에서 망종의 짓을 벌였지만 그래도 아직은 한 톨의 희망이라도 있을지도 모르는 바로 이 아동들인가?

2023년 여름, 어떤 중학교 3학년 학생이 오토바이를 절도해 강도 및 강간을 저질렀다. 이 아동은 자기 엄마 나이의 부녀를 엽기적인 방식으로 성폭행하면서 그 장면을 촬영하고, 신고할 경우 피해자의 딸까지도 욕보이겠다고 협박하며 울고 있는 엄마 나이의 피해 여성을 향해 웃음으로 조롱하는 비인간적인 행태까지 보였다. 이 아동도 초등학교 때부터 주변의 아동들은 물론 선생님 알기를 우습게 알았던 것으로 알려졌다. 그 부모가 수사와 재판 단계에서 자신의 아이가 평상시 야단을 맞으면 눈물을 흘릴 줄 아는 마음이 여린 아이라며 용서를 호소했다는 보도[87]를 보고 나서, 엽기적인 변태 성도착자 강도를 자식으로 둔 부모의 '자기 자녀 중심의 과잉보호'에 기가 질렸다. 과연 이런 학생을 두고 말로만 훈계하라는 고시가 적용이 가능할지, 상상하는 것만으로도 곤란하다.

미성년자 아동들이 작당해 성매매로 유도해서 걸려든 성인 남성을 협박하고 집

---

[87] "40대女 '엽기 성폭행' 중학생 측 "꾸중하면 눈물 흘리는 아이"라며 선처 호소", 파이낸셜 뉴스, 2023년 11월 23일.

단 폭행을 해서 금품을 갈취하는 현실이다.[88] 범죄명도 적기 힘든 신종 범죄를 저지르는 아동들 중에도 아직 중학교나 고등학교를 다니는 학생들이 있다. 이들을 말만으로 제지하고 훈육할 수 있다는 현행의 제12조 훈육과 제13조의 훈계 조항은 사실상 아무 의미가 없다. 5-6년 전만 해도 이 책에 기록된 흉악한 비행을 저지른 아동들은 초등학교 3-4학년쯤이었을 것이다. 만약 그 시기에 말로 하는 조언, 상담, 주의, 훈육, 훈계가 가능하지 않은 극단적 성향의 아동들에게 조금 더 강력한 물리적인 징계 수단을 사용할 수 있었다면(초등학교 3-4학년을 체벌하자는 이야기가 아니다.), 상당수의 아동을 비행의 길로부터 구할 수 있었을 것은 의심의 여지가 없다.

그런데 언어만을 사용한 훈육 및 훈계 방법은 사실상 효과가 없는 정도가 아니라 그 부작용이 심각해서, 오히려 그런 과정을 통해 아동들은 교사의 정당한 권위에 저항하고 무시하는 방법을 배우게 된다. 그러다가는 결국 자신을 통제할 수 있는 교육적인 수단이 없다는 것을 확실히 깨닫고, 그와 동시에 범죄의 직행버스를 타게 되는 것이다. 따라서, 초등학교 5-6학년이 넘어가면서 일탈의 정도가 심한 폭언, 폭행, 그리고 교사의 지시에 대한 노골적인 거부 등에 준하는 잘못에 대해서는 훈육 및 훈계가 반드시 필요한 것이다. 이 단계에서 교사의 권위를 보장하고, 더 나아가 교사가 적극적인 훈계와 훈육뿐 아니라 체벌까지도 포함한 지도권을 행사할 수 있도록 보장해서 일부 아동이 저지르는 치명적인 일탈에 제동을 걸어야 한다. '체벌이 과연 폭행인가?'에 대한 내용은 뒤에서 중요한 주제로 자세히 다루겠다.

다행히도 학생생활지도 고시 제12조 4항에 지난 십수 년간 터부시됐던 교육 현장에서의 물리적인 제재에 대한 규정이 포함됐다. 이는 교육 현실을 현실적으로 반영한 규정이기에 환영할 만한 일이다. 그러나 이는 여전히 구체적이고 명확한 규정이 아닌 너무나 당연한 포괄적인 규정이어서, 교사가 교육 현장에서 어떤 식으로 물리적인 제지를 할 수 있는지가 빠진 '단팥 없는 단팥빵'과 같은 허전한 고시다.

앞에서 언급했던 초등학교에서 벌어진 한 사건을 다시 한번 이야기하겠다. 어느 초등학교에서 학생이 여자 담임 교사에게 달려들어 바닥에 쓰러뜨린 채 구타하는 일이 발생했다. 이를 목격한 같은 학급의 한 아동이 옆 반의 담임 교사에게 이

---

[88] "미성년자 성매매 미끼로 남성 유인해 폭행하고 돈 뺏은 10대들", 뉴스 1, 2024년 1월 17일.

를 알렸고, 옆 반의 남자 교사가 도착한 순간에도 문제 학생은 쓰러진 여자 담임 교사를 바닥에 눕히고 올라타 주먹질을 하고 있었다. 그러나 사건 현장에 온 남자 교사는 이를 적극적으로 제지할 수가 없었다. 혹시라도 구타하는 학생을 팔로 떼어내려다가 몸과 몸이 부딪혀 아동의 몸에 멍이라도 들면, 자신이 아동학대로 몰리기 때문이다. 그는 조심스럽게 자신의 몸으로 학생을 밀어내면서 여자 담임 교사의 몸으로부터 떨어뜨렸다. "괜히 학생 몸을 터치했다가 아동학대로 신고 당할지도 모른다는 두려움에 법률 자문하는 분들이 많아요."[89] 실제 교사의 이런 발언처럼, 이 남자 교사도 그런 사례가 너무 흔하다는 사실을 알기 때문에 누군가 보면 우스꽝스럽다고 할 정도의 방법으로밖에 대처를 할 수 없었던 것이다. 이런 슬픈 이야기가 언제까지 계속 이어져야 할지 안타깝기 그지없다. 이런 슬픈 이야기를 멈추기 위해, 교육 현장에서의 물리력 행사에 대한 명확한 법 규정이 시급히 만들어져야 한다. 얼마나 더 교육 현장에서 처참하게 붕괴된 교단과 교실의 모습이 발견돼야 교육 현장이 개선되는 걸까? 십수 년을 말로만 교육한 결과 이런 부작용이 넘쳐나는 현실이 됐는데, 얼마나 더 많은 교사와 피해 아동들의 피가 흐르고 얼마나 더 많은 아동들이 소년원을 전전해야 하는지 모르겠다. 실제로 2016년부터 2021년 사이 17만여 명이나 되는 학교 밖 청소년이 발생해 소년원과 길거리를 헤매고 있다.[90] 이런 끔찍하고 안타까운 현실을 외면한 채 지금도 여전히 무감각한 자유주의 교육관(자유주의 교육의 전체를 부정하는 것은 아니다.)을 신봉하는 사람들의 믿음이 이제는 그저 놀라울 뿐이다.

다시 주장하지만, 물리력 행사에 대한 교사의 훈계를 사용할 수 있는 세부적인 규정을 명시하고, 물리력 행사의 유형도 규정으로서 구체적으로 정해야 한다. 다행히도 학생생활지도 고시에 그에 대한 규정이 상징적으로나마 정해졌다. 이것이 바로 학생생활지도 고시 제12조(훈육) 4항이다. 이 조항의 적용 영역을 조금 더 구체화하고 확장한다면 교육 현장에서 교육적인 유용한 도구로 사용할 수 있을 것이다.

학생생활지도 고시 제12조 4항의 규정(학교의 장과 교원은 자신 또는 타인의 생명, 신체에

---

[89] "학생들 싸움 말려도 '아동학대' 고소 당해…교사 1252명 고소 당했다", 디지털 타임즈, 2023년 7월 23일.
[90] "학업중단 5만 명 학교 밖 17만 명 내년부터 기본통계 구축", 정책주간지 K 공감, 2023년 11월 30일.

위해를 끼치거나 재산에 중대한 손해를 끼칠 우려가 있는 긴급한 경우 학생의 행위를 무리적으로 제지할 수 있다.)은 일단 학생의 행동에 대한 물리적인 제지를 규정해서 다행스러운 마음이 든다. 그러나 그 내용을 음미해 보면 두 가지 부분에서 동시에 참담한 마음도 든다. 첫째는 교사의 훈육 부분에 규정된 제12조 안에서 교육을 목적으로 한 훈육의 과정에서 사용할 수 있는 물리력에 대한 내용이 아니라, 거의 자연법으로도 보호받아 왔던 정당방위에 해당하는 내용을 기재하고 있다는 점이다. 이는 인간으로 누려야만 하는 지극히 당연한 방어권에 관한 내용이다. 굳이 학교의 장과 교원이 아니더라도 대한민국 국민이라면 헌법과 형법에 의해 이미 또한 당연히 행사할 수 있는 권리고 보호 받아야 할 부분인데, 학생생활지도 고시의 훈육이라는 영역에 이런 규정을 포함하고 있다는 사실에 말문이 막힌다. 오히려 이런 규정을 제정했다는 것 자체가 그동안 교사들이 얼마나 학교에서 학생들에게 무기력한 태도로 지내 왔는지에 대한 방증이기 때문에 서글퍼지기까지 한다. 또한 정당방위나 스스로를 구하는 자구 행위에 해당하는 내용까지 생활지도안에 고시된 것 자체가 그동안의 수많은 사례를 통해 교권이 얼마나 무참하게 무너졌는지와 교단에 선 교사들이 얼마나 법의 보호를 받지 못한 채 수업 현장을 지켜왔는지에 대한 증명이다. 또한 교육 당국에서도 이를 인식하고 있다는 증거이기도 하기 때문에 안도감이 든다. 하지만 동시에 이런 당연한 권리를 따로 규정해야 한다는 처참한 현실에 한숨이 교차되는 대목이다.

둘째는 학생생활지도 고시 제12조 4항의 뒷부분인 "이 경우 학교의 장과 교원은 교직원에게 도움을 요청하거나 주변 학생에게 신고를 요청할 수 있다."에서 확인할 수 있는 문제다. 이 조항에서 말하는 '이 경우'란 생명과 신체가 위해를 당하는 긴박하고 위험한 순간이다. 이런 상황에 놓인 피해자나 이를 목격한 목격자 입장에서 도움과 신고를 요청하는 것은 지극히 자연스럽고 당연한 조치다. 그런데 왜 굳이 이런 조항을 삽입했을까? 이 조항을 삽입한 이도 실로 개탄을 하며 특별히 이 부분을 삽입했을 것이다. 아까 전술한 초등학생의 여교사 폭행 사건에 개입된 남성 교사의 예와 같이, 아동과 관련된 사건에 상식적이고 관습적인 판단으로 개입했다가 아동 보호(진정한 의미의 아동 보호인지 의문이 들지만) 일변도로 새로 변경된 학생인권조례나 아동복지법에 의해 자칫 아동학대의 공범으로 몰릴 수 있기 때문에, 이런 조항을 삽입해서라도 최소한 도움을 준 사람들에게 면책의 근거를 마련하려는 선의(善意)의 의도가 아닐까 생각한다. 그렇지 않다면 정말 생뚱맞은 문구임에 틀림없다.

현재의 학생생활지도 고시의 핵심적인 내용이 담겨야 할 제12조 4항이 이런 결함을 가지고 있기에, 아직 교육 현장의 문제는 현재 진행형과 마찬가지다. 이 고시는 물리력을 사용할 수 있는 경우를 구체적이고 명확하게 적시해야 함에도 여전히 모호하고 광범위하게 규정하고 있다. 그렇기 때문에 교육 현장에서 명확한 규정으로 적용될 수 없어, 오히려 이를 근거로 교사가 물리력을 행사할 경우 반드시 가해 아동의 학부모와의 분쟁이 뒤따르게 되어 있다. 따라서 고시 제12조 4항이 개정되지 않은 채 현재와 같다면, 훈계의 목적과 수단으로 물리력을 행사한 교사를 조금도 보호할 수 없는 규정이 될 것임이 자명하다. 이에 학생생활지도 고시 제12조 4항을 선언적인 의미로 남겨 놓는다고 해도, 교사가 교육적인 목적으로 아동에게 물리력을 행사하는 경우를 교육 현실과 교육적 목적의 훈육에 맞게 규정해야 한다. 필요하다면 적극적으로 교육적 목적으로 사용할 수 있는 물리력 행사에 대한 면책권에 대해서 규정하는 것도 이 고시의 실효성을 배가시키는 데 큰 도움이 될 것이다. 따라서, 현행의 고시 제12조(훈육) 4항을 보완해 개정한다면 다음과 같다.

제12조(훈육) 4항
1호, "학교의 장과 교원은 자신 또는 타인의 생명·신체에 위해를 끼치거나 재산에 중대한. 손해를 끼칠 우려가 있는 긴급한 경우 학생의 행위를 물리적으로 제지할 수 있다."(선언적인 의미로 남겨두되, 도움을 요청하거나 주변의 학생에게 신고를 요청하는 부분은 훈육과 전혀 관련이 없는 내용이므로 생략했다.)
2호, "교사나 다른 학생에게 폭력을 행사하는 중의 아동에 대한 물리적인 제지는 그 폭력을 멈출 수 있는 수준의 물리력으로 신체를 제압할 수 있다."
3호, "공개적으로 교사에게 3회 이상의 폭언 중지의 지시를 받았음에도 이를 중단하지 않고 폭언을 행한 경우, 특정한 장소로 분리를 명할 수 있고(고시 제12조 6항), 이를 이행하지 않을 경우, 교사는 즉각적으로 또는 그 이후에 아동에 대해 체벌 등 물리력을 사용해 이를 시행시킬 수 있다."
4호, "고시 제12조(훈육) 또는 고시 제13조(훈계)의 과정에서 일어난 전치 2주 이하의 상해에 대해 교사가 학생을 고의로 상해를 입힐 것을 목적하지 않는 한, 교사의 정당한 훈육과 훈계 중에 사용한 물리력에 의한 상해는 면책한다."
5호, "고시 제12조와 제13조의 훈육과 훈계 중 규정된 교사의 정당한 업무 수행 중 일어난 아동의 정신적인 상해에 대해서는 교사를 문책할 수 없다."

6호, "고시 제12조(훈육)의 교사의 물리력의 행사와 방법과 정도는 정당한 행위여야 하며, 이의 행사에 대한 입증 책임은 반드시 교사에게 있으므로 CCTV 등 증거를 반드시 채증해야 한다."

필자가 제시하는 고시 제12조(훈육) 4항의 핵심적인 가치는 우리의 교육이 언어로 가능해지도록 최소한의 물리적인 안전망을 갖추자는 것이다. 현재처럼 교권이 실추한 상태에서는 교사의 어떤 지도와 훈육, 훈계도 그저 농담이나 장난으로 치부되고, 심지어 아동이 교사를 폭행하는 피해의 빌미로 작용할 뿐이다. 현재까지의 학교에서는 일반인에게도 적용될 수 있는 모욕죄, 업무방해죄, 폭행죄가 아동에 의해 교사에게 행해지는 것은 학생의 보호 차원에서 관대히 넘어갔다. 실제로 교내에서 이런 사건이 일어나면 사건을 공식화하고 외부적으로 노출되는 것을 극도로 꺼리는 교장과 교육청들에 의해, 교사는 사건이 축소되도록 압력을 받거나 학생을 용서하는 관습적인 행동을 요청받는 경우가 대부분이다. 그러나 너무도 유약한 학교 내에서의 처벌로 인해 아동을 제지할 수단은 법적인 조치밖에 없어, 사실상 처벌하지 않고 오히려 아동의 비행을 방치하고 격려하는 결과를 빚는 기능을 해왔다. 이런 상황이니 아동들이 조롱하고 모욕을 해도 교사는 그 직을 유지하기 위해 그저 못 본 척 외면하고 인내하는 모습이 교실의 한 풍경이 되어 버렸다.

필자의 견해는 아동에게 경솔하게 법적 조치를 취해 범죄의 길로 완전히 들어서게 하는 것을 결사 반대하는 입장에서 내놓은 것이고, 일반인의 경미한 형사법 수준의 범죄에 해당하는 죄를 아동이 지었다면 법적 처벌 대신 학교에서 엄정한 훈육과 훈계 절차를 밟도록 해야 하며, 이를 담보하기 위해 체벌을 포함한 물리력 사용의 권한을 교사에게 줘야 한다는 것이다. 그래야만 교사에 의해서 행해지는 교육활동들의 진정한 의미가 살아날 것이다. 문제는 이것이 과거 교사 개인이 저질렀던 폭력처럼 자의적 체벌 방식이 포함된 '체폭'이 아닌, 교육적으로 합한 훈육 및 훈계의 절차와 방법 아래서 이뤄져야 한다는 것이다. 따라서, 올바른 훈육과 훈계가 이뤄지도록 명확한 체벌 기준을 법제화하는 과정이 반드시 이뤄져야 한다.

이런 차원에서 학생생활지도 고시 제13조(훈계)도 반드시 개정해야 한다. 학생생활지도 고시 제13조는 전술한 바와 같이, 현행의 3항으로 끝난다면 요즘 아이들의 말로 "장난하냐?"에 지나지 않을 것이다. 그 장난이라는 현행의 3항은 "1. 문제 행동을 시정하기 위한 대안 행동", "2. 성찰하는 글쓰기", "3. 훼손된 시설·물품에 대한 원상 복구(청소를 포함)"라는 세 가지의 훈계 방식을 제시하고 있다. 이러한 규정은 아마 초등학교 저학년에게 적용한다고 해도 문제 행동을 일삼는 일부 아동들부터 진지하게 받아들이지 않을 것이 분명하고 애초에 이런 유약한 규정은 분명히 문제 행동을 일삼는 아동들에게 거부될 것이기에, 이로써 또 하나의 일탈 행동을 추가시키는 결과만 낳을 것이다. 이런 과정을 수십 번 반복하면 초등학교 때부터 교사를 우습게 안 채 준법은 미련한 짓으로 이해하게 되고, 결국에는 사회를 만만히 보는 무서운 '촉법소년'이 탄생하는 것이다.

따라서, 지나치게 유약한 규정으로 구성된 학생생활지도 고시 제13조(훈계)에는 엄정한 훈계의 방식과 정도를 규정해 적용해야 한다. 또한 훈계로서의 징계 부분이 엄정한 만큼, 문제 행동을 하는 아동의 일탈 정도와 아동의 연령까지 고려해 훈계의 종류와 방식을 아주 세심하게 규정해야 한다. 이는 교육 현장의 이해도가 높은 교사 중심으로 교육학, 심리학, 법학 등의 학자들이 심도 있게 연구해야 할 과제로 남겨두고, 이 장에서 그에 대한 대략적인 내용만을 제시한다면 다음과 같다. 현행의 1, 2, 3호는 그대로 존치하기로 한다.

제13조(훈계) 3항
4호, "고시 제12조 4항 1호와 2호에 해당하는 아동에게는 그 행동을 즉시 중단시킬 수 있는 정도의 완력을 사용해 제지한 후, 반성의 정도에 따라 간접 체벌 또는 도구를 이용한 직접 체벌을 할 수 있다."
5호, "고시 제12조 4항 3호에 해당하는 아동은 물리력을 사용해 수업 공간에서 분리할 수 있고, 이후 심의를 거쳐 반성의 정도에 따라 간접 체벌 또는 도구를 이용한 직접 체벌을 할 수 있다."
6호, "물리력의 행사에 대한 방식과 규정은 따로 정하며, 학생의 진지한 반성의 자세가 있고 학생 본인이 체벌 대신, 대체 벌을 요청하면 1회에 한해 대체 벌을 줄 수 있다."
7호, "물리력의 종류와 행사 방식, 체벌의 종류와 행사 방식, 대체 벌의 종류와 행사 방식은 별도로 정한다."

모든 법이 완전할 수 없고 시행 과정에서 여러 착오가 나타나겠지만, 엄정한 조치를 시행한다면 적어도 아동들에 의한 폭력으로 얼룩진 학교 현장의 비극들은 수년 내로 저학년에서 고학년으로 옮겨가는 정도로 정화될 것이다. 적어도 폭력과 그에 준하는 교권의 도전을 용납하지 않는 교육의 훈계 시스템이 작동하면서 학교는 교사와 학생 사이의 제대로 된 질서를 회복하게 될 것이다. 일탈과 비행, 그리고 폭력으로 길들여진 아동들이 주도했던 우울했던 학교의 분위기는 이로써 교사에 의해 진리와 학문을 가르치며 밝고 도전적인 성취와 기쁨이 넘치는 분위기로 전환될 것이고, 권위의 부재로 인해 혼란에 빠진 스승과 제자의 관계가 회복되어 행복한 교사가 행복해질 아동들을 가르치게 되는 이상적인 교실이 될 것이다. 최소한 양심에도 부끄러울 정도로 학부모들이 교사를 고소하고 고발하는 현상은 사라질 것이다. 그리고 아동들이 학교다운 학교에서 학생다운 학생들과 꿈과 우정을 나누면서 열정의 청년으로 도약하게 될 것이라고 확신한다.

이제 본서의 가장 핵심적인 부분으로 다룰 '체벌은 폭력이 아니다'라는 사실과 '체벌이란 무엇인가'에 대한 구체적인 내용이 남았다. 이 부분은 본서의 중대한 주제로서 뒷부분에 자세하게 다루겠다.

22

환자인권조례와 환자복지법

결국, 만병민국은 '따끔'을 이기고
진정으로 병을 치료할 수 있는
의사의 부재로 인해 멸망을 자초한 것이다.
그 결과, 수많은 수술들과 함께
의사도, 환자도,
그들의 삶의 터전인 국가와 민족의 역사까지도
'따끔'의 통증과 함께
2023년 지구상에서 완전히 사라져 버렸다.

    전 국민의 90% 이상이 환자로 구성된 '만병민국'이 있다. 이 나라는 모든 국가기관과 법 체제가 환자를 중심으로 편제된 나라다. 대통령조차도 30여 가지 이상의 질병에 시달리는 후보를 선택했을 정도로 모든 정책이 환자를 중심으로 시행되고 있는 나라다. 특별히 그 나라에서 공포된 법 중에 가장 중요한 비중을 차지하는 것은 십수 년 전에 제정한 '환자인권조례'와 최근 수년 사이 개정을 완료한 '환자복지법'이다. 환자가 절대다수인 이 나라에서 환자의 권리 실현에 최우선을 둔 '환자인권조례'와 '환자복지법'의 적용을 두고 만병민국에서는 여전히 환자와 의사들 사이에서 열띤 논란이 일어나고 있다. 이에 원인을 제공하는 규정을 아래에 발췌해 놓았다.

"환자인권조례"

제2장 환자인권
제1절 차별받지 않을 권리

제5조(차별받지 않을 권리)
1. 환자는 성별, 종교, 나이, 사회적 신분, 출신지역, 출신국가, 출신민족, 언어, 장애, 용모 등 신체조건, 임신 또는 출산, 가족형태 또는 가족상황, 인종, 경제적 지위, 피부색, 사상 또는 정치적 의견, 성적 지향, 성별 정체성, 병력, 징계, 성적 등을 이유로 차별받지 않을 권리를 가진다.
2. 환자는 다른 환자와 비교되지 않고 정당하게 치료받을 권리를 가진다. 병원장과 의사, 간호사는 환자들을 과도하게 경쟁시켜 치료시켜 환자의 휴식권을 침해하지 않도록 해야 한다.

제2절 고통 및 위험으로부터의 자유

제6조(고통으로부터 자유로울 권리)
1. 환자는 주사, 수술, 발치, 마취, 투약 등에서 일체의 물리적, 심리적 고통으로부터 자유로울 권리를 가진다.

"환자복지법"

제17조(금지행위) 누구든지 다음 각 호의 어느 하나에 해당하는 행위를 해서는 아니 된다.
1. 환자를 돈벌이의 수단으로 사용하는 행위
2. 환자에게 음란한 행위를 시키거나 이를 매개하는 행위 또는 아동에게 성적 수치심을 주는 성희롱 등의 성적 학대행위
3. 환자의 신체에 손상을 주거나 신체의 건강 및 발달을 해치는 신체적 학대행위
4. 환자의 정신건강 및 발달에 해를 끼치는 정서적 학대행위

이런 조항 중 환자와 의사에게 가장 광범위하고 예민하게 영향을 미치는 조항은 환자인권조례 6조 1항과 환자복지법 제17조 3항과 4항이다. 환자인권조례의 제정 이후, 만병민국의 환자들이 주시하는 부분은 차별 조항이었다. 특히, 조례 제5조 1항의 경제적 지위와 성적 등에 의해 차별을 받지 아니한다는 것은 만병민국의 국민이라면 병원에서의 삶이 가정에서 보내는 시간보다 많기 때문에, 누구에게나 첨예한 관심이 생기는 조항이었다. 이 법의 제정 이유 중의 하나도 병원에서 의사에 의해 발생하는 환자들에 대한 불평등한 처우였다.

특히 경제적인 지위가 있는 환자는 일단 의사들의 왕진 서비스와 재택 서비스까지 가능할 정도였기에, 일반 환자 국민의 눈에는 쌍심지가 타오르듯 불만과 분노가 각종 언론과 SNS를 비판 성토의 장으로 만들어 버렸다. 경제적 지위와 함께 만병민국의 환자들에게 불만과 질시의 대상이 된 이들은 유명 일류대학을 졸업했거나 재학하는 경우였다. 왜냐하면 이들은 인맥과 더불어 앞으로의 성공 가능성과 경제적 지위가 높아질 수 있는 잠재 능력을 가지고 있기 때문이었다. 이들에게는 병원

에 내원해서도 번호표 없이도 즉시 진료를 받을 수 있는 자격이 주어졌다. 고등학교에서 공부를 잘하는 상위 0.3% 안에 드는 학생에게도 같은 이유에서 병원비 감면 등 다양한 혜택을 줬다. 이런 불평등한 상황임에도 불구하고 그저 일반 시민들의 불만이 언론이나 SNS에서 표출되는 정도지, 집단행동을 일으키는 사태는 전혀 없었다. 그런 혜택을 받은 만큼 소위 의료 상류층이라 하는 이들은 여러 형태로 만병민국의 의료 부분에 아낌없는 투자를 했고, 환자의 진료 환경 개선에 대한 정책적인 고려를 최우선으로 했기 때문에 그 정도의 차별은 용인됐던 것이다.

'환자인권조례'와 '환자복지법'이 정해진 배경은 이러했다. 십수 년 전, 만병민국 중소 도시의 작은 병원에서 의료 사고가 발생했다. 의료 사고는 두 명의 고등학생 환자가 교통사고로 내원한 것으로부터 시작했다. 두 학생 모두 생명에는 지장이 없는 정도의 부상이었다. 하지만 양쪽 모두에게 다리의 골절로 인한 수술이 필요한 상황이었고, 작은 규모의 병원에서는 수술의 순서를 정하는 것이 중대한 문제였다. 게다가 또 하나의 큰 문제는 출혈이 상당히 많은 아이는 공부를 못하는 학생이었고, 그에 비해 출혈이 적은 아이는 공부를 아주 잘하는 학생이었다는 것이다. 만병민국의 의료 시스템은 학생인 경우 의료 보험 번호를 입력하면 초등학교부터 현재까지의 전 학년 평점을 확인할 수 있었고, 이를 치료 우선순위에 반영하는 나라였다. 이 두 학생도 이 기준으로 수술의 우선순위가 정해졌고, 병원에 도착한 양쪽의 부모들도 한쪽은 이를 당연하게, 한쪽은 불만을 가득 품은 채 지켜봤다.

먼저 수술을 받는 공부를 잘하는 학생이 수술 전 얇은 고급 바늘로 링거 주사를 맞았기 때문에, 두 번째로 수술을 받는 공부를 못하는 학생은 남아 있던 두꺼운 구식 바늘로 링거 주사를 맞아야 했다. 그 과정에서 두 번째로 수술을 받기로 한 학생이 링거 주사를 맞다가 사망하는 사고가 발생했다. 의료 사고를 접한 의료진과 경찰들의 부검 결과, 원래 가지고 있던 지병으로 뇌출혈이 발생해 사망한 것으로 밝혀졌다.

사망한 학생의 아빠는 망연자실했다. 그는 경제적으로 부유하지도 않았고 소년기부터 공부를 잘하지도 못했지만, 그 지역의 노동조합 대표를 역임해 사람들에게 신망을 받는 유능한 사람이었다. 그는 평소 이런 차별에 환멸을 느껴, 이전에도 몇 번 환자 차별 철폐 운동을 격하게 벌이다가 투옥된 이력도 있는 활동력이 강한 사람이었다. 그러나 그는 자신의 아이가 교통사고의 쇼크로 인해 평상시 가지고 있던 지병이 뇌출혈을 일으켜서 사망에 이르렀다는 사실을 믿지 않았다. 따라서, 그는 평상시 만병민국의 의료 체계와 환자 차별 행위에 대해 가지고 있던 불만을 대입해 자기 아들의 의료 사고를 차별로 인한 사망 사고로 단정했다. 구식 바늘의 비위생적인 상태와 두껍고 거친 바늘의 혈관 삽입으로 인한 쇼크로 사망했다고 주장하면서 '대국민 차별금지 투쟁'을 벌여 나갔다. 그의 격정에 찬 언론 인터뷰 화면의 위에는 언제나 붉은 글씨로 된 굵은 헤드라인이 흐르고 있었다.

"고등학생, 녹슨 굵은 주삿바늘로 고통스러운 쇼크사"

선동이 성공하면, 대중은 믿을 만한 것을 믿는 것이 아니라 믿고 싶은 것만 믿는다는 사실은 역사가 가르쳐 주는 교훈이다. 만병민국의 거의 90%가 넘는 환자들 중 차별을 받는다고 생각하거나 한 번이라도 병원에서 차별을 받아왔던 사람들은 상류층 1%를 제외한 나머지 99%에 해당하는 만병민국 대부분의 국민이었다. 이들은 이 의료 사고를 계기로 일어나 뭉치기 시작했다. 평상시에 차별을 받아왔던 불만이 녹슨 주삿바늘과 고통 속에 쇼크사를 했다는 고등학생의 주검, 그리고 깡마르고 거무죽죽한 얼굴로 이마에 붉은 머리띠를 동여맨 채 불결한 링거줄에 녹슨 못을 박아 온몸에 두르고 나온 사망 학생의 아빠의 미친듯한 절규와 호소와 함께 맞물려 전 국민에게 강력하게 먹혀들기 시작했다.

며칠간 시위 현장이 톱뉴스로 보도되더니, 이어서 여러 단체들도 시위에 참여하기 시작했다. 특히 경제적인 약자로 언제나 차별을 받고 있다고 생각한 노동조합과 지방 대학, 그리고 고등학교 학생들이 주도적으로 시위에 합류했다. 거기에 더해, 의사와 간호사들에게 기생 관계에서 언제나 을의 역할만을 했던 약사들도 쇼크사한 학생의 아빠를 지지하는 성명을 발표하면서 시위에 나섰다. 약은 아무 문제도 없었으며, 교통사고 수술을 앞둔 상태의 환자에게 두꺼운 바늘로 혈관을 뚫는 것이 얼마나 큰 충격이며, 그것이 환자를 죽음으로 몰기에 충분하다는 데 동의한다는 성명을 만병민국 전국약사협회장의 명의와 7만 명 약사의 서명과 함께 발표했다. 그러나 국민 가운데 누구도 발표된 사실이 비전문가에 의한, 마치 교육에 전문성이 없는 심리학자가 교육적인 진단을 내린 것과 마찬가지인 신뢰할 수 없는 정보라는 사실을 인식하지 못했다.

사태가 이 지경에 이르니, 그 후 각종 정당의 대표들도 연합해 시위에 참여했으며 시위는 점차 정치의 장으로 변질됐다. 대중의 선동에 능한 정치인들이 나서자 시위의 열기는 정권을 향해 나아갔다. 사태가 이 정도에 이르자 삽시간에 만병민국 대통령 관저 앞 통증 광장에서 100만 환자들이 궐기 대회를 열었다. 어차피 90% 이상의 국민이 환자인 이 나라에서 100만 명의 환자가 붉은 링거줄을 목에 감고, 링거줄이 꽂혔던 학생의 오른손을 상징하기 위해 붉은 종이컵에 촛불을 넣어 흔들며 대통령 관저를 향해 외쳤다.

"아들 죽인 녹슨 바늘, 대통령은 사과하라! 아이구 아야, 윽! 아이구 아야, 으악!"

이들의 구호에 이미 진실은 사라졌다. 더 이상 진짜 사인(死因)도 중요하지 않았다. 쇼크사한 고등학생의 죽음 이후로부터 불과 한 달 만의 일이었고, 그 사이 의사협회와 정부에서 쏟아냈던 수많은 공식 보고서와 외국의 명망 높은 학자의 보고서도 그저 쇼크사를 덮기 위한 치졸한 정부의 거짓말로 치부돼 버렸다. 다만, 고등학생의 죽음을 통한 정치적 계산만이 녹슬지 않은 채 시위 현장에서 번득일 뿐이었다.

상황이 이쯤 되니 대통령이 사과를 해야 하는 상황에까지 이르렀다. 유능한 정치술이 있는 대통령이었다면 방관만 하지 않고 오히려 이를 기회로 정치적인 이득을 챙겼을 텐데, 불행히도 정치적인 능력과 순발력이 떨어지는 노쇠한 대통령은 그저 자리에 앉아 사과를 해야 할지 말아야 할지만 고민하고 있었다.

불행하게도, 시위대의 구호는 얼마 지나지 않아 더 이상 사과만을 요구하지 않았다. 시위대의 세력이 정권을 누를 만큼 강하다는 정치인들의 계산에 따라, 구호를 사과에서 하야로 바꾸는 동시에 각종 루머를 퍼트렸다. 존재하지도 않는 녹슨 주삿바늘에서, 뜬금없이 몸에 해롭다는 싸구려 알루미늄 바늘이 등장했다. 몸에도 유해한 싸구려 알루미늄 바늘이 저소득층과 공부를 못하는 계층을 겨냥해 위장 제작되어 유통됐다는 것이다. 명백한 거짓이었지만 시위대의 외침과 군중의 분노에 거짓은 이윽고 사실이 됐다. 시위 현장에서는 가짜 바늘을 제조했다는 공장장의 양심선언과 함께 기자 회견이 열리고 있었다. 그러나 그가 정말 바늘을 제조한 공장장인지 의문을 제기하거나 확인하는 사람은 아무도 없었다. 그런 상황에서 당연히 언론도 그의 신원을 확인할 노력을 기울일 필요가 없었다.

이 일 후로 성난 군중은 폭도로 돌변하기 직전까지 시위를 계속 이어갔고, 결국 노쇠한 대통령은 그들의 외침대로 대통령직에서 내려왔다. 새로운 정치 세력으로 등장한 군소연합 정당의 리더들은 군중의 바람대로 새로운 정치판을 짰다. 녹슨 바늘은 불평등한 의료 시스템에 추상적인 상징성을 부여했다. 선동은 고도의 심리적 기술이다. 선동적인 구호에 추상적인 가치를 부여하면 굳이 녹슬지 않는 비싼 티타늄 바늘을 만들지 않아도 되고, 비용까지도 절감된다. 아울러 정치적인 부담에서도 해방되니, 시위를 조종했던 정치 그룹은 모든 고통의 원인을 녹슨 바늘로 돌렸다.

"만병민국의 환자들은 누구도 고통받아서는 안 된다!"
"다시는 고통 속에 쇼크사하는 아이들이 나와서는 안 되겠다!"

그래서 제정된 것이 '환자인권조례'였고 그 핵심 조항은 제5조에서 출발해 이제는 제6조가 됐다. 이제 만병민국에서 '고통'은 무조건 나쁜 것이자 폭력이었고, 따라서 '고통'을 주는 것은 환자의 인권을 가장 잔인하게 짓밟는 행위라는 사실이 법제화됐다. 이에 이의를 제기하면 어떤 누구라도 즉시 처벌을 받아야 했다. 특히 이 조례의 시행을 강력하게 뒷받침하기 위해 기존의 '환자복지법'이나 '환자 학대범죄 처벌법' 등을 몇 번의 법 개정을 통해 현행과 같이 만들었다.

이런 법들의 영향력은 상상 이상으로 강력했다. 만병민국 전 국민의 90% 이상을 차지하는 환자 수에 비해 턱없이 부족했던 의사들은 이제까지 거의 독점적 지위에서 환자들에게 제왕적으로 군림을 해왔다. 하지만 환자인권조례가 제정되고 이를 뒷받침하는 환자복지법 등이 개정돼 강화되면서, 환자의 인권이라는 이름 앞에 의사들은 굴복할 수밖에 없는 현실이 펼쳐졌다. 이런 현실을 가능하게 만든 근거 법령이 바로 환자인권조례 제6조(고통으로부터 자유로울 권리) 1항 "환자는 주사, 수술, 발치, 마취, 투약 등에서 일체의 물리적, 심리적 고통으로부터 자유로울 권리를 가진다."였다. 그리고 이를 위반하면 환자복지법 제17조 등을 통해 의사들을 환자 학대범으로 규정해 행정적으로 의료 현장에서 퇴출시켰을 뿐만 아니라, 민형사상의 법적 책임을 물어 감옥까지 보내는 경우가 상당수 발생했다.

평상시 엘리트 의식으로 높은 자존심과 함께 사회와 국가에 의료라는 전문 영역에서 봉사하며 세웠던 그들의 높고 견고한 성은 그렇게 금이 가기 시작했다. 이런 법들이 시행되기 전에는 환자에게 권위적인 의사들이 상당수 있었던 것도 사실이다. 환자들에게 무례하게 행동하는 의사도 있고, 반말하는 경우는 의사가 환자를 친근하게 대하는 것쯤으로 여겨졌다. 심지어 간호사들까지 환자들에게 함부로 대해도 환자는 눈치 보기에만 급급했다. 대부분의 의사가 너무 바쁜 나머지 오진하는 경우도 많았지만, 의사에게 불평을 할 수 있는 환자는 사회 분위기상 존재하지 않았다. 기존의 이런 분위기에 편승한 일부 의사들은 거만하게 진료하거나 진료를 거부하기도 했다. 심지어 어떤 의사들이 환자를 수술실에 눕혀 놓고 간호사에게 대리 수술을 하라고 지시하는 사례도 비일비재했다.

그러나 현행의 '환자인권조례'나 '환자복지법'이라면 이런 일을 하는 의사들을 법적인 차원에서 거의 파멸에 이르는 수준까지 통제가 가능하기 때문에, 의사들은 자동적으로 자세를 낮출 수밖에 없었다. 의사들이 진료를 거부하거나 미루는 것을 환자를 고통 속에 방치하는 것이라고 하며, 그들에게 가혹할 정도의 죄책을 물었다. 심한 경우 병원장의 교체나 병원의 폐쇄까지의 조치도 법상 가능했다. 법이 시행된 지 1-2년도 안 돼서 의사들은 환자에게 더없이 공손해졌다. 환자들은 한동안 어리둥절하다가 곧 세상이 바뀌었음을 실감하고 의사들을 막 대하기 시작했다. 의사가 조금만 불성실하거나 피곤한 기색으로 응대를 하면 환자인권조례 제6조 1항과 환자복지법 제17조 4항의 환자 학대범으로 고소와 고발을 했고, 환자를 보호해야 한다는 명분으로 해당 의사를 업무 배제를 통해 연구실 등 환자와 대면이 없는 한직으로 짧게는 일 년, 길게는 삼 년을 내보냈다. 거기에 더해 고발된 의사는 의료인 진료 심사부터 수사, 그리고 재판에까지 이르는 지독한 과정에 시달려야 했다. 매년 수백 명의 의사가 주사를 놓다가 '따끔'했다는 환자의 주장에 의해 신고가 됐고, '따끔'으로 인한 '환자 신체 학대범'과 '환자 정서 학대범'으로 고소와 고발이 돼 억울한 고초를 겪는 일이 의료계 전반에 광범위하게 발생했다. 의사와 간호사들의 사기는 급격히 위축됐다. 이런 사회에서 의사들은 자존심에 치명상을 입어 도중에 의사직을 포기하는 경우도 상당히 많았고, 심한 경우 억울함을 호소하며 스스로의 삶을 마감하는 의사도 매년 수십 명씩 생겨났다.

만병민국에서 의사로서의 삶을 포기하게 만드는 가장 큰 이유는 환자에게 고통을 주는 것을 금하는 조례 6조 1항의 규정이었다. 수십 글자에 불과한 법조문 한 줄의 위력이 이렇게 클 줄은 아무도 상상하지 못했다. 그러나 이것으로 인해 환자와 의사의 지위가 완전히 역전됐다. 그렇기 때문에 환자들은 열광했다. 이 조례의 제정과 관련법의 개정을 통해 드디어 평등이 찾아왔고, 환자의 건강한 삶이 신장됐다고 만족해했다. 하지만 만병민국 환자들의 건강한 삶은 5-6년도 채 이어지지 못했고, 점점 병들어가기 시작했다. 일부 국민 중에는 치명적인 신종 전염성 암에 걸려 오직 격리 일변도인 방역 정책 아래 꽃도 피우지 못한 삶을 이름만 병원인 열악한 시설 속에서 어떤 인권도 보장받지 못한 채 마감하는 사람도 있었고, 그 수는 점점 늘어갔다. 헌법상 보장된 국민의 권리를 단 하나도 누리지 못한 채 병원균 취급을 당하며 속절없이 죽기만을 기다리는 것은 그저 폐기 처리되는 것과 다르지 않았다.

아이러니하게도 이런 환자들의 인권 유린 역사의 시작은 환자의 인권을 위한 조례 6조에서 시작됐다. 만병민국의 환자인권조례는 '고통을 주는 것' 자체를 범죄로 규정했다. 따라서, 주사를 놓는 것도 '따끔'하는 고통을 수반했다면 환자인권조례의 위반이고, 이를 환자가 환자보호센터에 신고하면 즉시 환자권익위원의 공식적인 심사가 시작됐다. 신고를 당한 의사는 즉각적인 업무 배제는 기본이고, 신고를 당한 행위에 대한 정밀 조사를 받게 된다. 조사원은 주사침의 각도, 주사한 부위, 주사한 양, 주사 후 출혈의 상태와 그 이후의 조치 등을 세밀하게 확인한 후 통과하기 불가능한 규정, 예를 들면 주사침이 0.01mm 이상 더 침습했다거나, 주사액이 0.01ml 덜 들어갔다거나, 아니면 주사 후 침을 빼는 속도가 규정보다 빨랐다거나 하는 일반인으로서는 상상도 할 수 없는 지극히 경미한 위반 사실을 들어 고소와 고발을 진행했다. 이것은 다시 말하면 환자가 고통을 느꼈을 거라는 가능성이 아주 조금이라도 인정되기만 하면, 의사는 그 즉시 환자의 신체와 정서를 학대한 학대범으로 고발된다는 뜻이었다.

의사가 이런 고발에 휘말리게 되면, 업무에 배제된 공황 상태에서 거의 2-3년의 지루한 법정 싸움에 끌려 들어가 시달리게 되고, 그 과정을 지나며 얼마 지나지 않아 곧 심신이 피폐해졌다. 그러나 이 소송의 결과는 의외였다. 고소 및 고발된 의사 중 통계상 97.3%만이 무혐의를 받고, 고발 조치 된 3%의 의사는 면허 박탈 및 민형사상의 가혹한 처벌을 받아 범죄자로 전과자로 신분이 전락했다. 그 결과, 일반적인 삶을 회복하기 불가능할 정도의 사회적, 경제적 치명상을 입었다.

그러나 더 억울한 처사는 무혐의 처분을 받은 의사에게도 존재했다. 억울한 상황에서 그 혹독한 과정을 다 거쳤음에도 불구하고, 피해를 본 전문인으로서 신고를 한 환자에게 어떤 배상 청구도 할 수 없었다. 왜냐하면 환자의 진정을 통해 고발센터가 주체가 돼서 고발이 이뤄졌기 때문이다. 상황이 이렇게 되면 고발센터를 대상으로 어떤 형태의 보상이라도 요구할 수 있을 것 같지만, 고발센터는 법에 의해 신고인인 환자의 의뢰에 따라 고발을 한 것뿐이다. 그리고 법에 의한 고발 요건에 의하면 아주 극단적으로 경미한 정도의 규정 위반으로도 의사를 고발하는 일이 가능하기 때문에, 고발센터는 법령상 아무 책임이 없었다. 그래서 의사는 아무 보상도 받을 수 없는 것이다. 정작 의사의 고통은 환자의 불순한 의도로 인한 신고에 한 번에 의해 촉발됐지만, 막상 의사는 법정에서 환자와 관련된 각종 법과 싸워 어렵게 이겨도 자신이 고발되면서 생긴 막대한 피해를 보상받을 수 있는 방법이 그 어디에도 없었다. 의사로서는 불필요한 업무 배제로 인해 생긴 막대한 기회비용과 방어를 위한 법무 비용을 회복할 방법이 결코 없기 때문에 그들은 승소를 하고서도 통곡할 수밖에 없으며, 그저 책임 전가를 위해서만 존재하는 것 같은 악마의 순환 구조를 원망할 수밖에 없었다.

이에 의사들은 주사를 놓기 전 '따끔'하는 고통을 줄이기 위해 피부 마취제를 사용하기 시작했다. 주사를 안 놓는 것은 진료 거부에 해당하므로, 그렇게 할 경우에는 환자복지법상 사형 선고와 같은 중벌이 내려졌다. 그렇기 때문에 의사로서 활동하는 한 환자에게 주사를 놓는 것은 피할 수 없는 일이었다. 하지만 주사를 놓자니 환자에게 '따끔'하는 고통을 주지 않는 일은 불가능하기에 이에 대한 대책을 세운 것이다. 그 대책은 주사를 놓기 전 주사 부위에 마취 크림을 바르고 십 분이 지난 뒤에 주사를 하는 것이었다. 의사나 간호사의 불편함은 이만저만이 아니었다. 그러나 이는 환자의 입장에서도 번거로운 일임에 틀림이 없었다. 그러나 고통 없이 주사를 맞는 것이 나쁘지 않다고 주장하는 환자도 많았고, 정부에서는 이런 의사들의 행위를 각종 매체를 통해 환자 인권을 생각하는 진정한 보건 정책의 승리라고 선전하기도 했다. 그러나 의료인들의 생각은 전혀 달랐다.

주사에 의한 조금의 고통도 주지 않기 위해 독한 마취제를 피부에 연거푸 바르는 것은 환자의 건강에 무리가 따르는 의료 행위였다. 건강한 사람이 일 년에 한두 번 주사를 맞는 경우라면 큰 문제는 없겠지만, 일주일에 몇 번씩 주사를 맞아야 하는 만성 질병 환자나 하루에 몇 번씩이나 맞아야 하는 입원 환자의 경우, 주사를 맞을 때마다 피부에 마취제를 바르는 행위는 심각한 부작용을 일으키는 행위였다. 사실 의학적으로 볼 때 의사로서 절대로 해서는 안 되는 행위였다. 그러나 사명감을 가진 의사들이 이런 내용을 의학 전문지에 기재해도, 정부의 눈치를 보며 여론의 동향에 민감한 언론에서는 제대로 다루지 않았다. 그리고 이런 사실을 밝히면 정부의 뜻과 다르다며 괜한 트집을 잡혀 병원 운영에 차질을 빚을 만큼의 각종 조사에 시달려야 하기 때문에, 이를 공개적으로 이야기하는 의사는 거의 없었다. 특히 문제는, 유아기의 아동이나 신생아, 임산부, 그리고 간에 질환이 있는 환자들이었다. 이들에게 피부에 바르는 마취제는 단 한 번의 사용도 치명적일 수 있기에 선량한 양심을 가진 의사라면 결코 그들의 피부에 마취제를 도포할 수 없을 것이다. 그러나 의사의 권위가 바닥으로 떨어져 작은 실수도 용납되지 않은 채 처벌되는 만병민국의 상황에서, 의사들은 가만히 진료 거부만 하다가 중벌에 처할 수는 없는 노릇이었다. 그렇다고 '따끔' 정도의 아주 작은 고통도 용납되지 않는 상황에서 주사를 놓다가 고소 및 고발을 당할 수도 없기 때문에, 만병민국의 의사들은 어쩔 수 없이 고통 없는 주사만을 목적으로 마취제를 바르고 주사를 놓았다. 의학 분야가 워낙 전문적인 지식이 필요한 독점적인 정보의 영역이기 때문에 일반 환자들은 대개 이런 부작용을 상상도 하지 못했고, "따끔하지 않으니까 좋다!"를 연발하는 언론에 세뇌되고 있었다.

이런 현상을 따라, 일반인들도 우려하는 문제로 떠오른 것은 진료비 문제였다. 환자의 '고통 금지조항'이 실행되기 이전에는 약제비를 제외한 보통 1회 주사에 드는 단가가 근육 주사는 3,000원, 혈관 주사는 5,000원이었다. 그러나 마취제를 도포한 뒤부터 1회 주사를 위한 비용은 근육 주사가 9,000원, 혈관 주사가 15,000원으로 대폭 증가했다. 조금 더 좋은 마취제를 도포한다는 명목으로 근육 주사 10,000원, 혈관 주사 17,000원의 비용을 청구하는 병원도 상당수 존재했다. 이런 의료 비용의 증가는 주사 비용만의 문제가 아니었다. 시술이나 수술에서도 고통을 없애는 과정의 치료가 추가되면 이전과 비교했을 때 십여 배 이상 비용이 증가했다. 의료비의 증가는 환자가 대부분인 만병민국 국민에게 민감한 이슈로 떠올랐다. 이런 현상은 통계적으로도 입증이 됐다. 일단, 환자와 의사의 소송 건수가 십 년 전에 비해 250% 증가했고 이에 따라 병원과 의사의 법무 비용도 무려 1500%가 증가했으며, 약물 중독에 의한 질병의 발병률이 같은 기간에 비용면에서도 각각 330%, 560%가 늘어났다. 그리고 국민 의료비의 총지출은 매년 평균 45%가 늘어, 십 년 전에 비하면 40배를 상회해 4,108%가 증가했다.

이에 경제적으로 급상승된 의료비를 도저히 감당할 수 없는 많은 환자들은 상대적으로 비용의 부담이 덜한 대체 의학을 찾아 나섰고, 이마저도 부담스러운 이들은 아예 병원에서의 진료를 포기하고 자가 치료나 민간 치료를 받았다. 도시마다 거리 곳곳에 있는 한두 군데의 유명한 '대안 병원'이 호황을 이루고 있거나, 심령술사 등의 여러 의료 사이비들이 등장해 의료 선진국이라 자처했던 만병민국의 명성에 금이 가고 있었다. 그러나 대안 병원과 대체 의학, 민간 치료 등의 증가와 유행은 그만큼 심각한 부작용도 양산했다. 이 중 고통 없는 치료를 표방한 유명 대안 병원은 환자 전원에게 지급되는 식수에 대마를 원료로 한 향정신성 의약품을 정수기 사이에 필터로 끼워 넣어 음용하게 하다가 적발됐다. 결과적으로 병원 관계자가 전원 구속됐고, 병원 자체를 폐쇄하게 된 전대미문의 의료 사건이 발생한 것이다. 또 다른 사례로, 어떤 환자는 대체 의학 기관을 찾아가서 거기서 한 처방대로 요가 자세를 따라하고 병원에서 준 음료를 마시다가, 그 처방이 자신의 심리를 억압했고 강제로 훈련을 시켰다는 주장으로 병원을 고발했다. 그리고 해당 병원의 처방이 환자에게 정서적 학대를 한 것으로 인정받아 환자가 법정에서 승소하기도 했다.

그뿐 아니라 병원은 의사와 간호사들의 만성적인 구인난에 허덕였다. 저명한 의사일수록 경제적인 여유가 있기 때문에, 환자인권조례 아래서 불안하기만 한 의사의 삶을 빠르게 포기하고 다른 직업을 구했고, 외국으로 이민을 해서 의사의 직을 유지하는 경우도 있었다. 그러다 보니 병원에서 실력 있는 의사는 사라지고 실력 없는 의사들만 늘어나기 시작했다. 그 덕분에 의료 사고는 십 년 전에 비해 590%나 뛰었고, 세계적으로 어려운 수술을 성공시켜 그 권위를 인정받았던 '만병민국'의 의료 수준은 세계 1위의 환자 유입국의 자리에서 현재는 환자 유출국 61위에 오르는 불명예를 얻었다. 의사들의 이직률도 심각해서, 대개 30대 초반 전문의 수준의 의사는 이민이나 타 직종으로의 이직이 급증했다. 종합 병원의 규모에서도 이십 대 후반의 인턴급 과장이 존재할 정도로 의료 체계가 붕괴될 조짐을 보였다.

또한 급증하는 의료 비용에 의료 보험 기금은 고갈됐고, 환자들에 대한 의료비 지급을 거절하는 사태까지 일어났다. 의과 대학의 지원율도 급감해서 만병민국의 최고 엘리트 의과 대학에서는 미달 사태가 발생했고, 성적 상위 1%만 입학했던 의과 대학의 평균 입학 석차 백분율은 상위 65%면 넉넉하게 입학이 가능할 정도로 그 수준이 바닥에 떨어졌다. 상황이 이러니 대학 병원에만 가도 맹장 수술을 할 수 있는 의사를 찾는 건 하늘의 별 따기가 됐고, 가능하다고 해도 몇몇 사립 병원의 의사들 중 겨우 손에 꼽을 만큼밖에 없었다. 그나마 수술이 가능한 병원도 수술 전, '고통규약 환자인권 포기각서'를 작성 후 변호사 입회하에 이를 공증해야만 수술을 받을 수 있었다. 게다가 수술 비용이 십 년 전의 백배를 상회하는 병원까지도 있었다.

의료 전문가들의 의견을 무시하고, 정치적인 슬로건인 '고통 없는 주사'로만 출발해 환자의 인권을 보장한다는 명목으로 제정한 '환자인권조례'와 '환자복지법'은 결국 '환자파멸조례'와 '환자파멸법'으로 전락해 버렸다. 환자들에게 '따끔'을 주지 않으려고 대신 '죽음'을 선사했고, 충분히 참을 수 있는 고통을 피하기 위해 도저히 참을 수 없는 끔찍한 국가적 현실을 체험하도록 만들었다. '만병민국'의 국민은 전문적인 영역인 의료 분야의 전문가들을 신뢰하지 않고, 십 년의 세월에 걸쳐 선동 매체의 거짓말만 추종하다가 결국, 그들의 건강과 경제적 성과, 그리고 국가의 중심인 의료 분야의 붕괴를 체험하게 된 우를 범하고 말았다. 그 붕괴의 틈바구니에 깔려 신음하는 환자 대부분이 십 년 전, 그들 스스로의 입으로 했던 말을 기억하며 회한의 눈물을 흘리고 있다.

"건강도 좋지만, 일단은 따끔한 것부터 없애고 봐야 돼."

오늘날 따끔한 고통만으로도 의사를 감옥에 보낼 수 있었던 만병민국에서는 배를 가르고 뼈를 도려내는 수술은 완전히 사라져 버렸다. '따끔'이라는 작은 통증을 피하기 위해서 제정한 법에 의해, 정작 환자의 인권은 맹장 수술도 받을 수 없는 의료 공백 상태라는 밑바닥에 떨어져 신음하는 처지로 전락했다. '만병민국'은 환자에게 있어서 간단한 수술조차 할 수 없었고, 그 결과 상태가 악화되어 생명을 잃어버리는 일이 전국에서 매일 발생하게 됐다. 결국, 만병민국은 '따끔'을 이기고 진정으로 병을 치료할 수 있는 의사의 부재로 인해 멸망을 자초한 것이다. 그 결과, 수많은 수술들과 함께 의사도, 환자도, 그들의 삶의 터전인 국가와 민족의 역사까지도 '따끔'의 통증과 함께 2023년 지구상에서 완전히 사라져 버렸다.

23

과연 체벌이 폭력인가? 페스탈로치의 견해를 포함하여

따라서 체벌의 관점에서
폭행의 구성 요건이라고 할 수 있는
행위의 고의성과
타인의 신체에 대한 유형력의 행사가 존재해
그것이 학생의 의사에 반했을지라도,
이 행위가 궁극적으로 학생에게 이익이 되는
'교육적인 목적'을 가지고 있다면
체벌을 폭력과 절대 동일시해서는 안 된다.

체벌은 폭력인가? 지난 십수 년간 유독 체벌의 문제를 거론하면 꼭 폭행, 폭력의 문제가 따라오더니, 급기야 체벌을 '폭력'으로 규정하기에 이르렀다.

"학생인권조례 제6조(폭력으로부터 자유로울 권리) ① 학생은 체벌, 따돌림, 집단 괴롭힘, 성폭력 등 모든 물리적 및 언어적 폭력으로부터 자유로울 권리를 가진다."

김상곤 경기도 교육감과 곽노현 서울시 교육감은 2010년 10월 5일 학생인권조례를 제정하면서, 2002년 3월 19일 당시 교육인적 자원부의 '공교육 진단 및 내실화 대책'을 통해 공식적으로 기존의 교육적인 훈육 체계에 포함돼 인정됐던 모든 체벌을 폭력으로 규정했다. 경기도 학생인권조례를 제정할 당시 학생인권조례 제정 자문위원장을 맡았던 곽노현 의원은 그 후 서울시 교육감에 당선되면서 한국교총의 '현장과의 의견 수렴 없는 독단적이고 독선적인 결정'이라는 비판에도 불구하고, '오장풍 교사 파문'이 매스컴을 통해 대대적으로 보도되는 상황을 이용해 나흘 뒤 체벌금지 방침을 밝힌 후 네 달도 지나지 않아 2010년 11월 1일부터 서울시 관내 모든 학교에서 체벌을 금지시켰다. 이에 2010년 12월 20일 한국교원노동조합, 자유교원조합, 대한민국교원조합 등에 소속된 절대 다수의 교사가 '체벌 전면 금지 조치에 대한 불복종 운동'을 선언했다. 하지만 현장 교사들의 의견을 전혀 고려하지 않은 가운데 졸속으로 만든 체벌금지에 관한 매뉴얼과 지침은 이미 공식적으로 발표가 된 후였다.

현장에 있는 전문적인 교사들이 그토록 반대하는 상황임에도 불구하고, 수백 년간 교육의 수단으로 사용된 체벌이라는 교육적 제도는 하루아침에 전면 금지가 됐다. 수십 년의 교육 경력을 가진 수만 명의 교육 전문가들의 목소리와 그들의 초, 중, 고등학교 교육 현장에 대한 경험과 이해는 일천(日淺)한 교육감들에 의해 모두 묵살됐다. 몇몇 자질 없는 일부 교사들의 아동학대 사건을 통해 체벌 제도 자체를 폭력으로 매도한 무지는 교육의 기간망(backbone network)을 망쳤으며, 수많은 아동을 바른 길로 견인할 수 있는 생명줄을 끊어 버림으로써 아동들의 안전망을 완전히 망가뜨리는 대참사를 일으켰다.

체벌은 진정으로 폭행이고 폭력인가? 그에 대한 대답을 하자면, 체벌은 폭력일 수 없다. 최소한 단어의 의미에 주목한다면 체벌은 절대 폭력으로 규정될 수 없다. 폭(暴)은 '사나울(햇빛 쪼일) 폭'으로 '해치다, 해롭게 한다'는 뜻이고, 력(力)은 '힘력'이다. 따라서 우리가 현재 사용하는 '폭력'이란 단어는 '힘을 사납게 쓰는 것이나 또는 힘으로 해롭게 하는 것'을 의미한다. 그러나 체벌에서 체(體)는 '몸 체'로 몸이라는 뜻이고, 벌(罰)은 '죄 벌'로 죄를 속하기 위한 벌을 의미한다. 따라서 체벌이란 '몸에 죄를 속하기 위한 행위를 하는 것'을 의미한다. 그러므로 체벌과 폭력은 언어적인 의미의 맥락이 전혀 다르다. 따라서 체벌과 폭력을 같다고 단정하는 건 일단 언어적인 맥락에서 절대 말이 되지 않는다. 아마 한문의 뜻에 능통한 율곡 선생이나 퇴계 선생이 체벌이 폭력이라는 이야기를 들으면 조금도 이해하지 못할 것이다. 만약 이 두 분에게 현재 우리나라에서 통하는 체벌과 폭력의 관계, 취지, 그리고 법적인 정의를 설명한다면, 당장 두 단어의 뜻이 전혀 맞지 않는다고 불호령을 내릴 것이 분명하다.

동양 유교의 성리학자인 두 분이기에 당연히 체벌을 옹호했을 것이라고 생각하는 이들을 위해서, 한 분의 교육자를 더 소개하려고 한다. 그는 페스탈로치Johann Heinrich Pestalozzi, 1746-1827)다. 삼육론과 민중 교육(Volksbildung)으로 잘 알려진 그는 교육 사상가이자 교육자였다. 그는 18세기에 사회적으로 천대받던 아동들을 위해 놀이터에서 깨진 유리를 주웠다는 일화로 유명한 분이다. 빈민의 구제와 국민 대중 교육을 위해 헌신했고, 동시에 무소유로 시대를 뛰어넘는 사랑의 사도였다. 루소의 에밀에 감동을 받았다는 그는 모성 교육과 가정 교육의 원리(린하트와 게르트루트(Lienhard und Gertrud): 가정 교육의 중요성을 역설한 페스탈로치의 교육 소설)를 주창했다. 그는 체벌에 대해 어떻게 생각했을까? 아페르텐에서 학교를 운영할 때 어떤 교사가 아동에게 벌을 가하자 이에 항의한 부모가 있었다. 페스탈로치가 그 부모에게 보낸 편지인 '스케이트와 체벌'[91]에서는 엄격한 훈련 과정을 진행할 때, 아동의 잘못된

---

91) J. H. Pestalozzi. ber Schlittschuhlaufen und K rperliche Zuchtigung, 페스탈로치 전집 제7권, 151152면, 1808년.

행동을 교정해야 할 때, 잘못된 행동에 대한 책임으로 아동의 경각심을 일깨울 필요가 있을 때, 그리고 부모를 대신해 올바른 사상을 알려주기 위한 표현 방식으로써 체벌이 필요하다고 말하고 있다.

"그렇다면 폭력과 체벌은 어떻게 정의(定意)해야 되는가?"

먼저 폭력(暴力)의 개념과 정의는 무엇인가? 폭력은 신체적인 손상을 가져오고, 정신적, 심리적인 압박을 가하는 물리적인 강제력을 말한다. 형법상 폭행의 개념[92]은 대체로 모든 종류의 유형력 행사로 사람에 대한 직접적, 간접적인 유형력의 행사, 사람의 신체에 대한 직접적, 간접적인 유형력의 행사, 상대방의 반항을 억압할 만한 유형력의 행사가 모두 포함된다. 특히 판례에 의하면 폭행죄가 성립하기 위해서는, 우선 상대의 의사에 반하는 유형력의 행사와 상대에게 주는 고통의 유무가 중요한 잣대로 작용한다. 여기에서 유형력이란 신체에 고통을 줄 수 있는 물리력의 작용이나, 통증의 강도와는 상관없이 폭넓은 의미의 물리적 또는 물리적으로 야기된 심리적 마찰을 총칭하는데, JTBC 손석희 사장의 사건에서 손 사장이 "정신 좀 차려라."라고 손으로 툭툭 건드렸다는 피해 당사자 본인의 주장만으로도 폭행이 성립되는 것과 같이, 조금이라도 직접적인 물리력을 행사했다고 판단되면 유형력에 해당할 수 있다. 아울러 직접적인 물리적 접촉이 없는 경우에도 상대에게 담배 연기를 내뿜는 행위, 상대 주변에 물건을 내려쳐서 부숴버리는 행위, 그리고 위협 운전 역시 상대의 의사에 반하는 행동이라면 물리적인 접촉 없이도 간접적인 유형력의 행사를 한 것이기 때문에 충분히 폭행죄가 성립된다. 그렇다면 폭행을 구성하는 핵심적인 유형력이라는 것은 결국 물리적인 힘이 가해졌는지 가해지지 않았는지가 중요한 것이 아니라, 상대가 유형력을 행사하는 이의 폭행의 의사를 어떻게 받아들이는지가 더 중요한 지표로서의 역할을 한다는 뜻이다. 그렇다면 체벌과 폭행을 판단해야 할 경우에 있어서도 더 방점을 둬야 하는 부분은 당연히 물리적인 힘의 유무가 아닌, 그 힘을 가하려 하는 의도와 목적의 실체적인 확인이라고 할 수 있다.

체벌이 폭행인지에 대해 더 분명하게 살펴보기 위해 먼저, 체벌의 개념과 정의

---

[92] 형법에서 폭력은 폭행을 포함해 광범위한 가해 행위를 지칭하며, 폭행은 직접적으로 물리력을 행사하는 일체의 행위로, 그 범위가 좁다.

를 어떻게 내려야 하는지 살펴보자. 현재 법률상으로 체벌의 정의에 대한 명확한 규정이 없다. 따라서 학설을 통해서 체벌에 대한 개념을 파악한 연구자들의 견해 중 의미가 있는 정의를 살펴본다면, "교사가 훈육을 목적으로 학생에게 의도적으로 신체적 고통을 주려는 일체의 시도"[93], "교육자가 피교육자의 행동을 변화시키려는 목표를 달성하기 위한 수단으로서 의도적으로 가하는 육체적 고통"[94], "교사 등 일정한 권한을 가진 자가 학생 등 규칙을 위반한 대상자의 징계 또는 지도의 수단으로 신체에 불이익 또는 고통을 가하는 일체의 제재"[95], "학교에서 규칙을 위반한 학생에게 권위를 가지고 있는 교장 혹은 교사가 의도적으로 신체적인 고통을 주는 것"[96], "교육 현장에서 교원이 교육상 불가피한 경우 학생에게 행사할 수 있는 신체적인 고통이 수반되는 학생 지도의 하나"[97], "교원이 교육 현장에서 교육 목적을 달성하기 위해 학생의 신체에 직, 간접적으로 유형력을 행사하는 행위"[98], "금지되어 있는 행위를 범하거나 학업이 부진한 경우 신체적 제재를 가함으로써 격려 또는 교정하고자 하는 벌"[99] 등이 우리나라에 체벌이 시행됐던 시기인 2011년도 전에 전문 교수들이 체벌에 대해서 내린 학문적인 견해들이다.

이 견해를 종합해서 공통적인 부분을 추출한다면, '교육 목적의 징계 수단으로 육체에 고통을 가하는 행위'로 요약할 수 있다. 따라서 이를 더 압축한다면, 체벌은 '교육을 목적으로 육체에 고통을 가하는 행위'라는 뜻인데, 육체에 고통을 가한다는 점만 본다면 체벌은 폭행이 맞다. 그러나 상대를 이롭게 하려는 교육적 목적 아

---

93) 노성호, "학교 폭력의 실태와 문제점", 범죄방지포럼 통권 제15호, 한국범죄방지재단, 17면, 2004.10.
94) 조국, "교사의 체벌과 정당 행위-대상판결: 대법원 2004. 06. 10. 선고 2001도5380 판결-", 서울대학교 법학 제48권 제4호:통권 제145호, 서울대학교 법학연구소, 316면, 2007.12.
95) 이인영, "사회상규의 의미와 정당 행위의 포섭범위-체벌의 허용요건과 정당 행위-", 형사판례연구, 제 13권, 형사판례연구회, 180면, 2005.
96) 정진곤, "체벌의 개념과 교육적 의미", 비교교육연구 제11권 제2호, 한국비교교육연구회, 165면, 2001.12.
97) 윤용규, "교원의 학생체벌에 대한 형법적 고찰", 형사법연구 제21호, 한국형사법학회, 130면, 2004. 여름.
98) 노기호, "초,중등학교의 교육 환경 조성의무와 학생의 학습권 보장", 원광법학 제24권 제3호, 원광대 학교 법학연구소, 2008. 9, 27면; 표시열, "한국 학교에서 아동권리협약의 적용과 과제: 체벌·징계절 차·표현의 자유를 중심으로", 교육법학연구 제20권 제2호, 대한교육법학회, 156면, 2008.12.
99) 양석진, "학교체벌 허용에 관한 헌법학적 고찰", 법학연구 제9집, 한국법학회, 138면, 2002.6.

래 육체에 고통을 가하는 체벌이 상대에게 육체의 고통을 주는 것을 목적으로 유형력을 행사하는 폭행과 같다고 한다면, 여기에는 큰 모순점이 하나 생긴다. 그것은 직접적, 간접적인 유형력과 물리력의 작용이 폭행의 관점에서 그 행위의 목적이 확연히 다를 때, 유형력을 받는 이의 유형력의 의도와 목적에 관한 의사와 해석에 따라 폭행 여부가 결정될 수 있다는 논리의 모순이다. 따라서, 물리력이 행해졌기에 무조건 그 의도와 목적을 불문하고 폭행이라고 주장하는 것에는 결코 동의할 수 없다. 명백히 사실이 아니기 때문이다. 만 보 양보해서, 비록 상대의 의사에 반해 유형력을 행사해서 상대의 육체에 고통을 줬다 하더라도 체벌로 현재의 육체적 고통을 현저히 능가하는 상대의 이득을 보장하는 것이 분명하다면, 이는 잠재적인 상대의 의사에 합한 유형력의 행사이기 때문에 개념적으로 폭행 자체가 성립되지 않는다고 봐야 마땅하다.

다시 강조하면, 체벌을 받는 상대(아동)의 의사(意思)에 반하는 행동이 '교육적 목적을 위한 행동'이라면, 무엇보다도 먼저 상대의 의사(意思)가 과연 올바른 것인지 아닌지를 확실히 분별하는 것이 가장 중요하다는 것이다. 따라서 체벌과 폭행을 구별할 때는 첫째, '교사가 교육의 목적이 있는가?', 둘째, '교사의 의도와 목적이 무엇인가?', 셋째, '학생은 어떤 수준의 판단 능력을 가졌는가?'에 대한 교육적 고려를 근본적으로 전제해야 한다. 만약 첫째, 교사가 학생을 위한 교육적인 목적이 명확하고 그것이 학생의 이익에 부합한다면, 둘째, 객관적으로 판단할 때 학생의 행위가 긴급히 물리력을 행사해서 제지하지 않을 시 학생 본인을 포함한 주변에 심각한 위험을 초래한다면, 셋째, 상대가 올바른 의사를 결정할 수 없는 특수한 상태라면 이런 경우에는 체벌이 폭행으로 규정될 수는 없다.

예를 들어보자. 유치원에 다니는 4살짜리 남자 아동이 아파트 난간에 매달려 슈퍼맨 흉내를 내고 있다. 부모가 이에 대해 말로 경고하고 말려도 아동에게는 소용이 없다. 어떤 언어적인 훈계를 해도 이를 무시하고, TV에서 봤던 슈퍼맨에 심취한 나머지 아빠의 파란 셔츠를 어깨에 두르고 엄마의 붉은 스카프를 맨 채 31층 아파트 난간에서 뛰어내리려고 한다. 불행하게도 이 아동은 높은 곳에서 떨어져 본 경험이 없기 때문에 이런 시도를 벌써 5번째나 하고 있다. 그렇다면 이런 위험한 행동을 말리려고 아동을 베란다 창틀에서 억지로 끌어내리는 부모의 행동이 집단 아동폭행에 해당된다고 할 수 있을지, 체벌을 폭력이라고 규정한 이들이 체벌을 바라

보는 시각으로 한번 따져보자.

　슈퍼맨 놀이를 하는 아동의 부모는 그 아동의 의사에 반해 아동을 붙잡고 끌어안는 물리적 유형력을 행사했다. 그 부모는 아동을 몸으로 직접 끌어내렸기 때문에 이는 직접적인 유형력 행사가 분명하다. 그렇다면 현행의 법과 조례가 체벌을 바라보는 관점의 법 해석으로 이는 분명히 아동 폭행에 해당하는 유죄다. 그러나 우리의 일상에서 일어나는 이런 일들에 대해 그 부모를 아무도 처벌할 수 없음은, 그 아동의 의사에 반한 부모의 유형력 행사로 인해 아동이 목숨을 구했기 때문이다. 실제로 부모가 붙잡은 부위가 방금 전까지 아팠을지라도 31층 아파트 베란다 난간에서 떨어질 경우 이 아동에게 일어날 피해와, 의사에 반한 유형력 행사로 인한 아동의 피해 사이에는 비교할 수 없을 정도로 큰 이익의 차이가 존재한다. 그렇기 때문에 아동을 끌어내린 부모의 행동은 마땅히 당연시되는 것이다. 만일 이런 시급한 조치를 아동의 의사에 반하는 유형력의 행사로 인한 폭행이 될 것으로 판단한 부모가 아무 제지를 하지 않아 아동이 그대로 베란다에서 뛰어내려 사고를 당했다면 어떨까? 도중에 생각이 바뀐 아동이 뛰어내리지 않았다 해도 CCTV로 녹화해서 이런 위험한 상황을 말리지 않고 방관만 하는 아동의 부모를 본다면, 우리 사회는 그 부모를 아동을 관리하지 않고 방치해 아동을 학대한 아동학대범으로 징벌하라고 목소리를 높일 것이다. 아울러 이런 행동은 징벌을 받기에 마땅한 아동 방임의 학대 행위임이 틀림없다.

　왜 우리는 베란다에서 뛰어내리려고 하는 아동을 강제로 끌어내린 부모를 당연히 지지하고, 그렇지 않은 부모를 아동학대범으로 징계해야 한다고 판단하는가? 첫째로, 이는 분명한 위험에서 아동을 구하고 더 나아가 추락하는 아동에게 깔리는 제3의 피해까지 방지하는 것이, 아동의 의사에 반해 결정권을 침해하고 아동에게 물리적인 손상으로 고통과 불쾌감을 주는 것과는 비교할 수 없을 만큼 오히려 아동의 이익을 보호하는 행동이기 때문이다. 둘째로, 이 아동의 의사(意思)는 놀이에 너무나 몰두한 나머지 베란다에서 뛰어내릴 경우 본인이 죽음에 이를 것조차도 모른 채 내린 잘못된 판단이며, 그로 인한 해악이나 손익을 계산하지 못한 그릇된 판단이기 때문이다. 따라서, 일단 먼저 구하고 나중에 이를 개선하도록 교육하는 것이 아동을 위한 우리 모두의 마땅한 판단이고 행동이기 때문이다. 셋째로, 이 부모는 4살인 이 아동이 잘잘못의 판단을 제대로 할 수 없는 연령이라는 사실을 선행(

先行)해서 분별한 뒤 행동했기 때문이다. 만일 베란다에 에어컨 기사가 매달려 있는데 그 부부가 에어컨 기사의 의사를 불문하고 베란다 창틀에서 끌어 내린다면, 그들의 선의를 해명하지 못하는 한 이 부부는 폭행에 의한 업무 방해죄의 처벌을 받거나 최소한 에어컨 기사에게 정중한 사과를 해야 할 것이다.

이들 부모는 베란다에 매달려 있는 4살짜리 자기 아들을 보는 순간, 최소한 이 세 가지의 판단을 통해 주저 없이 뛰어갔고 아동을 끌어 내렸다. 누가 이 부모를 아동학대로 고발할 수 있겠는가? 그 누구도 이 부모를 아동학대로 고발할 수 없음은 너무나 당연하고 명백한 사실이다. 아동이 슈퍼맨 망토와 비슷한 복장까지 갖추고 베란다에 매달릴 만큼 명백한 의사를 가졌음에도 불구하고, 베란다에서 뛰어내리려고 하는 4살 꼬마의 판단은 만약 자신이 뛰어내렸을 경우 생존할 가능성이 거의 없다는 사실을 모르는 무지한 사고(思考) 능력에서 비롯된 것이다. 또한 자신의 몸이 지면과 부딪쳤을 때 스스로를 덮칠 엄청난 고통과 생명의 파멸적 상황을 조금도 예상하지 못한 것이다. 아울러 이로 인한 엄마, 아빠를 포함한 가족들의 슬픔과 정신적 충격, 그리고 이 사고의 처리에 드는 가정적, 사회적인 비용과 예기치 못한 2차 사고 등도 계산하지 못한 것이 확실하다. 4살짜리 슈퍼맨 꼬마는 최대한 수 초에 지나지 않을 이 놀이의 결과를 조금도 예측하지 못했기 때문에 베란다에 매달려 하늘을 응시하고 있었던 것이다. 4살밖에 안 된 어린 아동은 아직 무지해 무엇이 잘못된 것이며 무엇이 자신에게 좋고 나쁜지를 구분할 수 없는, 즉, 자신에게 일방적으로 불리한 의사(意思)를 가진 존재인 것이다.

그러므로 부모의 아동이 가진 의사에 반한 유형력의 행사는, 사실상 아동이 장성해 올바른 판단이 가능한 성인이 된 후의 아동의 진정한 의사(意思)와 합한 행동인 것이다. 그러므로 이 부모의 행동은 현재의 아동의 의사에 반했을지라도 '폭행'이 아닌 것이다. 이런 예는 슈퍼맨 놀이의 아동에게서만 찾을 수 있는 것이 아니다. 우울증으로 한강의 난간에 매달린 이십 대 청년을 구한 택시 운전사도 이런 판단에서 고민하지 않고 청년을 끌어당겨 그 파멸적 상황에서 구한 것이고, 그렇기 때문에 사회에서도 이를 미담으로 소개하고 포상하는 것이 아니겠는가? 이런 정당 행위는 마땅히 지지를 받아야 한다. 그리고 이런 사회적 인식이 증명하듯이, 같은 물리적 유형력의 행사라고 할지라도 얼마든지 그 목적에 따라 정당한 행위가 될 수 있는 것이다. 따라서 체벌의 관점에서 폭행의 구성 요건이라고 할 수 있는 행위의 고의성과 타인의 신체에 대한 유형력의 행사가 존재해 그것이 학생의 의사에 반했을지라도, 이 행위가 궁극적으로 학생에게 이익이 되는 '교육적인 목적'을 가지고 있다면 체벌을 폭력과 절대 동일시해서는 안 된다.

24

학쌤과 G군의
체벌 이야기

당시 G의 뜻에 반하는 학쌤의 체벌은
당시 성숙한 성인의 판단으로는
체벌을 해서라도 반드시 제재를 해야만 하는
교육적 문제였기 때문에
그 목적에 따른 체벌은 진정 G에게 이득이 됐고,
그러하기에 15년이 지나 성인이 된 G가
실제로 그 체벌과 훈육이 자신의 삶에
큰 이득이 됐다고 직접 고백한 것이다.

    이번 장에서는 이십 년 전의 교육 현장에서 학생 지도에 열정적이었던 한 선생님이 조그만 시골 학교에서 학생 부장을 맡고 있던 교직 생활 중 실제로 경험한 체벌의 사례를 이야기하고자 한다. 특별히 실제 사례와 관련된 부분에 등장하는 인물이 특정되지 않도록 이야기의 일부를 각색했다. 체벌을 폭력으로 매도해 깡패의 폭력과 같이 취급하던 시대에 체벌을 당한 G군이 성장하는 모습과, 성장한 후 G군 스스로가 긍정적으로 평가했던 체벌에 대해 소개하고 싶다. 특히 이 사례는 체벌을 받을 당시에는 아동이 체벌한 교사를 크게 원망했지만, 수년이 지난 후 그 체벌이 자신의 성장 과정에 큰 도움이 됐다는 것을 직접 경험하고 고백한 학생의 이야기다. 즉, '잠재적인 상대'[100]의 의사에 합한 유형력의 행사를 한 경우이다. 이런 유사한 상당한 수의 사례를 필자가 직접 체험했고, 이 이야기에서도 체벌이 결코 폭력이 될 수 없다고 확신하며 주장할 수 있는 근거를 찾을 수 있다.

    사실 주변을 살펴보면 이 이야기에 등장하는 G군뿐만 아니라 체벌한 교사를 은사로 기억하며 고마워하는 많은 이들을 만나 그들의 이야기를 직접 들은 적도 했다. 대표적으로 서울의 명문 고등학교 중 하나인 J 고등학교 동기 모임에 함께 참석한 적이 있다. 자리에 참석한 분들 중 대부분이 고3 당시 담임 선생님에게 많은 체벌을 받았다고 했지만, 그 이야기 속에서 상처와 원망은 전혀 느껴지지 않았다. 체벌에 대해 부정적으로 이야기한 심리학자들 중 아즈린(Nathan H. Azrin)은 "체벌은 학생들이 체벌자와 체벌 장소를 싫어하는 회피 학습을 유발해 심한 경우 교육의 장이 상실된다."라고 그의 연구를 통해 주장했지만, 실제 체벌을 받은 사람들의 말을 들어보면 틀려도 단단히 틀렸다. 더욱이 그 모임에 참석한 분들은 모두 우리 사회를 위해 일평생 봉사와 기여를 해왔으며, 여러 분야에서 많은 성공과 성취를 이룬 진정 존경받을 만한 지도층 인사들이었다. 그런 점에서 이분들은 본서의 27장 "체벌에 대한 연구의 시기적 한계"에 등장하는 프로이트, 베이트, 콜버그 등의 체벌에

---

100) 현재의 반사회적인 행동을 하는 아동이 아닌 합리적, 친사회적, 합목적적으로 자신의 진정한 이익을 위해 사고하고 행동할 수 있는 상태의 존재.

대한 부정적 연구 보고를 반증할 만한 정도로 사회적, 인격적인 성공과 성숙한 삶을 사시는 분들이며, 본서에 자신들의 이야기를 사용해도 될 것을 쾌히 승낙하셨다.(다만, 필자는 '수*'이라는 함자를 쓰신 그분들의 담임 선생님의 체벌의 양(量)과 그 과정이 교육적 체벌이라는 점에는 동의하지 않음을 밝힌다.) 아울러 체벌에 대한 긍정적 경험과 관련된 통계를 보면, 48.6%가 체벌을 지지하는 입장을 보였고,[101] 영국에서도 또한 체벌이 자신들의 인생 행로에 긍정적인 영향을 미쳤다는 의견이 65%인 것으로 드러났다. 그에 반해, 해가 됐다는 의견은 겨우 5%에 지나지 않았다.[102]

지금부터 전지적 작가 시점으로 학쌤과 G군의 이야기를 적겠다. 때는 2000년도 3월 초였다. 남쪽에 위치한 중소 도시에서 한 아동이 전학을 왔다. 그것은 아동 G였다. 중학교를 졸업한 후 그 지역의 고등학교 1학년으로 다닐 예정이었지만, 그 지역에서 정상적인 고등학교 생활이 불가능할 것으로 판단한 부모에 의해 약 150km 떨어져 있는 산골에 소재한 학쌤의 학교로 진학을 했다. 학생들은 학생 부장 선생님이었던 선생님을 줄여서 '학쌤'이라고 불렀다. 당시 십 대들의 표현 방식이었는데, 학쌤은 그게 아니라 자신이 고고한 학(鶴) 같아서 '학쌤'이라고 우기면서 가끔 택견 수련용 한복을 입고 춤을 추듯이 무술을 보여줘 학생들을 웃겼다.

G는 중학교 1학년 때부터 인근의 불량배들과 어울리면서 수많은 싸움을 통해 승승장구를 했고, 그렇게 그쪽 세계에서 유명해지면서 급부상한 이력을 가졌다는 특징이 있었다. 중학교 진학 중에도 여러 차례 퇴학 위기가 있었지만, 부모가 G가 학생 신분을 유지하는 것이 만일의 상황에 유리할 수 있다는 판단으로 온갖 노력을 기울인 끝에 가까스로 중학교를 졸업할 수 있었다. 중학교를 졸업할 무렵에는 그 일탈의 정도가 함께 어울리는 불량배들의 수준이 자기보다 2-3살 많은 고등학생이었음에도 불구하고 자기의 주먹 족보[103]에 의해 동생들로 둘 만큼 심각했다. 게

---

101) 2014년 12월 15-16일 여론조사 전문기관 리얼미터(대표: 이택수)가 학교 체벌 필요성에 대한 "무너진 교권세우기 위해 학생체벌이 필요하다" 설문조사 결과, 찬성: 48.6%, 학생인권보호 위해 반대: 44.6% 찬반지역: 대전, 충청(55.0%:35.0%) 서울(55.0%:41.5%) 대구 경북(49.7%:40.7%) 앞섰다.
(전국 19세 이상 남녀 700명 대상 전화조사, 95% 신뢰수준에서 표본오차 +-3.7%)
102) "영국, 학교 체벌 부활 놓고 대공방", 시사저널, 1996.11.28.
103) 30여 년 전부터 사용되는 불량배들의 은어로, 나이를 무시하고 싸움을 잘하는 특수한 아이를 선후배 관계와 관계없이 선배로 대접하는 문화가 있었다. 예를 들면, 중학교 3학년이 불량 서클 안에서 고등학교 2학년의 짱(가장 싸움을 잘하는 아이)을 이기면 고등학교 3학년의 짱에 의해 고등학교 2학년으로 대접받게 된다.

다가 G는 한눈에 봐도 그 위세가 대단할 정도로 기질이 아주 강하고 남성적인 아동이었다.

G는 학쌤의 미션 스쿨(mission school)에 진학한 이후 곧 기존에 학교에 있던 선배들과 기 싸움을 시작했다. 그러나 선배들이라고 해도 싸움과는 거리가 먼 순둥이들인지라 학교의 질서는 얼마 지나지 않아 G를 중심으로 편성되기 시작했다. G가 입학한 날부터 다른 학생들은 기숙사 취침 시간 전에 G가 말하는 활약상을 넋을 놓고 들었다. 또한 다음 날, 공동 샤워장에서 G와 함께 샤워를 한 학생들의 입에서 충격적인 보고가 들어왔다. G의 어깨에 무시무시한 모양의 손바닥만 한 문신이 있다는 것이었다. 학생들의 이야기로는 검고 붉은색이 도는 일본식 사무라이의 얼굴 형상이라고 했다. 이 일로 학교의 분위기는 완전히 G에게로 넘어갔다. 밤이면 학생들은 기숙사에서 G의 전설적인 무용담을 들어야 했다. 학쌤이 G에게 물어 들은 이야기에도 약간의 허풍은 있었지만 그 이야기 대부분이 상당히 사실적이고 구체적이었으며, G의 다부진 근육질의 몸도 이를 뒷받침했다. 그러다 어느 순간부터 G가 선배들에게도 심부름을 시키거나 욕설을 한다는 이야기가 들렸다. 학쌤은 그 즉시 G를 교무실로 소환해 사실을 확인했다. 그리고 다시는 그러지 않겠다는 서약서를 받았다. 그러나 학쌤은 서약서를 쓴 그날 저녁에 동일한 일이 일어났다는 사실을 다른 학생들로부터 보고 받았다. 학쌤은 G를 다시 불러 사실을 확인하고 한 번 더 주의를 준 뒤, 서약 사실을 이행하겠다는 서명을 다시 서약서에 하도록 했다. 그리고 세 번째로 약속을 어겼을 때는 체벌이 있을 것을 예고했다. 그러나 재서명을 한 바로 그날 저녁에도 G가 선배에게 욕설을 하며 물건을 집어던지고 자기 자리를 정돈시켰다는 보고가 들어왔다.

G가 미션 스쿨에 입학한 것은 전적으로 부모님의 간청 때문이었다. 독실한 기독교 신자인 G의 부모는 엄격하기보다는 자상하고 부드러운 너무나 좋은 부모님이었다. 때때로 엄격함을 단호하게 유지했다면 완벽한 부모가 되지 않았을까 생각이 들 정도였다. 중학교 2학년 때부터 힘으로는 제압할 수 없다는 것을 깨달은 부모는 G가 일으킨 사건과 그 고비 때마다 G에게 눈물로 호소하고 매달려서 해결을 해 왔고, 미션 스쿨도 G가 큰 사고를 친 후 부모가 엄청난 경제적 손실을 부담하고 난 뒤, G의 엄마가 금식 기도를 하다가 그로 인해 입원까지 하는 우여곡절 겪은 끝에 입학을 하게 된 것이었다.

G의 입장에서는 굳은 결심을 하고 고등학교 미션 스쿨에 입학을 했는데, 산골에 있는 3월의 학교는 바람만 쌩쌩 부는 추운 학교였고, 친구들이라고는 G의 시각에서 그냥 찌질이와 범생이들뿐이니 하루 이틀 지내기도 괴로운 시간이었을 것이다. 도시의 밤거리를 배회하면서 또래들에게 영웅 대접을 받고, 마치 그 지역의 보스로 군림하면서 성인에 방불한 여러 가지 유흥을 즐겼던 아동이 엄마의 단식 투쟁에 그래도 엄마는 살려야겠다는 마음으로 미션 스쿨에 와준 것이었으니, 본인은 얼마나 심심했을 것이며 불량 서클에서 얻었던 인정 욕구의 단절로 인한 소외감에 얼마나 불안할지 확인하지 않아도 알 수 있는 부분이었다. 실제로 불량 서클에서 주도적인 역할을 하는 아동들이 그 그룹에서 탈퇴하지 못하는 가장 주요한 심리적 이유가 인정 욕구와 소외감을 제대로 처리하지 못하기 때문이다. 당시 미션 스쿨이 소재한 산골 지역은 핸드폰 전파가 없었기 때문에 핸드폰이 무용지물이어서, 그 대신 학교 식당의 구석진 곳에 공중전화가 있었다. 공중전화에서 전화하는 G의 통화 내용을 들은 학생들이 있었는데, G가 자신이 그냥 빵(교도소를 지칭하는 은어)에 들어갔다고 자신이 속한 조직원에게 말해달라고 상대방에게 부탁하고 있었다고 했다. 그러니까 G의 준거 집단이 여전히 그 지역의 불량 서클이었고, 그는 여전히 그 조직의 중간 보스로 자신의 정체성을 유지하고 있었던 것이었다.

그런 G가 산골에 있는 순둥이들의 학교에 있으니, 하루 만에 평정된 작은 학교에서 G는 곧 어떤 의미도 찾을 수 없는 상태가 됐다. 새로운 질서를 만들어 그 안에서 왕 놀이를 하는 것도 그나마 일주일이 안 돼서 식상해지니까 교칙 위반의 강도를 점점 높여가는 중이었던 것이다. 재서명을 한 다음 날, 학쌤이 체육 교사를 통해 G를 따로 불렀다. 그가 이런 일로 학쌤과 독대한 지 세 번째였기 때문에 학쌤은 예고한 대로 체벌이 있을 것임을 말했다.[104] 먼저, 상담을 통해 그의 잘못을 이야기한 뒤 반성문을 쓰게 했다. 반성문을 쓸 때 진정성 있는 반성이 이뤄진다면 체벌을 감하거나 없앨 수 있다는 교칙도 말해줬다. 한 시간 정도의 시간이 지나서 G는 반성문을 제출했다. G가 그날 받은 체벌은 5대였다. 교칙에서 폭언은 폭력의 한 종류로 체벌의 양을 폭력과 다름없이 한다고 규정되어 있기 때문에 분명하게 10대를 체벌해야 했으나, 아파서 움찔움찔하면서도 아픔을 참는 G의 태도가 씩씩했고 반성문

---

104) 당시 해당 미션 스쿨에서는 5대 체벌 사유가 있었다. 그것은 1. 폭언, 폭행, 2. 음주, 흡연, 3. 5회 이상의 상습적 거짓말 또는 도벽 행동, 4. 이성 교제, 5. 무단 외출 및 가출이었다.

의 내용도 정직했기 때문에 많이 참작했다.[105] 그리고 체벌 후, 한 시간 이상을 왜 체벌을 했고 체벌의 양을 감했는지부터 반성문에 대한 분석과 그에 대한 칭찬 및 격려, 그리고 평상시 행동에 대한 평가와 성취 동기에 대해 설명하고 이해시킨 뒤 그에 대한 다짐을 받았다. G는 학쌤에게 첫 체벌을 받은 이후, 가장 중요한 체벌 사유였던 욕설은 하지 않게 됐다.

그러나 더 큰 문제는 G에게 여전히 남아 있었다. 먼저, 여전한 G의 문제는 G와 중학교 불량 서클 선후배들 사이에 계속 전화가 오고 가는 점이었다. 거의 매일 걸려오는 이들의 전화 속 언행은 다른 선생님들에게도 무례했고, 공중전화 부스에서 들려오는 G의 통화는 거의 욕설과 은어로 가득해서 듣기도 민망하고 이해도 되지 않는 외국어 같기도 했다. 그런 G가 학교생활에 정을 붙일 리 만무했다. 사실 언제 뛰쳐나가도 전혀 이상할 것이 없었다. G는 학교 입학 한 달이 지나도록 아직도 그쪽 세계를 동경했고, 시간만 나면 불량 서클 사람들과 전화를 했다. 그러다 세 달이 지났다. 그 사이 G는 집에 서너 차례 돌아갔다. 학쌤은 G가 집에 돌아갈 때마다 G의 부모와 상의를 해서 가족 여행을 권해 그쪽 아동들과의 격리를 목표로 한 여행을 떠나도록 조언했고, G의 부모는 이를 성실히 지켰다. 일단 그쪽 세계의 아동들과의 격리가 선행되지 않으면 심각한 문제가 발생할 것이 불을 보듯 뻔했기 때문이었다.

G의 문제를 고민하던 대부분의 미션 스쿨 선생님들은 학쌤에게 G의 지도에 한계가 있음을 하소연했다. 불량한 세계를 동경하는 G의 마음을 긍정적인 에너지로 전환시켜야 하는데, 그럴만한 마땅한 수단이 없었다. 게임 삼아 이 동네, 저 동네를 원정 가서 싸움으로 평정해 자신의 입지를 넓혀왔던 아동의 승부욕과 성취감을 학교에서 하는 축구 정도의 스포츠로는 충족시킬 수 없었다. 이를 해결하지 못하면 반드시 폭력적인 성향이 나타날 가능성이 농후했는데, 그때마다 체벌로 다스릴 수는 없었기에 교무실의 회의 분위기는 늘 무거웠다.

G는 알고 보면 볼수록 듬직하고 사내다운 멋이 있는 학생이었다. 자신의 감정을

---

105) 당시에 체벌 도구는 소형 당구채의 손잡이 부분을 개조해 길이가 60Cm 정도 되도록 제작한 것을 사용했다. 체벌 부위는 반드시 남학생은 둔부, 여학생은 대퇴부로 규정했고, 1회 1일 체벌의 양이 교칙에 의해 남학생은 10대, 여학생 5대로 제한했다. 이후 교육인적자원부에서 제정한 '학생 생활 규정' 중 학생 체벌에 관한 조항은 미션 스쿨의 규정과 상당히 유사한 부분이 많아, 해당 미션 스쿨의 규정이 이에 영향을 줬을 가능성이 크다.

솔직히 표현하는 부분도 교육하기에 좋은 자질이었다. G는 놀이 삼아 학교를 다닌 탓에 중학교 과정에 대한 기초 지식이 없는 고등학교 1학년이었지만, 분명 머리도 총명해 공부에도 자질이 있어 보였다. 그래서 G의 자존심이 상하지 않도록 중학 과정을 요약해 고교 과정처럼 보이는 교재를 만들어 가르쳤다. G는 이를 쉽게 이해했고, 공부에 재미를 붙이는 듯이 보였다.

그러나 입학한 지 넉 달이 겨우 지났을 때, 선생님들이 우려하던 일이 발생하고 말았다. G의 교내 폭행 사건이 일어난 것이다. 요즘 같으면 학폭위가 열릴 정도의 폭행 사건이었다. G의 상대는 G보다도 몸집이 제법 컸던 신입생이었는데, 서로 기싸움을 하다가 신입생이 먼저 주먹을 날렸고, 한 대 맞은 G가 상대의 얼굴과 복부를 한방으로 때리자 신입생이 신음하며 기숙사에 쓰러졌다는 보고가 들어왔다. 기숙사에 가보니 먼저 가격당한 G의 얼굴은 약간 상기된 정도인 반면, 쓰러진 신입생은 눈 주위가 붉게 부풀어 올라왔고 침대 구석에 몸을 구부리고 있었다. 사실상 신입생이 먼저 주먹을 날렸지만 G는 이를 가볍게 피하거나 방어한 것으로 보였고, 오히려 G가 자신의 상대가 되지 않는 신입생을 일방적인 정타로 구타한 것에 지나지 않았다. 사건의 발단은 신입생 학생이 G가 심부름에 가까운 부탁을 하자 "니가 해라! XX."라고 대들었다가 성질에 못 이겨 먼저 주먹을 날린 것이었다. 말로만 듣던 G의 싸움 실력에 현장에 있던 다른 학생들은 모두 기가 죽어 있었다. 그러나 G의 반응은 의외였다. 현장을 대충 수습한 뒤 교무실로 따라오라는 학쌤의 말에 가만히 서 있다가 대들기 시작한 것이다.

"학쌤! 이런 허접한 학교 쪽팔려서 못 다니겠어요. 나 집에 갈래, XX!"

학생들이 가득 찬 기숙사에 정적이 흘렀다. G는 정적이 흐르자 더 흥분하기 시작했다. 옷장 위에 있던 자신의 가방을 과격하게 가져와 옷과 책들을 그 안에 집어던지듯이 짐을 싸기 시작했다. 그사이 다른 선생님들도 모여들었다. 학쌤은 나지막이 G에게 명령을 했다.

"일단, 다른 학생과 싸운 것과 선생님 앞에서 욕한 것을 추가해서 너는 벌을 받게 될 거다. 그리고 네가 학교를 다니고 못 다니는 건 네가 결정할 문제가 아니고, 너의 부모님에게로부터 친권을 위임받은 학교의 교무 회의에서 결정할 문제다. 그러니까 다시 명령하는데, 교무실로 당장 와!"

　학쌤의 말은 그 당시 법으로 조금도 틀림이 없는 것이었다. 그러나 이를 이해하기 힘든 심리 상태의 G가 흥분해서 날뛰듯이 대드는 순간, 학쌤은 약간의 기술을 동원한 유술(무술의 기술을 배운 것과 안 배운 것에는 현격한 차이가 생기기 때문에 힘과 체중 차이가 크게 나지 않는 한 얼마든지 상대를 제압 가능하다.)로 상처가 나지 않도록 G를 제압했다. 모여든 선생님과 학생들의 시선이 두렵고도 민망했는지 G는 1분도 되지 않아 조금씩 진정이 됐다. G에게 혼자 있을 시간을 주는 것이 결코 도움이 안 된다는 판단하에 학쌤은 즉시 G를 교무실로 데리고 갔다. 그사이 G는 완전히 진정이 됐는지 약속을 어기고 싸움을 한 것에 대해 사죄를 했고, 특별히 욕설을 한 것은 결코 학쌤에게 한 것이 아니고 습관적이었음을 무릎을 꿇고 사죄했다.

　그러나 G는 역시 '쪽팔려서' 더 이상 학교를 못 다니겠다고 말했다. 아마도 영화로 이해하면, 전국적인 보스급의 두목이 어쩌다 동네 양아치와의 싸움에 얽힌 것 자체가 불명예가 되는 그쪽 세계의 심리에 지배된 상태에서 한 발언 같았다. 학쌤은 G에게 그동안 G를 관찰하면서 든 생각과 마음에 새겨진 부분을 이야기했다. 먼저, 임의로 학교를 다니지 않거나 무단이탈을 할 경우, G를 억지로 잡아 와서라도 교칙에 정해진 대로 엄정한 체벌을 할 것과 그 이유(경험칙상, 깡패가 될 것이 분명하기 때문에)를 설명하고, G의 거취(학교를 다니는 문제)와 싸움은 아무 상관관계가 없으며 이 모든 것은 순전히 G의 준거 집단 때문에 생긴 문제라는 사실을 자세히 설명했다. 그리고 또 하나, "네가 만일 학교를 다니기 싫다면 다른 사람들에게 너에 대한 신뢰감을 높여야 한다."는 사실을 확실히 이야기했다. 학쌤은 그 신뢰감이 높아지면 G의 부모와 교무 회의에서 G의 뜻대로 학교에서 나갈 수 있도록 설득하겠다고 약속했다.

　"최소한 우리 학교를 다니지 않아도 네가 그쪽 세계에 발을 딛지 않을 거라는 확신을 줘야 한다. 그래야 너의 엄마, 아빠가 설득되든 내가 설득되든 할 거다."

　고등학교 1학년 답지 않게 관계성 지능이 높아 보였던 G는 학쌤의 말을 바로 이해하는 듯했다. 그리고 학쌤의 제안을 듣고 상당히 놀란 듯했다. 학쌤은 자신의 제안을 G에게 구체적으로 이렇게 설명했다. 지금 G의 상태로 봤을 때, 최소한 중학교 과정과 고1 과정의 기초를 완전히 이해해야만 나중에 공부하고 싶은 마음이 들 때 크게 도움이 될 수 있고, 또한 그것이 나쁜 길에서 빠져나오는 데도 도움이 될 것이라고 설명했다. 학쌤은 특별히 정상적인 진로를 택하지 못하는 많은 아동들의 문제 중 하나가 바로 이 부분인데, 즉, 비정상적인 진로가 좋아서라기보다 정상적인 진로를 택할 수 있는 능력을 이미 상실했기 때문에 익숙한 기존의 길을 그대로 걷다가, 급기야 사회로부터 완전히 탈선하게 되는 경우가 많이 생긴다고 G에게 자세하고도 분명하게 납득시켰다. 그래서 학쌤은 1개월이 됐던 2개월이 됐던 G가 그 학습 능력을 충분히 확보했다고 판단하면 조기 수료를 시켜주겠다고 파격적인 제안을 한 것이다. 학쌤은 힘주어 이렇게 말했다.

"만약 네가 내 제안을 받아들이지 않는다면, 너는 진짜 '찌질이'같이 나와 부모님을 피해 가출이나 하다가 사고만 쳐서 감옥에나 가는 인생이 될 거고, 네가 공부하는 동기(動機)가 어떻든 열심히 해서 학업의 최소한의 수준에 도달하면, 그것을 담보로 널 믿고 내가 직접 네 부모님까지도 설득해서 조기 수료를 시켜주겠다. 이것은 약속이다."

학쌤은 G에게는 이야기하지 않았으나, 이렇게 해서라도 불량 서클과의 연결을 완전히 끊는 것이 G에게 있어서 가장 시급한 문제였다. 그만큼 G와 관계된 불량 서클은 아주 위험한 집단이었기 때문에, 당시로서는 최소한 수개월 동안이라도 불량 서클과 격리시키는 것이 G에게 할 수 있는 최선의 제안이었다. G는 이것을 믿었고 열심히 공부하겠다고 학쌤에게 약속하고 다짐했다.

G는 그날 반성문을 작성한 후, 학칙에 의해 체벌 10대와 2주간 간접 체벌로써 교내 봉사 활동으로 청소, 설거지, 빨래 등을 수행했다. 그리고 그 와중에도 틈틈이 공부를 해서 약속대로 기대 이상의 상당한 학습 능력을 보였다. 시간이 지나 은행잎이 노랗게 물든 그해 가을, G는 고등학교 졸업 자격의 검정고시를 합격할 수 있을 정도로 놀라운 학업적 향상에 이르렀고, 약속대로 교무 회의의 결과에 따라 학쌤은 G의 부모를 자세한 설명과 대화로 설득한 끝에 G를 조기 수료를 시키는 것으로 결정했다.

그러나 G의 이야기는 여기서 끝나지 않는다. 그 후 15년이 지난 6월의 어느 날,

택배 한 상자가 미션 스쿨의 교무실 현관에 도착했다. 학쌤이 좋아하는 아주 노랗고 알이 굵은 참외였다. 당시 참외는 흉년이 들어서 비싼 과일이었기 때문에 고가(高價)를 지불했음을 단번에 알 수 있었다. 발송인을 확인하니 G였다. 참외 상자에 적힌 그의 편지를 통해 그의 지난 이야기를 들을 수 있었다.

미션 스쿨을 수료한 뒤 G는 지역의 공업 고등학교를 들어갔는데, 친한 친구들이 많이 다녀서 그 학교를 선택했다고 했다. 미션 스쿨을 수료하면서 G는 비행의 결과가 어떻다는 것을 충분히 깨달았기 때문에 심각한 범죄는 저지르지 않았으나 학교생활은 그다지 성실하지 않았고, 가끔 학교에서 말 안 듣는 친구를 혼내준 적도 있다고 실토했다.

그러나 고등학교 3년을 다니는 시간을 허송세월로 보냈으며, 결석을 하고 친구를 때려도, 심지어는 친구에게 돈을 뺏어도 자기를 나무라거나 때려주는 교사를 아무도 만나지 못했다고 했다. 그래서 고등학교를 졸업해서 수년간 장사를 해 오면서 누가 자신에게 선생님에 대한 이야기를 하면, 8개월밖에 안 다닌 우리 미션 스쿨 선생님들에 대해서만 늘 이야기했다는 고백도 적혀 있었다. 장사를 하면서 대학을 들어가야겠다는 생각에 다시 펜을 들었을 때도, 우리 학교에서 배웠던 중, 고등학교 과정의 기초가 큰 도움이 됐다는 사실에 대한 감사도 잊지 않았다. 그 후, G는 시험을 통해 신학대학에 들어갔고, 현재는 목사 안수까지 받았다는 편지였다. 그 편지를 보낸 이후에도 G는 지금에 이르기까지 자신의 연애와 결혼, 출산 과정에 이르는 모든 삶의 과정을 학쌤과 교류하면서 성실하게 밟아 나가고 있으며, 여러 방면에서 미션 스쿨을 돕고 있다. 현재는 300명의 신도를 이끄는 기독교 리더로서 활동 중이다. G의 이야기는 아직도 계속 이어지고 있다.

여기까지, G의 이야기를 통해서 우리는 체벌의 긍정적인 측면을 확실하게 확인할 수 있었다. 특별히 이 이야기 속에서 체벌과 관계된 교육적인 세 가지의 고찰을 한다면 다음과 같다.

첫째. 부모의 친권에 포함됐던 징계권이 가장 중요한 역할을 했다는 것이다. 부모의 친권 중 징계권은 부모의 권위를 법으로 더욱 공고히 하는 기능을 했다. 그리고 이 부모가 가진 권위의 공고함은 교사가 학생에게 다양한 교육적인 수단을 사용할 수 있게 했다. 그만큼 교육에 있어서 권위는 잘 사용하든 잘못 사용하든 거의 절대적일 만큼 중요한 기능을 한다. 징계권을 포함한 친권을 가지고 있던 G의 부모는 입학부터 G의 교육에 관한 모든 권리를 학교에 위임한 과단성 있는 조치로 G에게는 각성의 기회를, 학교에는 G를 교육할 권한을 제공한 것이었다. 아직 어린 G였지만 이를 환경을 통해 자연스럽게 학교와 교사의 권위를 인정했고 징계를 수용하게 됐다. 그것은 학교에서 G를 교육하는 데 아주 큰 기반이 됐다.

가정에서든 학교에서든 이런 자연권(natural right)과 같은 부모의 권위가 절대적으로 교육에 필요함에도 불구하고, 2021년 1월 26일 민법에서 부모의 징계권이 공식적으로 삭제되면서 부모의 권위의 한 축이 공식적으로 사라졌다. 이는 병든 가정에서 부모의 징계권을 빌미로 아동을 학대하는 사건이 발생하자 아동을 보호하기 위해 그에 대한 관련법과 심지어 민법에서까지 아동에 대한 부모의 징계권을 모두 없애버린 극단적 조치였다. 징계권을 없앤 배경을 보면, 2010년대 중반부터 계속된 칠곡 계모 아동학대 사건[106], 정인이 사건[107] 등이 있었다. 아동학대 사건이 일어날 때마다 아동 관련 보호법은 강화 일변도로 진전이 됐고, 급기야 아동학대 부모들의 훈계를 빙자한 아동학대를 방지하고자 2021년 1월 26일 민법 제915조가 삭제됐으며, 이로써 부모의 징계권이라는 민법상의 권리는 역사 속으로 그 모습을 완전히 감췄다. 부모조차도 법상 자신의 자녀를 징계할 수 없는 상황에서 교사의 훈계는 절대 불가능한 것이나 마찬가지다. 부모라고 해도 징계를 하면 범법자가 되고 교육에 무지한 부모가 되는 형편에, 학교에서 훈계를 할 수 없는 교사도 그 권위가 완전히 바닥에 내팽개쳐졌다. 사실상 전인 교육은 학교 교육에는 더 이상 존재하지도 않고, 그런 교육을 실천할 방법 또한 아무것도 없이 이름만 있을 뿐인 교육이다.

학폭위에서 정학 처분을 받아 집에 있는데 아버지가 손찌검한 것을 가지고 신고

---

106) 주위에 과시하기 위해 입양한 아동을 끔찍한 학대 끝에 254일 만에 숨지게 한 사건으로, 입양 전 사진은 건강한 정상아의 모습이었으나 입양 후 찍힌 사진들은 온몸에 멍이 가득했고, 16개월임에도 체중이 1kg이나 감소한 모습이었다. 여러 군데의 골절 흔적, 그리고 췌장이 파열될 정도로 심각했던 학대 사건이다.
107) 영화 '어린 의뢰인'의 모티브가 되기도 했던 사건이다. 계모가 2013년 8월 14일, 만 8세이던 의붓딸 A양을 폭행한 뒤, 아동이 복통을 호소하는데도 병원에 데려가지 않아 장간막 파열에 따른 복막염으로 숨지게 한 사건이다.

하겠다고 협박하고, 오토바이를 몰고 나가 다른 아동들을 상대로 노상 강도짓을 하는 아동의 뒷모습을 보면서 부모들은 땅을 치고 한탄할 것이다. "누가 저 아이 좀 말려주세요! 조금만 더 나가면 감옥에 갈 것 같아요!"라고 아무리 외쳐도 소용이 없다. 아무리 큰 문제를 일으켜도 자신의 아들을 경찰에 신고할 수도 없고, 학교의 교사에게 부탁해봐야 외면할 것이 뻔하다는 사실을 누구보다도 잘 안다. 게다가 그 부모들은 요즘 교사들이 아동들에게 욕을 먹고 사는 세대라는 것과 작은 훈계조차 할 수 없는 틀 안에 갇혀있는 일방적인(학생들이 졸던, 핸드폰을 보던, 수업을 진행하는 것밖에 다른 방법이 없기 때문에) 지식 전달자일 뿐이라는 사실을 잘 안다. 아마도 그들 중에는 아동의 초등학교 시절 교사가 훈계를 했다고 학교에 찾아가 교사에게 소리를 지르고 인격적으로 깎아내렸던 이들도 있을 것이다.

민법에 규정된 친권의 징계권을 없앴다고 아동학대 범죄가 사라질 것이라고 생각하는지 그저 의아할 뿐이다. 끔찍한 아동학대를 범하는 문제적인 부모들은 법이 있든지 없든지 그렇게 할 것이다. 민법에서 부모의 징계권을 삭제하면 부모에 의한 아동학대가 모두 사라질 것이라고 믿는 사람들의 그 단순한 논리가 그저 놀라울 뿐이다. 사실 그런 사람들의 논리라면, 1999년 10월 29일 발생한 부모의 종교적 신념에 따른 의료적 방임으로 인한 수혈 거부로 아동이 사망에 이른 아동방임 학대 사건[108]과 같은 유형의 사건을 전적으로 방지하기 위해서는, 차라리 부모의 모든 양육권을 민법의 규정에서 전부 삭제하는 것이 마땅할 것이다. 부모의 친권에서 징계권을 삭제한 것은, 0.1%인 극소수의 병든 부모가 일으키는 참혹한 아동학대 범죄를 방지하자고 99.9%인 건전하고 건강한 가정에서 자녀를 가르쳐야 할 부모의 정당한 징계의 권리를 침해한 엄청난 잘못이다.

체벌은 오장풍 사건 같이 아동을 마구 때리는 폭력이 아니다. 체벌은 아동의 이익을 위해 교육적으로 설계되고, 법에 의해 규정된 정식 절차, 도구, 방법으로 사용해 행하는 교육적인 징계의 한 방법이다. 지난 시절, 자질 미달의 교사와 법적인 규정의 미비, 교사 개인의 자의적 행사로 인해 폭력적인 체벌이 다수 존재했음도 사실이다. 따라서, 체벌을 오남용하는 교사들을 교육계에서 영구 축출하고 이

---

[108] 여호와 증인 신도가 교리에 따라 의사가 권유하는 수혈을 거부함으로 아동을 사망하게 한 사건이다.

를 잘못 행사하는 일이 없도록 체벌에 대한 법적인 체계를 더욱 정밀하게 완성해야지, 교육에 있어서 절대적으로 필요한 수단인 체벌 자체를 없애는 것은 교육을 모르는 그저 행정적, 법적 차원의 단순하고 무지한 발상이며, 오히려 아동의 이익에 반하는 해악인 것이다.

이런 여파로 인해, 앞으로 부모에게 순수한 교육적인 훈계를 받아도 자녀가 부모를 고발하는 사태가 우후죽순처럼 번져 나갈 것이라고 확신한다. 그리고 우리는 이것이 교육의 마지노선을 무너뜨리는 결과를 초래하고 있음을 직시해야 할 것이며, 이를 시급히 되돌려야 한다. 학교 교육의 정상화를 통해 아동 바른 교육을 받게 하기 위해서도 부모의 친권에 징계권을 회복시켜야 한다. 이것은 조금 우회하는 방법이라고 해도, 궁극적으로 교육 현장에 있는 교사들의 훈계와 권위의 회복으로 이어져 결국 아동들에게 긍정적인 교육적 영향을 끼칠 것이다.

두 번째로 고찰해야 할 부분은 체벌이 없으면 상담도 없다는 것이다. 일반적인 학생의 경우에는 해당하지 않지만, 어떤 학생들의 경우에는 전혀 말이 통하지 않는 경우가 있다. 이런 학생들은 교사의 주의를 노골적으로 무시한다거나, 상담을 하는 시간에도 조금의 진지함 없이 그저 장난으로만 응하는 경우가 대부분이다. 때로는 교사에게 대놓고 욕설을 한다거나 물건을 집어던지는 경우도 있다. 심지어 앞서 여러 번 언급했듯이 학생이 교사를 폭행하는 사건도 존재한다. 이런 상황 아래서 교육은 불가능하다. G의 경우에도 다른 신입생을 폭행하고 뛰쳐나갔을 때, 교사에게는 그 순간의 질풍노도를 제압할 수 있는 물리력이나 시스템, 심지어 용돈이나 만약 필요하다면 금식 투쟁까지도 포함한, 학생의 질풍노도를 제압할 강한 힘이 있어야 한다. 그리고 그 힘은 강력한 만큼 적절하게 사용해야 한다. 하지만 긴급을 요하는 상황에 시스템과 용돈과 금식 투쟁은 사용할 수가 없기 때문에 한계가 있다. 따라서 긴급성을 요할 때는 즉각적으로 사용할 수 있는 물리력이 동원돼야 한다. 만일 G에게 이런 물리력을 행사하지 않았다면, 분명 G는 그 길로 학교를 나가 하루이틀도 안 지나서 다시 폭력배들과 어울려 비행을 일삼았을 것이다.(당시에 충동적인 가출을 한 경우에는 숙박비를 마련하기 위해 남학생은 절도와 강도, 여학생은 성매매의 유혹으로 인해 우범률이 상당히 높았다.)

물리력을 행사하면 아동이 더 흥분하고 말을 듣지 않을 것 같지만, 실제로는 G

의 경우처럼 물리력으로 제압한 후 한두 시간만 지나도 아동의 흥분된 감정이 급격히 진정되고 폭력적인 성향이 감소한다. 그렇게 되며 점차 교사와의 대화에 있어 반항적이거나 공격적인 성향을 보이지 않게 된다. 그래서 물리력을 동원한 교사는 아동이 행동이 제지되면 그때부터 한두 시간 정도는 일방적이더라도 친절하고 자세하게 많은 이야기들을 들려주는 것이 아동의 흥분을 완전히 가라앉히는 데 큰 도움이 된다. 그리고 이것은 이후 이뤄질 상담에도 도움이 되면서 비로소 아동과 진지한 상담이 가능해진다. 이때 교사의 진정성 있는 대화(상담 과정에 있어, 그냥 입으로만 하는 말이나 도울 수 없는 것을 도울 수 있다는 등의 거짓말은 절대 금기 사항이다.)와 상담은 대부분 아동을 긍정적으로 변화시키는 계기를 제공한다. 지금처럼 아동학대와 훈육, 훈계의 기준에 물리력이 배제된 애매모호한 상황에서 교사가 아무런 조치도 할 수 없는 상태로 상담을 시도할 때, 아동들이 대놓고 교사에게 한다는 말이 있다.

"님이나 잘하세요. XX 재수 없네."

이런 상황에서 교사가 학생과 정상적인 대화를 하는 것은 불가능할 것이다. 이런 상황에서 사실상 교육은 끝난 것과 마찬가지다. 이렇듯, 진정한 대화가 불가능한 학생들의 충동적이고 반항적인 도발을 체벌을 통해 교육의 장으로 들어오게 할 수 있다는 점에서, 체벌(손찌검은 같은 폭력이 아닌 교육적인 체벌을 의미한다. 체벌에 대해서 후술하는 부분을 주의 깊게 읽어주기 바란다.)은 반드시 필요하다.

만약 학쌤이 G군을 체벌하지 않았더라면, 오늘날의 교육 상황에서 일반 학교였다면 어떤 일이 발생했을까? 일단 G군은 학교에서 폭력을 행사한 뒤 무단이탈을 감행했고 학교를 뛰쳐나가는 중에도 교사에게 욕설을 했다. 현재 2023년의 고등학교라면, 이 학생에게 할 수 있는 조치는 학폭위를 개최하는 것뿐이었을 것이다. 그러나 이미 G군은 가출을 했을 것이므로, G군이 참석하지 않은 채 학폭위가 열렸을 것이다. 현재 학교 내에서의 비행 행위에 대해 대부분의 중, 고등학교의 경우는 학교 폭력은 학교 폭력 예방법에 의해서 '학폭위(학교 폭력대책심의위원회)'가, 학칙 위반(흡연, 근태불량, 절도, 기물파손, 벌점누적 등)은 '선도위원회(최근에는 생활교육위원회라고 부름.)'가, 교권 침해는 교원지위법에 의해서 '교권보호위원회'가 열려 심의하게 되어 있다. G의 경우는 학교에 다닐 의사도 없었으므로 퇴교와 고발 조치가 될 가능성이 크다. 그러면 가출 상태에서 G는 문제적인 자신의 의사에 합한 불량한 친구

뿐 아니라 정말 범죄 세계에 있는 이들과도 본격적으로 연결되기 시작할 것이다. 그리고 그런 과정에서 범죄에 깊이 개입될 가능성은 높아지고(결국, 성인 범죄자들의 '바지걸이'로 이용될 것이다. '바지걸이'란 범죄 조직에서 대개 영웅심이 높고 평가받는 후배들을 차출해서 희생양으로 삼는 것을 말하는데, 위험한 범죄일수록 실질적으로 범죄에 가담하지 않은 후배를 그 범죄의 주범으로 자처하게 해서 실질적인 주범과 범죄 조직을 보호하도록 한다.) 이런 상태에서 법적인 처벌은 시간 문제가 될 것이며, 또한 법적인 조치를 받는 과정에서 그것이 보호 처분이든 아니든 불량한 선배들과의 연결은 피할 수 없을 것이고 이는 시간이 갈수록 더욱 광역화될 것이다. 결국에는 더욱 높은 수준의 법적인 처벌만이 G를 기다리게 될 것이다.

아울러 이런 법적인 처분을 받는 과정에서도 또래끼리의 서열 싸움과 범죄의 과정, 그리고 범죄 조직의 수많은 선배들로부터 끔찍한 폭력을 셀 수 없이 주고받을 것이다.(이런 부분은 뉴스나 매체를 통해서 수도 없이 보도됐기 때문에 언제든지 인터넷을 통해 확인이 가능하다.) 그렇다면 교사의 체벌을 전면 부정해 아동들이 불량배가 되기 직전의 중요한 시기에 교사들이 아무런 제지도 하지 못하게 함으로 이로 인해 많은 사람이 그 피해자로 폭력을 당하게 하고, 또한 가해 아동 역시도 본격적으로 다시는 돌아올 수 없는 범죄의 길에 들어서게 됐다고 말할 수 있을 것이다. 그렇다면 맞든 때리든 물리량의 총합으로 따질 때, 결국 교사의 체벌과는 비교도 할 수 없을 만큼 수많은 폭력의 가해자와 피해자가 체벌의 부재로 인해 발생하고 마는 것이다. 이런 상황이라면 혹시나 체벌이 폭력이라 할지라도(본서의 뒷부분을 읽으면 결코 체벌이 폭력이 아님을 알게 될 것이지만) 교사의 몇 번의 체벌을 통해 범죄나 불량배와의 연결 고리를 단절할 수 있다면, 공리주의적인 관점에서도 당연하게 체벌을 수긍할 수밖에 없다고 생각한다. 따라서, 긴급성이 요구되는 심각한 비행 행위를 제압할 체벌이 필요하다.

셋째로 아동의 현재 의사(意思)를 그대로 수용하는 점에 있어서, 4살 슈퍼맨 아동의 경우와 같이 그중에는 아동의 진정한 이익에 반(反)하는 경우가 존재한다는 사실이다. 따라서 아동에게 진정으로 이익을 주는 것을 목적으로 하는 체벌은 폭력이 아님을 증명하는 중요한 한 가지 요건을 만족시킨 것으로 봐야 한다. 아동이 좋아한다고 사탕만을 제공하거나, 하루 종일 핸드폰을 손에 쥐여주고 게임만 하게 하는 부모는 절대 좋은 부모가 아니다. 아이의 뜻에 따랐지만, 아동에게 나쁜 결과를 주기 때문이다. 심한 충치가 생겨서 치과에 가 중요한 치료를 받아야 하는 상황임에도 불구하고, 아이가 좋아한다고 사탕에 젤리까지 물리는 부모가 있다면 이것이야말로 아동학대임이 틀림없다. 그런 면에서 요즘 흔히 보는 장면 중에 젊은 엄마들의 수다 속에서 핸드폰에만 열중하고 있는 두세 살의 아동들을 보면, 벌써부터 아동학대의 기미가 보이는 것 같다. 비록 고통이 따르고 울더라도 예방 주사를 맞히는 것이 기본적인 의학 상식이다. 송진이 나올지라도 필요하다면 전지(剪枝)를 해야 창공을 향해 백 년 이백 년을 뻗어 나가는 금강송이 되는 것이다. 맹장이 걸린 아이가 집에 가고 싶다고 아무리 떼를 써도, 진정한 의사라면 피가 나는 고통이 따른다 해도 수술을 해야 하는 것이다.

  2000년도 당시에 G의 의사(意思)를 억누르고자 행한 물리적인 유형력은 지금 제정된 학생인권조례와 아동복지법에 의하면 폭행임이 틀림없다. 그러나 당시의 G의 의사(意思)가 옳지 않은 것이었다면, 그것은 슈퍼맨 놀이를 한다고 31층 베란다에서 뛰어 내리려는 4살 아동의 잘못된 행동과 크게 다름이 없다. 당시 G의 뜻에 반하는 학쌤의 체벌은 당시 성숙한 성인의 판단으로는 체벌을 해서라도 반드시 제재를 해야만 하는 교육적 문제였기 때문에 그 목적에 따른 체벌은 진정 G에게 이득이 됐고, 그러하기에 15년이 지나 성인이 된 G가 실제로 그 체벌과 훈육이 자신의 삶에 큰 이득이 됐다고 직접 고백한 것이다.(물론 선한 목적만 있으면 무조건 폭력이 아니라고 주장하는 것은 아니다. 체벌의 목적뿐만 아니라 그와 함께 체벌의 과정과 체벌의 양 등 많은 부분이 교육적으로 설계돼야 한다.) 따라서 체벌이 폭력이냐를 논할 때는 아동의 의사(意思)에 대한 옳고 그름의 분별이 선행된 후, 그 체벌이 아동의 의사(意思)에 반했을지라도 그것이 교육적으로, 사회적으로 아동의 이익에 부합한다면 폭력이라고 규정할 수 없음을 법적으로 인정해야 한다. 그래야만 체벌을 통해서라도 아동의 진정한 이익을 보장할 수 있다.

세상을 바꾼 교사

장 피아제

인지발달이론과 '발생적 인식론'으로 잘 알려진
장 피아제(Jean Piaget, 1896-1980)는
아동의 학습, 발달에 대한 최고의 권위를 가진 스위스의 철학자,
자연과학자이자 발달심리학자고, 구성주의 인식론의 위대한 선구자로 칭함을 받고 있다.

피아제는 아동기에는 생물학과 자연 세계에 깊은 관심을 가졌고,
특히 연체동물에 관심을 가져 고등학교 때에 몇 가지 논문들을 출판하기도 했다.
피아제는 10살 때부터 참새에 대한 소논문을 시작으로
생전에 60권이 넘는 책들과 몇백 개의 글을 썼다. 그의 이런 활발한 연구와 저술 활동은
그의 심리학적인 생각의 갈등으로 이어졌고, 정신분석학에 대한 관심으로 연결되었다.

그는 프랑스 파리로 이주해 Grange-Aux-Belles가의 남학교에서 아이들을 가르쳤다.
이 학교는 비네 지능 검사를 만든 알프레드 비네(Alfred Binet)가 운영한 학교였는데,
이 학교에서 지능 검사의 몇 가지 실례들을 기록, 관찰하며
나이가 어린 아이들이 특정한 질문에 일관되게 틀린 답으로 반응한 사실을 주목했다.
피아제는 이를 통해 발달 단계의 전체적인 이론을 주장했는데,
어린이의 각 발달 단계가 특정한 인식의 공통적인 패턴을 보여준다는 것이었다.

스위스로 다시 돌아간 피아제는 1929년에서 1975년까지 제네바 대학교에서
심리학 교수로 재직하면서 인지발달이론을 단계별로 나눈 재정립으로 유명해졌다.
이전의 볼드윈(James Mark Baldwin)의 유아기, 미취학기, 아동기, 사춘기로
4가지 단계를 감각운동기, 전조작기, 구체적 조작기, 형식적 조작기로 구분했다.
'스키마'(도식; 개인이 환경에 대한 지각을 조직하는 인지적 구성방식)
'동화'(기존의 인지구조에 의한 대상의 해석),
'조절'(동화를 위한 인지적 구조의 분화와 조정),
평형화, 반영적 추상화, 경험적 추상화, 조작적 학습원리,
게슈탈트 이론의 확장 등 인식론과 발생론적 인식론을 응용한 교육에서의
피아제의 업적은 개념만 정리하려 해도 벅찰 만큼 막대하다.

피아제는 인간의 아동 시기를 상세히 관찰 연구하여 그 발달 단계에 대한
피아제의 인지적 개념들이 아동과 학습,
교육에 기존의 학설을 재평가할 만큼 큰 영향력을 우리에게 끼쳐왔다.
우리는 피아제의 연구에 따라 아동의 독자성과 발달 단계를 명확히 분별해,
교사는 아이들에게 교육의 전달자가 아닌 아이의
스스로를 성장하도록 돕는 안내자의 역할을 감당하는 한다는 사실을
한 번쯤 새겨봐야 한다.

25

학교 경찰(SPO)은
약인가, 독인가?

경찰이 등장하는 그 순간부터
교실은 공권력을 집행하는 장소지,
더 이상 교육이 이뤄지는 공간이
아니다.

 한국교원단체총연합회가 '교권 보호 4법 개정, 학생생활지도 고시 시행 이후 교권 실태 및 교원 인식'에 대한 설문 조사의 결과를 2023년 11월 발표했다.[109] 전국 교원의 99.4%가 정당한 생활지도에는 아동학대를 적용하지 않도록 아동복지법 개정을 요구하는 것에 찬성했고, 심각한 학교 폭력은 경찰에 이관하고 학교 전담 경찰관을 확대하는 데 대해서는 92.1%가 찬성했다. 구체적으로 학폭 업무를 누가 맡는 것이 적합한지에 대한 물음에는 '경미한 사안(학교장 자체 해결제 기준 적용)은 학교, 심각한 사안은 경찰 담당'이라고 응답한 교사가 42.5%로 가장 많았고, '모든 학폭 업무를 경찰이 담당'해야 한다는 의견도 36.0%나 됐다. 고시에 의해 학생 생활규칙(학칙)을 개정하는 데 가장 어려운 사항으로는 '문제 행동 학생 분리'로 가장 많이 응답했으며, 문제 학생의 교실 밖 분리 조치를 위해 가장 필요한 것으로는 '별도 인력 확보'라는 응답을 한 고사가 58.4%나 됐다. 특별히 별도 인력의 확보에 가장 유력한 대안으로 떠올랐던 것이 '학교 경찰'이다.

 교사들에게 학생들에 대한 훈육의 수단이 사라지면서 학교 내에서 일어난 아무리 작은 문제라도 교사가 쉽게 손댈 수 없는 지경에 이르렀다. 그런 상황에서 2023년 학생생활지도 고시가 시행되면서 '학교 경찰 제도(SPO)'의 도입을 건의하는 목소리가 강해졌다. 교사들이 요구하는 학교 경찰 제도는 이렇다. 학교의 교권 침해 사례가 심각한 수준에 이른 2010년대 중반부터 교육계 일각에서는 '학생생활지도 고시의 분리 조치'의 시행 이전부터 '학교 경찰 제도(SPO)'의 도입을 주장했다. 교사들이 주장하는 모델은 미국의 일부 주에서 시행하는 '학교 경찰(SRO:School Resource Officers)'로, 이는 미국에서 교권 침해를 당하는 교사들에게 조력을 하는 이상적인 학교 경찰로서 이에 대한 긍정적인 사례가 언론을 통해 많이 소개됐던 적이 있다.

 이와는 별도로 우리나라에도 2012년부터 학교 폭력 문제가 사회적으로 심각해지면서 경찰이 학교별로 학교 폭력 사안을 전담하기 위해 학교 전담 경찰관 제도를

---

109) "교원 99.4%, 아동복지법 개정 요구!", 한국교원단체연합회 보도 자료, 2023년 11월 1일.

시행했다. 그러나 이는 학교 경찰 제도(SPO 또는 SRO)와는 개념이 다른 제도로, 학교 폭력을 예방하고, 사건이 발생했을 때 경찰이 신속히 개입해 피해 학생을 보호하며, 가해 학생을 선도하는 등의 업무를 담당했다. 그 역할로 봤을 때 이는 심각한 학교 폭력이 발생했을 때 유용하게 사용되는 시스템이다. 하지만 학교에서 수업을 하는 교사들의 입장에서는 수업과 교육 활동의 보호 지원까지는 이어지지 않았기 때문에, 교사들이 학교 경찰 제도를 통해 요구했던 부분과는 그 역할이 달랐다. 더욱이 교육부와 경찰청과의 공조의 부족, 예산의 부족, 전담 경찰 인력 부족 등의 이유로 현재는 심각한 학생 폭력, 학생 집단 폭력 사건 정도만 겨우 다루고 있어서, 학교 경찰이 학생의 수업 분리 조치에 동원돼 교사의 교육적 조치를 지원할 방법이 현재로서는 없다.

이런 현실에서 최근 교사들에 의해 학교 경찰 제도 도입이 급부상된 것은, 2023년 학생생활지도 고시의 발표와 함께 수업 방해 학생 분리 시, 학교 경찰을 두고 활용하자는 의견이 현실적으로 받아들여졌기 때문이다.[110] 교사들 사이에서 매력적인 미국의 학교 경찰 제도(SRO)는 그 역할이 주마다 다르겠지만, 일반적으로는 학교 내부 시설의 순찰, 학교 내 범죄 조사, 지역 사회에 발생한 범죄 정보 수집, 학생 상담, 범죄 예방 교육, 그리고 학생이 교사에게 폭력적인 행동을 할 경우 학생과 교사를 즉각 분리하는 것이 그 역할이다. 교사의 입장에서 학생을 법적으로 제지하는 기능까지 수행하는 것이기 때문에, 특별히 학교 내에 존재하는 광범위한 폭력에 노출된 한국의 교사들에게는 더욱 기대를 품게 했다.

그러나 사실상 수업 방해 학생 분리 조치의 본질은 학교 경찰의 운영과 전혀 관계가 없다. 특히 우리나라의 문화와 현실은 미국 내의 상황과는 많이 다르기 때문에, 이를 평면적으로 비교해서 한국에도 통할 것이라고 생각하는 건 지극히 단순한 발상이다. 그리고 이 제도는 사실 미국에서도 그 효과에 의문이 제기되면서 일부 주에서는 폐기가 검토되는 제도다. (2020년, 콜로라도주의 덴버 공립학교 위원회와 캘리포니아주의 웨스트 콘트라 코스타 통합 교육구, 그리고 오클랜드 교육 당국도 학교 경찰 폐지 결의안을 의결했다. 또한 미네소타주의 미니애폴리스, 워싱턴주의 시애틀도 현재 비슷한 과정을 밟고 있다.)

---

110) 이 시기에 교총에서 실시한 '심각한 학교 폭력은 경찰에 이관, 학교 전담 경찰관을 확대'할 것을 묻는 설문에 응답한 교사 중 92.1%가 찬성했다는 발표는 학교 경찰 제도와는 사실상 관련이 없는 질문이다. 학교 경찰 제도의 운용과 상관없이 심각한 학교 폭력은 이미 학교 전담 경찰제 또는 경찰의 수사를 통해 법적인 처리가 되어왔다.

그 이유는 이렇다. 미국은 다민족 이민 국가다. 그것도 이민의 역사가 짧아도 몇 백 년 동안 이어지고 있고, 대부분은 아빠나 할아버지 세대에 이민을 와 미국에 정착했기 때문에 각자의 문화와 다양성, 개성이 강해서 사회 전반을 강력한 법의 통치로 그 통일성을 유지할 필요가 있는 나라다. 따라서 미국은 이에 대한 국민적 합의 아래서 그 통일성을 강력히 유지시키는 각종 법과 정책으로 통치되고 있다. 또한 미국의 자유주의 전통에 따라 총기 소유가 자유화되어 있고, 상당수의 주에서는 교내 소지까지도 허용될 정도로 다양성이 존재하는 국가다. 한국에서는 언론마다 톱 뉴스가 되는 마약의 문제도 주마다 허용하는 기준이 다르기 때문에, 그에 따른 강력한 공권력의 행사도 당연하게 받아들여진다.
　이런 가운데 미국은 학생이 교사의 교권을 침해하는 사건을 결코 교육적인 문제로만 보지 않는다. 교권을 침해하는 가운데 조금이라도 폭력적인 언행이 있었다면, 이를 글자 그대로 공권력에 도전하는 행위로 보고 교사는 지체 없이 경찰에 신고를 하며, 학교 경찰은 그 즉시 출동해 학생에게 수갑을 채워 연행한다. 경찰이 등장하는 그 순간부터 교실은 공권력을 집행하는 장소지, 더 이상 교육이 이뤄지는 공간이 아니다. 경찰이 제압한 이후부터 학생은 교실로 돌아오기 전까지는 법의 시스템에 의해 경찰이 제압할 대상이므로, 더 이상 교육적인 대상으로 취급하지 않는다. 이에 불복하면 아동이 가야 할 곳은 99%로 감옥이고, 이 학생이 다시 교육의 현장으로 돌아오기 위해서는 상당한 노력과 대가가 요구되는 것이 미국 사회의 사회적 상식이다. 이에 대한 국민 대다수의 합의는 이미 이뤄져 있다. 그러나 이러한 국가적 합의가 점점 더 많은 학생을 감옥으로 보내고 있다는 위기감이 미국 교육 당국에 전달되기 시작한 것이다.
　이러한 사정을 간과하고 미국과 문화와 여건이 다른 우리나라가 미국의 학교 경찰 제도를 그대로 모방하게 되면, 그에 따른 결과로 의외의 상황들이 부작용으로써 교육 현장에 발생할 것이다. 만일 우리나라 학교 전담 경찰관이 미국의 경찰관처럼 교사에게 대들었다고[111] 경찰이 아동을 미국식 공권력으로 다스리면, 그 아동의

---

111) 실제로 한국 아동들처럼 미국에서 어떤 아동이 교사를 때렸거나 발로 경찰관을 찼다면, 그 아동은 엄청난 물리적인 제지와 법적인 처벌을 당하고, 이후의 진학에도 상당한 영향을 받았을 것이다. 만일 우리나라의 목공 톱 투척 아동이 미국 경찰 앞에서 그런 일을 벌였다면, 강력한 물리적인 제재는 물론이고, 경우에 따라서는 경찰의 합법적인 총기 사용으로 유명을 달리했을 것이다. 공권력을 집행하는 경찰 앞에 칼을 들고 경찰의 지시에 불응하거나 반항할 때, 경찰의 총격은 정당한 행위로 판결된다.

학부모들이 당장 진단서부터 시작해서 각종 고소와 고발로 경찰관을 정상적인 직무에 종사하지 못하도록 할 것이다. 이것은 우리나라가 법치주의 국가이긴 하지만 미국의 엄정한 법의 집행과는 달리, 법의 개념이 미국의 법보다 훨씬 넓어 관습법과 더불어 전통적인 가치가 존재하고 법의 적용에 있어서도 실정법상 특히 아동과 학생을 보호하는 예외적인 특별법이 많기 때문이다. 따라서 경찰도 이를 지키지 않고 역행할 수는 없다. 만약 그 경찰관이 미국식으로 대처한다면, 그 경찰은 아동학대범으로 교사들이 입었던 엄청난 피해를 동일하게 입을 것이다.

이러하기에 우리나라에 학교 경찰 제도를 도입하기 위해서는 그 전에 먼저 해결해야 할 몇 가지 사항들이 존재한다. 첫째, 학교 경찰도 그 직무를 수행함에 학생인권조례나 아동복지법, 아동학대 금지법의 적용을 동일하게 받는지에 대한 여부가 확실히 정해져야 한다. 둘째, 학교 경찰이 학교에 상주하며 직무를 수행하는 역할 속에 교육적인 기능이 포함되어 있는지, 아니면 사법적인 역할만을 수행하는지에 대한 구체적인 고려와 결정이 필요하다. 셋째, 학교 경찰이 활동하는 예산과 소속, 그리고 누구의 지휘를 받는가에 대한 구체적인 부분이 정확히 정해져야 한다.

그러나 이런 문제가 모두 해결된다 해도 필자는 학교 경찰의 도입을 반대한다. 왜냐하면 이는 교육적인 영역의 축소를 의미하고, 그 축소는 결국 교육 밖으로 밀려나는 아동의 수적 증가를 의미하며, 그 수적 증가만큼 더 많은 아동이 교육의 혜택에서 배제된 채 각종 사회적인 약자가 되거나 반사회적인 역할을 하게 된다는 의미기 때문이다. 이 수에 비례해 피해자가 양산될 것이며, 그에 대한 사회적인 관리 비용의 증가도 사회적으로 큰 문제가 될 것이다. 가능하다면 한 명이라도 더 많은 아동에게 교육으로 건강하고 밝은 미래를 제공하는 것이 국가의 마땅한 역할이고, 이것이야말로 국익에 부합하는 일일 것이다. 그것이 인권이고, 그 누구도 침해할 수 없는 국민의 의무이자 권리다. 따라서 굳이 교육으로도 충분히 개선 가능한 영역에 학교 경찰 제도를 도입해서 감옥을 증설할 이유는 절대 없다. 단, 이런 필자의 의견은 우리나라 교육 현장에서 체벌의 교육적 역할이 충분히 가능하게 됐을 때를 대전제로 한다.

아울러 2024년도부터는 학교 폭력의 처리와 이에 대한 교사의 부담을 덜어주고자, 교사가 아닌 전직 수사관 등으로 구성된 '학교 폭력 전담 조사관'이 학교 폭력에 대한 조사를 맡게 된다. 교육부의 주도로 인한 '학교폭력 사안 처리 제도 개선 및 학교전담경찰관(SPO) 역할 강화 방안'에 의해서다. 경미한 다툼일지라도 학교폭력으로 접수되면 학교 폭력 전담 경찰관(SPO)의 엄정한 법 집행을 위한 가해자와 피해자의 구분부터, 수사에 베테랑인 전직 수사관들에 의해 폭력 사건에 대한 조사가 진행된다. 그 후 경미한 사건은 종결 처리하고, 중대한 사건일 경우에는 학폭위로 사건을 넘겨 처리하게 된다. 학교 폭력 조사 업무를 외부로 이관해 달라는 것은 교사들의 오랜 요구 사항이었다. 학생들의 싸움 하나로 학부모에 의해 교사의 등이 터지다 보니 학교에서는 교육의 논리보다 법의 논리가 강력하게 작동하게 될 것이고, 이해와 용서와 화해의 교육 현장은 사라질 것이며, 오해와 징벌과 불화가 판을 치는 법 집행을 위한 다툼만이 남게 될 것이다.

그러나 교사의 학교 폭력 조사 업무에서의 부담과 민원 제기를 차단하기 위해서, 학교 현장과 교육 현장에 대한 이해가 부족한 전직 수사관이 교육적인 맥락을 이해하지 못한 채 학교 폭력 사안에 대해 엄정한 법의 집행만을 목적으로 한 조사를 하게 된다면, 결국은 학교에서 충분히 교육받고 보호받을 수 있는 아동들까지 법의 엄정한 제재의 수레바퀴 아래로 밀어 넣게 될 것이다. 교사는 교사로서의 전인 교육의 목적을 포기하고 단순히 지식의 전달자라는, 교사 본래 역할의 반절도 안 되는 역할밖에 못 하는 '난쟁이 교사'로 만족하는 결과를 가져오게 될 것이다. 아울러 우리 사회는 법 이전의 유아, 청소년기에 반드시 함양해야 할 이해와 양보, 타협과 사랑, 협력와 조화와 같은 가치를 배울 기회를 상실한 구성원으로 가득 차게 될 것이다. '법은 최소한의 도덕이다.'라는 말이 사실이라면, 우리의 사회는 최소한의 삶의 룰만 가지고 살아가는 각박한 갈등과 반목의 장으로 변할 것이다. 그렇게 돼서 결국, 국가와 민족의 생존이 위협받는 시대가 오지 않을까 걱정이 앞선다. 왜냐하면 어떤 공동체든지 스스로 분쟁하고 바로 설 수 있는 공동체는 없기 때문이다.

그러므로 우리는 학교 경찰 제도의 도입에 신중을 기해야 한다. 학교 경찰 제도를 유지하고 거기에 학교 폭력 전담관에게 어떤 기능을 부여하기 이전에, 우리는 우리 교육의 근본적인 문제를 해결해야 한다. 특히, 학교 현장의 교사들이 오랫동안 학교 폭력 업무에서 교사를 배제하고 학교 전담 경찰관을 배치해 수사해 달라는 요구를 해왔던 그 환경에 주목해야 한다. 전국 50만 명의 사명감에 불타는 교사들을 잠재적 아동학대범으로 몰아넣은 '부모 이기주의', 이에 편승한 아동의 권리만 있는 무책임한 '학생인권조례', 그리고 병리적인 관점에서 아동과 가정을 바라보고 졸속한 개정을 거듭한 '아동복지법' 등이 그 배경에 있었다는 사실을 직시해야 한다.

따라서 문제가 되는 이러한 법들의 독소 조항 부분을 시급히 개선해 교사의 교권과 학생의 인권이 조화를 이룰 수 있는 균형점을 찾지 않으면, 학교전담 경찰관마저도 아동학대범으로 몰리거나 각종 소송에 휘말리게 될 것은 불 보듯 자명한 사실이다. 현재의 학교전담 경찰관들이 사명감이 적거나, 능력이 부족해서 학교 폭력 문제가 창궐하는 것이 절대 아니다. 진짜 문제는 학교 폭력 전담 경찰관이라 할지라도 문제에 개입할 권한은 적고, 책임 소재는 크기 때문에, 함부로 접근하다가 무슨 봉변을 당할지 몰라 지극히 소극적이고도 소극적인 대처밖에 할 수 없는 현실 가운데 있다는 것이다.

만일 국민적 합의로 교사의 권위를 높이는 교육적인 훈육과 훈계의 수단이 법의 보호 아래 50만 명의 교사에게 주어진다면, 학교 전담 경찰제이든 학교 경찰이든 학교에 불필요한 제도가 될 것이다. 학교 전담 경찰관이 퇴학에 이를 것이거나 이미 그 단계에 이른 심각한 범죄에 한해서만 기존의 법체계에서 수사와 처벌을 하기만 해도 그 역할은 충분할 것이다. 아울러 학교가 학생들에게 법적인 보호의 테두리로도 작용하게 해야 최대한 학생에서 범죄자가 되는 아동의 수를 줄일 수 있을 것이다. 학교가 학생에게 법의 테두리가 될 때, 이기적인 부모일지라도 학교와 교사의 권위를 인정하지 않을 수 없게 된다. 아무리 말썽꾸러기라고 할찌라도, 경미한 사안으로 학생을 학교 밖으로 내모는 그 어떤 작은 시도도 필자는 반대한다.

26

체벌에 대한 오해와 한계:
체벌과 "체폭"을
구분하라!

'체폭'이 난무하던 식민주의 교육과
군사 문화의 영향을 받은 교육은 2010년 이후,
체벌 전면 금지 시행과 학생인권조례,
그리고 아동복지법으로 인해
아주 깨끗하게 사라졌다.
대신 체벌의 공백 상황으로 인해
오히려 폭력 아동과 촉법소년을 대거 등장시켜
이전의 체폭 교실보다 수백 배는 더 가혹한
폭력 과잉의 학교 현장을 탄생시켰다.

    2010년대 체벌하면 '오장풍 교사 체벌 사건'이 바로 떠오른다. 어린 아동을 손바닥과 주먹으로 마구 때리는 장면이 전국에 뉴스를 타며 전해졌다. 그 장면이 혐오스럽기도 하고 분노가 끓어올라서 화면 속의 장면을 제대로 보지 못했던 기억이 있다. 사건은 이러했다. 2010년 서울 동작구의 A 초등학교 6학년 담임이던 오 씨는 거짓말을 했다는 이유를 들어 학생의 뺨을 때리고, 바닥에 넘어뜨려 발로 차고, 심지어 학생을 책상에 앉아있는 채로 넘어뜨려서는 손으로 멱살을 잡아 옷이 찢어지게 만들었다. 거기에 더해 명치를 주먹으로 때려 뒤로 날아가 벽에 부딪혀 몇 초 동안 숨을 못 쉬게 하는, 말 그대로 폭행 수준의 체벌을 했던 사건이었다. 당시 이 장면이 담긴 동영상이 학부모 단체에 의해 공개되면서 이른바, '오장풍 사건'으로 불리며 큰 논란을 일으켰다.[112]

    이 사건으로 전국적으로 학교 내에서의 체벌에 대한 반대 여론이 대두됐고, 이 여론을 힘입어 당시 서울시 교육감이던 곽노현 교육감이 대다수 교사들의 의견을 무시한 채 졸속으로 체벌 전면 금지를 시행해 오늘날에 이르렀다.

    그러나 오장풍 사건을 계기로 체벌금지를 발표하고 시행한 법학 교수 출신 곽노현 교육감의 이런 결정을 졸속이라고 표현한 것은, 그가 법을 전공했기에 교육학이나 실제 학교의 교육 현장에 대한 깊은 이해가 있을 리 없는 문외한일 것이라는 편견이 있어서 그런 것은 아니다. 그러나 그런 오해를 받아도 될 만큼 체벌 전면 금지 시행에는 교육 과정에서의 체벌에 대한 기초적인 무지가 드러나 있다. 그 무지는 오장풍 교사 사건이 사실상 체벌에 관계된 사건이 아니고 단순히 일탈한 한 개인의 교사가 저지른 폭행 사건일 뿐이라는 사실을 간과했다는 점에서 드러난다. 언론이 이를 체벌의 오남용 사건으로 보도했을 때, 서울시 교육의 수장으로서 이 사

---

112) "수업중 초등생 뺨 때리고 악담하고…서울 '오장풍' 교사 폭행 동영상 파문", 쿠키뉴스, 2010년 7월15일.

건을 그저 체벌의 오남용을 방지해야 하는 선에서 확실한 폭력 사건으로 다뤄야 했다. 그러나 이에 대한 대책이라고 하며 학교에서 체벌 전면 금지를 시행한 것은 교육적으로 그가 책임져야 할 중대한 과오였다.

또한 당시 졸속으로 제정한 체벌 전면 금지를 학부모들이 수용한 이유에는 시대적 배경이 크게 존재했다. 일제 강점기 시대부터 식민지 교육의 일환으로 학교에서 학생을 구타하고, 차별하며, 폭력을 행사하는 일이 일본인들이 주도한 교육계에서 당연시됐다. 그러다 식민지 해방 뒤 얼마 지나지 않아 발생한 남북 전쟁이 초래한 극심한 혼란기와 함께 군사 정권의 연이은 등장으로 군사 문화가 교육계를 지배하게 됐다. 이로 인해 당연한 관행으로 여겨진 폭력은 2000년대 초까지 체벌이라는 이름으로 우리나라 교육 현장에 군림하고 있었다. 특히 2000년대는 베이비 붐 시대의 끝 세대가 학부모의 주축을 형성한 시기로, 이들 학부모들은 박정희 정권과 전두환의 군사 독재 정권 아래서 학교를 다녔다. 특히 이들은 고등학교 시절 '교련'이라는 이름의 군사 교육을 배운 세대였다. 즉, 이들은 학교에서 자행되는 '체벌이라는 이름의 폭력'(이하 '체폭'이라 부르겠다.) 속에 수많은 폭행을 체험했던 세대였던 것이다. 이들이 초등학생, 중학생, 고등학생을 거쳐 성장했던 1970년대부터 1980년대에는 각 학교마다 학생들에게 전설로 일컬어지는 이른바 '미친 개'나 '꼴통 교사'로 불리는 교사들이 있었다. 당시 학교 현장에서는 체벌에 대한 문화가 관습적으로 내려오던 시기였기 때문에 체벌을 허용하는 규정과 규칙이 교육부에서 지정돼 실시된 적이 없었고, 그런 상황에서 '체폭'(체벌이라는 이름으로 자행된 폭력)이 각 교사의 자의적인 판단에 의해 널리 시행됐으며, 상당수의 꼴통 교사들에 의해 수많은 학생들이 폭력의 피해를 입던 시대였다. 심지어 단체로 받는 기합과 '빳다'라는 단체 체벌 또한 존재했기 때문에 그 피해를 고스란히 입은 세대였다.

그들이 체험했던 체벌이라는 유형을 보면 이러했다. 당시의 교육 현장에서 광범위하게 사용된 '체폭'은 당한 사람들은 알겠지만, 사실 도구보다 많이 사용됐던 게 교사들의 손과 발이었다. 중, 고등학교에서는 교사가 주로 남학생들에게 여러 체폭을 일삼았는데, 예를 들어, 손으로 뺨을 때리는 '싸대기', 구둣발로 무릎과 정강이를 때리는 '쪼인트', 그리고 손으로 민감한 부위를 눈물이 날 정도로 꼬집거나 꽉 쥐는 체벌까지도 있었다. (영화 〈범죄도시〉에서 형사 마동석이 불법 체류 범죄자에게 하는 액션으로 등장하기도 했다.) 또한 머리카락이나 털을 뽑는 체폭도 아주 흔하게 볼 수 있었다.

특히 필자의 중학교 때 한문 교사는 슬리퍼로 뺨을 때리기도 했다.

당시에 이 정도는 평범한 수준의 체벌이라고 인식됐고, 당시 학생들에게 '꼴통 교사' 수준의 평가를 듣던 교사들은 거의 시곗줄이 풀려나갈 정도의 풀스윙으로 주먹을 날리거나 날아 차기를 하는 등 지금은 정말 상상도 못 할 수준으로 체폭을 일삼았다. 상당수의 학생이 구둣발로 명치를 가격당해 호흡 곤란으로 쓰러져 신음해도 대책 하나 마련될 기미조차 없었던 이유는, 사회 전체에 팽배했던 공포 분위기가 꼴통 교사들이 추구한 얼토당토 않는 기강 잡기조차 당연한 것으로 용인했기 때문이었다. 이 당시 세간에 돌던 흔한 말 중 하나가 일제의 식민지 교육의 영향으로 만들어진 '조선 명태는 맞아야 맛이 난다.'였다. 당시에도 교육적인 체벌을 했던 교사들은 보통 회초리나 지휘봉 형태의 막대기를 체벌 도구로 지정해서 사용했지만, 식민지 지배의 잔재에 영향을 받은 말을 무비판적으로 입에 올리며 체폭을 일삼던 꼴통 교사들은 책걸상 다리, 대걸레 자루 등 주변에 보이는 대로 다 체벌 도구로 사용했다. 누구라도 손에 잡히는 대로 도구를 이용해 학생들을 구타하는 교사를 본다면, 그것이 체벌이 아니라 확실한 폭력이며 폭행이라는 사실을 부인할 수 없을 것이다.

더 심각한 문제는 '단체 기합'이라 불린 체벌을 주는 방식에도 존재했다. 이 기합은 공동의 책임을 묻는 방식으로 많이 사용된 벌로써 일정 부분 구성원의 일체감을 높이는 데 기여를 하긴 했으나, 장점보다는 문제가 훨씬 많았다. 주로 간접 체벌 방식을 사용해서 훈육으로서의 일면도 있었지만, 간접 방식이든 직접 방식이든 단체 기합은 억울한 학생을 많이 만들었다. 학급의 성적 평균이 떨어졌다고 단체 기합을 받는 학생 중에는 그 반의 평균 성적의 향상에 기여한 학생도 분명히 있었을 것이며, 개인 차원에서 성적이 향상된 학생도 분명 있었을 것이다. 하지만 그런 학생까지 모두 포함해 무차별적으로 체벌이라는 이름으로 폭력을 휘둘렀다. 교육의 목적과 부합하지 않는 폭력은 결코 체벌일 수 없었다. 이런 단체 기합 중 '줄빠따'로 불리던 단체 체벌로 들어가면 더 심각한 문제가 발생한다. 전체 학급 학생의 잘잘못을 묻지도 따지지도 않고 '엎드려뻗쳐' 자세를 시킨 후 둔부를 막대기로 때리는 체벌인데, 문제는 이 중 상당수의 아동은 체폭의 이유와 목적도 모른 채 그저 맞기만 했다는 사실이다. 또 다른 문제는 단체 체벌이기 때문에 분명 같은 양의 체벌이 내려져야 하나, 실상 어떤 학생은 살살, 또 어떤 학생은 세게 맞는 등의 형평성에 어굿난 체벌 방식이었다. 대개 우직하고 정직한 학생이 세게 맞았고, 엄살을 피고 꾀를 피우는 학생들은 약하게 맞는 경향이 있었다. 그러므로 이런 단체 기합은 실로 비교육적이었고, 그래서 분명한 '체폭'이었다.

따라서, 우리는 규정도 없이 체벌이라는 이름으로 교사의 자의적인 판단 기준과 감정에 의해 행해진 이런 폭력을 체벌과 혼용해서 생각한 것이다. 여러 제도적인 장치를 통해 특별히 도구의 사용까지도 엄히 지정된 채 이뤄져야 할 체벌을 '꼴통 교사'가 마구잡이로 휘두른 것이며, 그것은 분명 체벌의 영역을 벗어난 '개인의 폭력'으로 봐야 할 영역이었다. 그러나 교육 현장에 대한 이해가 부족해 폭력을 체벌과 동일시한 몇몇 교육감들, 당시 유행하던 존 듀이의 영향을 받은 진보 교육학자들, 그리고 이들을 추종하는 대중들의 이해관계가 어울리면서 결국 졸속 대책으로써 체벌 전면 금지가 시행됐다.

이 당시 서울시 교육감을 필두로 한 교육부가 몇몇 사건에 포퓰리즘으로 대응하며 '오장풍 교사 사건' 직후 서울시에서 체벌 전면 금지를 시행했을 때, 70-80년대에 학창 시절을 보낸 당시의 학부모 대부분은 체벌에 대한 교육적인 고려를 하지 않은 채, 자신이 학창 시절에서 겪었던 체벌이라는 이름으로 행해진 폭력에 대한 부당한 체험을 자녀에게 물려주지 않으려는 심정으로 수많은 교사들의 우려에도 불구하고 체벌 전면 금지를 반대하지 않았다.(이들 학부모 중에도 순수하고 교육적인 체벌의 긍정적 효과와 체벌을 실시했던 교사에 대한 존경과 신뢰를 갖는 이도 상당히 많아서, 2010년대에도 학교 현장에서 체벌을 부탁하는 학부모를 많이 만날 수 있었다.) 이런 가운데 졸속으로 시행된 체벌 전면 금지는 그 후 체벌 부재로 인한 심각한 부작용을 낳았고 그 결과, 현재 우리나라 학교를 붕괴 상태로 만들어 놓았다. 이때 무조건 바로 금지할 것이 아니라, 오히려 관습적으로 내려왔던 체벌에 대해 교육적이고 현대적인 차원에서 충분한 연구 과정을 거쳐야 했다. 기존의 체벌 실태와 체벌의 개념, 체벌의 정의 및 경험, 체벌의 이유, 그리고 체벌의 유형 등을 철저히 연구하고, 체벌에 이를 수 있는 징계 행위와 징계 대상, 체벌의 목적, 수단, 방법 등을 명확히 규정해야 했다. 교사가 실수로라도 '체폭'을 할 수 없도록 관습화된 체벌(체폭)을 없애고 2010년 당시 교육적으로 반드시 필요한 체벌만을 시행할 수 있도록 조례를 만들었다면, 많은 교사들과 학생들이 제도의 부재로 인한 혼란 가운데 피해자로, 그리고 가해자로 전락해 학교의 붕괴와 함께 매몰되는 일은 없었을 것이다.

당시 무조건 체벌을 반대하는 그룹과 이를 지지하는 학부모 그룹 사이에서 눈치를 보느라 교육부 내에서도 반대의 목소리가 많았지만, 한국교총의 반대에도 불구하고 일단 체벌 전면 금지를 시행했다. 불과 15년 전의 일이다. 그러나 그 결과가 너무나 참혹해서 그로 인해 발생한 피해자와 가해자에게 그 굴곡은 영원한 상처로 남게 됐다. 교사의 권위 하락으로 인한 수많은 교권 침해 사례, 훈계 수단의 부재와 일방적인 아동 보호 체계로 인해 질서와 기강이 무너진 교실, 그리고 교권의 공백 상태에서 발생한 수만 건의 학폭위 사건과 징계 사건 등 교육 현장에서 벌어지는 문제는 이루 헤아릴 수 없다.

그 외에 세간에 전혀 일컬어지지 않은 결과를 하나 더 말한다면, 2010년 체벌 전면 금지가 시행된 후 사실상 체벌에 대한 연구가 전혀 이뤄지지 않게 됐다는 점이다. 학생인권조례가 제정된 이후 체벌은 무조건 폭력이자 범죄가 됐고, 이에 따라 교육적인 체벌에 대한 연구와 그 규정에 대한 모든 연구는 무가치해져 버린 채 체벌은 그저 폭력으로 박제되고 있다. 그러나 앞서 말했듯이, '체폭'과 체벌은 완전히 다른 영역이므로 반드시 구분해서 사용해야 한다. 따라서 '체폭'은 체벌이 아니며, 체벌도 폭력이 아니라는 사실을 지금부터라도 연구하고 제도화해야 한다. 또한 무엇보다 '체폭'을 체벌로 동일시해서 체벌을 폭력이라고 규정한 채 전면 금지한 이 무지한 규정들을 다 들춰내고, 교육적인 체벌을 훈육과 훈계의 수단 중 하나로 등재하도록 이를 개정해야 한다.

병원에서 넘어졌다고 의료 사고가 아니듯이 학교에서 수업 중에 교사가 학생을 때렸다고 해서 무조건 체벌이 아니다. 병원에서 계단을 내려가다가 넘어지면 단순한 실족 사고로 처리된다. 심지어 옆 사람이 간호사여서 그가 급히 내려가다 넘어지게 했더라도, 의료 사고가 아닌 실족 사고로 처리된다. 간호사가 의사의 지시를 받고 환자를 치료하다가 지시대로 이행하지 않은 채 자신의 이익이나 감정에 의해 자의적으로 허용되지 않은 주사를 환자에게 놓는다면, 이것에 대한 병원과 의사의 관리 책임은 물을지언정 이것은 명백한 그 간호사의 문제다. 즉, 의료법을 위반한 개인의 범죄인 것이지, 의료 체계 전체의 문제가 아닌 것이다. 그런데 '만병민국'의 예처럼 이 사건을 빌미로 정책 당국에서 "앞으로는 의사가 간호사에게 지시하는 것을 전면 금지한다."고 발표한다면, 그 나라는 '만병민국'처럼 그 의료 체계가 삽시간에 붕괴되고 말 것이다.

전신 마취한 환자를 성추행한 의사의 행동이 아무리 파렴치해도 이 사건이 병원에서 발생했으며 수술 중 의사에 의해 일어났다는 이유로 의료 사고로 단정해 한 국가에서 "모든 수술 시 의사에 의한 모든 전신 마취를 금한다."고 한다면, 수술 중 의사에 의해 발생하는 전신 마취 환자에 대한 성추행 피해는 발생하지 않겠지만 그로 인해 발생하는 수많은 수술 환자의 고통의 총량은 국가를 전복시키고도 남을 것이다. 만약 이런 현상을 공리주의 학자 제임스 밀이나 아담스 밀이 본다면, 분명 그들이 기절을 하고도 남을 만큼 어처구니가 없는 일일 것이다. 그러나 대한민국의 교육 현장에서는 이런 무지에 의한 혼란이 아동인권 보호라는 이름으로 시행되고 있다. 이로 인해 대한민국에서 발생했던 열 건 내외의 '오장풍 교사 사건'과 같은 체폭을 완벽히 방지하는 쾌거는 거두었으나, 체벌 금지가 시행되던 중인 2016년도부터 2021년도까지 보호 처분 이상의 처분을 받아 범죄 현장에서 방황하는 학생의 수는 17만 명 이상으로 대폭 증가했다. 동시에 촉법소년으로 불리는 범죄 연소화가 급격히 심화되어, 학교에서는 두 손 두 발을 다 놓은 교사들이 "아무 일도 하지 않으면 아무 일도 일어나지 않는다."라는 주문을 외우며 무기력만 가득한 교육 현장에서 시들어가고 있다. 공리주의적인 입장에서도 이런 현상은 무지의 소치로 빚어진 비극이 아닐 수 없다. 우리가 만병민국 국민들이 '따끔'을 피하려고 하다가 맞이한 결말이 얼마나 참혹했는지 기억한다면, 지금 우리나라 교육계에서 벌어지는 참상들의 심각성을 충분히 이해할 수 있을 것이다.

대학에서 교수 활동만을 했던 교수 출신의 교육감들은 초, 중, 고등학교 교육 현장에 대한 이해도가 낮았기에 사실상 교육적인 체벌과 폭력을 구분하지 못했다. 그런 상태에서 법률적인 사고만으로 체벌을 금지시키는 것을 주도한 것은 사실상 교육적으로는 맹인이나 다름없는 미래에 대해 무책임한 결정이었다. 그런 교육감들로 인해 교육의 주요 수단인 체벌이 사라진 지금, 학교와 교실 속 학생들, 그리고 모든 교사들이 무너지고 있는 교육 현장의 현실을 우리는 예의 주시해야 한다. 그리고 이제는 새로운 교육의 페이지를 열어야 한다.

'체폭'이 난무하던 식민주의 교육과 군사 문화의 영향을 받은 교육은 2010년 이후, 체벌 전면 금지 시행과 학생인권조례, 그리고 아동복지법으로 인해 아주 깨끗하게 사라졌다. 대신 체벌의 공백 상황으로 인해 오히려 폭력 아동과 촉법소년을 대거 등장시켜, 이전의 체폭 교실보다 수백 배는 더 가혹한 폭력 과잉의 학교 현장을 탄생시켰다. 이러므로 우리는 교사의 엄정한 교육적인 체벌권을 확립시켜서 이를 학교 현장에 만연한 모든 폭력을 종식시키는 유용한 수단으로 사용해야 한다. 이 비정상을 속히 정상으로 돌이켜야 한다.

세상을 바꾼 교사

프란시스코 페레

프란시스코 페레(Fransisco Ferrer, 1859-1909)는 모던스쿨의 설립과
"꽃으로도 아이들 때리지 마라!"로 유명한 스페인 출신의 교육자이다.
최초의 자유학교인 모던스쿨은 영국의 서머힐 학교보다 한 세대 앞선 것이었다.

아동 중심교육을 강조한 그의 교육사상은
페레 당시 국가와 가톨릭에 지배된 교육을 비판하고
교육을 국가와 종교로부터 분리시키려는 의도가 깊이 투영되어 있었다.
따라서 페레는 아나키스트로 간주되어
국가반역 혐의로 체포되었고 1909년에 '군사 반란 배후조종'이라는 죄목으로
그의 나이 50세에 사형당하게 된다. 스페인에서 페레 협회를 창설하고
현재까지도 전 세계에서 많은 교사와 학자들이 활동하며
교육을 위한 순교자인 그를 기리고 있다.

국가에 이로운 국민을 생산하는 교육으로
유능한 아동과 무능한 아동을 구별하는 기준 자체를 용인하지 않았던 그는
소규모 토론집단 위주의 작고 독립된 학교를 추구했다.
교과에 있어서는 지리과목은 여행을 통해 실시되어야 하고
생물과목은 식물 채집과 관찰로 실시되어야 한다는 현장 체험의 중요성을 역설했다.
"사회와 국가의 책무는 아이들을 가르쳐 키우는 게 아니라
그들이 스스로 자라도록 도와주는 것이다."라는 그의 외침은
근대를 넘어 현대에까지 교육에 강한 영향력을 끼쳐왔다.

페레는 '모던스쿨'에서 최소한 한 세기를 앞선 교육 형태로,
당시로서는 이례적으로 남녀공학을 실시했고,
교육에 있어서의 남녀 평등을 강조했다.

27

체벌에 대한 연구의 시기적 한계

그리고 2011년 이후,
체벌에 대한 교육적인 연구는
더 이상 진행되지 못한 채
그 상태 그대로 박제되어 마치 도서관 속
지구 평면설의 고대 지도처럼
아무도 들여다보지 않는
영역이 되어 버렸다.

 2010년대에 체벌을 전면 금지시키고자 하는 이들의 가장 강력한 구호는 "체벌은 폭력이다!"라는 것이었다. 이는 각 시도교육청에서 제정한 학생인권조례에 잘 반영돼 있다. 2010년 10월 5일, 가장 먼저 학생인권조례를 발표한 경기도 학생인권조례를 보면 "제6조(폭력으로 자유로울 권리) ②학교에서 체벌은 금지된다."라고 규정되어 있다.

 서울시 교육청의 서울특별시 학생인권조례를 봐도 "제6조(폭력으로부터 자유로울 권리) ①학생은 체벌, 따돌림, 집단 괴롭힘, 성폭력 등 물리적 및 언어적 폭력으로부터 자유로울 권리를 가진다."로 되어 있다.

 제주도 교육청의 제주특별자치도 학생인권조례 또한, "제9조(폭력으로부터 자유로울 권리) ②도 교육감과 학교장은 체벌, 따돌림, 집단 괴롭힘, 성폭력 등 모든 물리적, 언어적 폭력을 방지하기 위해 노력한다."로 되어 있다. 이런 것들을 보면 거의 공통적으로 폭력으로부터 자유로울 권리의 조항에 체벌을 끼워 넣어서 체벌을 폭력으로 규정하고, 이의 사용을 금지하고 있다.

 학생인권조례를 제정했을 당시 체벌은 폭력이라는 이 규정을 대중에게 효과적이며 무비판적으로 받아들이게 한 논거를 제공한 것이, 바로 세계적으로 권위 있는 심리학자들이 체벌의 부정적인 영향에 대해 발표한 연구들이었다. 체벌과 관련된 연구를 했다고 인용되는 심리학자들이 워낙 심리학계에서 독보적인 권위를 가지고 있었기 때문에, 이들의 연구 결과는 심리학에 무지한 교육계에서는 거의 무비판적으로 진리처럼 받아들여졌고 자주 원용됐다. 심리학의 광범위한 영향력과 학문의 지배력은 다른 학문의 영역에도 강력한 영향을 끼쳤으나, 특별히 교육학에서는 그 영향력이 거의 절대적이었다. 이런 심리학자들의 체벌에 대한 연구는 후대의 연구자들이 이의를 제기할 수 없을 정도로 고전, 그 자체였다. 그렇기에 사람의 마음에 대한 과학을 표방하는 심리학 연구의 결과는 교육계에서 체벌의 논의가 있을 때마다 물리학의 법칙처럼 무비판적으로 사용됐으며, 따라서 자연스럽게 아무 이견 없이 수용됐다. 또한 심리학을 전공하든 전공하지 않든 상관없이, 전반적인 사회적 분위기가 이 심리학 대가들의 연구 결과에 이의를 제기하는 것 자체를 심리학적인 무지와 무식을 드러내는 행위로 여겼던 것도 사실이다.

특별히 이런 상황 속에서 체벌 전면 금지를 시행하면서, 연구자 대부분이 체벌에 대한 연구를 발표할 때마다 체벌에 대한 심리학 대가들의 연구 결과를 자주 인용했다. 그러나 그 연구들을 보면 가장 기초적인 체벌의 정의(定意)조차도 불명확한 상태에서 마구잡이로 연구한 흔적이 있는 결과물도 있을 만큼 체벌에 대한 깊이 있는 연구는 거의 없었다. 사실상 시류에 편승해서 체벌의 부정적인 영향만을 애써 강조했던 연구가 주를 이루고 있는 상황이었다.

이런 상황에서, 2010년대 전후의 대한민국 교육학계에서의 체벌에 대한 연구는 진지한 교육적인 차원의 연구와 사회과학적 접근이 아닌, 오로지 심리학 대가들의 권위에만 기댄 채 그저 자유주의적 교육 사조의 영향을 받으면서 진행됐다. 다시 말해, 체벌은 무조건 나쁘고 폭력이라는 확신을 가지고 연구했다는 느낌이 강하게 든다. 판례 중심의 법적인 접근을 시도한 연구들이 있긴 했으나, 사실 연구라 할 것도 없이 이미 체벌은 무조건 폭력이 틀림없다는 결론을 내린 채 이를 확인시켜 주는 자료만을 늘어놓는 수준이 대부분이었다. 그리고 2011년 이후, 체벌에 대한 교육적인 연구는 더 이상 진행되지 못한 채 그 상태 그대로 박제되어 마치 도서관 속 지구 평면설의 고대 지도처럼 아무도 들여다보지 않는 영역이 되어 버렸다.

이를 바로 잡고자 본 장인 27장에서는 첫째로 체벌에 대한 연구에서 자주 인용되는 저명한 심리학자들의 연구 결과를 소개하고자 한다, 체벌에 대한 연구에 강력한 논거를 제공한 심리학자들의 연구의 시기적인 배경을 통해, 그들이 진정 체벌에 대한 연구를 한 것인지에 대한 의문을 제기하려고 한다. 둘째로 다음 장인 28장에서는 심리학 연구와 동물 실험을 바탕으로 도출한 결론을 체벌의 연구에 적용하는 것에 대한 한계를 제기해, 심리학적인 연구 결과가 체벌 연구에 전적으로 적용될 수 없음을 주장하고자 한다. 셋째로 29장에서는 체벌에 대한 국내의 연구 발표에서도 체벌에 대한 정의와 개념 자체가 혼용되어 있음을 지적하면서, 제대로 된 결론을 도출할 수 없는 일부 연구 기록들과 체벌의 올바른 정의, 그리고 그 시행 방법을 간략히 제시하고자 한다.

첫째로, 체벌에 대한 연구가 거론될 때마다 자주 등장하는 저명한 심리학자들의 비교적 의미 있는 연구를 소개하면 다음과 같다.

1) Thorndike(손다이크), Shinner(스키너): 체벌의 효과는 일시적이다. 체벌에 의해 억압된 문제 행동은 상황과 조건, 시간이 바뀌면 다시 나타난다.
2) Azrin(아즈린): 학생들이 체벌자와 체벌 장소를 싫어하는 회피 학습을 유발해 심한 경우 교육의 장이 상실된다.
3) Freud(프로이트): 체벌로 정신적인 외상(trauma)을 입게 되어 향후 성인이 되어서 위험스러운 심리적 부적응 행동을 유발한다.
4) Vates(베이트): 체벌은 많은 이상 행동을 유발한다. 경직(rigidity), 정치(定置:fixation), 퇴행(regression), 감정 변화 심화(displacement), 유치한 행동(primitivization), 체념(resignation)
5) Kohlberg(콜버그): 가장 낮은 도덕성 발달 수준에 머무르게 한다.
6) Yates(예이츠): 방어적, 반항적, 공격적 행동으로 유도해 궁극적으로 반사회적 행동을 야기시킨다.
7) Bandura(반두라): 교사의 부재 시 학생의 폭력 사용이 야기되는 모방 학습이 이뤄진다.[113]

먼저, 위에 소개한 심리학자 중 본서에서 다룰 학자들의 간단한 프로필을 소개하면 다음과 같다.

에드워드 테드 손다이크(Edward Ted Thorndike)는 1874년 8월 31일에 출생해 1949년 8월 9일 사망했고, 콜럼비아 대학교에서 주로 활동했던 미국의 심리학자다.

벌허스 프레데릭 스키너(Burrhus Frederic Skinner)는 1904년 3월 20일 출생해서 1990년 8월 18일 향년 86세로 타계했다. 그는 하버드 대학교에서 심리학 박사 학위

---

113) 한국교원교육학회, 간행물, 한국교원교육연구 통권 제15권 제2호 (1998.12), "체벌에 대한 다학문적 접근과 그 대안(Multi-disciplinary Approaches to Corporal Punishment and Its Alternatives)"

를 취득했고, 헤밀턴 칼리지에서 영문학을 가르쳤다.

다음 학자는 나단 아즈린(Nathan H. Azrin)이다. 그는 1930년 11월 26일 출생해서 2013년 3월 29일 타계했다. 행동 수정 연구자이자 심리학자였고 대학에서 교수로 활동했다. 남부 일리노이 대학에서 교편을 잡았으며, 그의 연구에 핵심적인 경력을 쌓은 곳은 안나 주립 병원이다. 그곳에서 1958년부터 1980년까지 연구 책임자로 활동했다.(그의 경력은 본서의 논거를 제공하는 중요한 부분이니 주목해 주기 바란다.)

다음으로는, 따로 소개할 필요가 느껴지지 않을 정도로 저명한 심리학의 창시자인 지그문트 프로이트(Sigismund Schlomo Freud)다. 1856년 5월 6일에 출생했고, 1939년 9월 23일 흡연으로 인한 구강암으로 향년 83세에 사망했다. 알베르트 아인슈타인이 프로이트를 향해서 한 발언이 있다. "프로이트 당신에 비하면 나는 놀라운 물고기를 낚기 위해 매달린 작은 벌레에 불과합니다." 이는 프로이트의 권위를 빌어 얼마나 많은 미신이 과학으로 둔갑했는지를 가늠할 수 있는 부분이다.

다음 학자는 로렌스 콜버그(Lawrence Kohlberg)다. 그는 1927년 10월 25일에서 1987년 1월 19일까지 60년을 산 미국의 심리학자로, 도덕성 발달에 대한 이론을 제시했다. 그는 장 피아제의 인지 발달 이론의 영향을 받았으며, 예일과 하버드 대학에서 교수로 활동했다.

슐져 아자로프(Beth Sulzer-Azaroff)는 1929년 9월 6일에 출생해 비교적 최근인 2022년 2월 26일에 타계한 행동 분석 분야의 선구적인 심리학자다. 그녀는 조직 행동 관리에 대한 연구와 자폐 아동 교육을 위한 응용 행동 분석에 대해 연구했다.

마지막으로 소개할 학자는 앨버트 반두라(Albert Bandura)다. 그는 1925년 12월 4일 출생해 2021년 7월 26일 타계한 사회 학습 이론의 대가로 인정받는 심리학자다. 브리티시 컬럼비아 대학교에서 심리학을 전공했고, 아이오와 대학교에서 석사와 박사 과정을 거쳤다. 그의 연구 중 보보 인형 실험(Bobo doll experience)은 세간에 널리 알려져 있을 정도로 유명하다. 그는 1953년부터 스탠퍼드 대학교에서 교수로 재직했고, 체벌과 관련이 있는 주요 저서로는 "청소년의 공격성"(1959년), "공격성:사회학습분석"(1973년), "사회학습과 성격발달"(1963년)이 있다.(본서의 논거를 제공하는 해당 저서들의 저술 시기에 주목해 주기 바란다.)

여기까지가 체벌에 대한 연구를 언급할 때 자주 인용되는 심리학자들과 그들의 생몰 연대, 그리고 그들의 연구에 대한 간략한 소개였다. 이제부터는 해당 심리학자들의 활동 시대와 그 연구가 진행됐던 시기적인 배경을 통해 그들이 진정 체벌에 대한 연구를 한 것인지에 대한 의문을 제기하고자 한다.

위에 제시한 학자들의 연구 과정이나 그 결과에 대한 언급은 나중으로 미루고, 일단 체벌에 대한 연구에 자주 인용되는 심리학자들의 생몰 연대와 태어난 나라의 지역적인 배경, 그리고 해당 체벌에 관한 연구가 이뤄진 시기와 연구 배경을 살펴보려고 한다. 이들 심리학자들의 시기적 또는 문화적 영향으로 체벌에 대해 경험했던 체험이 그들의 연구에 끼쳤을 영향과, 그 체험이 밑바탕이 된 연구에 어떤 한계가 있는지를 확인하고자 한다. 그들의 연구에 대한 세세한 소개와 비판은 본서의 저술 목적이 아니므로 이를 지양하도록 할 것이다. 그럼에도 불구하고, 위에서 언급한 내용을 살펴보는 것만으로도 그들의 체벌에 관한 연구마다 언급되는 심리학적인 논거가 얼마나 비과학적인지를 증명하는 강력한 근거를 충분히 확인할 수 있을 것이다.

위에 소개된 심리학자들에게는 공통점이 있다. 그들이 아동인권의 개념이 거의 확립되지 않았거나 혹은 아동인권 보호의 선언적인 의미밖에는 존재하지 않았던 시기와 지역에서 출생을 했거나 연구를 했다는 사실이다. 아울러 그들이 살았던 시기에는 교육적인 체벌과 아동의 인권에 대한 인식조차도 희박한 시기였다. 그래서 그들의 연구 속 체벌에 대한 부정적인 언급들은 당시의 시대 상황을 고려하면, 체벌을 연구한 것이 아니라 실상은 폭력 그 자체나 아동학대 자체를 연구한 것으로 추정할 수 있다.

위에 열거한 심리학자들의 연구 시기와 생활 지역은 체벌이라는 이름의, 사실은 폭력이 광범위하게 횡횡하던 시대였다. 어쩌면 이 심리학자들도 우리나라 군사 정권 시대의 폭력적인 교육 속에서 자란 세대와 같이, 성장하는 과정에서 시대의 당연한 문화로써 체벌이라는 이름으로 많은 폭력과 신체적인 학대를 직접 체험했을 가능성이 상당히 크다고 가정할 수 있다. 그 정도로 그 시대는 체벌이라는 이름 아래 아동을 향한 폭력이 난무했던 시대였다. 따라서, 이들조차도 폭력과 신체적인 학대를 당했을 확률이 매우 높을 뿐 아니라, 시대적으로 가정과 학교, 또는 사회생활을 하는 과정에서 빈발하는 주변의 폭력 사례를 직간접적으로 체험했을 것이다. 즉, 이들은 체벌이라는 이름으로 연구는 했을지 모르지만 실제 현대의 기준으로는 무자비한 폭력과 학대에 대해 연구했던 것이고, 그 결과로 당연히 그런 체벌이 아동의 성장과 발전에 악영향을 끼친다는 부정적 결론을 도출하게 된 것이다. 현대의 기준으로 말하면 이들은 폭력을 연구하고서는, 체벌이라고 쓴 것이다. 그런 연구들의 결과가 타 학문에 대한 심리학의 광범위하고 강력한 지배력과 그 선구적인 권위와 더불어, 기존의 전통 교육관의 체벌에 대한 이론들을 모두 짓눌렀다. 그 이후 안타깝게도 후세의 학자들이 체벌의 악영향에 대해 연구할 때마다 이들의 연구는 체벌에 대한 부정적 측면의 연구 결과로써 무비판적으로 인용되어 온 것이다.

먼저, 이들 심리학자들이 활동했던 서구 문화권에서의 체벌에 대해 살펴보자. 서구 문화의 체벌은 유교적인 영향을 강하게 받은 동양의 체벌 문화와 비교했을 때, 19세기를 포함한 근대에는 그 폭력성이 훨씬 강하게 드러나 있었다. 체벌이라는 것은 인류의 역사와 함께 인류의 번식 과정에서 부모 세대가 자녀 세대를 훈육하고 훈계하는 과정에서 자연스럽게 시작됐을 것이 틀림없다. 아울러 체벌은 동서고금을 막론하고 죄수의 형벌인 태형이나 장형, 채찍질과는 다르게 그 사회의 구성원인 아동들에 대한 교육적인 벌로써, 보다 약화된 신체적인 처벌을 사용해왔음도 자연스럽게 생각할 수 있다. 고대 사회에서조차도 문명이 존재하는 한, 그 체제를 유지하고 계승시키기 위한 교육의 범주 안에서 아동에 대한 훈계의 강력한 방식으로 체벌이 존재했던 것도 당연하다.

예를 들면, 로마 시대에도 체벌은 아주 보편화되어 있었다. 로마 시대의 교육에 체벌이 얼마나 흔한 현상인지 가늠할 수 있는 사례가 여기 있다. 특별히 로마 시대에는 폭력 교사를 뜻하는 '미친 몽둥이'라는 표현까지 있었는데, 이런 기록은 체벌이 일반화되어 있는 사회에서나 가능한 일이라고 여겨진다. '미친 몽둥이'의 주인공은 기원전 113-14년 인물인 루키우스 오르빌리우스 푸필루스다. 그는 베네벤툼 출신으로, 키케로가 집정관이던 시기에 교사로 활동하다가 로마로 왔다. 그가 학생을 다룰 때 몽둥이와 채찍을 휘둘러 학생을 큰 대자로 눕혔다는 시가 전해 내려온다. 그의 별명이 바로 '미친 몽둥이'다. 이런 광폭한 교사도 용인하는 로마 시대였으니, 체벌이란 이름으로 얼마나 심각하고 광범위한 폭력이 사용됐을지 쉽게 가늠할 수 있다. 이런 문화에 비하면, 조선 말기의 김홍도의 서당에 나오는 종아리 걷고 회초리를 맞는 아동의 모습은 현대적인 체벌에 부합하는 지극히 교육적인 체벌의 모습이라고 할 수 있다.

로마 시대의 체벌과 김홍도의 조선 시대의 체벌을 비교하는 것이 의미가 없다고 생각하는 것은 당연하다. 시기적으로 거의 1,500년의 차이가 나기 때문이다. 김홍도가 살아가던 조선은 성리학적 세계관을 기초로 해 유교적으로 세밀하게 정비된 사회였기 때문에 특히 그렇다. 당시 세계 최고라 할 만한 철학적인 배경을 가졌고, 향약과 성균관 등의 우수한 교육 시스템을 가진 조선 사회의 체벌 시스템은 당연히 상대적으로 고대 시대인 로마의 체벌 방식보다 우수하다. 그렇다고 조선 시대의 체벌 문화가 현대적으로도 사용 가능할 수 있을 정도로 폭력성과 야만성이 없다고 주장하는 것은 아니다. 그러나 최소한 같은 시기의 영국과 비교하면 훨씬 교육적인 면이 강했던 것은 틀림없다. 특히 김홍도가 활동하던 1745년부터 1806년의 조선 후기는 영국의 산업 혁명 시기와 맞물린다. 아동 복지의 차원에서 두 문화의 체벌이나 아동의 보호를 생각한다면, 가족 중심의 농경 문화 속에서 자란 조선의 아동들이 산업 혁명기 속 값싼 노동력을 요구했던 자본가의 노동 착취 아래에서 신음하던 영국의 아동보다 상대적으로 훨씬 인간적인 배려 가운데서 성장했음은 자명한 일이다.

산업 혁명으로 많은 노동력을 필요로 한 18세기 후반이 되면서, 영국에서는 면직물 산업이 크게 성장하게 된다. 미국에서 값싸게 목화를 조달하고, 면직물 제조에 기계를 사용하게 되면서 우수한 면직물을 저렴하게 생산할 수 있게 됐다. 그러나 여기에는 엄청난 노동력이 들어가야만 했고, 그 노동력 중 상당 부분은 아동들의 노동력이 투입되어 유지가 됐다. 방적과 방직을 통해 수공업으로 만들었던 공정을 '제니 방적기'가 담당하게 되면서부터 본격적으로 아동들이 공장에 투입되기 시작했다. 특히, 이 방적기는 체구가 작은 아동들에게 적합한 일이었고, 산업 혁명기의 도시 빈민이었던 부모들은 자녀를 한 명이라도 더 낳아 공장으로 밀어 넣어야만 생계가 해결되는 시기였다.

당시 공장 근로자의 3분의 2가 여성과 아동이었다. 기록에 의하면 아동의 노동

시간은 주일도 없이 1일 12시간에서 16시간이나 될 정도로 살인적인 노동이 강요됐고, 굶어 죽지 않을 정도의 적은 식사량이 제공됐다. 거기에 더해, 방직 기계에 들어가 기름칠을 하거나 살인적인 굴뚝 청소 등과 같은 작업에 맞는 신체 조건을 만들기 위해 아동의 피부를 돼지껍질로 문질러 굳은살을 만드는 등의 위험하고 반인권적인 일들이 행해졌다. 아울러 그 아동들을 양질의 노동력으로 투입하기 위한 교육이라는 명목으로 노동 현장에서 난무했던 끔찍한 폭력에 대한 기록을 보면, 단순히 차고 때리는 것을 넘어 무자비성이 일상화된 학대 그 자체의 모습이라는 것을 확인할 수 있다. 이런 모든 행태가 그 당시에는 모두 체벌이라고 불렸다.[114]

이후 다행히도 '공장법(Factory Acts)'의 도입으로 1847년까지 18세 이하 아동과 여성의 노동 시간을 10시간 이내로 단축하도록 법이 개정됐지만, 그렇다고 아동들을 대하는 문화까지 바뀐 것은 아니었다는 사실을 여러 문헌을 통해 확인할 수 있다.

아동인권의 열악한 사정은 산업화가 늦게 시작된 프랑스와 독일에서도 마찬가지였다. 서구 문명의 체벌(폭력)의 문화는 유구해서, 심지어 프랑스의 루이 14세는 왕이 되고도 나이가 어려 수도 없이 매를 맞았고, 영국의 서퍽 공작 헨리 그레이와 헨리 7세의 외손녀였던 레이디 프랜시스 브랜든 사이의 장녀로 튜더 왕가의 혈통을 이어받아 태어난 '제인 그레이'도 어릴 때부터 조금만 실수를 해도 부모에게 모진 매질을 당했다는 기록이 유명하다. 왕과 왕족들 사이에서도 일반화된 체벌(폭력)의 문화가 일반 대중에게로 전개될 때 발생할 그 폭력성이 얼마나 클지는 짐작하고도 남는 일이다. 이런 아픈 역사가 배경에 있는 서구의 체벌 문화는 성리학의 바탕 하에 부모와 자식의 천륜을 중요시하는 가족주의적인 조선의 체벌과는 비교할 수 없을 만큼, 그 잔혹성과 난폭성에서 상당히 결이 달랐다.

20세기 중반까지도 영국의 체벌은 공식적이고 광범위했다. 인터넷에 "Child Discipline in England"라고 검색하면 1950년대 전후 당시 영국에서의 체벌 모습을 직접 확인할 수 있다. 먼저, 촬영된 사진의 내용이 대부분 공개적인 상황에서 행해진 체벌임을 확인할 수 있고, 이를 고려하면 당시의 영국에서 체벌이 얼마나 일반

---

[114] "양동휴 교수의 경제사 산책", 양동휴, 한국경제신문, 2006.06.11.

화되어 있었는지, 또한 비공개적인 체벌의 모습은 얼마나 더 심각했을지 쉽게 상상할 수 있다. 아울러, 옷을 입지 않은 상태에서 회초리로 등을 때리는 모습이나 손으로 둔부를 때리는 모습은 당시 체벌의 폭력적인 양상을 충분히 가늠할 수 있게 하는 부분이다. 심지어 2차 세계 대전 당시 영국의 수상이었던 윈스턴 처칠은 세인트 조지 스쿨에 다니던 시절을 "이튼 스쿨처럼 자작나무 회초리로 학생을 때리는 것은 우리 학교의 가장 두드러진 수업 방침이었다. 그러나 나는 이튼 스쿨이나 해로 스쿨의 학생도 이처럼 잔인한 매질을 당하지는 않았을 것이라고 확신한다."[115]라고 회상했다.

그러나 명문 이튼 칼리지의 경우에도 교사들은 학생들에게 수시로 매질을 해댔고, 아예 학교에서 공식적으로 기숙사장에게 권한을 위임한 다음, 학생 자치회 단위에서 자체적인 체벌을 허용할 정도였다. 영국의 수상이었던 윈스턴 처칠과 영국을 대표하는 이튼 스쿨에서의 체벌이 이 정도니, 서구 문화권 체벌 문화의 가학성과 폭력성이 심리학자들의 체벌 연구에 끼쳤을 영향을 주목하지 않을 수가 없다.

영국과 비교했을 때, 미국의 체벌에 대한 상황은 어떠했을까? 식민지 시기와 서부 개척 시대는 말할 것도 없고, 남북 전쟁을 거치면서 미국 전역에서의 모든 문화는 영국을 중심으로 한 서구 문화의 연장이었다. 체벌에 관한 문화 역시도 마찬가지였기 때문에 식민지 시대에는 성경적인 성악설인 인간의 원죄를 인정하는 청교도 신앙의 잘못된 적용으로 인해 아동에 대한 강한 체벌(폭력)이 일반화됐던 시기였다. 특히 영국의 상황과 비교했을 때, 노동력이 필요한 농장이나 도시 공장 지대에서의 세분화와 구조화가 아직 미흡했으며 교육 시스템도 영국보다 더 초보적이었다. 게다가 개척 시대를 거치면서 광활한 지역에 분산된 가운데 각지의 교육이 자연발생적인 가정 교육으로 충족돼야 하는 상황 속에서, 아동에게 각박하고 열악한 환경에서의 생존을 위한 거친 체벌이 사용됐음은 쉽게 생각할 수 있다. 서구 문화의 배경과 생존을 위한 각박한 현실 속에서 이런 체벌은 두 세기 동안이나 이어졌고, 그 과정에서 미국의 체벌 문화가 형성된 것이다. 따라서 체벌의 사용은 일반화됐고, 그 폭력성과 가학성은 영국의 양상에 비해 더 심각해졌음은 당연했다.

---

115) INTERNATIONAL CHURCHILL SOCIETY, "Child, School Years", 24.02.17,
https://winstonchurchill.org/the-life-of-churchill/child/school-years

특히, 청교도들은 종교적으로 모든 불순종을 종교적인 악마와 연결시켜, 아동들의 타고난 악에 대한 성향을 바로잡기 위해 때리고 채찍질하는 것을 일반적인 유익한 교육 도구로 이해했다. '매를 아끼는 것'은 필연적으로 아동을 버릇없게 만드는 것이라고 믿었고, 이런 믿음은 1970년대까지도 많은 지역에서 지속됐다.

청교도 필그림스(Pilgims)의 이주 이래로, 미국 역사에서 이런 가혹한 체벌의 심각성을 유추할 수 있는 사건들이 1950년대부터 미국 전역에서 나타나기 시작했다. 이전에는 이런 현상이 없었던 것이 아니라 발견되지 않았던 것뿐인데, 의학적인 진단 기술이 보편화 되면서 이런 문제가 본격적으로 드러나기 시작했다. 특히, 무지막지한 '체폭' 문화가 아동들에게 장기간 적용되면서 끔찍하고 치명적인 아동학대 사건으로 나타난다는 사실이 증명됐다. 1930년대 중반부터 아동(유아)들에게서 만성 경막하혈종 및 사지 골절과 관련한 병리학 및 소아 방사선학상의 증거들이 축적됐고, 심지어 장골 골막염의 사례도 확인됐다.[116]

여기서 만성 경막하혈종이란, 두부 외상을 받고 3주 이상 경과되어 두통, 의식장애, 반신마비 등의 증세가 나타나거나, 또는 증세가 이미 나타나고 있었지만 경미해 대증 치료를 받다가 증상이 악화되어 정밀 검사나 수술을 하다가 혈종이 확인됐을 때 내리는 병명이다. 주로 50세 이상의 노년층에서 발병하며, 남성과 만성 알콜 중독자 또는 간질 환자에게서 발생 빈도가 높은 질병이다. 심해지면 광범위하고 지속적인 두통, 구토, 유두 부종과 경도의 반신마비가 나타난다. 심각하게 진행되면 양측 수족의 마비가 나타나고 뇌간이 마비되어 사망에 이르게 되는데, 문제는 이런 무서운 결과를 가져오는 만성 경막하혈종이 불가사의하게 어린 아동들에게서 빈번하게 발견됐다는 사실이다.

더 끔찍한 것은 장골 골막염이다. 골막이라는 것은 뼈를 감싸고 있는 막인데, 이곳에 염증이 발생하는 것이 골막염이다. 따라서, 골막염이라는 것은 골막의 염증

---

116) Sherwood D (1930) Chronic subdural haematoma in infants. American Journal of Diseases of Children 39: 980-1021.　　Snedecor S T, Knapp R E, Wilson H B (1935) Traumatic ossifying periostitis of the newborn. Surgery, Gynecology and Obstetrics 61: 385-387. Caffey J (1946) Multiple fractures in long bones of infant suffering from chronic subdural haematoma. American Journal of Roentgenology 56: 163-173.

을 통틀어 이르는 말이다. 골막에 화농균의 감염이나 매독, 유행성 감기, 타박상에 의한 심한 자극이 가해지는 것으로 인해 발생하며, 뼈조직이 곪으면서 괴사를 일으키는 질병이다. 아동(유아)의 경우에는, 타박상의 치료를 제때 하지 않은 이상 거의 일어날 수 없는 질병이다.

이런 질환이 아동(유아)들에게 나타나는 것이 무엇을 의미하는지 유추하는 것은 간단했다. 머리 부분에 육안으로는 확인할 수 없는 내상이 생겨 내부 출혈이 일어날 수 있을 정도의 외부 충격이 지속적으로 발생했거나, 또는 빈번하게 아동들의 머리가 심하게 흔들려 뇌진탕과 같은 두개골과 뇌의 충돌로 인해 출혈이 일어났을 경우 만성 경막하혈종이 발생하는 것이다. 이와 유사하게 아동(유아)의 신체 각 부위에 심각한 외력이 가해져 외상을 받아 뼈에 문제가 생기고, 더욱 끔찍하게도 제때 치료를 받지 못해서 발생한 병이 골막염이라면, 장골(골반에 포함된 부위) 부위에 염증이 생길 정도로 외력에 의해 반복적인 내상을 입거나, 외상 후 방치되어 발병한 것이 바로 장골 골막염이었다.

1930년대의 의학적인 보고를 시작으로 1960년대까지 보고된 이런 양상의 사건이 축적되어 아동학대 사건으로 문제의식을 갖기 시작한 것을 보면, 당시 미국에서 아동학대와 폭행, 그리고 '체폭'이 일반 대중에게 얼마나 문제의식 없이 광범위하게 이뤄졌는지를 유추할 수 있다. 유사한 사건들이 계속 보고되는 가운데, 1960년대에 이런 현상에 대한 전문적인 조사를 하게 됐다.[117] 그것은 미국 의사협회 저널에 C. Henry Kempe가 저술한 "The Battered Child-Syndrome"이라는 논문이 1962년에 등재되면서 시작됐고, 이는 최초로 아동학대에 대해 정신과 의사들을 중심으로 문제의식을 가지고 바라보기 시작한 움직임이었다.

1960년대 이전에는 당시로는 진단하기 곤란했던 만성 경막하출혈은 차치하고, 미국에서는 반복적인 골절을 포함한 아동의 부상을 체벌로 인한 외상의 결과로 고려하지 않았다. 그 정도로 미국에서는 아동인권에 대한 의식이 제대로 형성되지 않아 아동의 상해에 무관심한 시기가 있었다. 의사의 소견으로 납득이 되지 않으

---

117) McCoy, M.L., Keen, S.M. (2013). 〈Introduction〉. 《Child Abuse and Neglect》 2판. Psychology Press. 3-22쪽. ISBN 978-1-84872-529-4.

며 외상의 원인이 제대로 설명되지 않는 골절과 상해가 발견돼도, 아동들이 놀다가 일어난 사고나 추락, 또는 또래의 폭행 정도로 치부되는 부모의 진술을 곧이곧대로 믿을 정도로 미국은 가부장적 권위가 절대적이었던 부모 중심의 사회적 분위기를 가지고 있었다.[118]

이런 사건들은 미국이 태생적으로 물려받은 서구 문화의 체벌 문화와 청교도의 종교적인 열성으로 인한 체벌에 대한 성경의 가르침을 문자적으로 잘못 적용해, 폭력과 체벌에 대한 구별을 대중에게 명확하게 가르치지 못한 가운데 일어났다. 그 상태에서 유포되고 자연스레 계승된 체벌의 풍습은 광대한 땅에 거주하는 미국의 독특한 문화로 인해 생긴 개인주의와 맞물리면서 더욱 심화됐다. 가정 안에서의 교육의 독자성과 체벌의 은닉성, 그리고 이에 따른 부모의 자녀에 대한 양육권자로서의 절대적인 권위가 이런 사건들의 배경이 된 것이다. 이런 사건을 보면 볼수록 미국이라는 대륙에서 체벌이라는 이름의 아동학대가 수 세기에 걸쳐 얼마나 심각하게 전개됐는지를 짐작할 수 있다. 위의 사건들은 그중에 드러난 지극히 일부분의 사건이라고 생각한다.

특히, 미국은 인디언이라고 불린 네이티브 아메리칸과 흑인 노예, 그리고 소수민족을 억압했던 잔혹하고도 아픈 역사를 가진 국가다. 그 억압의 역사에는 그들을 살상했던 기록만 있는 것이 아니라, 그들에게 가했던 가혹한 신체적 학대에 대한 기록도 존재한다. 수 세기에 걸쳐 이런 모습을 보며 성장해 다음 세대를 자기 나름대로 가르쳤던 미국 대중들에 이어, 제대로 교육받지 못한 초기 식민지 시대의 미국 대중들, 그리고 다음으로 온 개척 시대의 미국 대중들과 남북 전쟁을 거쳤던 미국 대중들에게 이런 학대의 문화가 모든 부분에서 커다란 영향을 미쳤을 것임은 부정할 수 없다.

미국의 체벌 문화의 또 다른 가혹한 측면은 광범위하게 유지됐던 노예 제도와 이와 연관되어 미국 전역에 퍼져있던 농장 안에 존재했다. 먼저, 노예들에게 양질의 노동력을 확보하고 또 그 제도를 견고히 유지하기 위해 살인적인 체벌(폭력)이 사

---

118) Young-Bruehl, Elisabeth (2012). 《Childism: Confronting Prejudice Against Children》. Yale University Press. ISBN 978-0-300-17311-6. p. 100-103.

용됐다. 당시에는 마을 곳곳에서 노예의 비명을 듣는 것은 어려운 일이 아니었다. 그리고 그것은 음으로든지 양으로든지 그 시대의 모든 이에게 영향을 끼쳤다. 특히 농장을 경영해야 하는 가정에서는 살인적이지는 않았겠지만 일에 지친 상태인 배우지 못한 부모들에 의해 아동들은 체벌이란 이름으로 심한 매질을 당하는 것이 일반이었다. 그렇다고 도시에 체벌이 없었다는 것은 아니다. 당시 미국의 일반 가정에서 폭력과 같은 체벌이 행해지는 것은 너무 흔한 일이었다.

여러 기록에서 그런 모습을 쉽게 찾을 수 있지만, 특별히 우리가 잘 아는 〈톰 소여의 모험〉을 봐도 미국의 체벌 문화가 잘 드러난다. 마크 트웨인의 살았던 시대는 10살인 마크 트웨인이 흡연을 하지 않는다고 또래에게 위협을 받은 기록이 있을 정도로 아동 복지라는 개념이 형성되지 않은 시기였다. 따라서 그의 저작에는 그가 살았던 시대 배경이 고스란히 등장한다. 톰 소여의 모험에도 체벌의 이야기가 자연스럽게 나오는데, 특히 고아인 허클과 놀면 체벌을 당했던 묘사를 통해 당시에 체벌이 얼마나 일반화됐는지를 고스란히 증명하고 있다.

1900년대 초 미국의 체벌 풍습을 가늠할 수 있는 또 다른 기록이 있다. 우리나라 선교 역사에 큰 획을 그었던 보이열(Elmer T. Boyer)선교사의 회고록[119]에 의하면 그가 고등학생 때인 1910년, 아버지에게 "흠씬 두들겨 맞을까" 걱정했다는 체벌에 대한 기록이 있다.(보이열은 한국식 이름이다. 보이열 선교사는 1921년부터 1965년까지 한국에서 45년간 일제 치하, 해방, 6.25전쟁 등의 피해 복구와 순천, 전주, 진안, 무주 일대에서의 나병 환자의 치료 재활, 기독교 육영 사업, 그리고 교육 분야와 같은 영역에서 큰 공로를 하며 헌신해 여러 업적을 이뤘다.) 이 기록으로 판단해도 당시 그의 가정은 기독교 전통의 부농 가정으로 자녀의 교육에 관심이 많았던 상류층에 해당했고 그와 부모와의 관계가 친밀했음이 자서전 곳곳에 드러나 있다. 그럼에도 불구하고, 그의 체벌에 대한 이런 자연스러운 표현은 당시의 미국 가정 안에 폭력이나 다름없는 체벌이 얼마나 일반화됐는지를 나타내고 있다고 볼 수 있다. 보이열 선교사의 예에서도 알 수 있듯이, 미국 사회에는 가정과 사회에서 아동을 노동력으로 활용했던 1900년대 중반까지 아동학대나 다름없는 체벌이 만연했고, 아동 보호에 관한 정부의 법 제정의 여부와 관련 없이 아무것도 개선되지 않은 일반화된 체벌 문화를 오랫동안 유지했다.

---

119) Elmer T. Boyer, 〈To Build Him A House〉, 개혁주의 출판사, 29p.

이런 배경 아래서 1900년대의 초, 중반에 태어나 교육을 받고 성장해 성인이 되어 연구를 한 미국, 영국, 프랑스, 독일을 망라한 서구의 심리학자들의 체벌 연구에는 또한 두 차례에 걸쳐 발생한 시대적 광기라고 밖에는 안 보이는 세계 대전이 결코 간과할 수 없는 상처로 깊이 박혀 있을 것이다. 이들은 인간인 이상 절대 도망갈 수 없을 정도로 인류가 일찍이 경험해 보지 못한 대량 살상과 폭력의 시대를 관통한 세대인 것이다. 이 시기에 사선을 넘나드는 전쟁에 참여했던 극한의 트라우마를 가진 이들이 서구 세계 어디를 가나 넘쳐났다. 심지어 독일에서는 나치에 가담했던 소년병들도 무수히 많던 시대였다. 그러하기에 서구에서 성장한 배경을 가진 이 심리학자들의 부모 세대나 동 세대에는 한 집 걸러 전쟁 참여자를 만나는 것이 당연했을 것이다. 따라서, 전쟁으로 인한 전쟁 참여자의 거친 행동은 이 당시를 살아온 심리학자에게 가정 내 체벌이든 학교에서의 체벌이든, 직간접적인 여러 형태로 그들에게 절대적인 영향을 주었음이 부정할 수 없는 분명한 사실이다.

당연히 전쟁을 관통한 시대의 폭력에 대한 정의(定意)는 요즘의 정의와는 상당히 차이가 있다. 마찬가지로, 우리가 생각하는 현재의 체벌과 전쟁을 뚫고 살아남은 자들의 체벌도 지금의 기준과는 분명 다를 것이다. 당시에 일반 시민이나 전쟁에 참여한 후 부모나 교사가 됐던 이들에게 전쟁의 공포는 보편적으로 영향을 끼쳤고, 그로 야기된 트라우마와 극단적 사고방식, 그리고 그로 인해 유발된 격한 행동들은 당연히 일반화됐을 것이다. 아울러 실전 상황에서 군대의 절대적 상명하복의 엄격한 규율 속에서 살아남은 자들이 경험한 체벌은 그 시대에서는 상식이었고, 시대적으로는 용인됐을 것이다. 그러나 그것은 분명 '폭력' 그 자체였다.

따라서, 위의 연구자들이 연구한 것은 체벌이라는 이름의 폭력이었고, 그 폭력이 가져온 심리적인 피해와 부정적인 영향을 '체벌의 피해와 부정적 영향'이라고 잘못 발표한 것이다. 그렇기 때문에 그들이 말한 체벌의 부정적 영향은 당연히 폭력 피해의 모습과 일치했다. 다시 강조하지만, 그들은 '폭력'을 연구한 것이다. 그런데 불행히도 이 연구자들이 심리학계에서 차지하는 비중은 선구적이고 탁월했기 때문에 아무도 범접할 수 없을 정도로 절대적인 권위를 가지고 있었고, 심리학계에 대한 그 강력한 영향은 현대에까지도 그대로 답습됐다. 체벌에 대한 그들의 연구 결과를 시대 상황과 관련한 진지한 연구도 없이 무조건 체벌은 나쁘고 폭력이라고 단정하는 근거로 사용해 버렸다. 이에 체벌의 전면 금지를 시행하는 나라들이 많아지고 있다. 그에 따라 아동들을 건전히 발전시킬 수 있는 교육적인 중요한 수단이 증발해 버렸고, 이로 인해 체벌이 폭력으로 규정된 채 교육 현장에서 완전히 사라지게 한 많은 국가에서는, 아동들이 혼란 가운데 일탈과 비행을 저질러도 교사들에게조차 이를 제재할 방법이 없다. 있다면 경찰을 불러 법적인 조치를 취해 종국에는 감옥으로 보내거나, 아니면 병원으로 보내는 것밖에는 없는 교육 현실이 지구 곳곳에서 관찰되는 것이다. 이것은 아동들에게 가장 좋지 않은 선택이며, 크나큰 불행이 아닐 수 없다. 적절한 교육의 혜택을 제공하지 못해 눈앞에서 제자를 놓치고 빼앗기는 교사의 불행과 비교했을 때, 오히려 훨씬 더 억울한 일이 아닐 수 없다.

체벌에 대한 비교적 최근의 연구 결과를 살펴보면 1950년대 이후에 태어나 2000년대에 연구를 진행해 발표한 내용이 적지 않음에도 불구하고, 이들에게서도 역시 심리학의 대가들이 쳐 놓은 그물이 늘 대전제가 되어 있다는 느낌을 배제할 수 없다. 이 점에 유의해 다음 장에서 여러 심리학 연구 결과들을 살펴보며 다시 한번 체벌에 대한 진지한 연구를 해야 할 것을 강력히 제안하고자 한다.

세상을 바꾼 교사

조만식

조만식(曺晩植, 1883-1950)은 한국의 독립운동가이자
일제강점기의 교육자·종교인·언론인·시민사회단체인·정치인이다.
22세 이후 상업과 종교활동을 했다.
일제 강점기에 1919년 3.1만세운동, 교육활동과 물산장려운동, 국내민간 자본으로
대학설립 추진 운동, 민립대학운동, YMCA 평양지회 설립, 신간회 등을 주도했다.
오산학교에서 교사와 교장으로 월급도 없이 8년을 교편을 잡기도 했다.

조만식은 22세에 장대현 교회에 출석 기독교인으로 귀의했다.
놀기를 좋아하고, 대주가(大酒家)로 명성이 자자했던 조만식은
신앙 생활을 시작한 직후 술과 담배를 끊고 방탕한 생활을 정리하기 시작했다.
이는 아버지 간곡한 권유로 숭실중학교에서 입학한 후
교장으로 일한 배위량 박사의 금주령에 기인한 것이었다.
조만식은 그 후 금연, 금주에 성공했고, 그 후 40년을 일체 금주, 금연을 하면서 지조를 지켰다.

숭실중학교 재학 중, 기독교 민족지도자 안창호 등의 활동과 연설을 우연히 듣고
깊은 감명을 받아 실력을 양성하는 길이 민족을 구하는 길이라 확신하고
일본 유학을 결심한다. 그는 1906년 동경조선기독교청년회 설립에 관여했고,
1910년까지 정칙영어학교에서 영어와 수학을 공부했다.
일본 유학 시절 그는 인도의 민족해방운동가 간디의 일대기인 '간디전'을 영어로 읽었는데,
간디가 주창한 인도주의와 무저항주의, 민족주의는 그의 독립운동에 큰 영향을 끼쳤다.

한편 인재가 필요하다고 생각한 그는 국내 대학 설립운동에 참여하여 후원하기도 했다.
1913년 31살의 늦은 나이에 메이지 대학 법학부를 졸업하고,
귀국하여 평안북도 정주의 오산학교 교사로 근무하다가 1915년 오산학교 교장으로 승진했다.
그는 장대현 교회에 출석 시 장로의 직분이면서도 지각을 하면
스스로 예배실 입구에 서있는 벌을 받기도 하는 강직함으로 모범을 보였는데,
오산학교에서도 그의 정직함과 강직함이 그의 헌신과 함께 추억되고 있다.

3.1운동으로 평양감옥에서 1년간 복역한 후 1920년 1월 평양 형무소에서
2개월의 형 만기를 남겨 두고 가석방을 받았으나
"10개월 동안 수감된 것 자체가 불법인데 가석방이라는 이름으로 은전을 받는다는 것은
더욱 불명예스러운 일이니 가출옥을 하지 않고
이대로 잔여 형기를 모두 채우고 나가겠다."며 거절했다.

그는 6.25 전쟁 직전까지 김구 선생을 비롯한 민족지도자들이나
미 군정의 하지 중장으로부터 남한으로의 탈출을 권유받았으나,
"일천만 동포를 두고 갈 수 없다."고 평양에 남아 그 뜻을 고수하다가
1950년 10월 패퇴하는 인민군의 무리에게 이끌려 가
대동강변에서 순교한 것으로 전해진다.

28

체벌 연구에 대한 심리학의 한계

〈손다이크의 고양이 문제 상자 실험〉
〈스키너의 상자〉
〈반두라의 보보 실험〉
〈쾰러(Köhler)의
통찰 학습(insight learning) 연구〉
〈톨먼(Tolman)의
인지도(cognitive map) 연구〉

어떤 의미에서 체벌은
교사의 학생에 대한
또 다른 강력한 행위 언어다.
체벌은 비언어적이지만
교사의 강력하고도 선량한 메시지가
얼마든지 담길 수 있다.
꽃으로도 아이들 때리지 말라는
프란시스코 페레의 경구는
체폭을 하지 말라는 이야기이다.

　'체벌은 폭력이다'라는 현시대의 급진적 자유주의자들의 결론에 논거를 제공하는 상당수의 체벌과 관련된 심리학적인 연구는 몇 가지 점에서 결정적인 오류를 범할 수밖에 없다. 전장(前章)에서 밝힌 것처럼, 우선 체벌에 대한 부정적인 결론에 이르는 연구들은 시대적으로 체벌에 대한 정의(定意) 자체가 현대적인 의미의 체벌과 전혀 맞지 않는 한계를 지닌 연구들이기 때문이다. 이는 이 심리학자들이 체벌이 폭력이던 시대를 살던 사람들이기 때문이다. 이 심리학자들의 시대적 성장 배경은 인권이라는 개념이 겨우 형성되던 시기였다. 이 시기에는 역사적인 대변혁 시대의 혼란과 도전, 혁명과 전쟁, 그리고 도전과 생존으로 인해 모든 환경이 상당히 거칠었고, 폭력의 개념과 정도 자체가 지금과는 비교도 할 수 없을 만큼 가혹했던 시대였다. 그런 시대에 체벌을 연구한 학자들이 연구하면서 바라본 체벌은 요즘의 기준으로 보면 사실상 끔찍한 폭력이며, 실상 아동의 심각한 신체적 학대에 대해 연구를 한 것이었다. 지금부터 이것을 구분하고자 한다.

　또한 이와는 별개로, 그 시대를 살던 심리학자들의 시대적 인식뿐만 아니라, 그 연구를 했던 심리학자의 개인적 성장 배경이나 개인적 성향도 그들의 연구 결과를 해석할 때 충분히 고려해야 할 부분임이 분명하다. 이는 그들이 내린 연구 결과에 그들의 성향이나 개인적 환경이 지대한 영향을 끼쳤음이 확실하기 때문이다. 현대적 교육에서는 너무도 당연한 아동인권의 보편성이 결여된 시대에서, 그들만의 독특한 성장 배경을 거쳐 성장한 아동이 심리학자가 됐다고 생각해 보자. 그는 자연스럽게 심리학이라는 연구 분야를 가졌기 때문에 필연적으로, 정신적으로 불안정한 아동들을 치료하는 과정에 주로 참여하게 된다. 이는 일반적인 시선으로 아동을 바라봐야 할 부분 특히, 교육적으로 아동에 대해 보편적인 인식을 가져야 할 상황에서 아동을 바라보는 시선에 한계로써 작용한다. 즉, 이들은 대학에서 연구와 교육을 병행했지만, 체벌이 문제가 되는 10살 내외의 아동들을 전문적으로 연구한 경우는 드물었을 것이다. 또한 이들은 병원이나 연구소에서 정신 질환이 있는 아동들을 치료한 의사로서의 경력만 두드러지기 때문에, 그들의 체벌에 대한 연구는 교육과는 완전히 동떨어진 질병과 폭력에 대한 결론, 또는 강력한 혐오 자극에 대한 결과물이 가까울 것이라고 생각한다.

심리학이 태동하면서 몇몇 심리학의 대가들이 탄생했고, 그들의 천재성이 인류의 문명에 인간을 보는 새롭고 유용한 패러다임을 제공했다는 점에서 큰 업적을 세웠다는 것에는 전혀 이의가 없다. 그러나 그들의 연구와 성향이 교육학에서 절대적 법칙으로 적용되기에는 그 시대의 틀 안에서 이뤄진 실험과 연구의 한계가 너무 뚜렷하며, 그 오류가 교육적으로 받아들일 수 없을 만큼 명백하다는 사실을 말하고 싶다. 전장(前章)에서 언급했듯이, 체벌의 부정적인 영향을 발표한 심리학자의 실험을 심리학자의 연구 배경을 바탕으로 파악해야 하며, 무엇보다 시대적 한계라는 틀 안에서 동물을 대상으로 한 그들의 단순한 실험의 결과를 지나치게 확대 해석해 인간의 교육 문제에까지 일반화한 오류가 있다는 사실을 우리는 명심해야 한다. 아울러 연구자 개인의 환경도 연구가 이뤄진 시대 이상으로 연구 결과에 영향을 끼침은 두말할 필요가 없다. 체벌에 대한 연구가 바로 그렇다. 따라서, 이들의 실험 결과가 교육적인 체벌에 대한 연구에 인용되는 것은 오늘날의 체벌에는 더 이상 적합하지 않다고 생각한다.

본서의 목적은 교육적인 관점에서 필수 불가결한 체벌이 포함된 교사의 징계권의 확보를 주장하는 것에 있기에, 가능한 위에 소개한 심리학자들의 연구나 주장을 일일이 분석하거나 그에 대한 반론을 제기하지는 않겠다. 그러나 교육적인 관점에서 체벌에 대해 광범위하게 준용된 심리학자들의 연구를 불가피하게 거론하지 않을 수는 없기에, 먼저 교육에 관련된 중요한 심리학에서의 실험과 그 실험으로 '유추한' 편집적인 비과학적인 결론들을 지적하고자 한다. 필자는 전장에 소개된 심리학자들의 실험과 연구의 결론이 때로는 과학적인 검증과 결과를 통해 객관적으로 입증된 법칙이 아닌, 연구자의 편견과 미신이 개입된 추론의 결과물이라는 사실을 가끔 발견하기 때문에 '유추한'이라는 단어를 사용하겠다.

먼저, 가장 유명한 행동주의 심리학자인 에드워드 테드 손다이크와 벌허스 프레더릭 스키너, 이 두 학자의 실험을 소개하려고 한다.

〈손다이크의 고양이 문제 상자 실험〉

손다이크의 고양이 문제 상자 실험(Puzzle Box Experiment)을 소개하면, 외부에 고양이가 좋아하는 생선을 두고, 고양이는 그 생선이 잘 보이도록 장치한 문제 상자 안에 넣어둔다. 문제 상자는 고양이가 상자 안에 있는 장치를 건드리면 문이 열리도록 장치가 되어 있다. 손다이크의 실험의 의도는 고양이가 생선을 먹으려고 밖으로 나가려고 할 때, 문이 열리는 장치를 의도적으로 사용할 수 있는가에 있었다. 이는 상자 안에 갇힌 고양이가 논리적인 사고 과정을 거쳐 생선을 먹기 위한 장치를 발견해서 이를 학습하는 과정을 이해할 수 있는지와 그 과정의 여부를 알 수 있는지를 의미하는 것이었다. 이 실험이 그의 의도를 충족시키기 위해서는 고양이에게는 현재까지 전혀 경험해 보지 못한 새로운 환경이 필요했는데, 이것이 바로 손다이크의 문제 상자였다.

우리가 흔히 주변의 동물에서 보아 확인할 수 있듯이, 이 실험에서 고양이는 상자 안을 이리저리 움직이다가 우연히 그 장치를 건들게 되고, 그 결과로 출구가 열리면서 고양이가 좋아하는 생선에 접근해 이를 먹을 수 있게 됐다. 이 실험은 고양이가 다시 배가 고파지는 것을 기다려 같은 조건으로 40번을 반복했다.

최초의 실험 가운데서 초반에는 고양이가 상자 안을 이곳저곳 돌아다니다가 우연히 장치를 건드려 문이 열린 것 같은 경우도 있었다. 그리고 실험이 20회가 넘어가면서 고양이가 문제 상자 안의 어떤 장치를 건드리면 출구가 열리는 것을 아는 듯한 유의미한 행동을 보였다. 그리고 더 반복될수록 문을 열 수 있는 장치를 깨달은 것처럼 고양이는 쉽게 문을 여는 데 성공했고, 점점 그 시간이 단축됐다. 고양이는 실험을 30회 이상 반복하면서 최초의 실험 때 걸린 600초의 절반 정도의 시간에 생선에 접근하는 데 성공했다. 이런 시행의 반복 끝에 학습을 하게 되는 현상을 손다이크는 '시행착오'라고 이름 붙였다. 이에 착안해 학습에 대한 그의 주장을 '시행착오 학습(Trial and Error Learning)'이라고 한다.

손다이크는 이를 지식의 습득이 아닌, 유기체인 고양이의 자극에 대한 반응에서 생기는 신경적 연결과 결합이라고 정리했다. 유기체는 특정 자극과 자발적 행동을 연합함으로써 새로운 행동을 형성하며, 이런 새로운 행동의 형성이 곧 학습이라고 정의했다. 그는 학습을 야기하는 것은 시행과 실패가 아니라 시행과 성공이라는 점을 아울러 강조했다. 또한 자극과 반응의 결합이 잘 이뤄지기 위해 준비성의 법칙, 효과의 법칙, 연습의 법칙과 그 외의 몇 개의 하위 법칙을 통해 학습의 효과를 높일 수 있다고 역설했다.

〈스키너의 상자〉

손다이크의 영향을 많이 받은 스키너도 또 다른 동물 실험용 상자를 준비했다. 이 상자는 손다이크의 실험보다 훨씬 복잡해서, 하버드에서 1930부터 1931년 사이에 고안해 사용한 것이었다. 이 상자는 영장류까지도 수용할 만큼 컸다. 외부의 자극으로부터 실험에 간섭하지 않도록 차음성과 내광성까지 갖췄다. 그 구조는 일단, 실험용 동물에게 먹이를 줄 수 있는 장치(Food dispenser)를 전면에 배치했고, 전면 중앙에 동물이 반응을 보이며 누를 수 있는 레버와, 조류를 실험할 때 새가 쪼는 경우 반응하는 레버를 준비했다. 그리고 큰 소리를 내보낼 수 있는 스피커와 다양한 시각 자극들을 제시하기 위한 전구를 준비했고, 바닥에는 전기 충격을 가할 수 있는 전기 격자를 그물 형태로 깔아 놓았다.

스키너 상자는 이런 구조에서 산출되는 반응에 대한 누가반응기록기(Cumulative record)를 설치해서 손다이크의 상자에 비해 훨씬 많은 심리학적 현상을 조사할 수 있도록 했다. 이런 스키너 상자는 조작적 조건 형성과 고전적 조건 형성 양쪽 모두를 연구하는 데 효과적이었다. 스키너는 이 상자에서 실험용 동물이 정확한 행동을 하면 보상으로 음식을 줬다. 그와는 반대로 동물이 부정확 반응을 보이거나 이를 누락하면 그에 상응한 '처벌(Punishment)'을 가하기도 했다.

예를 들면, 먼저 배고픈 상태의 토끼를 스키너 상자에 넣는다.(스키너는 흰쥐를 넣었다.) 이렇게 실험 대상 동물을 배고픈 상태로 만드는 것을 '박탈'이라고 한다. 토끼는 이 상자 안에서 배회하다가 우연히 레버를 누르게 된다. 그러면 먹이가 나오고, 이것의 상관관계를 파악하게 되는 것과 비례로 토끼는 레버를 누르면 먹이가 나온다. 이런 과정이 반복되면서 토끼는 레버를 누르면 먹이가 나온다는 사실을 학습하게 되고, 토끼가 먹이를 위해 레버를 누르는 행동은 먹이에 의해 '강화(Reinforcement)'된 것이다. 만약 지렛대를 눌렀을 때 먹이가 나오지 않았다면 지렛대를 누르는 행동을 '학습'하지 못했을 것이다. 이렇게 어떤 행동을 한 뒤에 유기체가 원하는 것을 제공하는 것을 '강화'라고 한다.

이 대목에서 스키너의 행동주의 심리학 이론인 '조작적 조건화(操作的條件化, Operant Conditioning)'를 설명하고자 한다. 조작적 조건화는 고전적 조건화에서 발전된 이론으로, 어떤 행동에 대해 '강화'와 '벌'로 선택적인 보상을 해서 그 행동이 일어날 확률을 가감시키는 방법을 말한다.

행동에는 '반응 행동'과 '조작 행동'이 있다. 전자는 고전적 조건화에서 사용된 반응이다. 자극에 의해 직접적으로 유발된 반응으로 침을 흘리는 행동 같은 생리적인 반응이다. 후자는 어떤 자극에 의해 일어나는 것이 아니라 스스로 일어나는 행동을 말한다. 스키너는 전자인 외부적인 자극에 초점을 맞춘 고전적 조건화를 S(Stimulus)형 조건화라 하고, 후자인 조작에 관심을 가진 조작적 조건화를 R(Response)형 조건화라고 했다. 이것은 어떤 유기체가 능동적으로 환경에 작용을 가해 변화시키려고 하는 행동이며, 어떤 반응을 증가시키거나 감소시키는 것으로 이를 구분했다.

스키너는 유기체가 어떤 행동을 한 결과가 스스로에게 유리하면 그 행동을 더 자주 하게 되며, 이때 그 행동의 빈도를 높이는 자극을 '강화물(Reinforcer)'이라고 했다. 유기체의 행동을 직접적으로 증가시킬 수 있는 것을 일차적 강화물(Primary Reinforcer)이라 칭하고, 일차적 강화인과 연합해 행동을 증가시킬 수 있는 자극을 이차적 강화물(Secondary Reinforcer)로 칭했다. 예를 들면, 파블로프의 개의 실험에 있어서 음식이 일차적 강화물에 해당하고, 인간에 있어서 돈이 이차적 강화물에 해당한다고 볼 수 있다.

강화(Reinforcememt)는 제공하는 시간의 간격에 따라 계속적 강화, 간헐적 강화로 구분된다. 전자는 바람직한 행동이 나타날 때마다 지속적으로 강화하는 것으로 연속 강화라고도 한다. 이에 반해, 후자는 바람직한 행동이 나타났을 때 주기적 또는 평균적으로 강화하는 것으로 부분 강화라고도 일컬어진다. 간헐적 강화에는 시간 간격에 따라 강화하는 간격(interval) 강화와 반응 횟수에 따라 강화하는 비율(ratio) 강화가 있고, 양자 모두 고정적 강화와 변동적 강화가 있다. 생소하게 들릴 수도 있지만, 이는 일상생활에서도 흔히 관찰되는 것으로 교회 같은 곳에 가면 조금만 잘해도 상과 선물을 주는 것처럼, 보상물을 주기적으로 주느냐 가끔 주느냐의 차이에 따른 연구 방식이다.

스키너의 상자에서 실험에 사용된 강화의 방법은 정적 강화와 부적 강화다. 유기체가 원하는 선호 자극을 제공하는 것으로 행동의 빈도수를 높이는 것을 '정적 강화(Positive Reinforcement)'라고 하고, 유기체가 싫어하는 혐오 자극을 제거함으로 같은 효과를 얻는 것을 '부적 강화(Negative Reinforcement)'라고 한다. 정적 강화는 흔히 엄마들이 아동들을 공부시키기 위해 맛있는 것을 주는 것으로 이해하기도 한다. 부적 강화는 공부를 하면 청소를 면제시켜 준다는 것으로 이해할 수 있다. 여기서 청소가 혐오 자극이고, 이에 따라 공부를 열심히 했다면 부적 강화가 이뤄진 것이다.

행동주의 심리학에서 강화가 행동의 빈도를 증가시키는 것이라면, 행동의 빈도를 감소시키는 것을 '약화'라 하고, 다른 말로 무시무시하지만 '처벌(Pernishment)'이라고 한다. 따라서 강화와 마찬가지로 처벌에는 정적 처벌과 부적 처벌이 있는데, 어떤 행동을 수정하기 위해서는 특정 행동의 빈도를 감소시킬 필요가 있다. 이때 혐오 자극을 제공하면 '정적 처벌'이라고 한다. 스키너 상자의 구조를 보면 바닥에 전기가 흐르는 격자가 설치되어 있는데, 토끼에게 전기 충격을 줘 특정 행동을 못하도록 한다면 이는 '정적 처벌'에 해당한다. 이와는 반대로 선호 자극을 제거함으로써 행동의 빈도를 감소시키면 이를 '부적 처벌'이라고 한다. 편식하는 아동에게 좋아하는 사탕을 빼앗는 것이 이에 해당한다. 교육 현장에서 적용되는 정적 처벌로는 체벌이 있고, 부적 처벌의 예로는, '타임아웃'으로 소개된 수업 공간에서의 격리, 분리 조치 등이 있다.[120]

스키너에 의해 영향을 받은 많은 심리학자들이 스키너의 문제 상자 실험 이후, 처벌에 대한 많은 연구 결과를 쏟아냈다. 처벌이 있을 때 나타나는 부정적인 정서 반응과 거짓말, 변명 등의 회피 반응이라든가, 처벌이 있어야 할 때 처벌이 없는 경우에 대한 부작용 등이 여러 가지 실험과 연구를 통해 발표됐다.

---

120) Powell, Russell A. Symbaluk, Diane G. MacDonald, Suzanne E.Citation "Introduction to Learning and Behavior" 231p.

⟨반두라의 보보 실험⟩

다음으로는 또 다른 대표적인 행동주의 심리학자인 앨버트 반두라의 보보 실험을 소개하고자 한다. 그는 스탠포드 대학교 부설 어린이집에 다니는 각각 36명의 남녀 아동으로 구성된 3-6살 사이의 아동을 대상으로 심리 실험을 진행했다. 이 실험에서는 아동들을 2개의 실험 집단과 1개의 통제 집단으로 나눴다. 24명의 첫 번째 그룹의 24명에게는 공격적인 모델을, 두 번째 그룹의 24명에게는 우호적인 모델을 제시했고, 세 번째 그룹의 24명에게는 아무것도 하지 않는 모델을 보여주는 통제 집단으로 설정했다. 그리고 각 집단을 두 개로 나눠 아동들의 성별과 모델의 성별이 같게 배정했다. 첫째 그룹에서는 실험에 참여한 각각의 아동에게 성인 모델이 풍선으로 된 오뚜기 보보 인형을 나무 망치로 때리며 폭력적인 언어를 구사하는 모습을 보여줬다. 둘째 그룹에서는 성인인 모델이 보보 인형을 우호적으로 대하며 노는 모습을 보여줬다.

그런 후, 아동들이 성인 모델의 참여 없이 혼자 보보 인형과 노는 모습을 분석해 보니, 공격적 모델에 노출된 아동들이 그렇지 않은 아동들보다 더 많은 공격적 행위를 한다는 사실을 발견했다. 공격적인 모델에 노출된 아동들을 살펴보니 그렇지 않은 경우보다 각 비교 집단에 비해 50% 이상의 폭력 성향의 증가를 나타냈다.(보보 실험에 대한 자세한 통계는 가독성을 위해 생략하며, 보보 실험은 흔히 알려진 것처럼 한 번의 실험이 아닌 1961년과 1963년 두 차례에 걸쳐 진행됐다.)

반두라의 보보 실험은 미국 사회에 엄청난 파장을 불러일으켰다. 우선적으로, 아동이 텔레비전의 폭력적인 영상을 보는 것만으로도 영향을 받는다는 이유로 폭력 영상을 규제해야 한다는 목소리가 커졌다. 또한 아동에게 영향을 끼치는 요소가 청소년과 어른에게도 존재할 수 있다는 우려가 높아졌다. 또 이를 통해 반두라의 '모방 학습' 또는 '관찰 학습'이라는 말이 유행했다. '자식은 부모의 등을 보고 배운다'는 말처럼, 폭력적인 가정에서 폭력배가 나올 확률이 큰 것은 우리의 경험적 원칙이기도 하지만, 반두라의 모방 학습이나 관찰 학습의 관점에서는 지극히 당연한 이야기인 것이다.

그러나 절대적인 법칙일 수는 없다. 반두라의 모방 학습이 설명할 수 없는 '반면 교사'라는 말이나, 고려 중기의 지눌(知訥)이 주창하고 수많은 승려들이 동조한 단계를 밟아서 차례대로 닦아 일시에 깨닫는 점수돈오(漸修頓悟), 그리고 단번에 진리를 깨친 뒤 번뇌와 습기를 차차 소멸시켜 가는 돈오점수(頓悟漸修) 또한 우리들의 삶에서 순간적으로 깨닫는 많은 체험들이 존재한다는 사실을 의미하기 때문이다. 다음으로는 이런 통찰이 일어나는 현상을 연구했던 두 건의 중요한 인지주의 심리학 실험을 소개하려고 한다.

〈쾰러(Köhler)의 통찰 학습(insight learning) 연구〉

앞에서 소개했던 심리학적인 실험들이 행동주의 심리학의 원전과 같은 실험이었다면, 지금부터 소개하는 실험은 행동주의에 직접적으로 의문을 제기한 인지주의 심리학자들의 연구들 중 그 효시와 같은 실험이라고 할 수 있다. 이 연구들은 스키너가 표방하는 자극과 반응 외에도 어떤 역할을 하는 알고리즘이 존재한다는 사실을 부정한다면 설명하기 힘든 결과를 도출한 실험이었다. 그것은 쾰러(Köhler)의 통찰 학습(Insight Learning) 연구다.

쾰러는 보통의 침팬지라면 손이 닿을 수 없는 장소에 바나나를 두고 침팬지들이 어떻게 바나나를 먹는지 연구했다. 이 실험에 참여한 침팬지들은 모두 이 실험과 유사한 상황에 처한 적이 없던 침팬지들이었고, 이 상황을 해결할 수 있는 어떤 방법에 대해서도 전혀 조련을 받은 적이 없었다. 그러나 이 침팬지들은 실험실 안의 나무 상자를 쌓아 올라가거나, 막대기를 잇는 방법을 동원하는 등 학습한 적이 없는 해법을 갑자기 발견해 적용했다. 이는 침팬지들에게 본래 습득했던 기초적인 손 기술이나 지식을 조합할 수 있는 어떤 능력이 존재한다는 사실을 암시하기에 충분했다. 이것을 연구자들은 '통찰 학습'이라고 명명했다.

볼프강 쾰러(Wolfgang Köhler)의 침팬지 실험은 게슈탈트의 형태심리학의 맥을 잇는 것이었다. 형태심리학은 인간의 정신 현상을 개개의 감각적 부분과 요소의 집합이 아닌 전체성 그 자체의 구조나 특질에 있다고 보고 이를 연구하는 학문이다. 국가대표 코치가 졸전을 치른 선수들에게 "좋은 선수만 있는 팀과 좋은 팀은 다르다."라는 말을 했다는데, 여기서처럼 좋은 팀에 주목하는 것이 형태주의의 관점인 것이다. 이처럼 실험실 안의 침팬지들이 바나나를 먹기까지 부분이 모여서 된 전체보다는, 전체성과 통합된 전체를 보여준 것이 틀림없다. 이 실험을 통해 쾰러는 동물들이 문제를 해결하거나 새로운 정보를 습득하는 과정에서 어떻게 통찰을 얻는지를 관찰했다고 해도 과언이 아닌 획기적인 실험 결과를 얻었다. 이로써 동물들에게 자극과 반응에서 얻어지는 단순한 행동주의로는 결코 설명할 수 없는 현상이 일어나는 것을 포착해 심리학적인 분석의 한계를 적절히 지적했다.

〈톨먼(Tolman)의 인지도(cognitive map) 연구〉

쾰러의 뒤를 이었지만, 쾰러보다 거의 이십 년 후의 행동주의 심리학의 틀을 다시 한 번 금가게 한 실험이 에드워드 체이스 톨먼(Edward C. Tolman)에 의해 시도됐다. 그는 버클리 캘리포니아 대학교의 심리학 교수였다. 톨먼(Tolman)의 인지도 연구(Cognitive Map)라 불리는 이 실험은 쥐가 미로를 탐색하는 행동을 관찰하면서 쥐가 공간에 대한 인지적 이미지를 그릴 수 있음을 확인했다. 다시 말하면, 동물이 가상적인 지도를 머리에 그릴 능력이 있음을 보여준 것이다. 쥐는 실험 상자 안에서 복잡한 미로를 따라 미로 끝의 음식을 먹을 수밖에 없도록 고안된 상자에 갇혀있다. 쥐는 직진 후 'ㄷ'모양으로 행로를 바꿨을 때만 그 길의 끝에 있는 먹이를 찾을 수 있는 형태의 미로를 학습했다. 그 후 쥐는 학습과는 패턴이 다른 방사형 미로에 갇혔는데, 이 미로는 쥐가 학습한 대로 활동하면 먹이를 찾을 수 없게끔 설계되어 있었다. 그런데 쥐는 원래 학습했던 경로가 아닌 다른 경로를 이용해 먹이를 찾아 나갔고, 그 시도는 성공했다. 여기서 더욱 놀라운 것은 공간에 대한 인지적 이미지를 가질 수 있는 쥐의 어떤 능력이 통찰로서 자극과 행동 사이에 존재한다는 확신을 얻은 것이었다.

특별히, 스키너의 실험으로는 이해되지 않는 보상과 학습의 관계가 이 실험에서 잘 나타났다. 실험 상자 안의 쥐를 몇 개의 그룹으로 나눠, 매일 먹이로 보상받는 A 그룹의 쥐들과 6일 후에 보상받는 B 그룹의 쥐들, 그리고 2일 뒤에 보상받는 C 그룹의 쥐들로 나눴다. 이 그룹들을 비교했더니, B 그룹과 C 그룹의 쥐들은 먹이를 보상받고 하루가 지나면 미로를 실수 없이 다니기 시작했다. 이는 쥐들이 보상의 비례와 관계없이 강렬한 목적과 동기가 유발되면 인지 지도의 활성화, 다시 말해 통찰력이 활성화된다는 결론을 제공했다. 인지적 심리학자들은 이것을 '인지적 시행착오(Congnitive Trial and Error)'로서, 하나하나의 부분이 모인 부분 학습이 아니라, 전체적으로 하나로 인식하고 해결하는 통찰(Insight)력이라고 말했다. 이를 '아하!'라는 경험을 통해, 또는 이런 깨달음 이전에 정신적 시연(Mental Rehearsal)이 이뤄져서 통찰이라는 해결을 경험하게 된다는 것이다.

'아하!'라는 색다른 경험은 의외로 전혀 어울릴 것 같지 않은 인물의 자서전에서도 발견된다. 그 인물은 현대 자동차의 창업자인 정주영이다. 그가 청년 시절 인천의 한 부둣가에 하역을 담당하는 노동자로 일했던 때의 일이다. 그는 노동자들의 공동 기숙사에서 숙식을 해결했는데, 1920년대의 그 숙소는 열악하기 그지없어 불결한 판자로 지은 허름한 기숙사였다. 그 기숙사는 노동자들의 몸에서 나는 땀 냄새와 함께, 환기가 잘되지 않아 생기는 축축함과 곰팡이 냄새 등이 어우러져 정말 불편하고 불결한 기숙사였다. 그중에서도 그에게 가장 가혹한 불편을 주는 것은 바로 벼룩이었다. 자고 일어나면 수십 방을 물리는 일이 예사여서, 늘 가려운 고통을 안고 매일 밤 겨우 잠만 청하는 형편이었다. 그러다 어느 날, 그가 몸살에 걸려 일을 못 나가고 텅 빈 합숙소에 잠을 자고 있는데, 도저히 벼룩 때문에 잠을 청할 수가 없었다. 그러다 그에게 한 아이디어가 떠올랐다. 침상을 합숙소 바닥 가운데 놓고, 물 양동이 네 개에 물을 채워 네 개의 침상 다리를 양동이 정중앙에 담가 놓았다. 일종의 벼룩에 대항하는 해자(垓字) 역할을 하도록 한 뒤 다시 잠을 청했다. 한두 시간 벼룩의 물림에서 해방되어 숙면에 들어가나 싶은데, 다시 벼룩들이 온몸을 물기 시작했다. 가려워서 잠에서 깬 그는 크게 놀랐다. 벼룩들이 침상으로 뛰어 올라올 수 없도록 고안된 양동이와 침상의 높이에도 불구하고, 이를 극복하기 위해 벽을 타고 천장을 기어와 그가 자고 있는 장소로 낙하해 그에게 도달하는 것을 두 눈으로 똑똑히 목격했기 때문이다. 현대를 창업한 그는 이 벼룩들을 보고 큰 깨달음을 얻었다고 한다. 환경을 뛰어넘는 그 벼룩의 열정에서 노력과 창의성을 배웠다고 고백했다. 그러나 그의 고백에서 우리가 주목할 것은 벼룩 같은 미물도 생존을 위한 행위를 할 때, 전혀 경험하지 못했음에도 불구하고 그 통찰력을 이용해 난관을 극복하는 고차원적인 부분을 가지고 있다는 사실이다. 이것이 바로 '아하!'라는 것이다.

벼룩도 이런 고차원적인 부분이 있는데, 영적이고 이성적인 인간의 존재가 자기의 발전을 위해 필요한 부분에서 그 과정과 절차를 지켜 훈계를 하고 체벌을 한 선생님을 동물 실험의 전기 충격의 결과처럼 부정적으로만 반응할 것이라고는 절대 동의하지 않는다. 그리고 어떤 교사가 영적이고 이성적인 학생들에게 자신의 지적인 호기심만을 위해 전기 충격과 같은 물리적인 충격을 주겠으며, 설사 준다고 하더라도 학생들이 반드시 반발할 것이라는 사실은 너무도 확실하다. 아직은 어려서 반발을 못한다고 해도 성인이 된 후, 기억 속에서나마 교사의 그런 행위를 비난할 것이다. 이것이 인간이다. 그러나 정반대의 경우, 교사가 교육적인 목적을 가지고 적절한 과정과 방법으로 체벌을 한다면, 학생은 이를 수용할 뿐 아니라 이를 통해서 자신의 행동의 잘못된 점을 수정할 것이고, 심지어 그것을 가능하도록 가르침을 준 선생님을 존경까지 할 것이다.

필자가 학생 시절 받은 체벌을 생각할 때도 그 체벌이 현재의 기준으로는 다소 과한 부분이 없지 않아 있긴 했지만, 학생이었던 나를 위한 선생님의 진심 어린 수고를 알았기 때문에 이런 체벌이 필자의 성장에 결코 부정적인 영향을 주지 않았다. 체벌을 받을 경우, 아동이 체벌자를 싫어하게 된다는 연구 결과도 있는데, 필자의 경우는 오히려 체벌을 준 선생님을 더 존경하게 된 정반대의 경우였다. 아즈린(N. H. Azrin)과 헤이크(D. F. Hake)의 연구에 의하면, "체벌은 학생들이 체벌자와 체벌 장소를 싫어하는 회피 학습을 유발해 심한 경우 교육의 장이 상실된다."[121]고 하는데, 필자가 체벌을 받은 경험과 교사로서 체벌을 한 경험에 비춰 보면, 이는 결코 수긍할 수 없는 맹랑한 일반화의 오류다.

이것이 오류라고 생각하는 이유는 이러하다. 아즈린은 자신의 연구의 가장 중요한 기간 동안 안나 주립 병원(Anna State Hospital)이라는 정신 병원에서 수년 동안 환자의 비정상적인 행동을 정상적인 행동으로 되돌리려고 시도했다.(예를 들면, 함구증을 앓거나 병원 가운에서 일반 옷으로 갈아입기 힘들 정도의 의욕 부족을 앓고 있는 환자) 그렇기 때문에 교육적인 행위의 체벌을 연구할 기회가 거의 없었을 것이고, 또한 이들의 연구 역시도 결국 비둘기 실험과 같은 연구를 통해 도출한 결과임을 부인할 수 없다는 것이다. 참고로 아즈린은 1955년 스키너의 지도 아래서 심리학 박사 학위를 받았다.

스키너의 실험을 통해 확인된 것처럼 조작적 조건화에서는 특정 행동의 빈도를 감소시킬 필요가 있을 때, 혐오 자극을 제공하거나 선호 자극을 제거함으로써 행

---

121) N. H. Azrin and D. F. Hake, "CONDITIONED PUNISHMENT 1.", Journal of the experimental analysis of behavior, 1965.

동의 빈도수를 감소시킬 수 있다고 한다. 극단적인 예가 되겠지만, 우리나라의 독립투사와 같이 자신의 신념을 위해 싸우던 사람들에게는 어떤 자극으로도 그 뜻을 변화시킬 수 없었고, 행동의 빈도도 조절할 수 없었다. 누군가가 일제가 가했던 것과 같은 가혹한 고문과 강요를 통한 세뇌(洗腦)와 기타 비정상적인 정신적 작용으로 그들의 의지를 꺾을 수 있을 거라고 주장하며 스키너와 아즈린을 옹호하려고 한다면, 그 자체가 이미 인간에 대한 교육적 효과를 논하는 논점에서 벗어난 극단적인 질문이라는 사실을 지적하고 싶다. 이처럼 체벌은 폭력이 아닌데도 불구하고 오직 혐오 자극으로만 구성된 것으로 잘못 이해됐고, 그로 인해 위의 극단적 사례처럼 많은 사람들이 체벌의 실체를 오해하게 됐다. 체벌은 그저 단순히 물리적인 힘이 신체에 가해져 신체적 감각 반응이 뇌 신경으로 전달되고, 그로 인해 감정을 주관하는 신경 물질이 분비될 뿐인 현상이 아니기 때문이다.

어떤 의미에서 체벌은 교사의 학생에 대한 또 다른 강력한 행위 언어다. 체벌은 비언어적이지만 교사의 강력하고도 선량한 메시지가 담길 수 있다. 다시 말하면, 체벌이 되기 위해서는 물리량 외에도 지극히 관념적인 교사의 선량한 메시지가 종합적으로 담겨 있어야 한다. 그렇기에 유아기나 아동이나 발달 장애가 있는 아동에게는 체벌을 사용해서는 안 된다. 체벌이 메시지이기 때문에 체벌을 받는 대상에게 이해력이 부족하면 그 교육적 목적대로 시행할 수 없기 때문이다. 반대로 스키너의 실험이나 반두라의 보보 실험 같은 연구가 실험의 윤리성을 고려하지 않을 때 아동들에게 그 실험 결과가 더 잘 적용되는 이유도 이 부분에 있다. 선호 자극이든 혐오 자극이든 이는 '메시지' 다시 말하면 의식과 이성이 작동하는 영역이 아닌, '본능'이 지배하는 영역이기 때문이다.

행동주의 이론에 대한 비판들을 주목한다면 다음과 같다. 첫째로 행동주의 심리학자들은 인간의 행동을 환경 결정론적으로만 이해해 강조했고, 그 행동에 영향을 끼치는 인간의 내면성을 무시하거나 소홀히 취급했다. 그들의 연구에서는 정신적인 특성, 인지 과정, 도덕성, 정의, 동료 간의 사랑 등 인간에게 있어 중요한 여러 요소들이 배제됐다. 둘째로 이들은 인간을 조작이 가능한 대상으로 취급해 인간의 자유와 존엄성을 전혀 고려하지 않았다. 인간을 그 자신이 품고 있는 도덕성이나 정의, 그리고 사랑의 원칙에 반하도록 물리력만을 가해 조작하는 것은 거의 불가능하다. 이것이 교육적으로 유효한 수단인 체벌이 단순한 물리적 자극으로만 끝나는 실험과 완전히 다른 이유다. 체벌은 물리력만을 가하는 단순한 매질이 아닌, 교사의 언어와 메시지가 담긴 교육적 훈육의 한 형태다. 따라서 일반인들이 자주 체벌이라고 오해하는 폭력, 즉, 아동에게 유형력만을 행사할 뿐인 매질은 결코 체벌일 수 없는 것이다. 셋째로 행동주의에서는 인간에게 결코 적용될 수 없는 동물 실험의 결과를 인간에게 단순 적용하는 우를 범했다. 이는 인간을 지나치게 단순화한 나머지, 소수의 특수한 대상에게 제한적으로 의미를 부여할 수 있는 것을 많은 사람에게 적용할 수 있는 것으로 일반화했고, 동시에 인간을 유기체로써 극단적으로 단순화시켰다. 넷째는 스키너와 반두라가 실험 상황과 인간의 실제 상황을 동일시했다는 점이다. 그들은 인간이 실질적인 상황에서 복잡다단한 욕구와 계산, 여러 가치를 추구한다는 사실을 도외시한 채, 이를 실험 대상인 동물이 자극에 반응하기만 할 뿐인 실험 상황과 동일시하는 우를 범했다. 다섯째로 이들은 인간의 개인적 차이는 무시하고 오직 행동의 일반적인 법칙에만 주목했다. 생선을 눈앞에 둔 고양이의 행동과 금식을 하며 수행하는 수도자의 행동이 같을 수 없듯이, 각 개인이 내리는 결정과 행동의 차이 또한 결코 같을 수 없다. 그 동기부터가 다를 것이고, 의욕, 행동방식, 그리고 사고방식에 있어서도 개인차가 있음이 당연하다. 그러나 행동주의 심리학자들은 이런 요소들을 모두 무시하고 인간과 동물의 공통된 특성을 찾는 데만 몰두했다. 따라서 이런 행동주의 이론에 근거한 연구들의 결과는 신화일 수는 있어도, 결코 과학일 수는 없다.[122]

    이렇듯 행동주의 심리학자들과, 이들의 영향을 받아 진행된 실험 및 연구를 바탕으로 이뤄진 체벌에 대한 견해는 상당한 오류를 내포하고 있음이 분명하다. 그 연구가 체벌에 대한 긍정적 평가와 효과를 주장하는 것이든 체벌에 대한 부정적 견해를 주장하는 것이든 상관없이, 그들의 주장에는 한계가 너무나 분명하게 드러나 있다. 그렇기 때문에 이런 연구들은 동물원에서는 필요할 수 있을지 모르겠지만, 결코 인간의 가정과 학교에 적용되어서는 안 된다. 만 보 물러나서 받아들인다 해도 그들의 이론은 문자 그대로 교육에 적용하는 데 있어 본능적인 측면이나 극단적인 폭력의 피해를 이해하는 데 제한적으로 활용될 수 있을 뿐이지, 교육 현장에서 체벌에 대한 교육 효과를 가늠하기 위한 목적으로 적용되기에는 무리가 있다.
    손다이크의 고양이 상자 실험, 스키너의 문제 상자 실험, 반두라의 보보 실험 등

---

[122] 이근홍, "인간행동과 사회환경" No3(2013), 229p-230p, 241p-242p.

각 실험을 통해서 유기체에게, 또는 특정 연령의 아동들에게 제한적으로 유의미한 결론을 도출한 행동주의 심리학자들의 업적은 일부 인정될 수 있다. 예를 들어, 실험 결과를 토대로 도출한 처벌의 원리, 처벌의 부작용, 처벌받은 유기체가 다른 유기체에게 자주 보이는 공격적인 행동[123], 그리고 관찰 학습의 토대가 된 아동의 모방성 등을 확인한 것에는 의미가 있다. 그러나 대부분의 행동주의 심리학자들의 연구 결과를 보면, 그들의 연구에는 인지주의 심리학자들의 실험에서 확인된 학습이 이뤄지는 또 하나의 경로가 간과됐다는 중대한 오류가 존재한다.

인지주의 심리학자들의 실험 결과는 학습이라는 영역에 있어서, 유기체에게 자극과 강화 등의 단순한 차원을 훨씬 넘어서는 정신적인 통찰력이 존재한다는 사실을 강력히 시사했다. 그러나 행동주의 심리학자들은 인간의 인지 과정과 정신의 내적인 상태의 복잡함을 도외시한 과오를 배경으로 하는 실험 결과를 만들어 냈다. 하지만 인지주의 심리학자들의 실험과 연구 결과에도 명백한 한계가 존재한다. 그것은 인간 행동의 고도한 복잡성을 지나치게 단순화한 오류를 범했다는 것이다. 이런 오류는 이들의 체벌에 대한 연구 결과의 성급함에서도 추정할 수 있는데, 유기체에게나 적용될 수 있는 영역의 결과를 고도의 지적 활동의 결과물인 이성을 사용한 교육의 징계와 체벌의 영역에 신중한 고민 없이 확대 적용했다는 점이다. 물론 나이가 어린 아동이나 성인, 또는 집단적 행동 특성 등 인간의 본능적인 행동에 관계되는 부분에서는 부분적으로는 적용될 수 있는 여지가 있다. 그러나 이성을 사용해 학생들의 행동을 분석하고 적용하는 교육의 전문성을 가진 교사가, 하물며 도덕적으로나 사회적으로 동물보다 훨씬 높은 고등의 이성을 가진 학생에게 이런 방식의 체벌을 적용시킬 수 있을 리가 없다고 확신한다. 교육적인 체벌이라는 것은 본능과 충동을 전제로 하는, 마치 밭을 가는 우마에게 채찍을 내리치는 매질과는 본질적으로 다르기 때문이다.

이성적인 존재인 교사가 이성적인 존재인 학생을 인성과 지성을 동원해 비록 신체적인 체벌을 하더라도, 그것은 그 전과 후를 통틀어 학생의 잘못을 깨우치게 하고, 그것에 대한 정당한 책임을 져야 하는 사회성과 책임을 가르치면서, 결과적으로 그 본성의 나약함을 뉘우치도록 해 강인한 인격체로 변화시키려는 고도의 정신

---

123) Paul chance, Learning and Behavior, 1999.

적인 교육 행위다. 따라서 필자는 그 결과를 실험에 사용된 동물들의 반응을 토대로 인간의 행동을 그 실험에 맞도록 단순하게 유추해 적용시킬 수 있다는 결론에 결코 동의할 수 없다. 아울러, 이런 실험 결과는 필자가 교육 현장에 있었던 수십 년의 체험과 완전히 다른 결과이기 때문이다. 이런 점에서는 인지주의 심리학자의 연구가 행동주의 심리학자들보다는 인간에 대한 그 적용 범위가 더 크며, 인간의 내재적 능력에 더 정교하게 적용될 수 있는 부분이 있을 것이다. 그렇지만 결국 그 결론은 둘 다 대동소이하다고 생각한다. 왜냐하면 인지주의 심리학자들의 연구 결과를 봐도 그들 또한 결코 인간의 영혼과 이성을 아우를 수 있을 정도로 심리적인 영역을 확대한 연구를 했다고 볼 수는 없기 때문이다.

이제껏 그래왔듯이 심리학은 교육의 분야에 부분적으로 활용될 수 있고, 경우에 따라서는 교육의 일부분에서 핵심적인 기능을 수행할 수 있는 학문이라고 생각한다. 그러나 최소한 현재의 '체벌은 폭력이다'라는 논거로 사용되는 심리학 연구들을 살펴보면 대부분 재검토를 할 필요가 있는 내용과 결과를 가지고 있다. 사실 그 연구들은 모두 교육적인 영역에서 체벌에 대한 연구를 할 때 인용해서는 안 될 연구 결과다. 아울러 심리학자뿐만 아니라 현장의 교사, 교육학자, 사회학자, 그리고 법학자들까지도 함께 앞장서서 체벌에 대한 연구를 해야 하며, 무엇보다 체벌에 대한 편견 가득한 태도를 버리고 더욱 세밀한 연구를 진행해야 한다. 이런 객관적이고 폭넓은 사회과학적 차원에서의 체벌에 관한 연구가 우리 사회에 진정으로 필요하다고 생각한다.

세상을 바꾼 교사

드와이트 라이먼 무디

드와이트 라이먼 무디(Dwight Lyman Moody, 1837-1899)는 미국의 평신도 출신의 복음전도자다. 무디는 거의 무학에 가까운 학력의 소유자였지만 놀라운 학습능력으로 무디 성경학교와 대학을 세웠다. 무디는 무디 출판사와 플레밍 레벨이라는 큰 출판사를 설립했고, 빌리 썬데이와 빌리 그레이엄을 제외하고는 어느 누구보다도 많은 사람들에게 복음을 전파했다.

무디가 어린 나이, 그의 아버지가 일찍 천국에 간 후로 무디의 가정형편은 부유하지 않았고, 채권자가 재산을 압류하기 위해 찾아오는 극빈한 가정이었다. 가난한 무디의 가정을 올리버 에버렛 목사가 도왔고, 1년 6개월 이후 무디 전 가족이 그 교회의 교인이 되었다.

어린 무디는 그 후 극심한 가난 가운데 신앙이 성장해 나갔고, 1850년대에 인구 150,000명의 대도시 보스턴으로 이사를 했다. 1,000명 이상의 도시에서 살아본 적 없는 무디에게는 신세계로의 출발이었다. 그곳에서 삼촌의 권유로 마운트 버논 회중교회를 출석하며 판매 사원으로 삼촌의 신발 가게에서 일을 시작했다. 그 후 무디는 신생도시 인구 29,963명의 시카고로 이주했다. 이때 무디는 확고한 신앙과 밤마다 읽은 책들, 그리고 그 자신의 비전으로 무장한 전도자로서의 모습이 형성되고 있던 무렵이었다. 무디의 적극적인 활동 덕에 시카고에서 성공적인 투자를 통해 부를 축적했고, 시카고 플라이머스 회중교회에서도 왕성한 활동을 하기 시작했다. 그러나 무디는 만족할 수 없었다. 무디의 내부에서 불타고 있는 영혼 구원의 열정이 여전히 뜨거웠기 때문이다.

이런 무디의 열정으로 형성된 선교회와 주일 학교가 시카고 전역에서 떠오르자, 무디는 특별히 돌봄의 손이 닿지 않던 곳을 주목했다. 아무도 고아가 된 아이들과 알코올과 가난으로 부서진 가정에서 자라난 아이들에게 관심을 보이지 않았을 때, 무디는 다루기 어렵고 조용히 앉아서 성경 말씀을 듣는 것조차 불가능해 보이는 아이들에게 교사로서 사랑을 품고 다가섰다. 당시 주일 학교 환경에서 일반적인 교사들은 제어하기 어려운 불우한 아이들을 찾아가기보다 오히려 쫓아냈다. 하지만 무디의 마음은 그들에게 향했고, 자신의 사랑을 행동으로 옮겼다. 무디는 그 지역의 중심부에서 빈 술집을 전세 내 불우한 아이들을 위한 '안식일 학교'를 설립했다. 아이들은 바닥에 앉아서 무디가 '설교단'에서 전하는 설교를 들었는데 그 설교단은 오래돼서 버려졌던 나무통이었다. 다정다감하게 부르지 않았던 이 '작은 부랑인들'의 삶의 관여가 무디의 열정이 됐다. 그는 기꺼이 이 아이들을 위해 당시 교회의 전통들을 파쇄해 나가기 시작했다. 무디는 그의 학생들을 위해 사탕, 설탕, 동전 스티커를 자신의 주머니에 가득 채워 넣어 준비했다. 이것은 열 살 때 한 노인이 자신에게 준 1 페니를 잊지 못해서였다. 무디가 그 노인으로부터 받았던 것은 1 페니뿐만 아니라, 십자가의 큰 사랑도 확실하게 배웠기 때문이었다.

1860년, 무디의 안식일 학교는 그의 지도하에 한 주에 거의 1,500명이 참여할 정도로 성장했고, 대통령에 당선된 아브라함 링컨은 시카고의 첫 번째 방문 장소로 무디의 학교를 방문했다. 대통령이 연설하지 않는 조건으로 대통령의 학교 방문을 의전팀으로부터 허락을 받았는데, 아이들을 위해 대통령의 연설을 듣고 싶었던 무디는 링컨 대통령 당선인이 떠나려고 할 때 짧지만 강력한 연설을 요청했다. 링컨은 제의를 거절할 것처럼 중앙으로 걸어가다 갑자기 멈추며 연설을 했다. 주일 학교 연설을 했는데 링컨 자신의 보잘 것 없고 불우한 출신에 관한 것이었다. 그리고 마지막 말은 "선생님에게 더 집중하고 너희들이 배운 것을 실천하고자 노력한다면, 여러분들에게는 앞으로 나보다도 더 좋은 기회가 주어지게 되어 때가 되면 대통령도 될 것입니다."였다.

29

대한민국에는 체벌의 정의(定意)가 없다

이 땅에 더 이상
'체폭'과 같은 불상사가 나오지 않도록,
방황하는 학생이 한 명이라도 더 생기지 않도록,
또한 무기력한 교사에게 병원 아니면 소년원이라는
참 편하고도 무서운 선택지를 강요하지 않도록,
그리고 무엇보다 회초리를 들고서라도
어두운 길을 헤매는 학생의 영혼과 맞싸워
밝고 환한 길을 가르쳐 줄 수 있도록
그 손에 교편(敎鞭)을 다시 한번 단단하게
쥐여 줘야 한다.

　우리나라에서 체벌에 대해 연구한 여러 자료를 보면, 대한민국에는 체벌에 대한 명확한 정의가 없다는 사실이 여실히 드러난다.[124] 필자가 고찰한 바로도, 2024년 현재까지도 체벌에 대한 법적인 명확한 규정이 없다. 어쩌면 2011년 이후로 그럴 필요가 없어졌는지도 모르겠다. 그러나 체벌이 시행됐던 때조차 체벌에 대한 정의(定意)는 학자마다 달랐고, 심지어 교육부와 교육청 사이에도 정의에 대한 차이가 있었다. 이런 상황이었기에 체벌에 대한 논의와 연구에 있어서도 계속 엇박자가 나며 혼란이 야기됐던 것이라고 본다. 1949년 제정된 교육법 제76조에는 "각 학교의 장은 교육상 필요한 때에는 학생에게 징계 또는 처벌을 할 수 있다."라는 징계권을 명시했으나, 체벌에 대한 직접적인 규정은 마련하지 않아 교육 현장에서 혼란을 가중시켰다. 그나마 1980년대까지는 삼십절초(三十切草)나 오십절초(五十切草)와 같은 전통적인 체벌이 존재했던 문화적 요인과 군사 정권의 장기화로 각 학교에 파급됐던 군사 문화로 인해, 국민들은 체벌에 대해 수용적이었다. 그럼에도 체벌에 대한 모호한 규정이 원인이 되어 각종 체벌 사고가 발생했다. 그리고 이를 확인하고 심판하는 과정에서도 체벌에 대한 교육적인 배경을 판단하기 전에, 우선 관습적으로 체벌을 인용하거나 단순히 법적인 측면에서 체벌의 행위를 판단하는 것에만 방점을 뒀다. 그런 상황에서 그 행위가 폭력인지, 아니면 위법성이 조각될 수 있는 정당 행위인지를 심판하다 보니, 자연스럽게 판례마다 각기 다른 기준이 들어가게 됐다. 이로 인해 학부모와 교사들 사이에서는 체벌에 대한 명확한 지침의 필요성과 그에 대한 요구가 대두됐다.

　1998년 3월 1일 교육법이 폐지되고, 새로 제정된 '초·중등교육법'이 법률 제5438호로 공포됐다. 이 법의 제18조 (학생의 징계) 1항은 "학교의 장은 교육상 필요한 때에는 법령 및 학칙이 정하는 바에 의해 학생을 징계하거나 기타의 방법으로 지도할 수 있다."라고 규정하고 있고, '초·중등교육법 시행령' 제31조 7항은 "학

---

124) 박찬걸, 대구카톨릭대학교, 법학박사, 형사정책연구 제22권 제1호 통권 제85호, 2011·봄 42.

교의 장은 법 제18조 제1항 본문의 규정에 의한 지도를 하는 때에는 교육상 불가피한 경우를 제외하고는 학생에게 신체적 고통을 가하지 아니하는 훈육·훈계 등의 방법으로 행해야 한다."라고 규정하고 있다. 이 법은 1998년 3월부터 시행됐으며, 2011년 3월 개정으로 체벌이 전면 금지되기 전까지 그대로 유지됐다.

그러나 체벌에 대한 근거를 마련한 1998년의 초·중등교육법 시행령의 규정도 명확성에서는 낙제점을 면하기 어려웠다. 특별히 체벌에 대한 직접적인 언급을 회피하려는 듯, "교육상 불가피한 경우를 제외하고는 학생에게 신체적 고통을 가하지 아니하는…"이라는 간접적인 방식으로 체벌을 허용하는 문구를 사용했다. 아마도 체벌을 직접 명시하기에는 체벌 반대론자들의 공격에 대한 법률 입안자들의 고민이 컸고, 그런 고민이 규정에 그대로 반영된 것이라고 판단된다. 그나마 이런 시도는 체벌의 근거를 확보한 규정으로 진일보한 것이라고 할 수는 있었으나, 문제는 "교육상 불가피한 경우를 제외하고"라는 모호한 표현이 다시금 학교 현장에 체벌로 인한 혼란을 몰고 왔다는 사실이다. '교육상 불가피한 경우'라는 표현은 보는 사람마다 체벌이 가능한 상황에 대한 해석과 그 범위가 다를 수밖에 없기 때문이다.

이에 각급 학교 현장에서 가이드 라인을 제시해 달라는 요청이 잇따르자, 2002년 6월 26일 교육인적자원부는 '학교생활 규정 예시안'을 처음 마련했고, 이를 일선 학교에 보냈다. 하지만 여전히 "교육상 불가피한 경우를 제외하고"에 대한 명시적인 규정 없이 구체적인 체벌의 방법과 도구 등을 명시할 뿐이었다.

어떤 경우에 체벌을 해야 하는가는 체벌의 '정의(定意)'에 있어서도 가장 핵심적인 사항이다. 그래서 체벌에 대한 진일보한 시행령과 생활 규칙이 마련됐음에도 불구하고, 체벌의 구체적인 범위가 부재하는 학교 현장에서는 여전히 체벌에 대한 시비와 혼란이 끊이지 않았고, 결국, 2011년 체벌 전체에 대한 전면 금지 조치가 시행됐다.

이렇게 체벌에 대한 정의와 규정이 명확하지 않으니 교사의 체벌에 일관되지 못하고 자의적으로 행사하는 경향이 생기는 건 당연한 결과였다. 결국, 교육적으로 거의 최후 수단과 같이 신중하게 사용돼야 할 체벌이라는 교육 수단이 남용되는 환경이 조성됐고, 결코 교육적이지 못한 폭력적인 상황의 반복에 학생과 학부모의 불만은 커지게 됐다. 이런 체벌의 경향은 두 부분에서 심각한 문제를 파생시켰다.

하나는 '교육적으로 불가피한 경우'를 확대해서 적용할 경우, 체벌의 대상자가 되는 범위가 전교 모든 학생으로 늘어난다는 문제였다. 이러니 숙제를 한 번만 안 해도 매를 맞고, 지각 한 번만 해도 매를 맞는 경우가 비일비재하게 발생했다. 심지어는 반 성적이 떨어졌다고 반 전체 학생이 줄줄이 매를 맞으니, 그 피해는 체벌에 대한 규정이 있을 때나 없을 때나 사실상 별반 차이가 없었다. 1970년대에 도시락을 안 가지고 왔다고 엉덩이를 맞고 그 불합리함에 억울함을 느꼈던 세대가 학부모가 돼서 2000년대에 사는 자신들의 자녀가 불합리한 체벌에 노출된 것을 보니, 당연히 분노할 수밖에 없었던 것이다.

다른 하나는 가장 심각한 문제로, 체벌에 대한 정의(定意)의 미비로 체벌이 학생들에게 불평등하게 적용된다는 것이다. 어떤 교사는 이 정도는 '교육상 불가피한 경우'가 아니라고 판단해서 체벌을 하지 않았는데, 어떤 교사는 같은 경우를 보고 '교육상 불가피한 경우'라고 판단해서 체벌을 하는 일이 발생했다. 이를 보완하고자 초·중등교육법 시행령 제37조에는 소위 체벌권(명문화(明文化)되지 않고 간접적인 방식으로 표현됐지만)을 교장에게 허용하고 있다. 입안자는 교장에게 체벌권이 주어지면 이런 혼란을 차단할 수 있다고 생각했을지 모르지만, 그건 그만의 착각이었다. 일단, 정의(定意)가 모호한 상태에서 당연히 각 학교의 교장마다 체벌에 대한 적용 방식이 달랐을 것이다. 또한 학교의 개별적인 특성과 특색을 감안해도 각각의 학교와 학생에 따라 그 기준이 불공평하게 적용될 수 있는 위험한 인자를 이미 내포하고 있는 상태였다. 그렇기 때문에 교장에게 체벌권을 허용한 규정은 교육 현장에서 조금도 효과가 없었다.

여기에는 또 하나의 큰 문제가 존재했다. 실제로 모든 학교에서는 이미 교장이 체벌에 대한 권한을 직접 행사하는 것이 아니라 각 교사에게 위임하는 방식으로 사용하고 있었다는 점이다. 따라서 체벌의 시행에 따른 불평등의 문제는 교장이 학교 전체의 체벌을 관리할 수 있는 권한이 없어서가 아니라, 구조적으로 발생하는 것이었다. 학교 현장에서는 실질적으로 교장이 각 교사들에게 그 권한을 위임해서 체벌을 시행했다. 그럴 수밖에 없는 것이 대부분의 교장은 자신이 맡은 학교의 학생 이름도 제대로 기억하지 못하는 상황인데, 체벌을 당하는 개개인의 학생의 상황과 형편에 일일이 개입해 교사들의 모든 체벌 행사를 지휘, 감독해서 그에 대한 형평성을 기할 수 있다는 것은 도저히 불가능한 발상이었다. 따라서, 이런 상황에서 잘못을 해 체벌을 당한 학생들은 교사의 잦은 매질과 그 불평등성에 대해 상대적인 불만을 키워갔다.

교사들마다 체벌에 대한 정의(定意)와 기준이 다른 것을 방치한 채 시행된 체벌로 교육 현장에는 많은 문제가 발생했다. 그 모든 문제의 원인으로는 체벌의 정의(定意), 그리고 구체적인 체벌 기준의 부재가 큰 비중을 차지했지만, 그뿐만이 아니었다. 학생의 잘못의 경중에 따른 체벌 도구의 구별과 통일, 그리고 체벌 방법이나 세기 등 세심하게 정해져야 할 부분에 대한 상세한 규정이 미흡한 것 또한 큰 문제였다. 체벌에 대한 부정적인 이미지가 많은 현대의 교육계에서 이를 구체화하는 것은 교육을 떠나 정치적 공격을 받을 수 있는 부담스러운 일이었을 것이고, 이런 부담이 체벌에 대한 규정에 영향을 끼쳤을 것이다. 그럼에도 2002년도 교육인적자원부가 제시한 '학교생활 규정 예시안'의 체벌 규정에는 남학생은 '둔부'를 여학생은 '허벅지'를 어떤 체벌 도구를 사용해 체벌하라는 규정이 포함되어 있었고, 이는 세간의 평판에 연연하지 않고 체벌을 교육의 문제로 다뤘다는 점에서 높은 평가를 받을 만했다. 하지만 둔부나 허벅지 등의 자세한 신체를 지칭하는 구체적인 체벌 지침이 공개되자, 이것이 체벌의 장면을 구체적으로 연상시키는 역할을 했다. 거기에 더해 체벌의 부정적인 폭력의 이미지와 연계되면서 여론이 거세게 반발한 적이 있었다.

그러나 아동을 살리는 교육적인 체벌이라는 도구를 우리가 선용하려면, 그 어떤 법률 규정보다도 체벌할 수 없는 경우와 체벌을 해야 하는 경우에 대해 자세하고 세밀하게 적시해야 한다. 그래야만 대다수의 건전한 일반 학생을 교육의 장인 학교에서 일어나는 불필요한 권리 침해로부터 보호할 수 있다. 오히려 체벌이 사라진 지금의 학교에서는 일탈한 교사들에게 잘못된 체벌을 받는 학생보다, 학교 일진들에게 가혹한 폭행을 당하는 학생 수가 더 많을 것이다. 체벌은 체벌을 받아야만 하는 학생에게는 자신의 부족한 행동에 대한 교육적인 자극과 동기, 그리고 책임도 감수할 수 있도록 성장시키는 선한 도구로 작동해야 한다. 그렇게 해서 모든 학생들이 학교의 장에서 성공적으로 성장하도록 하는 역할을 해야 한다. 요즘의 교육 현장에서 사용하는 훈육과 훈계가 통하지 않는 반항적인 아동들이 갈 곳은 결국 병원 아니면 소년원뿐이다. 그러나 이들 역시 소중한 우리들의 자녀이고, 대한민국의 미래 자원이다. 그러므로 더 이상 그들이 반사회적이고 반항적인 학생이라는 이유로 쉽게 포기하는 방식을 택해서는 안 되겠다.

조선의 명의 허준이 당시 '반뒤'라고 불리던 위암의 실체를 파악하기 위한 스승 유의태의 간곡한 청으로, 스승의 몸을 직접 해부해서 위암의 실체를 마주했던 교훈을 우리는 본받아야 한다. 이 부분이 과학의 첫걸음이라 믿는다. 동양의 의학은 신체에 대한 존중함이 남달라 해부학이 발전하지 못한 것이 서구의 의학에 비해 뒤처지게 된 배경이라고 한다. 1990년대 이후 체벌을 교육적으로 발전시키지 못한 이유에도 체벌에 대한 사회적인 터부가 존재했고, 이 터부를 거론하는 것이 교육에 있어서 절대적으로 필요한 부분임에도 불구하고 그에 대한 가공할만한 공격이 계속 존재해 왔기 때문이었다. 교육학과 사회과학의 영역에서 인권, 학대, 심리적인 상처 등 학문적으로는 전혀 관련 없는 단어들을 편집적으로 모아 체벌에 대한 연구를 할 수 없도록 미신적인 수준의 방해와 공격을 가한 것이다. 그래서 '체벌'에 대한 단어 자체를 교육에 관련된 법에 올리지 못하고 에둘러 표현하다가, 2010년대의 대한민국에 '교육대혼란(敎育大混亂)'을 자초해 버렸다. 왜냐하면 교육 관련법 입안자의 입장에서는 금기시된 체벌이라는 단어를 법에 명문화시켰을 때 발생할 그 후폭풍을 감당하기 어려웠을 것이라고 짐작한다.(체벌에 대한 연구가 미진하기에, 명확한 법적 용어로 사용하기에 부담스러운 부분도 분명 있었을 것이다.) 그 결과로 교육적으로 중요한 수단인 체벌이 폭력으로 둔갑해서 사장(死藏)되어 버렸다. 그리고 그 결과, 교사들은 훈육과 훈계의 방법을 잃어버리고, 아동들은 피해자로서, 가해자로서, 결국 모두 피해자가 되어 버렸다.

그렇기 때문에 체벌에 대한 명확한 규정을 정해야 하는데, 체벌의 정의(定意)부터 정해야 한다. 필자가 생각하는 체벌의 정의(定意)는 아래와 같다.
"체벌은 부모와 교사가 자녀와 제자에게 그들의 일정한 잘못에 대해 정해진 규정에 의해 신체적인 고통을 주는 방법으로 자녀와 제자의 잘못된 행동을 교육적인 목적을 가지고 수정하거나 책임을 지게 하는 징계의 방법이다."
이 부분에서 중요한 네 가지를 정리하자면 이러하다. 첫째, 원칙적으로 부모와 교장의 위임을 받은 교사만 행할 수 있다. 둘째, 자녀나 학생에게 일정한 잘못이 있어야 한다. 셋째, 정해진 규칙에 의해서 신체적 고통을 줄 수 있다. 넷째, 교육적인 목적으로 행동의 수정을 하거나 책임을 지도록 하는 수단으로만 사용 가능하다는 것이다.

체벌에 있어서 누가 행해야 하는가는 중요한 문제다. 당연히 가정에서 부모가 체벌을 할 수 있음은 당연하다. 가정에서 자녀를 체벌할 때 부모 외에 타인이 개입하는 것은 절대 지양할 것이라고 생각한다. 학교에서는 교사가 체벌을 할 수 있다. 형식적으로 체벌권은 교장에게 있어야 하나 현실적으로 교장이 그 많은 학생을 다 체벌할 수도 없고, 특별히 학생의 잘못된 행동에 직접적으로 관련이 되지 않은 교장이 체벌권을 행사하는 것은 교육적인 효과의 측면에서 바람직하지 않은 부분이 있다. 따라서, 교장의 위임을 받은 교사가 체벌권을 행사하도록 하되, 원칙적으로 체벌을 행하기 직전 정해진 규정에 따라 교장의 허락을 받아야 한다. 단, 예외적으로 긴급성이 적용될 경우에는 체벌 후 보고하는 처리 과정도 규정에 의해 가능하도록 규정한다. 아울러 직접 관련이 없는 교사라 하더라도 체벌권이 있는 교사의 요청과 교장의 허락에 의해 학생 지도의 직무를 가지고 있는 교사에게 체벌이 위임될 수도 있다. 예를 들면, 학생부 교사의 경우가 이에 해당한다. 또한 만일 규모가 작거나 사안이 심히 중대할 경우, 교장이 직접 체벌권을 행사하는 것을 배제할 이유는 없다.

둘째로 체벌을 할 때 고려해야 하는 부분은 "자녀나 학생에게 일정한 잘못이 있어야 한다."는 부분이다. 먼저 '일정한 잘못'에 대해 이야기하기 전에 가장 중요한 전제로 학생(자녀)의 연령과 발달 상태를 구분해야 한다. 일단, 직접 체벌을 절대로 해서는 안 되는 10살 미만의 나이인 아동들은 직접 체벌 대상에서 배제해야 한다.(체벌은 신체 접촉의 유무로 직접 체벌, 간접 체벌로 나누고, 직접 체벌은 신체 접촉의 수단인 체벌 도구의 크기에 따라 중체벌과 경체벌로 나눈다.) 이 가운데서 특별히 만 3살 이하는 절대 체벌하면 안 되는 연령이다. 나이뿐만 아니라 특수 아동의 경우에도 자연적인 나이와 관계없이 발달 상태가 10살 미만인 아동에게는 체벌이 도움이 안 되며, 오히려 그로 인한 부작용이 더 많다. 이 연령대의 아동에게는 대화나 놀이, 상 등이 더 효과적이다. 이는 언어적으로 이해력이 미숙해 잘못을 구분하지 못하는 나이로, 이 나이의 아동이 잘못할 때는 언성의 높낮이를 사용한 언어적인 주의나 훈계가 효과적이며 상황과 결과의 설명에 주력해야 한다.

또한 4살부터 10살 이내의 아동들은 비유나 실례를 들어 훈계를 하는 것이 더 효과적이다. 언어적인 교육이 효과가 떨어지면 간접 체벌을 사용할 수 있지만, 직접 체벌은 절대 금지다. 대신 타임아웃이나 손들기 같은 간접적인 체벌은 어릴수록 1분 이내로 시작해서 10살 정도면 5분 정도는 가능하다. 간접 체벌은 인내심 함양에 도움이 될 수 있는 부분이 많다. 또한 아동이 간접 체벌을 마쳤을 때, 이에 대해 이후의 성과에 대한 칭찬으로 연결해 교육하면 도움이 되며, 바람직한 행동을 위한 강력한 동기 부여로 작동하게 된다.

아동의 연령과 발달 상태에 대한 고려가 있다는 전제하에 체벌을 고려할 때 가장 핵심적인 부분이 바로 '일정한 잘못'이다. 아동의 어떤 잘못이 체벌에 이를 만큼의 잘못인가에 대한 명확한 기준을 제시하는 것은 교육을 하는 교사나 교육을 받는 아동에게도 정말 중요한 문제다. 왜냐하면 체벌이라는 것은 목적과 그에 대한 정당성을 상실하게 되면 순식간에 폭력 그 자체가 되기 때문이다. 그러므로 체벌을 하기 전에는 아동이 행한 행동이 어떤 부분에서 잘못인지에 대해 정확하게 가르쳐 주는 것이 선행돼야 한다. 반성문도 그 다음이다. 그렇게 해야만 체벌의 효과가 온전히 발휘된다.

그러나 아동의 행동이 다음과 같은 잘못일 때는 체벌을 할 수 없다. 아동을 체벌할 수 없는 경우를 먼저 나열해 보면, A. 능력이 모자라서 잘못을 할 수밖에 없는 경우 체벌을 해서는 안 된다. 이런 경우에는 체벌로도 개선되지 않기 때문이다. 따라서 고의가 아닌 실수로 야기된 잘못은 체벌 사유에 해당하지 않는다.(연령이 10살 미만이거나, 발달 상태를 고려했을 때 미성숙한 경우를 포함.) B. 잘못의 책임이 크지 않을 때는 체벌을 해서는 안 된다. 예를 들어, 청소를 한 번 빠졌다는 이유로 체벌을 해서는 안 된다. 최소한 그 잘못이 상습화되어 반복적으로 주변에 피해를 주고 책임을 전가하며, 교사의 권유와 지도를 여러 차례 무시할 때는 체벌이 가능하다. C. 대화나 기타 방법으로 개선될 가능성이 있을 때는 체벌을 해서는 안 된다. 이는 체벌을 교육적인 최후의 수단으로 삼아야 한다는 뜻이며, 긴급한 경우에만 사용할 수 있다는 의미다. D. 체벌은 잘못이 명확하게 확인되지 않은 상황이나 단체 벌로써 사용해서는 안 된다, 그 자체가 '일정한' 잘못에 해당하지 않거나 벌의 공정성을 기할 수 없는 상황이기 때문이다. 이 네 가지 경우를 고려해 체벌에 해당하는 일정한 잘못을 제안한다면 다음과 같다.

1) 타인에 대한 폭언, 욕설을 포함한 폭행 행위.
   (단, 언어적 폭행은 5회 이상 반복했을 때, 물리적 신체적 폭행은 1회)
2) 교사에게 노골적인 반항, 불손하고 위협적인 언행, 노골적인 거짓말의 경우를 3회 이상 반복할 경우.
3) 교사의 정당한 지시(수업권 확보 등의 학교생활 규칙)를 5회 이상 불응한 행위
4) 심각한 불법 행위를 하려 하거나 그 행위를 할 때, 이를 제지하는 교사의 지시에 불응하는 경우.(심각한 불법 행위는 심각한 정도와 행위의 교육부의 학생생활지도 고시에 그 종류를 세밀하게 정해야 한다. 예를 들면, 형사 고발될 수준의 절도죄, 음란물 판매 및 유포, 시험에서의 부정 행위 등)

위의 네 가지 체벌에 해당하는 일정한 잘못은 학교의 정상적인 기능이 작동하기 위한 가장 기초적이고 근간이 되는 사항이라 할 수 있고, 이런 기초적인 부분이 확보되지 않으면 안전한 학교라고 말할 수 없다. 또한 아동들에게도 최소한 사회인으로 살아가기 위해 체득해야 하는 필수적인 규범들이다. 만약 아동들이 이런 규정도 지키지 않는다면 어떻게 건전한 사회인으로 살아갈 수 있겠는가? 이런 규범은 위반 사례가 발생하면 체벌을 통해서라도 반드시 학교에서 가르쳐 교정해야 할 사안이고, 이런 교육적 체벌에 대한 제약이 사라져야만 수업권도 확보가 되어 비로소 정상적인 학교, 효율적인 학교로 거듭날 수 있게 된다. 위의 네 가지 체벌 가능 사례를 종합하면 학생의 잘못을 긴급하게 제지할 중요한 이유가 있거나, 언어적 훈계로는 더 이상 교육이 되지 않는 아동들에게 체벌이 필요하다고 정리할 수 있다.

체벌의 정의(定意)에 대해 셋째로 설명할 부분은 "정해진 규칙에 의해서 신체적 고통을 줄 수도 있다."이다. 정해진 규칙이 없으면 소송법 없는 실체법과 마찬가지로, 합법적인 기능을 할 수 없기 때문에 규칙을 정하는 것이 마땅하다. 문제는 체벌을 시행할 때 정해진 규칙을 어떻게 정하느냐다. 일단, 체벌을 하기 전에 긴급성을 요하거나 그 외 몇 가지의 예외 사항을 제외하고는(예외 사항은 미리 학칙에 정한다. 예를 들면, 폭행 현장에서 폭행을 가하는 아동에 대한 학생 지도 교사들의 물리적 제재 등이 해당된다.) 이 규칙을 준수해야 한다.

1, 반드시 반성문을 먼저 작성한다.
2. 반성문과는 별개로 학교 교육 현장에 CCTV 등의 증거, 증인을 채집해 사실을

확인한다.
3. 교장에게 보고 및 체벌 허가 및 체벌량을 결정한다.
4. 체벌 시에는 교육부 지정(전국적으로 통일) 회초리를 사용한다.
 a. 회초리는 연령과 남녀 및 개인의 신체 조건을 고려해 구분한다.
 b. 회초리의 소재와 길이와 두께와 중량은 다음과 같다. 경징계용은 가볍고 속이 빈 플라스틱 소재의 길이 50cm 내외, 지름 2cm 미만, 무게 50g 내외의 원통형 막대.
 징계용은 속이 빈 나무 소재의 길이 60cm 내외, 지름 2cm 내외, 무게 100g 내외의 원통형 막대.
 (2002년 "학교생활 규정 예시안"에 규정된 여학생 체벌 도구를 직경 1센티의 원통형 나무 막대기로 규정했는데, 만약 이것으로 체벌을 하면 얇을수록 막대기의 중량이 체벌 부위에 집중되어 상처가 날 것이 확실하다. 아마 이 규정은 체벌지도의 경험이 없는 이가 제정한 것이 틀림없다고 생각한다.)
 c. 체벌의 부위는 남학생은 둔부와 여학생은 대퇴부로 한다.
 d. 체벌의 양은 1일 남학생 10회, 여학생 5회 이내로 한다.
  (체벌의 양은 반성 여부에 따라 증감할 수 있다. 단, 벌을 추가할 경우 반성문과 함께 교장의 허가를 받는다.)
 e. 체벌의 세기는 회초리의 가운데 부분이 교사의 어깨를 넘지 않도록 체벌한다.
5. 체벌 시 체벌의 모든 장면은 CCTV로 녹화해야 하며, 체벌 전에 한번, 체벌 중에 한번, 최소한 반성문을 2회 이상 받는다. 체벌은 가능한 체벌 교사 외에 1명 이상의 교사가 참가할 수 있는 장소에서 실시한다.
6. 체벌 시 학생의 반성 여부에 따라 간접 체벌로 전환할 수 있다. 간접 체벌의 종류는 교육부의 고시에 의해 그 종류를 5가지 내외로 전국 각 학교 단위에서 통일해 적용하도록 한다. 간접 체벌의 종류를 정할 때도 학생의 연령과 신체, 정신적 발달 상태에 따라 정한다.
7. 체벌을 면하려고 기망하는 행위를 지속하는 경우는 경징계용 체벌 도구와 간접 체벌을 사용해 별도의 조치를 한다.

 체벌의 정의(定意)에 대해 네 번째로 설명할 부분은 "교육적인 목적으로 행동의 수정이나 책임을 지는 수단으로만 사용한다."이다. 여기에서 교육적인 목적은 아동의 궁극적인 이익에 부합한 것을 목적으로 한다는 의미와 통한다. 어떤 칭찬도 아동에게 궁극적으로 피해가 되고 독이 된다면 옳을 수 없다. 의사가 배를 칼로 가르고, 뼈를 절단하는 폭력과 상해를 저질러도 사회적으로 인정되고 지지를 받는 것은, 그 행위가 궁극적으로 환자의 이익이 되기 때문이다. 오히려 그 누구보다도 환자 본인이 이런 행위를 치료 또는 수술이라는 이름으로 승낙하고 의사에게 자신의 몸을 맡긴다. 의사가 환자를 수술함에 있어 환자의 인권을 보호하는 행위에는 수술 중의 고통을 최소화하는 노력도 포함되지만, 궁극적으로는 다소 고통이 수반되더라도 가능한 한 신속하고 정확하게 수술을 성공시켜 환자의 병을 완치시키는 것에 더 큰 비중이 있다고 생각한다.

정신적, 정서적으로 미숙해 자신을 통제하지 못하는 아동, 영웅 심리에 빠져 폭력단과 교류를 하려는 아동, 그리고 충동적이고 습관적인 행동으로 물의를 일으키는 아동에게 교사의 대화와 주의, 훈계는 가벼운 농담으로 여겨지고 무시당한다. 이때 교사에게 공개적으로 모욕적인 언사를 퍼 붓는 아동에게는 교육적인 제재 수단인 체벌을 통해 잘못된 행동을 긴급히 억제함으로써, 그들을 미래의 위험으로부터 보호할 수 있다. 또한 체벌은 자신의 행동을 성찰할 기회를 제공하며, 교사는 이를 훈계와 훈육으로 연결해서 그들의 행동을 변화시키고 미래에 긍정적인 성과를 가져올 수 있다고 확신한다. 이를 통해 아동의 잘못을 수정하게 하고, 자신의 잘못된 행동에 대해 그것이 중한 잘못이라면 지극히 제한적이지만 체벌을 받음으로써 행동에 대한 책임을 지도록 지도한다.(학생에게 금전적 배상을 요구하는 것은 교육적이지도 않고, 불가능하기 때문이다.)

우리는 역사적으로도 유구한 체벌이라는 교육 수단을 그에 대한 교육학적인 연구 없이 관습적으로, 그리고 교사 각자의 자의적인 해석과 방식으로 사용하다가 발생한 많은 체폭 사건을 마주했다. 그리고 2011년도를 지나며 모든 체벌은 교육 현장에서 그림자도 없이 사라졌다. 사실 1998년도 이후와 2002년도에 교육 당국의 체벌에 대한 전향적인 법적 근거를 확보하려는 움직임이 있었다. 하지만 초·중등교육법상에서 체벌이란 용어를 사용하지 못하는 모호함으로 인해 학교생활 규정의 예시안에 체벌에 대해 구체적인 기술을 한 노력에도 불구하고, 이를 각 학교의 장이 선택적으로 사용하도록 한 권고 수준으로 끝나 버렸다. 이에 따라 근 10년을 체벌에 대한 정의(定意)조차 제대로 마련되지 않은 채 각급 학교별, 각 교사 나름대로 체벌을 시행하는 행태가 이어졌고, 결국 체벌은 '폭력'이라는 누명을 쓰고 교육 현장에서 자취를 감췄다.

교육적으로 유용한 체벌이라는 수단을 통해 잃어버린 양 한 마리라도 더 구할 수 있는 넓은 학교가 되기 위해서, 그리고 우리나라의 교육적인 역량을 더 향상시키기 위해서 우리 교육 당국이 우선적으로 체벌의 정의와 그에 대한 절차와 방법을 앞장서서 통일해야 한다. 그래서 이 땅에 더 이상 '체폭'과 같은 불상사가 나오지 않도록, 방황하는 학생이 한 명이라도 더 생기지 않도록, 또한 무기력한 교사에게 병원 아니면 소년원이라는 참 편하고도 무서운 선택지를 강요하지 않도록, 그리고 무엇보다 회초리를 들고서라도 어두운 길을 헤매는 학생의 영혼과 맞싸워 밝고 환한 길을 가르쳐 줄 수 있도록 그 손에 교편(敎鞭)을 다시 한번 단단하게 쥐어 줘야 한다.

세상을 바꾼 교사

프리드리히 프뢰벨

프리드리히 빌헬름 아우구스트 프뢰벨
(Friedrich Wilhelm August Fröbel, 1782 ~ 1852)은
독일의 교육자이고 유아 교육의 아버지로 불린다.
유아의 마음 속에 있는 신성(神性)을 신장시키는 것을 연구하고 이를 실천적으로 적용했다.
유아교육에 해당하는 아이들을 위한 교육에 일생을 헌신했다.

프레벨은 5형제 중 막내로 태어났고
생후 9개월 만에 어머니를 여의고 고독한 유소년기를 보냈다.
4세에 생긴 계모에게 차별을 당하는 아픔을 가지고 성장했다.
그러나 그의 나이 10세 때, 외삼촌이며 성직자였던 호프만이 그의 상황을 알고,
프뢰벨을 몇 년간 돌보고 가르쳤다.
가정의 경제적인 문제로 대학을 중퇴하고, 여러 직업을 전전하다가 23세에 교사가 됐다.
그해 프뢰벨을 이베르돈에 있는 페스탈로치의 학교를 방문하고 영향을 받아,
1808년까지 거의 2년을 페스탈로치의 학교에 머물렀다. 학비 문제로 대학교를 그만둔 후,
밴 베루크의 산림국에서 서기, 측량사 조수, 귀족 농장의 회계 등 일자리를 전전하다가,
1805년 안톤 그르나의 소개로 프랑크푸르트 암 마인 모범 학교의 교사가 됐다.
그때 그의 나이는 23세였다. 학교 교사가 된 후 1805년 8월,
이베르돈에 있는 페스탈로치를 방문하고
그의 실천과 사상에 강한 영향을 받아 1808년부터 2년간 페스탈로치의 아래에서 머물렀다.

그는 자신의 학교에서 초등학교 및 김나지움의 인간 교육을
자신의 '공의 법칙'에 근거한 수업을 통해 실현하고자 했다.
≪인간의 교육≫과 ≪인간 교육의 개요≫를 저술했고, 1840년에 세계 최초의 유치원인
일반독일유치원(Der Allgemeine Deutsche Kindergarten)을 설립해
어린이 교육의 일대 혁신을 기했다.
이후 유치원 여교사 과정을 개설했으며, ≪어머니와 애무의 노래≫를 발간했다.
프뢰벨은 1845년부터 자신의 유치원 교육학 이념을 전파하기 위해 강연 여행을 다녔다.
그는 아이들의 본질과 본성을 이해하고 신과의 조화를 이루는 수동적이고 추종적인 교육을
주장했다. 또한 이를 위해 좋은 환경을 조성해야 한다고 주장했다.
독일어로 '킨더가르텐', 영어로 '킨더가든'도 결국 '어린이의 뜰'이라는 뜻으로,
어린이가 모여있는 환경을 유치원으로 인식하도록 하는 그의 사상이 반영되어 있다.

그는 인간 발달의 연속성을 주장했기에 어린이의 공감적 이해와 이에 기초를 두는 교육을
지지하고 조기교육에는 반대했다. 그는 아이는 신적 본질을 가지는 존재로서,
창조 활동을 통해 신과 인간과 자연의 합일을 느낄 수 있다고 주장했다.
이것을 위해 유아의 자발성을 중시해 '뜨개질' '그림 그리기' '종이접기'
'구슬꿰기' 등 유치원의 교육 내용이 놀이나 작업을 중심으로 해야 한다고 생각해
다양한 놀이 도구를 고안하기도 했다.

30

영국의 "체벌 부활 운동"과 체벌을 포기하지 않는 "미국의 명문 사립"

〈영국의 체벌 부활 운동〉
〈체벌을 실시하는 미국〉

이렇듯 미국이라는 나라는
성숙한 이성과 지성을 가진 시민들 스스로가
민주주의의 질서를 유지하도록 하기 위해서
교육의 역할을 담당하는 교사에게
공식적으로 체벌권을 허용하고 있는 것이다.

〈영국의 체벌 부활 운동〉

어느 교사들의 워크숍에서 들은 한 남자 교사의 발표가 마음에 여운을 남겼다. 그가 발표한 것은 '몸으로 화내기'라는 일종의 교수법이었다. 그의 발표를 듣는 순간 그 내용을 연상하니 한 편의 코미디 같기도 했지만, 동시에 실제로 교사들이 그 교수법을 사용해야 하는 상황에 처했다고 생각해보니 남자 교사의 진지함과 당시 학교 현장의 절박함에 한숨이 절로 나왔다. 체벌이 없어진 교단에서 함부로 야단을 쳤다간 정서적 학대로 고발당하는 현실이 만든 풍경이었다. 정말 생경하기 그지 없었다. 그 교사가 발표한 '몸으로 화내기'라는 교수법에 대해 기억을 더듬어 몇 가지를 전해보자면, 먼저 허리를 곧게 세우라는 것이었다. 그리고 단전에 힘을 주고 양팔을 허리에 짚는 것이 그가 제시한 두 번째 방법이었다. 그리고 한숨을 깊이 들이 내쉬고 눈을 천장에서부터 아동을 향해 천천히 내려온 뒤 마지막으로 발끝을 보라고 했다. 그리고 낮고 단호한 목소리 톤으로 '나 전달법'으로 말하라는 것이 그의 조언이었다. 그의 발표는 계속 이어졌지만, '학생들 앞에서 이렇게까지 해야 교사로 살아갈 수 있나?' 하는 자조감이 머릿속을 가득 채웠다.

어느 미혼 여성 교사가 중학교에서 첫 수업을 하는 날, 교단에서 펑펑 울었다는 이야기가 들려왔다. 사건은 이러했다. 중학교 2학년인 한 남학생이 질문이 있다고 손을 들었다. 그 반 분위기에 맞지 않게 존댓말까지 사용해서 질문을 한 학생이 기특해 말해 보라고 하니, "선생님, 첫 경험 있으세요?"라고 질문을 했다고 한다. 그 순간 현실감이 없어지고 뭔가 잘못 들은 것 같은 교사가 "뭐라고?"라고 반문을 하자, "아, 남자랑 XX요!"라며 주위의 학생들을 선동해 이것저것 말하게 하는데, 눈물이 앞을 가려 그대로 울면서 교실을 나왔다고 한다. 법적으로는 이를 성추행으로 고발할 수 있겠지만, 현실적으로 학교 소속의 교사가 학생에게 법적인 고발을 할 형편은 안 되고, 실제로 고발을 해도 중학생을 엄격하게 처벌할 것도 기대할 수 없어서 교실을 다시 들어가야 하나 한참을 망설였다고 한다. 교권이 사라진 이 시대에 그 피해자는 교사다. 그러나 최대의 피해자를 이야기한다면, 그것은 바로 학생이다.

영국은 이런 유사한 경험을 우리보다 먼저 겪었다. 1980년대부터 영국의 일부 사립 학교에서 시작했던 체벌 전면 금지는 1987년 영국 전체 공립 학교에서까지 시행됐다. 그러나 체벌금지가 전국적으로 시행되자마자 학부모들의 체벌 부활을 요구하는 목소리가 높아졌다. 그 이유는 지금의 한국의 상황과 유사한 상황이 영국에서 벌어졌기 때문이었다. 두 번이나 실시된 여론 조사에서도 응답자의 68%가 체벌의 부활을 찬성했다. 당시 토니 블레어 영국 수상도 자신의 아이들에게 몇 차례 체벌을 한 적이 있음을 말한 적이 있었고, 심지어 조지 케리 캔터베리 대주교도 '사랑의 매'는 필요하다고 역설했다. 특히, 1996년 잦은 학교 폭력으로 두 개의 학교가 폐쇄된 것을 계기로 체벌의 부활을 요구하는 목소리는 더욱 높아지고 있다.[125]

한국과 영국의 상황이 비슷하다고 단적으로 말할 수 있는 이유는, 영국 내 두 개의 학교가 학교 폭력 문제로 폐교를 단행할 만큼 교권이 무너진 영국의 학교에서 폭력이 난무했기 때문이다. 선생님의 회초리를 꺾어 버리자 학교는 불량배들의 양육강식 쟁탈전이 벌어지는 장소로 그 의미가 변질됐고, 일반 학생도 걸핏하면 학교의 불량배들에게 폭행을 당할 정도로 학교에서 폭력이 일반화됐다. 1996년도에 영국에서 약 2천 명의 초등학생이 퇴학을 당했는데, 이런 현상에 대한 원인을 전문가들은 체벌 금지 때문이라고 분석했다. 학교에서 잘못된 행동을 하는 학생에게 체벌을 내리는 대신 퇴학을 시키는 일이 반복되고 있다는 증거였다. 심지어 1996년에 영국 웨스트 요크셔에 있는 한 중학교에서는 교사들이 전교생의 10%에 해당하는 학생을 퇴학시키지 않으면 교사직을 사퇴하겠다고 농성을 벌이기도 했다. 이는 교사들이 교내 폭력과 자신들에 대한 위협은 늘어가는데 체벌마저 금지하는 조치가 내려진 이상, 문제 학생에 대한 퇴학은 불가피하다는 입장에서 시작된 것이었다. 이 사태는 정부가 개입해서 문제 학생 12명을 퇴학시키고 23명을 정학시키는 것으로 마무리됐다.[126]

체벌이 금지된 후 폭력이 학교에서 얼마나 광범위해지고 난폭해지는지에 대한

---

125) 조선일보 제23533호, 1996년 11월 4일.
126) "한국 체벌 판례의 시사점-한국, 일본, 미국의 판례분석", 교육연구 제5호 125P, 1998년.

사례가 여기 또 있다. 이 사건은 학교에서의 교권 실추, 퇴학자의 증가, 학생들의 도덕적인 타락, 학교 내 갱단의 흉포화 등이 교육계의 화두로 떠올라 영국 내에서 체벌 부활에 대한 이야기가 활발하게 진행되는 중에 일어났다. 이 시기에 교사란 직업은 학생들의 조롱과 폭력으로 인해 이직 직업 순위의 선두 그룹에 포함됐고, 우리나라의 사례와 비슷하게 학생들의 여교사에 대한 성희롱 사례들이 여기저기서 속출했다. 그리고 학생이 학생에게 매를 맞는 일이 비일비재하게 일어났다. 그러던 중, 1995년에 '필립 로렌스 교장 피살 사건'이 발생했다.

필립 로렌스 교장은 세인트 조지 학교에 근무했다. 그는 열정적이고 용감한 교사였다. 그러나 불행하게도 어느 날, 그가 근무하는 학교에 주로 필리핀계로 구성된 한 갱단이 들이닥쳤다. 갱단이라고는 하나 겨우 15살인 중학생 리코가 리더인, 우리나라로 말하면 일진 같은 아동들이었다. 이 갱단의 멤버 수는 12명이나 됐다. 1995년 12월 8일, 이 갱단은 13세 흑인 학생인 윌리엄을 처벌하기 위해 세인트 조지 학교에 쳐들어왔다. 윌리엄은 도망가다가 그 길이 차단되자 맞서 싸우려고 했지만 쇠창살로 공격을 받고 위기를 맞았다. 이것을 목격한 필립 로렌스 교장이 이를 제지하기 위해 그들에게 항의를 했고, 리코는 그런 필립 로렌스 교장을 주먹으로 가격하고 흉기로 찔렀다. 그 결과 필립 로렌스 교장이 사망하게 되는 사건이 일어났다. 그의 나이 48세였다.[127]

이 일을 계기로 그동안 체벌 금지로 인해 학교의 질서와 도덕적 수준이 떨어진 현상에 대한 지적이 본격적으로 이뤄지기 시작하면서 체벌 부활 운동이 영국 전역에 펼쳐졌다. 이때, 영국의 학교들에서 전개된 양상이 현재 우리나라와 상당 부분 일치했고, 영국 내에서 체벌 제도 부활에 대한 의견이 주도적으로 대두됐다. 영국의 시사 주간지 〈The Economist(이코노미스트)〉에서는 "악마의 자식들이 영국의 각급 학교 교실에서 마구 활개치고 있는 판국"이라고 묘사할 정도로 교육 현장의 실태는 심각했다. 아울러 영국의 〈Sunday Mail(선데이 메일)〉이 발표한 여론 조사는 우리에게도 의미가 있을 것 같아 아래와 같이 인용하겠다.

18세 이상 조사 대상자의 64%가 학교 체벌이 학생들의 기강을 바로잡고, 특히 문

---

127) "Youth gang stabs head teacher to death", BBC 〈On This Day〉, 8 December 1995.

제 학생들의 비행을 막는 가장 효과적인 방법이라고 보고 있음이 드러났다. 체벌 부활을 반대하는 견해는 남녀 전체적으로 30%로 여성이 남성보다 더 부정적이었다. 여성의 경우 찬성 59%, 반대 34%였고, 남성은 찬성 70%, 반대 26%였다. 특히 자기들이 학창 시절 맞았던 매가 그 후 자신의 인생 행로에 긍정적인 영향을 미쳤느냐는 질문에는 놀랍게도 긍정적이었다는 의견이 65%에 이르렀고, 해가 됐다는 의견은 5%에 지나지 않았다.[128]

이에 인권을 중시하는 미국과 독일, 영국에서도 현재 학생 체벌을 일부 실시한다. 보수적인 영국은 그동안 학교에서 체벌을 금지해왔으나 여러 부작용으로 2010년부터 허용하는 쪽으로 정책을 바꾸고 있는데, 로렌스 교장의 순직 사건으로 교권 회복의 필요성과 아동의 도덕적인 타락의 심각성을 겪으면서 엄격한 훈육은 교육의 필수 구성 요소라는 인식과 각성이 이뤄진 것으로 보인다. 체벌이 없던 10년 동안 체벌의 중요성을 뼈저리게 느꼈기에 가능한 일이었다고 생각한다. 학생의 잘못된 행동을 엄정히 다루는 것도 교육의 중요한 요소다. 잘못된 행동을 사소하고 유약하게만 다루면 아동에게 아무 도움도 되지 않는다. 그 이유는 아동들이 살아갈 사회 역시도 엄격한 기준에 따라 그 책임이 분명한 곳이기 때문이다.

〈체벌을 실시하는 미국〉

1980년대에 미국에 유학을 갔던 우리나라의 학생들은 미국의 존 듀이의 교육 철학에 지대한 영향을 받았다. 그런 그들이 교육학자로 한국에 귀국한 후 대학에 대거 뿌리를 내리면서 우리나라 교육계에 거대한 지각 변동을 일으켰다. 이들이 성장했던 60-70년대에 우리나라의 교육이라는 것은 식민지 잔재의 주입식 교육뿐이었기 때문에, 이들이 미국이라는 신세계에서 경험한 존 듀이의 진보적인 교육 이론은 오아시스의 생명수와 다름없었다. 존 듀이의 경험 중심의 교육관은 학생이 직접 행동함으로써 배우는 것을 표방하고, 여러 시도와 경험을 통한 상호 관계 안에서 성립되는 반성적 사고를 통해 구축하는 실제적인 배움을 추구한다. 이런 존 듀이의 교육관은 그들이 한국에서 경험했던 교육의 패러다임을 완전히 뒤집어 버리

---

128) "영국, 학교 체벌 부활 놓고 대공방", 시사저널, 1996.11.28.

는 대사건이었다. 이들의 학구열과 선구자적인 애국심은 당연히 교육학이라고 할 것도 없는 불모지나 다름없던 한국 교육계에서의 대변혁을 꿈꾸게 했고, 이들의 많은 수가 대학에 하나둘 뿌리를 내리면서 한국의 교육계는 1990년대 이후로 존 듀이가 점령을 했다고 해도 과언이 아닐 정도로 바뀌기 시작했다.

존 듀이의 진보주의 교육관 안에서 가장 중요한 한 단어를 선택한다면, 그것은 당연히 '경험'이다. 그리고 이 경험을 교육적으로 인식하고 활용하기 위해서는 '상호작용적 구성주의'를 이해해야 한다. 유기체가 자신의 필요에 따라 스스로를 끊임없이 재구성하는 것과 같은 '계속성의 원리'와, 모든 유기체가 주변 환경과의 통합을 이루며 역동적인 상호작용을 하는 의사소통인 '상호작용의 원리'를 합해 '상호작용적 구성'이라고 한다. 따라서, 존 듀이에게 교육은 경험의 의미와 경험의 방향성을 잡아주는 일종의 재구성 작업이었다. 또한 유기체가 환경과의 역동적인 상호작용을 항시적으로 하는 것을 삶이라고 생각했고, 인간에게 있어서 가장 중요한 역동적인 상호작용을 '의사소통'이라고 생각했다. 이를 통해 인간은 경험의 질을 높일 수 있고, 질적 성취감도 충족할 수 있다고 생각했다.

그러므로 존 듀이는 교육에 있어서 학생의 상태와 교과 사이에 함축되어 있는 가치들을 의사소통, 즉, 상호작용을 통해 학생 스스로 재구성할 수 있는 습관을 키울 수 있도록 하는 것이 좋은 교육이며, 정답만을 가르치는 암기 위주의 주입식 교육은 죽은 교육이라고 말했다. 따라서 존 듀이에게는 경험을 통해 문제 해결을 탐색하고, 질문과 피드백을 통해 이뤄지는 수업이 방법론적으로 당연한 교육 방식이었다. 이런 교육을 유지하기 위해서 규율과 억압, 과업과 책임보다는 학생의 자율과 자유, 그리고 능동적이며 자기 주도적인 역할이 더 중요하다고 강조했다. 그러므로 교사의 역할은 축소됐고, 이런 교육 과정에서 체벌과 같은 제도는 필요하지 않은 부분으로 여겨졌다.

반면, 한국의 교육은 교사의 지시에 따라 반복적으로 성실하게 연습하는 것을 학생의 마땅한 역할로 보는 주입식 교육이었다. 그러니 교사가 교육 과정의 중심에 서서 지도에 따르지 못하는 학생에게 훈육과 훈계를 통해 교육의 성취도를 높였다. 이런 형태의 교육은 존 듀이의 사상에 영향을 받은 교육학자들에게는 구태의연한 악습이고 폐습으로만 받아들여졌다.

주입식 교육에 반기를 들고 학생의 능동적 역할에 중점을 둔 존 듀이의 관점은 올바른 것이었지만, 그 교육의 모습이 극단적인 양상으로 치달으며 문제가 발생했다. 존 듀이의 영향을 받은 문제 기반 학습, 질문 기반 학습, 순수 발견(Pure Discovery), 또는 최소 지도(Minimal Guidance)와 같은 교육 방식의 가장 큰 문제는 교육에 있어서 교사의 역할을 극단적으로 축소시켰다는 점이다. 이들은 거의 강박적으로 학생들의 직접적인 체험에서 비롯된 교육을 강조했으며, 체험 학습, 발견 학습, 토론 학습에 지나치게 치중했다. 존 듀이로서는 전혀 예상하지 못한 결과였겠지만, 미국 내에 교사 경시의 풍조가 광범위하게 유포된 데에는 분명 그가 내세운 교육관이 지대한 영향을 끼쳤을 것이라고 필자는 생각한다.

아울러 필자는 미국에서 계산기가 고장 난 슈퍼마켓에서 직원이 간단한 계산을 하는 데 거의 십여 분이 소요된 것을 직접 체험한 적이 있다. 실제로 중학교를 입학한 딸에게 학교에서 공대생 전용 계산기가 지급됐고, 딸의 친구 중 구구단을 하는 유일한 아동은 한국에서 유학 온 필자의 딸뿐이었다는 사실에 충격을 받았다. 수학의 계산법은 주입식이고 계산기의 사용법은 고매한 철학인지 존 듀이에게 묻고 싶다. 존 듀이의 교육 철학은 주입식 교육이라는 전통적인 교육의 장점을 무시했다. 그 결과, 존 듀이의 영향을 가장 많이 받은 단체 중 하나인 전미 수학교사 평의회가 2006년 "기본은 가르쳐야 한다."고 입장을 바꿨다. 존 듀이의 교육 철학은 화려했으나 학생 중심 이전에 이론적으로, 그리고 실증적으로도 실패한 교육법이다. 요즘의 학생들은 오히려 존 듀이의 영향을 받아서 오만해진 것 같다.

존 듀이의 영향을 받은 미국의 교육 현실에 둔감했던 미국 유학파 교육학자들은 당시 한국의 주입식 교육을 암기 위주의 정답만을 가르쳐주는 미개한 수업인 것처럼 비판하고는 했다. 물론, 주입식의 폐단이 두드러진 부분이 있는 것은 사실이었다. 그렇다고 일방적으로 매도당하고 폐기될 수준은 더더욱 아니었다. 그러나 막 귀국한 교육학자들이 소개한 존 듀이의 교육법은 할리우드식으로 미국을 소개하는 것처럼 우리나라의 교육적 상황에 전혀 맞지 않는 부분도 있었다. 그렇게 교육적인 통찰에서 나온 것이 아닌, 그저 유행에 따른 구호로만 존재하는 교육이 우리나라 교육계에서 판을 치기 시작했다.

존 듀이의 치밀한 이론적인 배경을 가지고 마치 신앙처럼 설파됐던 진보주의 또는 구성주의(Constructivism)는 입시 위주의 주입식 교육만이 존재했던 우리나라의 교육계를 수년 만에 점령했다. 각종 매스컴에서도 우리나라의 부족한 점은 구태의연한 주입식 교육 탓이라고 하면서, 교육에 있어서 훈육이나 훈계의 필요성을 거론하면 무식한 꼰대 교사와 퇴물 교사 취급을 당했다. 이런 상황 가운데 특히 피라미드식의 구조를 가지고 있는 우리나라의 교육 구조상, 이 교육관에 몇몇 교육부 관리나 교육감 정도만 영향을 받으면 교육의 판이 전부 뒤집어질 수 있는 상황이었다. 세계의 정치, 경제, 문화를 주도하는 인권 중심의 미국에서 공부한 교육학자들이 설파한 존 듀이의 이론은 피부에 와닿지 않는 부분도 있었지만, 일선의 교사들은 교육학 박사들의 화려한 설교와 방불한 존 듀이의 이론에 주눅들 수밖에 없었다. 학부모인 대중들은 열린 교육, 학생 중심의 교육, 수요자 중심의 학습, 체험 학습, 질문 기반 학습 등등의 생경한 신조어에도 불구하고, 아무 고민 없이 미국의 존 듀이의 이론이라는 말만 들으면 박수를 치면서 우리 아동들 모두가 천재가 될 것이라는 환상을 품었다.

그런 와중에 다행히도 한국은 수능이라는 입시 제도 덕분에 존 듀이식의 교육이 그대로 적용되기에는 무리인 부분이 있어서 일부분만 수용되는 것으로 그쳤다. 우리나라 공교육의 현장에서는 수능과 기초 학력 충족이라는 선을 기준으로 존 듀이의 학생 중심 교육 과정의 영향력이 약화된 부분이 있었던 것이다. 그럼에도 불구하고 전반적인 학교의 분위기는 이기적인 학부모가 학생 중심의 교육 과정을 빌미로 학교 당국과 교사에게 부당한 요구와 간섭을 하는 것을 허용했고, 점차 이런 학부모들에 의해 주도되기 시작했다. 또한 존 듀이의 교육적 환상이 몇몇 정치적 교육감들로 인해 포퓰리즘으로 둔갑되면서 더욱 자유롭게 발산되기 시작했다. 이윽고 모든 학생에 대한 통제와 규율은 억압으로 둔갑했고, 더 나아가 일탈하는 학생들에게 있어 최후의 보루와 같은 교육적 역할을 해야 할 체벌을 야만적 폭력으로 매도해 체벌 전면 금지를 시행했다. 그리고 얼마 지나지 않아 체벌 전면 금지를 통해 벌어질 것으로 예상됐던 부작용이 그대로 나타났다. 폭력적인 성향의 아동을 통제할 수 없게 되자 학교 폭력이 증가하기 시작한 것이다. 더욱 심각한 것은 아동들이 일으키는 사건들의 상상을 초월할 정도의 잔혹성과 엽기성이었다. 폭력의 양상은 교사들을 향해서도 나타났다. 과거에도 없지는 않았지만 현재는 완전히 일반화된 수준으로, 학생이 교사를 조롱하고 모욕하는 것은 흔한 일이고, 심지어 직접적인 신체적 폭행도 자주 발생했다. 아울러 음주와 흡연은 교사들이 관여하기조차 힘든 영역이 됐다. 그 이유는 학생에게 어떤 보복을 당할지 몰라서였으며, 무엇보다 교사에게 이를 제지할 힘과 근거가 사라져 버렸기 때문이었다. 교사들에게는 못 본 척하는 것이 최선이 됐다. 교실 어디에선가는 이제 학교는 일진이 지배하는 곳이 되어 버렸다는 말도 들려왔다.

이런 과정은 아이러니하게도 미국에서도 그대로 나타났다. 정확하게 말하면 우리보다 이런 과정을 먼저 겪었던 것이 바로 미국이었다. 수용자 중심의 교육과 자유주의적인 진보 교육관이 미국의 교육계에 영향력을 발휘하면서 우리가 현재 겪고 있는 문제들이 일찍이 일어나기 시작했던 것이다.(물론 다양한 교육적인 경로와 사회로 진출하는 여러 가지 방식을 가진 미국과 입시라는 단일한 통로를 가진 우리나라의 교육을 평면적으로 비교하기에는 무리가 있는 부분이 있지만, 그럼에도 불구하고 분명 의미 있는 공통점이 존재한다.)

이런 존 듀이의 진보주의 교육이 미국에 보급되고 절정에 이르렀을 때쯤, 학생들의 성관념에도 이런 교육의 영향이 나타나면서 학교에서 학생들에 의한 성(性)적 표현이 노골적으로 이뤄지기 시작했다. 그러나 이를 제지할 수 있는 교사는 아무도 없었다. 이런 풍조에 따라 중학교와 고등학교에서는 임신과 낙태가 흔한 문제로 떠올랐고, 성교육은 일부 보수적인 주를 제외하고는 임신을 막는 교육으로 변질되어 버렸다.

미국의 중, 고등학교에서 일어난 또 다른 심각한 현상은 마약의 문제였다. 학교 화장실에서 대마를 하다가 자퇴하거나 퇴학당하는 학생이 기하급수적으로 늘어났다. 심지어 현재는 학생들을 중심으로 마약 밀거래가 이뤄지고 있는 교육 현실이다. 학교 경찰 제도도 사실상 교사의 권위가 무너지면서 생긴 제도에 불과했고, 이의 부작용도 만만치 않아 학교 경찰 제도를 포기하는 교육구도 늘어나고 있다. 현재 미국은 사명감으로 무장한 교사들을 허수아비로 만든 과오에 대한 결과에 직면하고 있는 것이다.

진보 교육의 자유주의적인 면이 좋은 쪽으로 발휘되면 창의적인 교육의 열매를 맺지만, 이것이 나쁘게 발동되면 냉혹한 이기주의와 방임주의로 인해 학교 공동체가 급격히 약화되는 결과를 초래한다. 이런 현상은 학교에 따라 그 차이가 분명해진다. 경제력을 배경으로 우수한 학교에서 뛰어난 학업 성과를 내면 이들은 미국 사회의 온갖 혜택을 다 누리고 아이비리그를 장악한다. 뛰어난 학생을 배출한 학교는 당연히 그만큼 명성이 높아지고, 높은 지위에 올라간 영향력 있는 졸업생들에 의해 여러 이점을 얻는다. 그렇기 때문에 대부분의 부유한 사립 학교에는 오히려 체벌이 있고(미국의 공립 학교와 달리 50개 주에서 48개 주가 사립 학교에서는 체벌을 허용한다. 이는 체벌의 교육적인 의미와 효과를 명문 사립 학교의 구성원들이 잘 이해하기 때문이라고 생각한다.), 교칙 면에서도 엄격하게 학교를 운영한다. 그러나 경제적인 배경이 약한 지역의 공립 학교에서 교사들은 여전히 여러 제약에 묶여 있고, 교육의 수단과 방법이 없는 가운데서 교실의 분위기는 당연히 방치와 방임주의로 가득한 채 악순환만 계속되고 있다. 이런 지역적, 계층적인 편차는 앞으로 미국의 큰 숙제가 될 것이다.

미 교육부 산하 국립교육통계센터와 미 법무부 산하 법통계국(Bureau of Justice Statitsics)의 보고에 따르면, 학교 폭력으로 인한 사망 사건은 한 해 약 30-60건이 발생하고 있다. 2008년 12-18세 학생 약 1천 2백만 명의 학생이 학교 내에서 범죄 피해를 경험했으며, 이 중 619,000명은 절도, 629,800명은 폭력 범죄를 경험했다.[129]

이 통계는 미국의 학교에서 폭력이 얼마나 일반화되어 있는지를 알려주는 중요한 의미를 지닌다. 더 큰 문제는 영국의 예와 한국의 현재처럼, 미국의 교사에게 이런 폭력 사건을 해결할 수 있는 능력이 없다는 것이다. 학교에서 일어난 폭력 사건은 당연히 학교 경찰이 개입하고, 다음으로는 법의 시스템에 의해 감옥으로 보낸다는 처리 과정이 미국 학교에서는 일상이 되어 버렸다. 이런 현상이 얼마나 심각한지 현재 미국에서는 'SPP', 'SPL', 'SPN'이라는 말이 유행이라고 한다. 'SPP'는 'The school to prison pipeline'라는 뜻이고, 'SPL', 'SPN'은 각각 'The school to prison link', 'The school to prison nexus'란 뜻이다. 남의 나라 이야기가 아니다. 우리나라도 이런 다른 나라의 전례를 보면서, 서둘러 이제까지 잘못 시행됐던 학생 중심의 '기울어진 운동장'을 시급히 개선해 체폭을 모두 뿌리 뽑아 올바른 체벌을 교육적으로 활용해야 한다.

그러나 일반인들이 생각하는 것과 달리, 존 듀이의 본고장인 미국의 공립 학교에

---

129) "Indicator of School Crime and Safety", U.S Department of Education, 2011. U.S Department of Justice office of Justice Programs, 2010

서 체벌을 시행하는 주는 2021년 기준, 50개 주 중에서 19개 주다. 존 듀이의 고장이기도 하고 아동인권하면 벌벌 떠는 미국에 체벌이 있다는 사실을 믿지 못하는 이들도 있지만, 미국의 50개 주 중에서 미국의 경우 워싱턴 DC를 비롯한 31개 주가 공립 학교 내 체벌을 금지하고 있는 반면, 미시시피, 텍사스, 앨라배마, 아칸소, 조지아, 오클라호마, 루이지애나 등의 19개 주는 공립 학교 내 체벌을 교내 징계 수단으로 정식 인정하고 있다. 허용되는 체벌 도구와 체벌 강도 등은 주마다 약간씩 차이가 있지만, 여기서 주목할 것은 사립 학교의 경우, 뉴저지와 아이오와 2개 주를 제외한 48개 주에서 모두 교내 체벌이 자유화되어 있다는 점이다. 최근에도 루이지애나주에서는 공립 학교 내 패들링(Paddling: 노처럼 생긴 막대기로 때리기) 및 기타 형태의 체벌을 전면 금지하는 법안이 상정됐으나, 주 하원 표결에서는 최종 부결됐다. 미국의 명문 사립 학교가 아직은 살아있다. 그리고 이들이 교육 현장의 위기감을 느꼈기 때문에 미국 내 체벌 분위기를 주도하는 것 같았다.

필자가 미국에서 만난 고학력의 지도층 인사는 대부분 체벌의 필요성에 대해 광범위한 지지를 하는 분위기였다. 그들의 이야기를 들어보니, 미국의 일반 대중도 대부분 이들의 의견에 동의할 것이라고 말했다. 이는 전장(前章)에서도 언급했듯이, 전통적인 청교도적인 사상과 개척 시대를 거쳐오면서 성립된 체벌 문화, 그리고 이민 국가로서 다양한 인종이 살아간다는 특징을 가진 미국에 민주적인 질서가 특별히 더 요구되기 때문이라고 생각한다. 이는 여러 주의 교육법에서도 확인할 수 있는데, 예를 들면, 버지니아주의 학교 교육법에도 "질서와 규율을 유지하기 위해 공립 학교 및 주에 의해 유지되는 학교의 교장이나 교사는 그에게 부여된 권한에 의해서 학생들에게 적합한 체벌을 가할 수 있다."고 규정하고 있다. 이렇듯 미국이라는 나라는 성숙한 이성과 지성을 가진 시민들 스스로가 민주주의의 질서를 유지하도록 하기 위해서 교육의 역할을 담당하는 교사에게 공식적으로 체벌권을 허용하고 있는 것이다.

수많은 시행착오를 거쳐 인권에 대한 관심과 노력을 기울이기로 소문난 미국, 더 나아가 존 듀이의 진보 교육이 한 시대를 풍미했던 미국에서 여전히 체벌을 교육적 자산과 수단으로 유지하는 수많은 명문 사학의 교육적 노하우에는 반드시 그만한 이유가 있다. 우리도 이를 간과해서는 안 될 것이다.

심리학자인 Michael Siegal(미카엘 시갈)과 Jan Cowen(잔 코웬)의 주장을 여기에 실어본다. 그들의 주장에서 훈육 전략은 4가지가 있다. 그중 아동에게 합리적 설명을 하는 귀납법 다음으로 아동들이 가장 선호하는 훈육법이 바로 직접 체벌을 하는 신체적 처벌법이다. 물론 아동은 자신의 잘못에 대해 훈육자가 말로 설명하고 수정할 수 있는 방식을 제안하는 것을 더 좋아하지만, 비록 아동이라 하더라도 이런 것이 스스로 잘 안 될 때는 체벌이나 특권을 박탈하는 방식도 수용할 수 있다는 것이다. 즉, 아동들은 강압적인 방식이라도 훈육자가 제안하는 바른 행동을 옳다고 여길 때, 이 모든 훈육을 올바른 성인의 역할로 받아들인다는 뜻이다.[130]

---

130) Michael Siegal and Jan Cowen, "Appraisals of Intervention: The Mother`s versus the Culprit`s Behavior as Determinants of Children`s Evaluations of Discipline Techniques", Child Development no 5, 1760-1766, 1984.

세상을 바꾼 교사

요한 하인리히 페스탈로치

요한 하인리히 페스탈로치(Johann Heinrich Pestalozzi, 1746-1827)는
스위스의 교육자이자 사상가이다.
고아들의 아버지였고, 어린이의 교육에 있어 사랑을 실천한 교사이자 교육학자이다.
19세기 이전에 어린이를 하나의 인격체로 여긴 것은 당시로서는 파격적인 행동이었다.
의사인 아버지와 목사인 아버지의 사랑 가운데서
사회적인 약자에 대한 관심과 배려를 실천하는 가정에서 성장했다.
특히 그의 어머니는 고아원을 위한 여러 사역을 했다.

그는 자신의 불우한 유년시절을 기억해, 노이호프에 20여 명의 어린이들과
낮에는 농사로 밤에는 공부를 하는 주경야독의 공동야학을 열었으나 실패했다.
그 후 프랑스 혁명으로 고아 문제가 대두되기 시작하자 페스탈로치가 다시 주목을 받아,
고아 원장과 학교를 건립하여 교육사에 길이 남을 업적을 쌓았다.
그가 세운 이베르동 학교는 너무 유명해져 교육적인 초심을 유지하기 어렵다고 판단한 그는
따로 학교를 건립해 교사로서의 길을 일탈하지 않은 일화로도 유명하다.
20세기 신교육에 기초를 다진 그는
오늘날 교육의 아버지라 불리는 헤르바르트에게도 상당한 영향력을 끼친 교육 실천가였다.

그의 교육사상은 교육을 통한 인간의 자연적 본성을 조화롭게 발전시키는 것이다,
또한 지적능력, 기술적 능력, 도덕적 능력을 향상시키는 것이고,
이를 통해 인격을 연마하고 이를 사회의 개혁까지 이루는 것이다.
이것이 바로 그의 삼육론인데 머리, 가슴, 손을 조화롭게 성장시켜
바람직한 인간상을 형성하는 것이다.
이외에도 삼단층론, 모성교육도 그가 역설한 부분이다.

1827년 81세를 일기로 타계할 때까지 《은자의 황혼》(1780년),
《린하르트와 게르트루트》(1781년-1787년) 등의 저서를 남겼다.
특히 《린하르트와 게르트루트》라는 농민소설에서는,
본서에서도 교육 셀에서 시행할 것을 주장한 노작교육의 중요성을 강조했다.
그는 어린이는 작은 어른이 아니며,
고유의 세계가 있는 인격체로 보아야 할 것을 당부하였다.

31

종교에서의 체벌

〈꽃으로도 아이를 때리지 말라〉
〈유교에서의 체벌〉
〈불교에서의 체벌〉
〈사랑의 기독교에서의 체벌〉

이스라엘의
역사와 문화를 이해하면, 웬만한 물건은
다 가죽끈으로 묶었을 것이라고 쉽게 상상할 수 있다.
이런 가죽끈을 몇 개 합하면 교육용으로써의
채찍으로 사용할 수도 있었을 것이다.
우리로 말하면 어디서나 쉽게 구할 수 있는
싸리나무 회초리인 셈이다.
즉, 가혹하고 잔인한 매질의 도구가 전혀 아니다.
이러니 "아동들에게 채찍을 금하지 마라."를
대한민국식으로 해석한다면
"아동들에게 회초리를 아끼지 마라."는
뜻이 되는 것이다.

〈꽃으로도 아이를 때리지 말라〉

　〈꽃으로도 아이를 때리지 말라〉는 책으로 유명한 프란시스코 페레의 주장에 필자는 동의한다. 꽃이라도 물리량이 있기에 그것은 폭력이 될 수 있기 때문이다. 책 제목을 통한 페레의 주장을 필자가 진지하게 받아들이지 않는다는 오해는 없었으면 한다. 페레의 표현에는 명백히 세 가지의 오류가 있다. 첫 번째로, 때린다는 것이 체벌을 의미한다면 그것은 잘못된 표현이기 때문이다. 앞서 이야기했듯이, 체벌은 때리는 행위, 즉, '폭력'이 절대 아니다. 두 단어는 전혀 다른 영역에서 사용돼야 할 단어다. 그러나 그의 잘못된 표현은 백번 이해가 된다. 왜냐하면 페레의 시대에는 체벌이 사실상 가혹한 폭력이었기 때문이다. 아마도 그렇기 때문에 페레는 때리는 것을 체벌의 동의어로 사용했을 것이다. 두 번째로, 페레의 책 제목에는 행위에 대한 목적이 부재하고 있다. 때린다는 행위는 그 목적에 따라 범죄 행위인 '폭력'이 될 수도 있고, 정반대로 선한 영향력을 끼치는 교육 수단인 '체벌'이 될 수 있기 때문이다. 따라서 체벌을 반대하는 많은 사람들이 자주 인용한 '꽃으로도 아이를 때리지 말라'는 그의 주장은 불명확하기 때문에 현대에 교육적으로 적용되기 어렵다. 세 번째로 페레의 주장인 '때리지 말라'가 체벌을 의미한다면, 그건 정말 옳은 말이다. 꽃은 체벌 도구로 적절하지 않기 때문이다. 이는 학생들에게 교육적인 엄정함을 나타내는 체벌을 할 때 교사의 교육적 행위를 오해하도록 만들 수 있기 때문이다.

　프란시스코 페레와 함께 페레의 영향을 받은 사람으로 자주 거론되는 인물은, 자유주의 교육의 실천가로 유명한 알렉산더 서덜랜드 닐이다. 이들의 삶을 이야기하기 위해서는 자유주의 교육을 이야기하는 것이 순서일 것으로 보인다. 자유주의 교육은 개인에 대한 '구속 없는 상태'에서 인간의 개성과 자유를 존중해 다양성과 선택의 가치를 중시하는 교육이다. 루소의 에밀에서 주장하는 자연주의 교육을 배경으로 아동 인격의 독자성과 능력의 자유로운 발전을 도모하던 교육이었다. 주지주의의 반동으로 19세기 후반에 등장했기에 아동 스스로의 개성적인 활동을 보장한 교육으로 주목을 받았고, 놀이를 통한 교육으로 유명한 마리아 몬테소리도 그 중의 한 명이다.

그러나 자유주의 교육 실천의 선구자로 여겨도 될 페레의 주장을 이해하려면, 그가 살던 시대에 주목할 필요가 있다. 학교의 교육이 국가에 필요한 인적 자원의 생산 기지 정도로 여겨졌던 근대 시민 사회 또는 산업 혁명의 진입 시기에 권력에 무조건적인 복종을 요구하던 교육과, 맹목적 지식의 습득만을 강제하는 교육에 반기를 든 것이다. 특히, 그에게 영향을 준 고드윈은 아나키스트(무정부주의자)였고, 그에 따라 페레도 넓은 의미의 아나키즘을 가지고 있었다. 그가 활동했던 19세기의 스페인은 교육이라는 것이 가톨릭의 종교적인 지식을 기계적으로 암송하는 것이었고, 이는 잔혹한 매질이 동반되며 이뤄졌다. 이에 대한 당연한 반발로 그가 세운 모던스쿨이 선구적으로 건립되었으나, 종교와 정부는 이를 반역 행위라고 생각했다. 교육의 국가화에 반대했다는 이유로 페레는 '군사반란 배후'라는 죄명으로 총살을 당했다. 이로 인해, 아동에게 자율성과 개성을 존중하던 그의 교육적인 위대한 시도는 모던스쿨과 함께 끝나버렸다.

그의 교육에 대한 실천적인 주장 중 하나인 '징벌이나 체벌은 일체 부정된다.'는 당시로서는 백번 옳은 생각이었다. 왜냐하면 페레가 당시에 목격한 체벌은 본서 23장부터 누누이 설명한 대로, 실제로는 잔혹한 폭력이었기 때문이다. 페레의 말처럼 때리는 것, 그 자체였다. 그러므로 '꽃으로도 아이를 때리지 말라'는 말을 사용할 때 우리는 반드시 그 말의 역사성을 이해하고 새겨야 한다.

앞서 언급했던 것처럼, 페레의 영향을 가장 많이 받은 사람 중 한 명이 알렉산더 서덜랜드 닐이다. 그는 서머힐을 설립한 교육자다. 1921년 설립된 서머힐 학교는 너무나 유명해서 우리나라에서는 대안 교육을 이야기할 때 거론되지 않은 적이 없을 정도로 유명세를 탔다. 아동의 본성을 신뢰하고, 행복과 자율을 추구하는 그의 학교는 외부에서 일방적으로 가해지는 일체의 지시와 훈육을 거부하고, 스스로의 느낌, 생각, 요구, 공부, 놀이를 하도록 학생들에게 모든 것을 직접 맡겼다. 심지어 성에 관한 것도 프로이트의 심리 성적(性的) 발달 이론(너무나 유명한 이야기지만 프로이트가 이런 실험을 할 때 선정한 대상자는 소수의 정신 질환자로, 프로이트의 발달 이론은 이 실험에 기초해 설립된 것이다.)에 기초해 아동들에게 맡겼고, 그 결과는 말하지 않아도 우리가 상상할 수 있는 이상의 것들이었다. 그들의 교육 목표는 행복이었다. 그러나 그것은 교육적 아나키즘에 지나지 않는다고 필자는 확신한다. 서머힐이 모든 것을 학생들에게 맡긴 결과가 그것을 말해준다. 서머힐 졸업생들의 사회적인 역할을 보면 그들 스스로는 행복할지 모르겠으나, 그들 대부분은 주변을 행복하게 만들지는 못했다. 통계를 인용할 필요도 없을 정도로 그들이 추구했던 행복이라는 가치는 모호하고 무책임하고 편협된 부분이 많다는 것이 필자의 생각이다. 아마도 우리나라의 평균적인 학부모의 기준으로 서머힐을 본다면 그 참혹한 결과에 좌절할 것이다. 이런 실제 사례를 적으라고 한다면, 책을 한 권 더 서술하고도 남을 만큼 충격적이고 놀라운 이야기들이 서머힐과 서머힐 학교의 교육을 추종했던 국내의 많은 학교에 지금도 생생하게 존재한다.

서머힐의 실패는 아동에 대한 과대평가와 전통 사회에 대한 악의적 편견, 그리고 어리숙하게도 프로이트를 맹신한 데 있다고 단언한다. 아직은 미숙하고 사회적인 인격체로 더 성장해야 할 아동을 완전체로 잘못 파악했다. 닐은 아동은 어른의 축소판이 아니기 때문에 존중받아야 한다는 루소의 말을 신봉한 것 같다. 아동이 어른의 축소판이 아닌 것은 맞다. 그래서 더 존중해야 한다는 말은 분명 옳지만, 그렇다고 아동이 뭘 하든 존중받고 존경받을 만큼 성숙한 인격을 가진 어른이라는 것은 절대 아니다. 닐은 이런 점에서 교육적인 몽상가였으며, 또한 루소의 말을 듣기만 했지 루소가 실제로 어떤 삶을 살았는지에 대해서는 간과했다. 천재적 이론가라고 그 이론을 다 실천하는 것은 아니다. 루소 자체도 자기 자녀를 고아원에 맡길 정도로 교육적 애정이 없는 패륜적인 아버지였는데, 닐은 이를 간과하고 만 것이다.

학생의 성장을 위한 사랑의 체벌이 필요 없다고 한 그들은 거름만 준 사과 농장의 농부처럼 그들의 학생들을 웃자라도록 만들었다. 사과나무를 모진 폭풍우에도 견디게 하려면 때로는 전지도 해야 하고 버팀목에 붙들어 주기도 해야 한다. 과연 이것이 농부의 폭력이고 사과나무의 자유를 박탈한 것이라고 할 수 있을까? 그렇다고 대답한다면, 그들이 말한 루소의 자연주의 교육과 실천의 노력은 전부 다 허풍이고 헛될 뿐이다.

〈유교에서의 체벌〉

전통 사회의 교육에서 절대 간과할 수 없는 사회적인 강력한 시스템을 말하라고 한다면, 단연 종교다. 종교에는 문화적으로 또는 사회적으로 인류의 지혜가 응축된 최고의 가르침이 들어있다. 그래서 종교다. 이런 종교를 통해서 체벌의 문화를 바라보는 것도 의미가 있다고 생각한다. 체벌에 대해 논하는 와중에 절대적인 신비한 존재를 믿는 신앙의 영역을 이야기하려는 것이 결코 아니다. 세계의 어느 종교도 사랑과 자비, 진리와 정의(올바름)를 이야기하지 않는 종교는 없다. 그런데 인류의 역사에 큰 영향력을 발휘한 4대 종교를 보면 그 문화에 따라 강약의 차이는 있지만 모두 체벌을 허용하고 있다. 세계 4대 종교는 우리가 모두 알듯이, 인류의 역사를 관통하며 그 기원부터 현재까지 최소한 3,000년 이상 동안 검증된 지혜의 산물이다. 프로이트 같은 학자의 기만과 상상력을 기반으로 해 백여 년의 검증으로도 그 허구성이 드러나 버린 가설에 불과한 이론과 이를 기반으로 하는 편집적인 연구 결과와는 차원이 다른 지혜다.

예를 들어, 인(仁)이라는 것이 결국은 사람을 사랑하는 것임을 설파한 공자와, 측은지심(惻隱之心)이 인간 누구에게나 있는 본성과 같은 것이라고 주장한 맹자의 가르침을 받드는 유교에서는 체벌의 전통이 유지됐다. 이는 체벌 속에 인(仁) 또는 측은지심(惻隱之心)에 반하지 않는 실제적인 가치가 존재하기 때문이다. 사서오경(四書五經) 중의 하나로 유교의 생활을 규율하는 예법 이론과 실제를 풀이한 경전인 〈예기(禮記)〉의 학기(學記) 5절에 보면 "하초이물, 수기위야(夏楚二物 收其威也)"라는 문구가 나온다. 학기(學記)는 교육 전반에 대한 강령을 설명하면서 "하(夏), 싸리나무 회초리와 초(楚), 가시나무 회초리 두 개는 모두 교육의 권위를 유지하기 위한 것"이라고 강조하고 있다. 이런 영향으로 인과 예를 중시하는 유교의 교육 바탕에서도 체벌은 중요한 교육적 수단으로 사용됐고, 이를 오남용한 폐단이 있었어도 그 중요성을 알기 때문에 교육 수단으로써 체벌을 계속 사용한 결과, 이를 통한 교육적인 성과를 여럿 증명하고 있다.

북송의 명재상 사마광은 "자식을 가르치지 않음은 아비의 허물이오, 가르침이 엄하지 않다면 스승의 게으름이다.(養子不教父之過, 訓導不嚴師之惰)"라고 말했다. 이런 가르침이 수천 년의 역사를 따라 우리에게도 큰 영향을 끼쳤음은 자명하다. 성리학이 국가의 통치 이념이었던 조선에서는 학생이 가져간 회초리가 사용되지 않으면 오히려 부모가 서운했을 정도였고, 조선의 최고 교육 기관인 성균관에서도 엄격한 체벌이 실시됐다. 성균관의 학령(學令), 즉, 지금의 용어로 학칙에는 체벌 조항이 다수 포함되어 있었다. 따라서, 과거에 급제한 수재들의 노력을 말할 때, 삼십절초(三十切草)니 오십절초(五十切草)니 하는 말은 그 공부를 하는 데 사용된 회초리가 꺾인 개수를 말하는 것이었다. 그러나 어느 시대 어느 사회나 그렇듯이, 좋은 규칙을 잘못 악용하는 폐습은 조선의 체벌 문화에서도 예외가 아니었다. 그러나 이런 악습 속에서도 교육의 본질에 투철해 체벌을 선용한 위대한 스승들이 있었기 때문에 우리의 역사에 이순신, 이율곡, 이황, 이원익, 유성룡 같은 분들을 비롯한 수많은 위인들이 탄생할 수 있었던 것이다. "체벌이 폭력이고 체벌의 부정적인 영향은 아동들을 거의 정신 질환자로 만든다."는 심리학자들의 단순 논리는 중단되어야 마땅하다. 조악한 선동에 지나지 않은 이런 악의적인 구호(malicious slogan)들이 체벌에 대한 교육적인 깊은 연구를 하지 못하게 만드는 것이다. 조선 시대를 거치면서 성리학 융성기의 절정에서 수학(修學)했던 이 위인들도 모두 체벌을 받았고, 또한 체벌을 하셨음이 틀림없다. 이에 대한 방증(傍證)으로 율곡 이이 선생의 〈학교모범(學校模範)〉에 보면, "여러 사람이 다 아는 바로 질병이 있거나 시골에 갔거나 기일을 당한 외에 사고를 핑계하고 참석하지 않는 자에 대해서는 두 번이면 1개월 동안 출좌(出坐)하고(요즘 말로, 정학 처분이다.), 그래도 오지 않으면 사장(師長)에게 고해 체벌을 의논한다."라고 기록되어 있다.(성균관에서는 그 학령과 함께 체벌에 대한 규정이 상당히 명확하게 시스템화되어 있다./〈학교모범〉에서 드러나 체벌의 시행에 있어 그 규정의 일면을 보면, 율곡의 체벌에 대한 범주는 필자가 역설했듯이 '일정한 잘못'과 체벌 전 유예 조치를 적시해서 명확한 체벌의 기준을 드러내고 있다.) 조선 시대에 행해진 체벌의 긍정적인 효과와 그 규범을 찾으려면 얼마든지 그 기록을 찾을 수 있지만, 그것은 이번 장에서 우리가 목표하는 바가 아니기 때문에 다루지 않겠다.

　여기에서 우리가 주목해야 할 부분은 위에서 소개한 조선 시대의 성리학자들이다. 융성한 유교적인 조선의 문화 가운데 성리학자들의 학문에 대한 치밀함과 철학적 사상의 학문적 업적은 세계 사상사에서도 그 예를 찾아볼 수 없을 정도로 위대하다. 침략국인 일본이 패퇴한 후, 퇴계 이황의 사상에 일본이 심취됐다는 이야기는 상식일 정도며, 이는 한국의 철학적, 사상적 수준이 얼마나 높았는지에 대한 증명이다. 세계 철학사에 길이 남을 사단칠정(四端七情)의 논쟁을 일으켰던 치밀한 논리와, 철학적 의와 명분에 대한 완전함을 추구했던 성리학적 대가들이 만일 체벌이 인간의 본성에 해악을 미쳤거나 또는 규범적으로 유교의 근본 이념인 인의예지(

仁義禮智)에 이반(離叛)됐다면, 이를 절대 수용했을 리가 없다. 실용적으로도 체벌이 폭력이기 때문에 아동들과 학생들의 성장 발달에 방해가 됐다면, 더욱 이를 수용했을 리가 만무하다. 그렇기에 체벌은 사라지지 않고 역사를 통해서 계속 계승되어 온 것이다. 우리는 그 점을 겸허히 주목해야 한다.(물론 교육적 체벌이 아닌 폐습으로써, 체벌 오남용의 폐단에 대한 고발의 기록은 많이 있다.)

〈불교에서의 체벌〉

이번에는 자비와 생명체의 살생을 금하는 것을 모토로 하는 불교에서의 체벌을 살펴보겠다. 승만경(勝鬘經)의 십대서원(十大誓願)에 절복(折伏, Abhibbava)이라는 가혹한 체벌의 훈육 수단이 있다. 절복(折伏)은 굳세게 저항하는 중생(이 글에서는 학생이라고 생각하고 읽어도 무방하다.)을 강압적으로 굴복시키는 방법이었다. 불교의 자비와 포용성을 생각하면 언뜻 납득이 되지 않는 부분이지만, 불교는 체벌의 유용성을 잘 알고 있는 종교이기 때문에 절복을 수행(불교에서 수행을 하는 사람들을 학생에 비유하면, 이를 교육쯤으로 이해하면 되겠다.)의 중요한 수단으로 사용했다. 불교에서 가장 파격적이고 전격적인 절복의 전형은 덕산선감(德山宣鑑, 780-865)과 임제의현(臨濟義玄, ?-867)의 할(갑자기 큰 소리로 호통을 치는 것)이었다. 이런 전격적인 행위는 격렬한 자극과 압박, 그리고 긴장을 초래하지만, 그 무엇보다도 그 행위가 갖는 지향성(directivity)이 중요했다.[131]

덕산선감이 휘둘렀다는 몽둥이는 죽비가 아니었다. 그가 사용한 것은 주장자라고 기록되어 있는데, 이는 선승들이 사용하는 지팡이 같은 것으로, 2019년 어떤 스님이 조계종 총무원장에게 주장자를 증정했던 식을 보면 직경이 거의 7-8cm 내외고, 길이가 거의 1m 80cm의 감태나무로 만든 몽둥이 그 자체였다. 이런 몽둥이를 현대의 학생에게 사용하는 것은 극악무도한 폭력이지만, 당시 선승들은 덕산선감의 매질이나 임제의현의 일종의 폭력적 언어에도 깨달음을 얻을 수 있었다. 그렇기에 이를 수행 방법으로 전승한 이유가 있었다. 그것은 바른 목적만 깨달아진다면 그 무시무시한 폭력적인 수행 방법이 물리적인 폭거이고, 생물학적으로 체감할 수 있는 고통을 훨씬 넘어선 고통을 줄지라도, 결국에는 정신적인 깨달음을 줄 수 있

---

131) 이호근, 〈불교연구 제44집: 체벌에 대한 불교적 고찰〉, 175p.

기 때문이었다. 필자는 이런 방식의 체벌에 결코 동의하지 않지만, 체벌에 대해 시사하는 점으로 봤을 때는 결코 그 의미가 작지 않다고 생각한다.

20세기 한국 불교의 세속화에도 불구하고 불교의 본질을 전파했던 대표적인 고승을 들라면, 단연 성철스님이다. 수십 년을 선승으로 세속의 유혹을 끊고 불교의 본질을 전파했던 자비한 웃음의 성철이 용맹정진(勇猛精進)의 선방의 수도자들에게 가차 없는 죽비를 날렸다는 것은 유명한 일화다. 그의 죽비에 맞은 수행자 중에는 오히려 감화를 받아 이를 자랑하는 이들도 많았다. 그런데 여기에서 오해하면 안 되는 것은 성철의 죽비가 소리만 딱딱 나도록 가벼운 대나무로 만든 죽비가 아니라는 사실이다. 물론, 쿄샤쿠(警策)라는 일본식의 넓고 가벼운 막대기도 아니다. 성철의 죽비는 길이 120cm, 어깨에 닿는 부분의 두께 5mm, 그리고 그 넓이가 4cm 정도인 물푸레나무 재질의 장군 죽비였다. 어떤 심리학자들은 성철의 용서 없는 죽비는 평생을 세상과 담을 쌓고 살아온 노스님의 스트레스로 인한 폭력성의 발현이라고 분석할지도 모르겠다. 그렇다면 프로이트의 제자들에게 덕산선감의 몽둥이질 가운데 깨달음을 얻은 수행자들도 또한 그저 극한 고통에 정신 착란이 일어난 사람들이며, 그중 몇몇은 피학적인 성향의 사람들이었을 거라고 분석할 것인지 진지하게 묻고 싶다. 아울러 천 수백 년을 이어진 죽비의 수행 방법을 들어, 폭력을 사용하는 불교로 매도해야 하는 것이 옳은 것인지 궁금할 뿐이다.

이슬람교와 힌두교는 세계적인 종교임에도 그 문화와 제도, 가치관이 우리나라 또는 서구와 는 현격히 다르기 때문에 특별히 논하지 않겠다. 종파와 지역, 국가에 따라 차이가 있지만, 명예 살인과 같이 종교적으로 여성에 대한 차별이 상당히 일반화되어 있고, 심지어 아내에 대한 체벌 등은 우리나라의 보편적인 가치관과 정서로 보면 교육적인 체벌에 인용될 여지 자체가 없기 때문에 이를 생략하겠다. 이는 이런 문화권의 나라들은 물리적인 강도가 너무나 센 체벌이 학생들뿐 아니라 사법적인 징벌수단으로 일반 국민에게도 적용되기에, 교육적인 체벌을 논할 때 비교의 대상으로 삼기에는 적절하지 않기 때문이다.

〈사랑의 기독교에서의 체벌〉

기독교에서 최고 경배의 대상은 우주를 지으신 하나님이시다. 시간의 처음이요 나중이시고. 만유의 주요 만왕의 왕이시다. 그리고 스스로 존재하시는 분이다. 이 하나님을 기독교에서 호칭하는 이름만 수십 개가 될 정도로 모든 주권을 행사하시는 절대자이시다. 절대자 하나님의 여러 가지 모습을 강조하는 의미에서 기독교인들은 하나님을 여러 가지 이름으로 부른다. 소개한다면 여호와 닛시, '승리의 하나님'이다. 여호와 라파, '치료하시는 하나님'이라는 뜻이다. 말씀으로 육체를 입고 오신 하나님의 이름은 '임마누엘'이다. 그 분은 우리가 가장 잘 아는 예수님이시다.(이것이 기독교 교리에서 일반인이 가장 믿기 힘든 삼위일체설이다. 그 뜻은 하나님과 예수님과 성령님이 일체시라는 의미다. 본서는 신앙을 전파하는 것이 목적이 아니므로, 비기독교인 중에 이에 대한 저항이 없기를 바란다.) 기독교인들은 누구나 예수님께서 이 땅에 오셔서 인간의 죄를 다 사하기 위해 자신을 희생의 제물로 삼아 십자가에서 돌아가신 것을 믿는다. 그것을 한 단어로 축약하자면, '사랑'이다. 그래서 하나님은 사랑이시라고 고백한다. 하나님의 말씀 중에 가장 중요한 것은 "사랑하라."는 명령이다. 사랑해야 하기에 "용서하라."는 명령도 또한 첫째를 양보할 수 없을 만큼 중요한 계명이다.

　이런 사랑의 종교니까, 사랑의 예수님과 하나님이시니까 기독교에서는 절대 체벌이 없으리라고 생각하는 사람들이 의외로 많다. 기독교인 중에서도 그렇다. 그러나 그것은 절대적으로 오해다. 성경 말씀 66권 전체를 관통하는 사랑이라는 말에 항상 동행하는 단어가 있다. 그것은 '의(義)'라는 단어다. 성경을 읽으면서 얻는 교훈 중 하나는 어떤 사랑도 사랑만 있다면 의롭지 않으면, 사실은 사랑이 아니라는 진리다. 아울러 어떤 의(義)도 사랑이 없으면 절대 옳은 의(義)가 될 수 없다는 것이다. 그러므로 성경에서는 진정한 사랑을 이루기 위해서 철저히 의로워야 한다고 말한다. 교육 현장에서 애정 과잉의 가정에서 자라 비뚤어지고 웃자라고 그러다 시들어가는 아동들을 보면, 대개 그 아동의 학부모에게는 사랑은 있지만 의가 부족한 경우가 너무나 많이 있다.

　기독교에는 말씀이라는 말이 아주 많이 등장한다. 그렇기 때문에 성경을 잘 모르는 분들은 기독교에서 의에 이르기 위해 아동들을 훈육하고 훈계할 때도 말로 할 것이라고 속단하는 경우가 많다. 그러나 천만의 말씀이다. 성경 속에서 체벌에 대한 명시적인 부분은 하나님의 명령으로서 기록되어 있다. 성경 안에는 잠언이라는 책이 있다. 잠언이라는 책을 보면 "아동의 마음에는 미련한 것이 얽혀있으나 징계하는 채찍이 이를 멀리 쫓아내리라.", "아동을 훈계하지 아니하지 말라. 채찍으로 그를 때릴지라도 죽지 아니하리라. 그를 채찍으로 때리면 그 영혼을 음부에서 구원하리라.", "채찍과 꾸지람이 지혜를 주거늘 임의로 하게 버려두면 그 자식은 어미를 욕되게 하느니라."라고 기록되어 있다.(각각 잠언 22:15, 23:13-14, 29:15) 구약 시대의 책인 잠언에만 체벌에 대한 계명이 있는 것이 아니다. 히브리서 12장 6절에 보면 "주께서 사랑하시는 자를 징계하시고, 그가 받아들이는 아들마다 채찍질 하심이라."라고 기록되어 있다.

이 정도를 소개하면 기독교에 낯선 분들은 대개 화들짝 놀란다. 어떻게 아동을 채찍으로 때리라는 것이냐 따지듯이 반문하는 경우가 종종 있다. 그러나 이 대목에서 우리는 우리 문화에서 채찍이 아주 생소한 도구이며, 그렇기 때문에 영화에서 끔찍한 폭력을 행할 때나 사용한다는 이미지로 떠오르는 것임을 확인해야 한다. 그 뒤에 잠언에서 사용한 채찍이라는 체벌의 배경이 무엇인지 정확히 이해해야 한다. 우리는 '채찍'하면 주로 로마 병정이 나타나 채찍질을 하거나, 미국 노예 시장에서 웃통이 벗겨진 채로 채찍에 맞으며 피투성이가 되어 신음하는 노예를 연상한다. 이는 '채찍'하면 일단 잔혹하고 폭력적인 장면으로의 연상 작용이 앞서기 때문에 그렇다. 그러나 성경이 쓰였던 장소와 시기를 생각하면 그 오해가 쉽게 풀릴 것이다.

먼저, 잠언이 쓰였던 공간적 배경이다. 잠언은 이스라엘 다윗왕의 아들 솔로몬왕에 의해서 쓰였다. 이스라엘은 그 당시에 목축업에 종사하는 백성이 전 국민의 90%를 차지했다. 잠언의 저자 솔로몬의 아버지도 목동 출신이었다. 그렇기 때문에 이스라엘은 가죽이 아주 흔한 물건이었다. 가죽옷이며 가죽신발 등 웬만한 생활 도구는 가죽으로 만들었다. 심지어는 물맷돌이라는 무기도 가죽 싸개와 가죽끈으로 만든 주머니에 조약돌을 넣어, 이를 원으로 빙빙 돌리다 어느 지점을 향해 돌을 던질 수 있도록 고안한 가죽으로 만든 무기였다. 목동 다윗은 이 무기로 거인 골리앗을 이겨 이스라엘에서 이름을 알렸고, 나중에는 왕위를 차지하는 결과에까지 이르렀다. 이런 상황이면 필요한 경우 웬만한 물건은 다 가죽끈으로 묶었을 것이라고 쉽게 상상할 수 있다. 이런 가죽끈을 몇 개 합하면 교육용으로써의 채찍으로 사용할 수도 있었을 것이다. 우리로 말하면 어디서나 쉽게 구할 수 있는 싸리나무 회초리인 셈이다. 즉, 가혹하고 잔인한 매질의 도구가 전혀 아니다. 이러니 "아동들에게 채찍을 금하지 마라."를 대한민국식으로 해석한다면 "아동들에게 회초리를 아끼지 마라."는 뜻이 되는 것이다.

다음으로 잠언의 시기에 대한 이해다. 잠언이 쓰인 연대는 B.C. 700년경이다, 지금으로부터 2,700년 전이다. 우리나라로 말하면, 고조선의 팔조금법이 생성되기 전으로 추정되는 시기다. 전 세계적으로 이 시대는 현대의 기준으로 보면 살인과 폭력과 미신과 전쟁이 들끓는 야만의 시대였다. 그 야만성이 얼마나 광폭했는지 잠언 시대보다 약 700년 후인 A.D. 33년에 이스라엘 예루살렘에서 두 사람을 잡아다 강도질을 했다고 모든 사람이 보는 가운데 발가벗겨서 십자가 모양의 나무 막대기에 눕히고, 팔과 다리에 쇠못을 박아 십자가 모양의 나무들에 매달았다. 그리고 그것을 세워 못 박힌 채로 며칠을 방치시켜 죽였다. 그것도 당시 최고로 세련된 문명을 자랑하고 법적인 체계를 완성했다는 로마 제국에서 이토록 잔혹한 방법으로 사람들을 죽인 것이다. 그 죽어가는 강도들 사이에서 더 잔혹한 재판과 굴욕을 당한 예수님도 동일한 방법으로 십자가에 매달았다. 강도질을 했다고 이런 끔찍한 처형을 당하는 고대 사회였다. 로마의 법에 의하면 단순히 사상범이자 확신범이었던 예수님도 십자가 못 박아 희롱하고 창으로 찔러서 잔인하게 죽인 그 참상은 글로 쓸 수 없을 정도고, 그 정도로 폭력이 일반화된 시대였다.

이런 고대의 야만성을 고려한다면, 채찍(회초리)으로 체벌하라는 것이 당시로는 얼마나 놀랄 정도의 진보적인 방식인지 우리는 눈여겨 살펴봐야 한다. 특별히 잠언이 기록된 지 700년 후의 A.D. 30년 즈음은 아동을 인간 취급도 하지 않았던 시기다. 사람의 숫자를 셀 때, 여성과 함께 아동은 그 숫자에 들어가지 못했을 정도다. 이런 점을 유념하며 B.C 700년에 아동에 대한 이런 체벌의 제안은 당시 문화와 관습을 비교해 살펴보면 분명 아동을 배려하는 제도였던 것이다. 이 당시는 웬만한 도둑질로도 손목이 절단되거나 돌에 맞아 죽는 이들이 허다한 시대였음을 기억해야 한다. 이를 생각한다면 성경에 나오는 채찍(회초리)은 잠언의 쓰인 목적으로 판단해도, 교육적인 체벌을 의미하는 것이다.

당시 아동에게 내리는 벌의 폭력적인 성향을 가늠할 수 있는 표현도 이 구절에 고스란히 드러나 있다. "채찍으로 그를 때릴지라도 죽지 아니하리라."는 말을 다른 각도에서 보면, 당시에 징계를 빌미로 아동들이 매를 맞다가 죽는 경우도 허다했던 상황이 반영됐음을 알 수 있다. 그럼에도 이 구절을 부정적으로 해석해서 죽지 않을 정도까지 때리라는 악의적인 의미로 본다면, 시대적인 배경에 대해 더욱 세심한 이해를 하길 바란다.

잠언보다 약 760년 후의 성경 중에 히브리서라는 책이 쓰였다. 이 또한 예수님의 가르침을 적은 책이다. 이 히브리서 12장 6절에 보면 "주께서 사랑하시는 자를 징계하시고, 그가 받아들이는 아들마다 채찍질하심이라."라고 기록되어 있다. 이는 믿는 이들을 성화시키기 위한 하나님의 사랑의 훈련 과정을 기록한 것인데, "아들을 채찍질하심"이란 부분은 인자와 긍휼과 자비와 사랑의 하나님도 그 아들에게 의와 사랑을 이루기 위해서, 부모가 자녀들을 체벌하는 것과 같이 매를 드신다는 의미다. 히브리서 12장 6장은 부모들에게 체벌을 하라는 말씀은 아니다. 그러나 당시 부모가 자녀에 대해 한 마땅한 체벌을 전제로 하나님의 사랑을 예를 들어 표현한 것이다. 따라서 최소한 히브리서를 기록했던 기자는 체벌에 대해 마땅하고 필요한 것으로 인식했기에 이를 기록했을 것이다. 그리고 약 2,000년이 흐르는 동안, 기독교의 역사 가운데 체벌의 전통은 교육적으로 선용되어 왔다. 만일 체벌이 폭력 그 자체였다면, 하나님이 이를 사랑의 훈련 과정을 이해시키기 위한 비유로 사용하지 않았을 것이 분명하다.

이에 잠언에 아동에 대한 체벌에 관한 글을 연속으로 붙여서 현대어로 필자가 재구성해본다면 이해가 훨씬 빠를 거라고 생각한다. 먼저 잠언 속에 사용된 고대의 단어를 직역해서 재구성하면 이러하다.

"아동의 마음에는 미련한 것이 얽혀있으나 징계하는 채찍이 이를 멀리 쫓아내리라. 아동을 훈계하지 아니하지 말라. 채찍으로 그를 때릴찌라도 죽지 아니하리라. 그를 채찍으로 때리면 그 영혼을 음부에서 구원하리라. 채찍과 꾸지람이 지혜를 주거늘 임의로 하게 버려두면, 그 자식은 어미를 욕되게 하느니라."

이를 현대적인 감각과 위에 공간적, 시대적 배경을 현재 시대에 반영해서 다시 적겠다.

"아동들은 완숙한 인격체가 아니므로 간혹 미련한 행동이 있을 수 있습니다. 필요한 경우 회초리를 사용하십시오. 무조건 아동을 훈계하지 않는다고 하지는 마십시오. 채찍은 아동들을 상하게 하는 도구가 아닙니다.(아동을 상하게 하는 도구는 사용하면 안 된다는 의미다.) 아동에게 회초리를 사용하는 것은 그의 인생을 악한 곳으로 빠지게 하는 것을 막을 수 있는 수단이 됩니다. 회초리나 훈계는 지혜를 줄 수 있고, 아동들을 방치하는 것은 결국 부모에게 수치가 되게 됩니다."

정리한다면, 사랑의 종교로 유명한 기독교에서도 이렇듯 체벌을 강조했다. 왜냐하면 그것이 온전한 인격체로 성장하는 데 유용한 하나의 방법이고, 어떤 아동들에게는 유일한 방법이기 때문이다. 그리고 이것을 통해서 역사적으로 온전한 인격체를 완성시켰던 수많은 기록과 경험이 존재하기 때문이다. 절대 오해하지 않아야 할 부분을 부언하자면, 모든 아동을 다 체벌하자는 말이 아니다. 아동이 실수나 잘못을 할 때마다 매를 들자는 이야기는 더더욱 아니다. 그러나 종교 속에서 바라본 선현들의 지혜를 통해서 봐도 특별한 경우, 혹은 어떤 경우에는 체벌이 필요한 부분이 분명히 있음을 우리는 확신할 수 있다는 것이다.

어떤 이는 대화만으로 교육을 할 수 있다고 주장한다. 필자의 경우도 교육자 인생에서 대화로 학생을 교육을 한 시간을 비율적으로 따졌을 때, 전체 중 99% 이상을 차지한다. 학생을 체벌한 경우에도 체벌의 과정 자체, 즉, 체벌 전과 후에는 반드시 대화를 통해서 체벌의 의미와 바른 가치, 그리고 스스로에 대한 성찰과 성장을 도모할 수 있는 교훈을 설명하고 이해시키는 과정을 지켰다. 또한 전문성을 가지고 이 시스템을 가동시킬 수 있는 것은 교사만의 몫이다. 왜냐하면 회초리는 스스로 말하지 못하기 때문이다.

그러나 말이 통하지 않는 아동은 분명 존재한다. 극단적인 예를 든다면, 헬렌 켈러다. 왜 애니 설리반이 위대한 교사라고 불리는가? 그녀는 헬렌 켈러와 같이 뒹굴고, 소리 지르고, 그녀의 입을 강제로 벌렸다. 그렇게 헬렌 켈러의 의사를 무시하고 그녀를 수도 없이 강제로 일으켜 세웠기 때문에 실수로라도 몇 대를 때렸을 수도 있었을 것이다. 그러나 지금도 애니 설리반은 위대한 선생으로 불리는 것이다. 만일 요즘과 같이 CCTV가 있어서 애니 설리반 선생이 헬렌 켈러를 만난 첫 일주일을 녹화했다면, 애니 설리반은 완력으로 아동을 학대한 아동학대범으로서 중형을 선고받았을 것이 틀림없다. 짐승과 같이 날뛰던 시각 및 청각장애 아동인 헬렌 켈러를 작가로, 교육자로 그리고 온전한 한 명의 인격체로 만든 것은 애초에 헬렌 켈러의 의지가 아니었다. 그것은 온전히 애니 설리반의 의지였고, 완력 행사도 불사하겠다는 교사로서의 올바른 방향성과 열정이 있었기에 가능한 일이었다. (헬렌 켈러와 설리번 선생의 일화를 그린 유명한 영화로 연극 원작의 〈미라클 워커(Miracle Worker)〉를 본다면, 헬렌켈러와 애니 설리반 선생의 실화를 바탕으로, 둘의 몸싸움 연기가 무려 10분간 이루어진 장면은 애니 설리번의 교육을 이해하는데 상당한 도움이 될 것이다.) 특별한 아동은 언제든지 우리 주위에 있다. 그런 아동들에게는 그만큼 특별한 방법을 쓰는 것이 정당하다. 그리고 그런 아동들은 생각보다 우리 주변에 많이 있을지도 모른다.

　여기 헬렌처럼 또 다른 의미로 말이 통하지 않는 아동이 있다. 눈으로 볼 수 있고 귀도 잘 들리지만, 이들은 마치 눈이 멀고 귀가 먹은 것처럼 행동한다. 20년 전이라면 어떤 교사라도 그 아동을 가르쳐 잘못된 행동과 생각을 바로잡았을 텐데 지금은 절대 불가능한 일이다. 과거에는 폭력배가 되겠다고 뛰쳐나가거나 오토바이를 타고 상습적으로 음주 운전을 일삼는 아동을 밤을 새워 쫓아가 완력으로라도 잡아와 설득하고, 타이르고, 체벌하며 함께 울고 웃는 그런 열정을 가진 교사들이 분명 존재했다. 하지만 지금의 교사들에게서는 더 이상 기대할 수 없는 모습이다. 뛰쳐나가는 아동의 인생을 걱정하기 전에 교사 스스로의 생존이 걸린 문제 앞에서 무기력해야 하기 때문이다. 뛰쳐나간 그 아동이 누군가의 돈을 빼앗거나 혹은 누군가의 순결을 범할 것이 뻔한 상황이지만, 현재 대한민국의 교사에게 그런 아동을 막을 방법은 아무것도 없다. '그는 그의 인생을 스스로 결정한 것일 뿐이고, 나는 그 아이들이 졸든 떠들든, 수업에 빠져나가 외출을 하든 말든, 그냥 교안대로 지식을 떠들다 수업 마치는 벨소리와 함께 나오면 된다.'는 생각이 현재 우리나라 교사 대부분이 품고 있는, 스스로의 사명감마저 무너뜨리는 슬픈 자조(自嘲)다.

　다시 한번 강조하지만, 우리나라의 교사들에게 애니 설리반과 같이 교육할 수 있는 훈육, 훈계, 체벌권을 허락해야 한다. 물론 일탈한 교사들이 체벌권을 오남용할 수 없도록 학생 지도에 경험이 많은 교사들을 중심으로 교육학자와 심리학자, 법학자들이 지혜를 모아 더욱 건강한 대한민국의 초등학교, 중학교, 고등학교의 교육 시스템을 만들어야 한다. 이제껏 우리가 반대하고 우려했던 것은 분명 과거 세대인 우리가 경험했던 '체폭'이었지, 진정 교육적으로 가치가 있는 '체벌'이 아니지 않은가? 체벌이 폭력이라는 생각이 든다면 앞서 언급했던 심리학자들의 오류와 함께, 어째서 세계적인 모든 종교에서 체벌을 지지하는지에 대한 이유를 잊으면 안 될 것이다. 그러므로, 한때 잘못을 하는 아동들을 너무나 쉽게 병원이나 법정으로 끌고 가 평생 끊을 수 없는 멍에를 짊어지게 하는 것이 아니라, 가능한 교육의 틀 안에서 할 수 있는 한 최대로 아동들의 실수와 잘못까지도 성장의 동력으로 삼을 수 있도록 해야 한다. 그렇기 때문에 그것을 가능하게 하는 유일한 최선의 교육적 수단인 체벌권을 교사에게 부여해야 한다.

이 책의 내용을 결론지으며, 히브리서 12장에 교육과 관련된 하나님의 지혜가 담긴 말씀들을 소개하며 마지막 글을 적는다.

"아들들에게 권하는 것 같이 너희에게 권면하신 말씀을 잊었도다. 일렀으되 내 아들아! 주의 징계하심을 경히 여기지 말며, 그에게 꾸지람을 받을 때에 낙심하지 말라. 주께서 그 사랑하시는 자를 징계하시고 그의 받으시는 아들마다 채찍질하심이니라 했으니, 너희가 참음은 징계를 받기 위함이라. 하나님이 아들과 같이 너희를 대우하시나니 어찌 아비가 징계하지 않는 아들이 있으리요. 징계는 다 받는 것이거늘 너희에게 없으면 사생자요 참 아들이 아니니라. 또 우리 육체의 아버지가 우리를 징계해도 공경했거든 하물며 모든 영의 아버지께 더욱 복종해 살려 하지 않겠느냐? 저희는 잠시 자기의 뜻대로 우리를 징계했거니와 오직 하나님은 우리의 유익을 위해 그의 거룩하심에 참예케 하시느니라."

에필로그

　지금은 누구도 부정할 수 없을 정도로 명백한 대한민국 교육이 위기를 맞이한 시대다. 우리나라의 교육이 얼마나 잘못된 채 돌아가고 있는지를 요약해 말하자면, 비행 청소년의 시대가 도래한 날은 이미 옛날이 되어 버렸고, 지금은 매년 약 15,000명 이상의 촉법소년들이 각종 범죄를 저질러 감옥으로 달음박질하고 있는 세대가 됐다. 2021년에 11,677명, 2022년에 16,435명, 그리고 2023년에는 19,654명으로 그 수가 걷잡을 수 없이 늘어만 가고 있다.

　이들은 이제 겨우 초등학생이나 중학교 1학년밖에 안 된 아동들이다. 우리나라의 초·중·고 교육이 얼마나 잘못됐기에 이런 참사가 빚어지는지 통탄할 따름이다. 과연 이들이 3-4년 후면 자연스럽게 개과천선하게 될까? 아니면 더 무서운 범죄자가 되어 자신들의 문신과 전과 기록을 당당하게 자랑하며 사람들을 위협하는 존재가 될까? 범죄의 증가율이나 확산성으로 판단한다면 후자가 될 가능성이 상당히 높다. 그러니 지금의 30대, 40대 부모들이 너무나 딱하다. 이런 아동들에게 그들의 노후를 맡겨야 할 텐데, 어느 날 후미진 요양원 침대에 누워 이기적으로 성장한 무법의 세대에게 상상도 못 할 수모를 당하지 말란 법은 없기 때문이다.

　자신밖에 모르는 아동들은 그렇게 길러졌다. 복잡한 교육 이론을 들먹일 필요조차 없이 바로 그 부모들이 직접 그렇게 키워낸 것이다. 그러나 이것은 아이를 양육한 것이 아니다. 교사에게 자기 아이만을 위해 달라고 요청하는 부모는 결국은 자신에게 내재된 이기적인 자기애를 강력하게 표출하고 있는 것뿐이기 때문이다. 이런 무지한 양육방식으로 자기밖에 모르는 이기적인 아동을 만들어 낸다. 이 부모들은 자신의 아이가 짝꿍을 때리면 짝꿍이 맞을 짓을 해서 그런 것이라고 당당하게 말한다. 그런데 자신의 아이가 꾸지람이라도 들으면 교사를 아동학대로 고발한다. 그렇게 10여 년을 양육 받은 결과가 범죄로 남에게 피해를 줘도 아무 죄책감 없이 '촉법'을 뻔뻔하게 외쳐대는 범죄 아동, 그 자체다. 그 부모가 그렇게 키웠기 때문이다. 그러나 아직 끝이 아니다. 예언을 한다면, 앞으로 30년 안으로 이렇게 성장한 아동들은 자신의 부모에게 그 부모가 가르쳐 준 것보다 더 독한 이기심이 담긴 칼끝을 겨누며 이렇게 말할 것이다. "당신들이 나를 이렇게 키웠잖아! 내 인생 보상해!"

봄은 오는데, 학교는 어수선하다. 붕괴된 학교는 현재의 교육적인 패러다임으로는 더 이상 제 기능대로 작동할 수 없다. 그동안 우리의 교육에 또 다른 방식으로 일방적으로 주입됐던 1980-1990년대 미국 유학파 교육학자들이 주장한 진보주의 교육관을 깨 버려야 한다. 편견과 현학에 빠져 내용도 잘 모르는 '모던 스쿨'과 '서머힐'의 자유주의를 동경했던 무지도 깨달아야 한다. 시대적 배경도 모르고 '꽃으로도 아동을 때리지 마라'를 수백 번 우려먹었던 무지한 교육학자들은 마땅히 그 잘못을 뉘우쳐야 한다. 또한 말 몇 마디와 몇 주간의 프로그램으로 아동이 변화된다는 착각을 퍼뜨리는 일도 더 이상 없어야 한다. 교육과 치유라는 것이 그렇게 극적으로 일어나는 경우는 거의 없다. 물론 필자에게도 극적으로 학생이 변화한 경험이 몇 번 있긴 했지만, 이는 교육의 영역이 아니었다. 이는 신앙의 영역이었다. 교육은 한 해, 두 해를 눈물로 씨를 뿌렸을 때 겨우 추수할 수 있다면 성공일 정도로 큰 노력과 인내가 필요한 영역이기 때문이다.

부모들은 이기심을 버려야 한다. 그래야만 무엇보다 그들 자신의 아이들이 살아난다. 그들의 '사랑'이라는 동전 뒤에 '정의'라는 글자가 바로 새겨져 있어야 한다. 무엇으로 17,000명에 가까운 촉법아동들을 가르칠 수 있을까? 가슴이 먹먹하다. 이 촉법아동들의 삶과 그 아동들에게 피해를 입은 아동, 교사들의 가슴에 맺힌 얼룩은 언제쯤 사라질까? 이토록 어지러운 우리나라 교육 현실 가운데, 하나님을 믿는 사람들이 우리 대한민국의 미래를 위해 기도하기를 쉬는 죄만은 범하지 않기를 간곡히 호소한다.

교육의 현장에서 헌신하다가 돌아가신 선생님들과 그 가정에 심심한 위로의 말씀을 전하면서, 그분들의 희생이 결코 헛되지 않도록 우리 아동들의 학교가 방종과 욕구와 경쟁만이 있는 학교에서, 이제는 질서와 존중과 협력이라는 아름다운 질서가 가득한 학교로 변화되기를 간절히 소망한다.

이 책을 탈고하기까지 수차례 원고를 완독하며, 바르고 예쁜 문장으로 바꾸는 수고를 아끼지 아니한 2013년도 졸업생인 전형 예비작가의 노고에 감사를 전한다. 또한 표지에 그림을 게재하도록 허락한 2015년 졸업생 Angela H. Lim에게도 감사를 전한다. 특별히 탈고하는 그날, 우연히도 2007년 졸업생인 김지용 군의 어머님께서 헌금을 하셨다. 그런데 놀랍게도 이것이 출판 비용 전액에 해당하는 금액이었다. 이 헌금을 통해 이 책의 출간이 하나님께서 원하시는 것이라는 믿음을 한 번 더 확인했다. 이를 선명히 확인시켜 주신 성령님의 역사에 큰 감사를 올린다. 아울러 평생을 초등학교 교사로 헌신하며 진리를 추구해 오신 김지용 군의 어머님께도 깊은 감사를 드리며, 이 책을 통해 필자 역시도 평생 교사로서 아동들의 생명을 살리는 일에 계속 매진할 것을 감히 말씀드린다.

참고문헌

강윤경, "청소년 모텔, 룸카페에 무슨 일이", 부산일보, 2023년 2월 18일.
강정태 "미성년자 성매매 미끼로 남성 유인해 폭행하고 돈 뺏은 10대들", 뉴스 1, 2024년 1월 17일.
구무서, "교육계, 곳곳에서 교권 강화 움직임 가시화…갈등 불씨 남아", NEWSIS, 2018년 12월 31일.
구진욱, "'겁없는' 촉법소년 이정도일줄이야…패륜 96배, 성범죄 4배 증가", news1 뉴스, 2023년 5월 10일.
권유승, "자동차보험 경상환자 진료비 급증…"사고?진료정보 공유 필요"", 디지털데일리, 2023년 10월 1일.
김기중, "학폭 줄었지만 성폭력은 늘었다", 서울신문, 2017년 2월 24일.
김동욱, ""나 촉법소년이야'…'법 경시' 10대들 잇달아 소년원으로", 세계일보, 2021년 6월 17일.
김동욱, "'장애인 팝니다' 여중생, 이번엔 '교사 찌른다' 살해 예고", 세계일보, 2021년 6월 11일.
김동욱, "당근마켓 '장애인 판매' 게시자, 알고 보니 '철없는 10대'", 세계일보, 2020년 11월 9일.
김민석, "교원 100명 중 2명 아동학대 범죄자? 충격적인 통계 왜 나왔나", 오마이뉴스, 2023년 7월 25일.
김보미, 〈SBS 9시 뉴스〉, SBS, 2022년 8월 1일.
김서중, "증가하는 소년범 재범률, 소년범 적절한 지원과 인식 변화 필요", 국제뉴스, 2021년 10월 15일.
김성준, "학생들 싸움 말려도 '아동학대' 고소 당해…교사 1252명 고소 당했다", 디지털 타임즈, 2023년 7월 23일
김순점, "국가인권위원회, 핸드폰 제한 '학생생활규정 개정 권고' 불수용", 매일안전신문, 2023년 10월 10일.
김연주, "'5초 엎드려뻗쳐' 시킨 교사 징계 파문 확산", 조선일보, 2011년 6월 21일.
김영현, "수업 중인데 교단에 누워 핸드폰 만지작…교권 침해·몰래촬영 조사", MBN 뉴스, 2022년 8월 30일.
김예지, ""교내에서 뽀뽀하지마" 학생 뒤통수 때린 학폭 전문 교사 '벌금형'", 뉴시스, 2015년 9월 5일.
김윤정, ""아동학대 고소·고발 여전히 불안"…교원 99% "아동복지법 개정해야"", 이데일리, 2023년 11월 1일.
노기호, "초,중등학교의 교육 환경 조성의무와 학생의 학습권 보장", 원광법학 제24권 제3호, 원광대 학교 법학연구소, 2008. 9, 27면; 표시열, "한국 학교에서 아동권리협약의 적용과 과제: 체벌·징계절 차·표현의 자유를 중심으로", 교육법학연구 제20권 제2호, 대한교육법학회, 156면, 2008.12.
노성호, "학교 폭력의 실태와 문제점", 범죄방지포럼 통권 제15호, 한국범죄방지재단, 17면, 2004.10.
류정현, "살짝 '쿵'에도 뒷목부터…'나이롱환자' 진료비 8년 새 160% 증가", SBS BIZ, 2023년 9월 22일.
문영진, ""남자 잘 꼬시죠 '뜨밤' 보내요"..초6이 담임에게 보낸 카톡", 파이낸셜 뉴스, 2023년 7월 11일.
문영진, "40대女 '엽기 성폭행' 중학생 측 "꾸중하면 눈물 흘리는 아이"라며 선처 호소", 파이낸셜 뉴스, 2023년 11월 23일.
박지현, "수업 내내 교사에 욕한 초등생, 출동한 경찰이 말리자 아동학대 신고", 파이낸셜 뉴스, 2022년 6월 22일.
박찬걸, 대구카톨릭대학교, 법학박사, 형사정책연구 제22권 제1호 통권 제85호, 2011 · 봄 42.

박태훈, "'난 촉법' 주먹 휘두른 중3은 전과 18범…이튿날 'CCTV 지위' 행패도", Daum 뉴스 1, 2022년 8월 25일.

박혜원, 신현주, "'폰게임 금지' 교사에 "아동학대" 대드는 초등생…청소년 e중독 5년새 4만건 ↑", 헤럴드경제, 2023년 9월 29일.

서혜림, "교실서 제자에 폭행당한 교사…교사들 '엄벌탄원서' 1800장 제출", 연합뉴스, 2023년 7월 19일.

소봄이, "6학년 남학생이 여교사 수십차례 폭행…"메쳐 꽂고 밟았다"", news1 뉴스, 2023년 7월 19일.

손고운, "중1을 교도소 보내야 할까…'소년 범죄' 그 전후의 삶을 물었다", 한겨레 21, 2022년 10월 28일.

손보승, "처벌과 교화 둘러싸고 찬반 논쟁", 이슈메이커, 2022년 8월 4일.

심우섭, ""칭찬 스티커가 아동학대라고요?"…교사들 '한숨'", SBS 뉴스, 2023년 6월 2일.

양동휴, "양동휴 교수의 경제사 산책", 한국경제신문, 2006.06.11.

양석진, "학교체벌 허용에 관한 헌법학적 고찰", 법학연구 제9집, 한국법학회, 138면, 2002.6.

양재삼, "광주 중,고교, 기초학력 미달 학생 3년 연속증가", 뉴스깜, 2013년 11월 30일.

유영규, "학생들 앞에서 맞아 전치 3주…부산 초등생이 교사 폭행", SBS 뉴스, 2023년 7월 24일.

유효송, "애 안 낳으니 학교도 점점 빈다…서울 초등생 3.1% 감소", 머니투데이, 2023년 7월 27일.

윤근혁, "'학교 폭력' 전북 초등학생, 다른 기관에서 교육·치료키로", 오마이 뉴스, 2022년 6월 24일.

윤근혁, ""내 아이, 왕자대우하라" 교육부 직원, 교육청에도 압력", 오마이뉴스, 2023년 8월 10일.

윤예림, "학생에 '레드카드' 줬다 아동학대 혐의...현재 '검찰 처분 잘못', 서울신문, 2023년 10월 31일.

윤용규, "교원의 학생체벌에 대한 형법적 고찰", 형사법연구 제21호, 한국형사법학회, 130면, 2004. 여름.

이근하, "학업중단 5만 명 학교 밖 17만 명 내년부터 기본통계 구축", 정책주간지 K 공감, 2023년 11월 30일.

이근홍, "인간행동과 사회환경" No3(2013), 229p-230p, 241p-242p.

이병준, "2년전 '뺑소니 사망사고' 낸 10대들, 이번엔 중학생 잔혹 폭행". 중앙일보, 2022년 8월 3일.

이성현, "'선생님 XXX에 맞춰야지!'...교권 침해에 교사들 '울분'", 충청뉴스, 2023년 7월 25일.

이윤영, "학교 폭력 주는데 '성폭력'은 급증...초등생 '최다'", 연합뉴스, 2017년 2월 24일.

이인영, "사회상규의 의미와 정당 행위의 포섭범위-체벌의 허용요건과 정당 행위-", 형사판례연구, 제13권, 형사판례연구회, 180면, 2005.

이호근, 〈불교연구 제44집: 체벌에 대한 불교적 고찰.

인지현, "교사 아동학대 신고 대부분 '무고성'… 기소율 1.6% 그쳐", 문화일보, 2023년 7월 25일.

임춘한, ""처벌 못하는거 알아" 촉법소년 2배 급증 1만6000명…"적용 연령 낮춰야"", 아시아경제, 2023년 10월 4일.

장구슬, "교단 드러누워 폰 든 중학생, 여교사는 '아이 체벌 말아달라'", 중앙일보, 2022년 8월 31일.

정은수, "학생에게 순결을 강요 말라!", 한국교육신문, 2014년 11월 23일.

정진곤, "체벌의 개념과 교육적 의미", 비교교육연구 제11권 제2호, 한국비교교육연구회, 165면, 2001.12.

조국, "교사의 체벌과 정당 행위-대상판결: 대법원 2004. 06. 10. 선고 2001도5380 판결-", 서울대 학교법학 제48권 제4호:통권 제 145호, 서울대학교 법학연구소, 316면, 2007.12.

조성민 한무선 변우열 민영규 이정훈 송형일 김동철 김광호 이상현 이해용 송형일, 김광호, 김동철, 조성민, 박순기, 민영규, 변우열, 김창선, 이해용, 한무선, 이정훈, "학생인권조례 왜 논란인가?", 연합뉴스, 2012년 1월 26일.

조원일, "학교 성폭력, 최대 가해자는 초등학생", 한국일보, 2017년 2월 8일.

조윤정, "'권리만 있고 의무는 없다'…'학생인권조례' 폐지되나", 주간조선, 2023년 4월 12일.

조윤정, ""권리만 있고 의무는 없다"… '학생인권조례' 폐지되나", 주간조선, 2023년 4월 12일.

차상철, "청소년을 시민사회의 일원으로 존중하는 교육", 포커스 전북, 2022년 1월 11일.

최상원, "경남 교사 70% '교권 침해 갈수록 늘어난다'", 한겨레, 2017년 5월 15일.

최예나, "최근 6년간 교사 사망 11%가 '극단 선택'", 동아일보, 2023년 7월 22일.

최원훈, "'1인당 관리소년 OECD의 2배' 보호 관찰관 늘려야", 경향신문, 2023년 11월 8일.

최원훈, "1인당 보호 관찰 소년 47.3명…전담인력 증원 시급", 한겨레, 2023년 12월 11일.

최종호, "'빗자루 폭행' 학생들 6개월 동안 교사에 '못된 행동'", 연합뉴스, 2016년 1월 29일.

하경대, "자동차보험 한방진료비 5년사이 7139억원→1조4636억원 105% 증가…의과진료비는 감소", 메디케이트 뉴스, 2023년 9월 27일.

한강우, "6학년이 2학년 공개 성추행…성인보다 더해 '충격'", 문화일보, 2012년 1월 15일.

한준엽, "영국, 학교 체벌 부활 놓고 대공방", 시사저널, 1996.11.28.

홍갑의, "광주고교생 학업성취도 2년 연속하락", 데일리모닝, 2013년 11월 30일.

―, "'매 맞는 교사' 1년새 2.5배↑…학생 폭행이 대다수", 서울신문, 2016년 10월 10일.

―, "'반성하는 척?'…소년범 중 약 33%는 재범", 노컷뉴스, 2022년 9월 13일.

―, "교원 99.4%, 아동복지법 개정 요구!", 한국교원단체연합회 보도 자료, 2023년 11월 1일.

―, "수업중 초등생 뺨 때리고 악담하고…서울 '오장풍' 교사 폭행 동영상 파문", 쿠키뉴스, 2010년 7월 15일.

―, "아동학대 및 학교 폭력 관련법 개정 촉구 전국 교원 서명운동 돌입!", 한국교원단체총연합회 보도 자료, 2023년 11월 2일.

―, "영국, 학교 체벌 부활 놓고 대공방", 시사저널, 1996.11.28.

―, "한국 체벌 판례의 시사점-한국, 일본, 미국의 판례분석", 교육연구 제5호 125P, 1998년.

―, 〈교사 인권침해 사례집〉, 한국교원단체총연합, 2023년 8월.

―, 〈한국교육개발원 교육여론조사 2021〉, 한국교육개발원, 114-116면, 2021.11.

―, 대한불안의학회.

―, 조선일보 제23533호, 1996년 11월 4일.

―, 한국교원교육학회, 간행물, 한국교원교육연구 통권 제15권 제2호 (1998.12), "체벌에 대한 다학문적 접근과 그 대안"

Boyer, Elmer Timothy. 1976. To Build Him a House: Missionary Memories. Norfolk, VA: Posung Press.

Chance, Paul. 2003. Learning and Behavior. Belmont , CA: Wadsworth.

J. H. Pestalozzi. ber Schlittschuhlaufen und K rperliche Zuchtigung, 페스탈로치 전집 제7권, 151152면, 1808년.

Kempe, C. Henry. 1962. "The Battered-Child Syndrome." JAMA: The Journal of the American Medical

Association 181 (1): 17. doi:10.1001/jama.1962.03050270019004.

McCoy, Monica L., and Stefanie M. Keen. 2022. Child Abuse and Neglect. New York, NY: Routledge.

Powell, Russell A., P. Lynne Honey, and Diane G. Symbaluk. 2023. Introduction to Learning and Behavior. Boston, MA: Cengage.

Sherwood, David. 1930. "Chronic Subdural Hematoma in Infants." American Journal of Diseases of Children 39 (5): 980. doi:10.1001/archpedi.1930.01930170065007.

Siegal, Michael and Jan Cowen. 1984. "Appraisals of Intervention: The Mother's Versus the Culprit's Behavior as Determinants of Children's Evaluations of Discipline Techniques." Child Development 55 (5): 1760-1766.

Simone Robers, Jijun Zhang, Jennifer Truman, and Thomas D. Snyder. Bureau of Justice Statistics, 2012. Indicators of School Crime and Safety: 2011. U.S. Department of Education . https://nces.ed.gov/pubs2012/2012002rev.pdf.

Young-Bruehl, Elisabeth. 2013. Childism: Confronting Prejudice Against Children. New Haven, CT: Yale University Press.

--,(Multi-disciplinary Approaches to Corporal Punishment and Its Alternatives)".

一, "School Years." 2021. International Churchill Society. August 10.
https://winstonchurchill.org/the-life-of-churchill/child/school-years/.

一, "The school-to-prison pipeline", http://HoKkasEyDOI?si=iqz-7Q72oKO4iq9

一, "Youth Gang Stabs Head Teacher to Death. 1995. BBC News. BBC. December 8. http://news.bbc.co.uk/onthisday/hi/dates/stories/december/8/newsid_2536000/2536661.stm.

一, NYC Public School, "Know Your Rights", https://www.schools.nyc.gov/school-life/know-your-rights

一, NYC Public School, "Student Bill Of Rights", https://www.schools.nyc.gov/get-involved/students/student-bill-of-rights